TRAITÉ PRATIQUE

DES

CHEMINS DE FER.

PARIS. — IMPRIMERIE ET FONDERIE DE FAIN,
Rue Racine, n° 4, Place de l'Odéon.

TRAITÉ PRATIQUE

DES

CHEMINS DE FER,

TRADUIT DE L'OUVRAGE ANGLAIS (DEUXIÈME ÉDITION)

DE NICH. WOOD,

AVEC DES NOTES ET ADDITIONS

PAR F. DE **MONTRICHER** ET E. DE **FRANQUEVILLE**,
Ingénieurs des ponts et chaussées ;
ET H. DE **RUOLZ**.

A PARIS,

CHEZ CARILIAN-GŒURY, ÉDITEUR-LIBRAIRE
DES CORPS ROYAUX DES PONTS ET CHAUSSÉES ET DES MINES.
Quai des Augustins, n°. 41.

1834.

AVERTISSEMENT.

L'ouvrage que nous publions a été traduit sur la seconde édition du *Traité pratique des Chemins de fer*, de M. Nicholas Wood, édition qui a paru à Londres en 1832. Quelques passages du texte anglais ont été abrégés ou transposés; mais ces modifications sont de peu d'importance, et l'on s'est toujours attaché à reproduire fidèlement les idées de l'auteur. On a également rapporté avec soin les nombreuses expériences détaillées dans le courant de l'ouvrage anglais.

La réduction des mesures anglaises en mesures françaises a été faite d'après les données suivantes, qui sont fournies par l'annuaire du bureau des longitudes :

Le pouce anglais $= 0^m.0254.$
Le pied $= 12^{po.} = 0^m.3048$
Le yard $= 3^{pi.} = 0^m.9144$
Le mille$=1760^{yards.} = 1609^m.3149$
La livre $= 0^{kil.}4534$
Le quintal $=112^{liv.} = 50^{kil.}7825$
La tonne $= 20^{quint.} = 1015^{kil.}649$
Le gallon $= 4^{lit.}5434$
Le penny $= 0^{fr.}105$
Le shelling $=12^{pen.} = 1^{fr.}26$
La liv. sterl. $=20^{sh.} = 25^{fr.}20$

Nous avons indiqué, dans des notes placées à la fin des premiers cha-

pitres différens détails de construction qui nous ont semblé offrir quelqu'intérêt. Ces détails sont représentés dans plusieurs planches supplémentaires, qui ont été dessinées d'après des documens recucillis en Angleterre.
Nous avons de plus donné, dans la planche XIV, le dessin de la machine
locomotive récemment construite pour le chemin de fer de la Loire.

INTRODUCTION.

(DEUXIÈME ÉDITION DE L'OUVRAGE ANGLAIS.)

A l'époque où parut la première édition de cet ouvrage, les chemins de fer, considérés comme grande voie de communication, étaient encore dans l'enfance. Si l'on excepte le chemin de Surry et celui de Stockton à Darlington, ce système n'avait guère été employé que pour des exploitations particulières de houilles, de mines, de fonderies ; et bien que dans ces diverses circonstances il offrît des avantages incontestables, on ignorait cependant jusqu'à quel point il pouvait s'appliquer à un grand mouvement commercial.

L'exemple du chemin de Surry, qui était à rails plats, semblait produire sur les esprits une impression peu favorable; d'un autre côté la ligne de Stockton à Darlington, quoique fort avancée, n'était pas encore en exploitation, et l'opinion publique flottait indécise, quand la manie des spéculations, qui marqua l'année 1825, vint donner l'essor à toutes les entreprises, bonnes ou mauvaises, et notamment aux entreprises de chemins de fer. La réaction fut prompte; à cette ardeur aventureuse succéda la langueur et l'abattement, et les chemins de fer furent enveloppés dans l'espèce de défaveur qui s'attacha à toutes les spéculations proposées à cette époque. Bien peu d'entreprises de ce genre purent se faire jour à travers la masse d'oppositions soulevées par le conflit des intérêts particuliers.

Le succès du chemin de Stockton à Darlington vint, à la vérité, réveiller l'attention publique et détruire quelques-unes des objections qui avaient été mises en avant contre l'emploi des chemins de fer, comme grande voie de communication. L'établissement de diligences traînées par des chevaux prouva que ce mode de communication se prêtait au transport des voyageurs comme à celui des marchandises; mais ces premiers pas étaient encore peu importans.

Cependant la ligne de Liverpool à Manchester approchait de sa fin,
et ce grand ouvrage semblait être, de l'avis unanime, l'expérience décisive qui allait fixer le sort des chemins de fer. Tous les regards étaient
fixés sur cette belle entreprise ; et l'on en suivait les progrès avec un intérêt
toujours croissant.

Bien que le chemin de Liverpool forme un des traits les plus saillans de
l'histoire des chemins de fer, nous ne croyons pas devoir retracer ici la
marche des travaux, dont l'ouvrage de M. Booth fournit une complète et
brillante description. Nous nous contenterons de remarquer que les expériences entreprises avant et depuis l'ouverture de cette ligne, ont conduit à un
résultat aussi important que remarquable. Non-seulement elles ont démontré
d'une manière décisive l'utilité des chemins de fer pour le transport de
toute espèce de marchandises, mais elles ont prouvé encore qu'avec le
secours de machines locomotives, ce mode de communication pouvait
fournir une vitesse inconnue jusqu'alors. Ainsi, malgré tous les efforts successivement tentés pour augmenter la vitesse des chevaux, on n'avait pu
dépasser la limite de 10 milles (16 kilom.) par heure; encore n'obtenait-
on cette vitesse qu'en sacrifiant les chevaux d'une manière déplorable. Sur
le chemin de fer de Liverpool à Manchester, on obtient, sans la moindre
difficulté, une vitesse de 15 milles (24 kil.), et dans les cas extraordinaires,
une vitesse double, c'est-à-dire de 30 milles (48 kil.) par heure.

Les chemins de fer réunissent toutes les qualités nécessaires, soit pour le
transport des marchandises lourdes ou légères, soit pour le transport des
voyageurs, et par conséquent doivent se substituer aux autres voies de
communication, partout où l'importance du mouvement commercial permettra d'engager les capitaux qu'exige leur établissement.

Au reste, il n'entre pas dans nos vues de rappeler tous les avantages que le
commerce peut retirer de leur emploi. Nous n'avons eu pour but dans cet
ouvrage que de présenter des résultats pratiques, tant sur leur mode de construction que sur les divers moteurs employés pour leur exploitation.

Les nombreux perfectionnemens survenus depuis la publication de la
première édition de cet ouvrage, ont exigé des changemens importans. L'auteur a ajouté aux résultats qu'a pu lui fournir sa propre expérience, les
documens que plusieurs de ses amis ont bien voulu lui communiquer. Il ne
se dissimule pas du reste qu'ayant écrit cet ouvrage d'une manière peu suivie,

et dans les momens de loisir que lui laissaient ses nombreuses occupations, il a laissé subsister quelquefois des répétitions, et que, dans d'autres circonstances, il a passé trop légèrement peut-être sur des sujets qu'il eût voulu approfondir : cependant il a fait tous ses efforts pour le rendre digne d'être présenté au public.

Le chapitre Ier. contient quelques considérations générales sur les divers systèmes de communications intérieures, et sur leurs progrès successifs.

Le chapitre II comprend l'histoire de l'introduction des chemins à rails, et de leurs perfectionnemens graduels, depuis les rails en bois jusqu'aux rails en fonte et en fer forgé. L'époque reculée à laquelle remonte le premier emploi des chemins à rails n'a pas permis de donner au commencement de ce chapitre toute la précision désirable. Cependant nous nous sommes efforcés d'indiquer, avec le plus d'exactitude possible, la série des perfectionnemens qui se sont succédé dans ce mode de communication. Nous avons donné les dessins des différens genres de rails actuellement en usage, ou du moins de ceux qui paraissent recevoir l'assentiment général. Peut-être quelques lecteurs trouveront-ils que nous avons passé sous silence des systèmes auxquels ils attachent de l'importance; mais nous remarquerons que nous nous sommes contentés d'indiquer les modèles qui présentent des différences tranchées, et lorsque ces différences peuvent être considérées comme des progrès.

Le chapitre III contient la description des chariots employés sur les chemins de fer. Il eût été aussi fastidieux qu'inutile d'indiquer la forme particulière du corps de chariot adopté pour chaque espèce de marchandises, et nous nous sommes principalement occupés des pièces qui dépendent directement de la forme particulière de la route. Nous avons cependant donné le dessin des chariots employés dans les houillères du nord, et en même temps de ceux qui sont adoptés sur la ligne de Liverpool à Manchester. Ces derniers sont disposés de telle sorte, que la caisse puisse être transportée sur des trains munis de roues ordinaires.

Dans le chapitre IV nous nous sommes occupés des divers genres de moteurs, et nous avons indiqué les différentes pentes auxquelles on doit limiter l'emploi de chacun d'eux. Bien qu'il fût difficile d'établir exactement ces lignes de démarcation, nous croyons cependant que cette division pourra être utile dans la pratique.

Chaque fois que la disposition de la route l'a permis, comme dans le cas des plans automoteurs et des plans manœuvrés par les machines fixes, nous avons donné des formules propres à déterminer toutes les circonstances du mouvement des chariots. Ces formules, bien qu'elles ne présentent peut-être pas une exactitude mathématique, seront suffisamment exactes pour fournir des résultats pratiques. Nous avons en même temps indiqué dans les planches les dispositions que nécessitent ces diverses manœuvres.

Ce chapitre contient en même temps l'histoire des divers systèmes de machines locomotives qui ont été successivement employées, ainsi que la description de quelques-unes de celles qui sont actuellement en usage.

Le chapitre V renferme un grand nombre d'observations sur la flexion des rails en fonte et en fer forgé; ces expériences permettent de déterminer la force que l'on doit donner aux rails pour supporter le poids des convois et des machines. Nous avons présenté en même temps la description de plusieurs expériences sur la résistance comparative que présentent au mouvement des roues les rails en fonte et en fer forgé, ainsi que quelques observations sur leur usure relative.

Le chapitre VI contient une suite d'expériences sur la résistance des chariots, et sur le frottement des essieux, en ayant égard à la charge ainsi qu'à la vitesse. Ces observations ont été assez multipliées pour ne pas laisser de doute sur leurs résultats. On a eu soin d'ailleurs d'en donner les détails, afin que chacun puisse juger du degré de confiance qu'elles doivent inspirer. Nous nous sommes efforcés de suppléer ainsi aux renseignemens qui manquaient dans la première édition, sur les valeurs respectives du frottement des essieux et du frottement des roues sur les rails; nous croyons avoir fourni par là des documens qui peuvent être utiles dans la question générale du frottement.

Nous avons cherché aussi à déterminer la loi de la résistance des chariots marchant avec des vitesses différentes, question qui présentait jusqu'ici quelqu'incertitude.

Chapitre VII. Les cordes étant le plus ordinairement employées pour la remorque des chariots sur les plans inclinés et sur les lignes de chemins de fer manœuvrées par des machines fixes, il importait de déterminer exactement leur frottement. Le chapitre VII contient, sur ce sujet, plusieurs expériences dont nous avons déduit des règles pratiques.

Le chapitre VIII comprend une série d'expériences relatives aux quatre genres de moteurs en usage sur les chemins de fer : 1°. les plans automoteurs ; 2°. les machines fixes ; 3°. les chevaux ; 4°. les machines locomotives.

Sur les plans automoteurs, la force motrice est la pesanteur qui agit sur les chariots par l'intermédiaire des cordes. La règle pratique que nous avons donnée dans ce cas a pour base le résultat des expériences du chapitre VII.

L'effet utile des machines fixes a été déterminé d'après l'exemple de quatre machines employées sur divers chemins de fer.

A l'égard des machines à haute pression et sans condenseur, leur effet utile (calculé en supposant que la pression de la vapeur soit la même dans le cylindre et dans la chaudière) dépend, en grande partie, du rapport entre la vitesse du piston et celle de la charge, et aussi de l'étendue de l'ouverture qui amène la vapeur dans les cylindres. La surface de cette ouverture est, ordinairement, $\frac{1}{25}$ environ de celle du piston. Nous avons indiqué dans chaque cas la vitesse de ce dernier, afin de permettre d'établir un parallèle entre les machines que nous citons, et les machines semblables que l'on pourrait employer.

Nous avons donné dans le même chapitre des tables indiquant le travail utile des chevaux sur trois différentes lignes de chemins de fer.

La valeur moyenne de ce travail est inférieure à l'évaluation de M. Watt, et supérieure à celle de M. Smeaton. Mais comme l'expression de M. Watt est plutôt une donnée de convention que la mesure réelle du travail effectif du cheval, nous pensons qu'on doit peut-être dans la pratique admettre les données présentées dans notre tableau. C'est en prenant pour base ces résultats fournis par une longue expérience, que nous avons calculé les charges qu'un cheval peut traîner sur des chemins de fer présentant divers degrés d'inclinaison.

Quant aux machines locomotives, nous croyons avoir présenté un assez grand nombre d'expériences pour éclaircir leur mode d'action et faire apprécier leur travail utile. L'incertitude que présentait cette importante question, rendait cette discussion nécessaire ; et si nous nous sommes étendus trop longuement sur ce point, c'était pour satisfaire, autant qu'il était en nous, la curiosité publique. C'est dans ce but aussi que nous avons rappelé le concours mémorable de Liverpool, ainsi que les expériences qui en ont été la suite.

Enfin, nous avons présenté quelques observations sur le travail relatif des machines locomotives et des chevaux , ainsi que sur l'utilité des machines fixes et locomotives. Nous avons cité , à ce sujet, les résultats présentés dans les rapports de MM. Wallker et Rastrick, ainsi que dans l'ouvrage de MM. Stephenson et Locke.

Dans le chapitre IX on a mis en parallèle le travail effectué par les divers genres de moteurs en usage sur les canaux et sur les chemins de fer. On a indiqué, dans des tables , les charges qu'un cheval peut trainer, avec différentes vitesses , sur un canal et sur un chemin de fer. On a rappelé aussi les charges que peut remorquer, d'une part, un cheval de halage trainant un bateau, et de l'autre une machine locomotive voyageant sur un chemin de fer.

Tel est le résumé des divers sujets traités dans le cours de cet ouvrage. On trouve, de plus, des explications sur différens points , dans des notes placées à la fin des chapitres.

TRAITÉ PRATIQUE
DES CHEMINS DE FER.

CHAPITRE PREMIER.

DES COMMUNICATIONS INTÉRIEURES EN GÉNÉRAL.

Les Romains sont vraisemblablement les premiers qui aient établi des routes régulières dans la Grande-Bretagne. Ces routes n'étaient, à proprement parler, que des voies militaires destinées à éclairer le pays, et à assurer une communication facile entre les divers corps d'armée répandus sur la surface du territoire. Elles étaient ordinairement dirigées en ligne droite d'un poste à l'autre; et comme les troupes occupaient les hauteurs afin de mieux surveiller les mouvemens de l'ennemi, le tracé, au lieu de suivre la plaine et les contours des vallées, s'élevait constamment sur les sommets des collines. Aussi toutes ces routes étaient inégales et onduleuses, comme on peut en juger d'après celles qui subsistent encore de nos jours. Du reste, elles étaient construites avec soin, établies sur de solides fondations, pavées de larges dalles, et supérieures, sous tous les rapports, aux sentiers étroits et marécageux ouverts sans art par les premiers habitans du pays.

Les voies romaines, malgré leurs imperfections, suffirent, pendant plusieurs siècles, aux besoins du commerce; elles offraient un passage convenable aux bêtes de somme, alors exclusivement employées pour le transport des marchandises; mais elles devinrent complétement insuffisantes, du moment où les progrès de l'industrie firent sentir la nécessité d'adopter un mode de transport applicable aux objets d'un grand poids. L'usage des bêtes de somme ne se conserva que dans quelques cantons montagneux de l'Écosse et du pays de Galles, où il s'est maintenu jusqu'à nos jours, et l'on y substitua l'emploi des traîneaux, qui permettaient déjà d'appliquer à un fardeau unique la force de plusieurs chevaux. Bientôt après on mit en usage les voitures à roues, système plus parfait, dont on retrouve l'idée première dans les chars de guerre des anciens Bretons; et il fallut dès lors remplacer les voies militaires des Romains par les routes ordinaires.

Plus tard, lorsque le développement de l'industrie réclama des voies de communication plus sûres et plus expéditives, on imagina les chemins à rails. Ce système ne fut employé d'abord que dans des cantons isolés, et sur des points où une masse considérable de marchandises suivait constamment une même ligne; mais leur usage ne tarda pas à s'étendre, ainsi que nous l'indiquerons bientôt, en traçant d'une manière spéciale l'histoire de ce genre de chemins.

Les canaux, enfin, si précieux pour le transport des marchandises lourdes et encombrantes, et si généralement employés dans tous les pays manufacturiers, n'ont été introduits en Angleterre que plus récemment encore. C'est en 1755 que l'on fit le premier essai de ce genre: le ruisseau de Sanky fut canalisé, depuis la rivière de Mersey jusqu'à Sainte-Hélens, dans le comté de Lancastre; et ce fut ainsi que l'on préluda à l'exécution de ce vaste réseau de lignes navigables qui s'étend aujourd'hui dans toutes les parties de la Grande-Bretagne.

Les routes ordinaires, les chemins à rails et les canaux, tels sont les divers modes de communication qui se sont successivement introduits en Angleterre, et qui, aujourd'hui, se partagent le transport des marchandises et des voyageurs. Chacun de ces systèmes présente des

avantages et des inconvéniens qui lui sont propres; et il est nécessaire
de déterminer, dans chaque cas particulier, quel est celui qui remplit
le mieux les conditions de sûreté, d'économie et de célérité, si importantes pour le commerce et l'industrie.

Les routes ordinaires peuvent, dans certains cas, mériter la préférence; mais, en général, lorsqu'une masse considérable de marchandises doit suivre la même direction, c'est entre les chemins à rails et
les canaux seulement que l'on peut hésiter. Ces derniers, pendant
long-temps, ont été considérés comme offrant une supériorité incontestable; mais les idées ont subi à cet égard de grandes modifications,
et l'on pourrait s'étonner d'un changement aussi subit, s'il n'était facile
de reconnaître qu'il est le résultat de la nature même des deux systèmes, et que par conséquent il était inévitable. En effet, les canaux,
à l'époque même où ils furent introduits dans la Grande-Bretagne,
présentaient, à peu de chose près, le degré de perfection qu'ils ont
atteint de nos jours. Quelques améliorations de détails se sont bien
introduites dans la construction des ouvrages d'art, dans le mode de
passage des bateaux d'un bief à l'autre; mais la disposition générale
est restée la même. D'un autre côté, leur nature exclut presque entièrement l'emploi des machines comme moteurs, en sorte qu'ils n'ont
pu participer aux avantages que l'industrie a retirés dans ces derniers
temps des progrès de la mécanique.

Les chemins à rails, au contraire, qui, lors de l'introduction des
canaux, n'offraient que peu d'intérêt, ont subi, comme tous les arts,
un perfectionnement graduel. Leur système de construction permet-
tant, presque sans restriction, l'emploi des moteurs mécaniques, on
a vu leur utilité s'accroître à mesure que les machines se sont per-
fectionnées; et aujourd'hui, enfin, l'application de la vapeur au
mouvement des chariots, leur a donné une importance qui mérite de
fixer l'attention publique d'une manière vraiment sérieuse.

Ainsi, pendant que les chemins de fer subissaient chaque jour de nouvelles améliorations, les canaux sont restés stationnaires. Il était facile de prévoir, dès lors, que les premiers obtiendraient un jour la supériorité, et peut-être cette époque est-elle déjà arrivée. On ne saurait douter, cependant, que la marche lente de l'esprit humain, et la résistance générale opposée aux innovations, n'eussent retardé long-temps encore le développement de cette utile concurrence, si la prospérité du pays n'avait permis aux capitalistes de s'engager dans les spéculations même les plus hasardeuses.

Au reste, on ne peut apprécier exactement le mérite relatif des chemins de fer et des canaux, qu'en acquérant une connaissance approfondie de la nature et des propriétés essentielles de chaque système, et en réunissant une série de faits comparables. C'est pour fournir quelques documens positifs sur les chemins à rails que l'on a entrepris cet ouvrage. On a cherché, par une description précise de leur construction, de leur emploi, et de leurs principaux avantages, à mettre le lecteur en état de les comparer aux autres modes de communication intérieure, et de fixer son opinion sur leur mérite relatif

CHAPITRE II

DESCRIPTION DES CHEMINS A RAILS.

Il serait difficile d'indiquer avec précision l'époque à laquelle les chemins à rails furent introduits en Angleterre. Il paraît cependant que c'est vers le milieu du dix-septième siècle que l'on construisit pour la première fois un chemin de ce genre, destiné à faciliter l'exploitation des houillères de Newcastle-sur-Tyne.

On lit, en effet, dans un ouvrage intitulé *Chorographie,* ou *Description de Newcastle-sur-Tine,* publié en 1649, par Gray, que plusieurs habitans des provinces méridionales vinrent, dans l'espoir de bénéfices considérables, engager leurs capitaux dans l'exploitation des houillères. M. Beaumont, homme d'un grand mérite, arriva dans les mines avec une somme de 30,000 livres sterling (750,000 francs environ). Il y apporta plusieurs machines ingénieuses, alors inconnues dans ces contrées, telles que des tiges pour sonder la profondeur et la puissance des couches de houille, des machines d'épuisement pour les puits de mines, et enfin des waggons ou chariots à un cheval pour transporter la houille aux divers ports de la rivière. Cette dénomination de waggons, que l'on voit ici employée pour la première fois, et qui depuis a été constamment appliquée aux chariots en usage sur les chemins à rails, semble indiquer que ce système de route fut dès lors introduit par M. Beaumont. Mais, sans insister sur ce point, nous ferons seulement remarquer que, dans un ouvrage publié en 1676 (la vie de lord Keeper North), on trouve une indication précise des chemins à rails employés pour l'exploitation des houillères de Newcastle.

« Les transports, y est-il dit, s'effectuent sur des rails en charpente, parfaitement droits et parallèles, établis le long de la route depuis la mine jusqu'à la rivière; on emploie, sur ce genre de chemin, de grands chariots portés par quatre rouleaux qui reposent sur les rails. Il résulte de cette disposition tant de facilité dans le tirage, qu'un seul cheval peut descendre de 4 à 5 *chaldrons* (*le chaldron de Newcastle équivaut à 53 quintaux ou 2689 kilo. 59.*); ce qui procure aux négocians un immense avantage. »

Il est probable qu'à cette époque le mode de construction de la route offrait la plus grande simplicité; on en trouve du reste la description suivante dans les Voyages métallurgiques de Jaa, en 1765 (Tom. Ier., p. 199). « La largeur de la route est de 6 pieds environ (1^m.85): perpendiculairement à son axe, et à une distance de 2 à 3 pieds (0^m.61 à 0^m.91) les unes des autres, sont disposées des pièces de bois transversales, dont l'équarrissage varie entre 4 et 8 pouces (0^m.10 à 0^m.20); ces madriers ne sont équarris qu'à leurs extrémités. D'autres pièces de bois longitudinales taillées avec soin et ayant 7 pouces (0^m.18) environ de largeur, sur 5 pouces (0^m.13) d'épaisseur, sont placées sur les premières, et forment deux cours de rails parallèles à l'axe de la route, et distans l'un de l'autre de 4 pieds (1^m.22). Ces rails sont fixés sur les madriers transversaux au moyen de chevilles en bois, qui pénètrent dans ces derniers jusqu'à moitié de leur épaisseur environ. » (V. Pl. I, fig. 1 et 2.)

Ce genre de chemin, que l'on nomme chemin à rails simples (*single-way*), présentait de nombreux inconvéniens. En effet, quoique l'on donnât aux rails un degré de solidité plus que suffisant pour supporter le poids des chariots, ils étaient promptement détériorés par le frottement des roues, et se brisaient avant d'être entièrement usés. On se voyait donc obligé de les renouveler fréquemment, et, comme il fallait conserver la même largeur à la voie, on était dans la nécessité de pratiquer constamment de nouveaux trous aux points de jonction des rails avec les madriers transversaux, ce qui ne tardait pas à mettre ces derniers hors de service. Aussi ce genre de route, quoique bien supérieur aux chemins ordinaires sous le rapport de l'économie et de la facilité des transports, entraînait des frais considérables de main-d'œuvre et de matériaux pour le renouvellement continuel des rails et des madriers.

On essaya divers moyens de remédier à l'inconvénient que nous signalons. Il est probable que la première idée à laquelle on s'arrêta, fut d'établir des chemins à doubles rails (*double-way*), c'est-à-dire de couvrir par un nouveau rail celui qui reposait immédiatement sur les pièces transversales. D'après cette disposition, le rail supérieur étant seul exposé à l'action des roues, pouvait s'user presque entièrement, sans que la force de celui qui le supportait fût sensiblement altérée. De plus, la surface sur laquelle roulaient les chariots se trouvant élevée au-dessus du sol, on pouvait remplir la voie de pierres ou de scories jusqu'au niveau du rail inférieur, et prévenir ainsi la prompte détérioration que les pieds des chevaux faisaient éprouver aux traverses.

Les fig. 3 et 4, Pl. 1, représentent ce mode de construction; les rails inférieurs sont fixés sur des traverses semblables à celles du chemin à rails simples (fig. 1); les rails supérieurs reposent sur les premiers, auxquels ils sont solidement fixés par des chevilles en bois semblables à celles qui fixent le rail inférieur sur la traverse. Dans le chemin à rails simples, les points de jonction doivent nécessairement se trouver sur les pièces transversales, et il en est de même pour les rails inférieurs dans le chemin à rails doubles. Quant aux rails supérieurs, on peut établir leur jonction en un point quelconque. Les assemblages se trouvent ici placés à distance égale des traverses; mais ils pourraient l'être partout ailleurs.

On employait généralement, pour former les traverses, de jeunes arbres ou de fortes branches de chêne de 6 pieds (1^m.83) de longueur, sur 5 ou 6 pouces (0^m.127 à 0^m.152) d'équarrissage. Les rails inférieurs étaient, dans le principe, construits en chêne; mais, plus tard, on préféra le sapin. Ils avaient généralement 6 pieds (1^m.83)de longueur, et portaient sur quatre traverses, placées à 2 pieds (0^m.61) les unes des autres; ces dernières avaient environ 5 pouces (0^m. 127) de largeur, sur 4 ou 5 pouces (0^m.101 ou 0^m.127) d'épaisseur; le rail supérieur était ordinairement en bois blanc, et avait les mêmes dimensions que le rail inférieur.

Les chemins à rails en bois furent généralement employés aux houillères du Northumberland et du comté de Durham, ainsi que dans plusieurs autres provinces de l'Angleterre, où ils restèrent longtemps en usage. Leurs frais de construction et d'entretien étaient considérables; mais ils étaient bientôt couverts par l'économie des transports. Nous voyons en effet que la charge d'un cheval qui, sur une route ordinaire, n'était que de 8 baulls (6 hecto. 24), pouvait, sur un chemin à rails, être portée à 19 baulls (14 hecto. 82). Cette charge aurait même été plus considérable, si la flexibilité que présente le bois, surtout lorsqu'il est saturé d'humidité, n'eût augmenté la résistance opposée au mouvement des chariots. Lorsque sur quelques points la route présentait des pentes rapides ou suivait des courbes d'un petit rayon, on diminuait la résistance en clouant sur la surface des rails des plaques en fer battu. Cette disposition, qui offrait de grands avantages, était cependant d'une application difficile, à cause de la tendance qu'avaient les clous à se détacher des rails. Aussi elle ne fut jamais beaucoup employée, et elle devint d'ailleurs entièrement inutile par suite de l'adoption des rails en fer.

A cette époque, les canaux étaient le seul système de communication adopté dans tous les cantons houilliers, et le génie entreprenant et infatigable de Brindley, ainsi que de plusieurs ingénieurs habiles, les multipliait dans toutes les parties de la Grande-Bretagne. Les chemins à rails n'étaient employés que pour de courtes distances, et sur des points où les inégalités du terrain excluaient l'usage des canaux. Les savans, ainsi préoccupés par ce mode de communication, portaient peu leur attention sur les chemins à rails; ce qui explique pourquoi leur usage s'est répandu bien moins rapidement que celui des canaux, et pourquoi il existe une aussi longue lacune entre l'adoption des rails en bois et celle des rails en fer. La diminution de frottement produite par l'usage de ce métal sous forme de plaques, a probablement donné l'idée de son emploi exclusif, qui ne paraît cependant remonter qu'à une époque très-récente.

Nous trouvons dans l'ouvrage intitulé : *Trans. Highland society,* vol. 6, p. 7, les renseignemens suivans, qui ne sont du reste appuyés d'aucune preuve. « En 1738, les rails en fonte furent pour la première fois substitués aux rails en bois; cet essai ne réussit pas complétement, parce que l'on continua à employer les chariots anciens, dont la charge était trop forte pour la fonte. Néanmoins, vers 1768, on eut recours à un moyen fort simple : on construisit un certain nombre de chariots de plus petite dimension, on les joignit ensemble, et en divisant ainsi la charge, on détruisit la cause principale du peu de succès de la première tentative. » D'un autre côté, M. R. Stevenson, d'Édimbourg, dont les recherches sur les chemins de fer sont fort étendues, s'exprime ainsi : « J'ai visité, il y a quelques années, la grande fonderie de Colebrook-Dale, dans le Shropshire, où le fer coulé fut incontestablement appliqué pour la première fois à la construction des ponts: il résulte des renseignemens que j'ai pu obtenir que ce fut aussi là que l'on fit le premier essai des rails en fonte. Il paraît, d'après les registres de cette ancienne et importante compagnie, qu'environ 5 ou 6 tonnes de rails furent coulées le 13 novembre 1767, à titre d'expérience, sur la proposition de M. Reynolds, l'un des associés. » Enfin M. Curr, dans son ouvrage intitulé : *Coal viewer and engine builder*, publié en 1797, dit que sa première invention a été la construction et l'emploi des rails en fonte, qui furent adoptés pour la première fois à la houillère de Sheffield, environ vingt-et-un ans avant cette époque. Il semble résulter de ces divers documens que l'usage des rails en fonte remonte à peu près à l'année 1770.

Les fig. 5, 6 et 7, Pl. I, donnent l'élévation, le plan et la coupe des rails en fonte de M. Curr, tels qu'ils étaient employés dans les galeries souterraines des houillères du duc de Norfolck, près Sheffield. Les rails ont 6 pieds (1^m.85) de longueur; à l'extrémité de chacun d'eux est percé un trou, à travers lequel on enfonce un clou dans le support. La forme de cette pièce est la même que pour les rails en bois. Les rails, à leur point de jonction, sont simplement juxta-posés et cloués sur la traverse; un seul clou les fixe sur les traverses intermédiaires.

Les rails de ce genre, nommés rails plats, furent employés sous des formes variées, soit avec des traverses en bois occupant toute la largeur de la route, soit avec des supports à base carrée, tels qu'on les voit représentés fig. 6. En 1800, M. Benjamin Outram, ingénieur, en adoptant ce genre de rail sur le chemin de Little-Eton, dans le Derbyshire, remplaça les supports en bois par des dés en pierre (1). M. Outram n'est pourtant pas le premier qui ait adopté ce mode de supports; car feu M. Barns en fit usage en 1797, sur le premier chemin à rails en fonte construit dans les environs de Newcastle-sur-Tyne, de la houillère de Lawson à la rivière.

---

(1) On emploie aussi comme supports sur les chemins à rails plats, des traverses en fonte. La fig. 11, Pl. I, représente un chemin de ce genre. Le rail est fixé dans le support à l'aide d'un coin *a*, qui force la saillie *b* à pénétrer dans une cavité correspondante. Cette saillie du rail n'existe que sur la largeur de chaque support. Nous avons visité aux environs de Birmingham plusieurs chemins semblables qui servent à transporter la houille et le minerai des puits d'extraction aux usines.   (*Note des traducteurs.*)

La Pl. Ire., fig. 8, 9 et 10, représente en plan, coupe et élévation, ce genre de chemin dans son état actuel de perfectionnement. Les rails ont 4 pieds (1^m.22) de longueur, et sont posés sur des dés en pierre d'environ 1 pied (0^m.305) carré de base, sur 8 pouces (0^m.203) de hauteur. Chacun d'eux porte à son extrémité une entaille qui, en se réunissant à celle du rail contigu, présente la forme d'un tronc de pyramide quadrangulaire renversée. On taille dans le dé une surface parfaitement horizontale pour recevoir les rails; puis l'on perce jusqu'à moitié de son épaisseur environ un trou correspondant à celui que forment les deux entailles; on enfonce dans ce trou une cheville dont la tête maintient solidement les extrémités des deux rails juxta-posés : $d\,e$ est la surface sur laquelle porte la roue; $c\,e$ le rebord destiné à maintenir la roue sur cette surface. La hauteur de ce rebord, qui est constante sur toute la longueur du rail, doit être réduite autant que possible, afin de diminuer le frottement. On la fixe généralement à 3 pouces (0^m.076); mais en la réduisant ainsi, on cause une diminution notable dans la force du rail; car la résistance à la rupture est proportionnelle à la seconde puissance de la hauteur, et seulement à la première puissance de la largeur. On est alors obligé, pour compenser cette perte de force, d'ajouter, du côté opposé à d, le renfort indiqué en $a\,f$ et $a'\,f'$. La forme de ce renfort est calculée de manière à donner à toutes les parties du rail une égale résistance; elle est parabolique ou elliptique, comme on le voit dans l'élévation. Les rails que nous venons de décrire, à part quelques légères modifications que l'on y introduit quelquefois, constituent les rails plats les plus modernes. Ils étaient, tout récemment encore, construits en fonte, et ce n'est qu'en 1824 que l'on a commencé à employer le fer malléable.

Peu de temps après l'adoption des rails en fonte, on a mis en usage le système connu sous le nom de rails saillans (*edge rails*). Ce système a été employé, en 1789, par M. W. Jessop, sur le chemin de fer de Loughborough. Leur surface supérieure ne portait pas de rebord, et la partie inférieure présentait une forme elliptique : la roue était maintenue sur le rail au moyen d'un filet saillant ménagé autour de la jante, et de 1 pouce environ ($0^m.025$) de hauteur.

On voit en élévation, fig. 1re., Pl. II, le genre de rail saillant généralement employé il y a quelques années; il consistait en une barre de fonte de trois ou quatre pieds ($0^m.91$ à $1^m.22$) de longueur, et de ½ à ¾ de pouce ($0^m.013$ à $0^m.019$) d'épaisseur. La partie sur laquelle portait la roue avait une largeur de 2 pouces à 2 pouces ½ ($0^m.05$ à $0^m.06$); le rail était placé de champ, et maintenu dans des coussinets fixés sur les dés. Dans le principe on n'employait pas de coussinets, et les rails portaient à chacune de leurs extrémités deux saillies latérales que l'on fixait sur les supports au moyen de chevilles en fer ou en bois. Quant aux rails en fonte employés aujourd'hui, ils sont représentés Pl. II, fig. 2, 3, 4, 5, 6; leur épaisseur est constante sur toute leur longueur, et leur hauteur varie suivant une courbe elliptique, calculée de manière à ce que tous les points du rail présentent une égale résistance.

Les coussinets, Pl. II, consistent en une plaque de fonte de 4 pouces ($0^m.10$) sur 7 environ ($0^m.18$) et de ¾ de pouce ($0^m.019$) d'épaisseur; la surface supérieure qui doit porter le rail est exactement plane et horizontale. Sur cette base s'élèvent deux rebords saillans parallèles entre eux, qui forment une espèce de cavité où viennent s'assembler les extrémités des rails; ceux-ci sont fixés au moyen de chevilles en fer qui traversent des trous correspondans, percés dans l'extrémité des rails et dans les parties saillantes du coussinet. Les chevilles empêchent le rail de quitter la cavité dans laquelle il se trouve engagé, et les rebords du coussinet s'opposent en même temps à tout déplacement latéral. Les supports sur lesquels reposent les coussinets sont formés, soit de dés en pierres, soit de pièces de bois carrées, fortement assujetties dans le sol. Les dés ont généralement 16 à 20 pouces

(o^m.40 à o^m.50) de côté; mais sur le chemin de Liverpool à Manchester, leur base a 24 pouces (o^m.61) de côté, et leur hauteur est de
12 pouces (o^m.305). Quant aux supports en bois, on leur donne 2 à
3 pieds (o^m.61 à o^m.91) de longueur, sur 10 pouces (o^m.25) de largeur, et 4 à 8 pouces (o^m.10 à o^m.20) d'épaisseur. Ils sont généralement construits en bois de chêne, provenant de la démolition de
vieux navires; quelquefois ils règnent sur toute la largeur de la
voie, comme dans les anciens chemins à rails en bois.

Les rails, ainsi que nous venons de le dire, sont maintenus bout à
bout par deux chevilles qui traversent les rebords saillans du coussinet; ils portent donc directement sur le coussinet lorsque les chevilles
ont du jeu, et sur les chevilles mêmes lorsqu'elles sont fortement
serrées dans les trous. Dans les deux cas, pour que la ligne des rails
soit bien continue, il faut que la surface du terrain sur laquelle reposent les dés présente partout la même solidité. Dans le cas contraire,
et si le coussinet n'est pas placé sur la verticale passant par le centre
de gravité de la surface inférieure du dé, le poids des chariots qui
passent sur les rails déplacera les dés, comme on le voit fig. 1, Pl. II: il
en résultera nécessairement un abaissement d'un des côtés de la base
du coussinet, ainsi que de l'une des chevilles; et par suite le rail qui y
est fixé se trouvera entraîné au-dessous du rail voisin. On ne s'éton-
nera pas qu'un semblable déplacement soit fréquent, si l'on remarque
combien la nature du terrain peut présenter d'obstacles, combien il
est difficile de trouver des dés de forme convenable, et combien surtout il est rare que les ouvriers s'astreignent à fixer le coussinet pré-
cisément au centre du dé. Aussi, dans la pratique, est-il presque impossible de maintenir les rails dans leur position primitive.

Nous n'entrerons dans aucun détail sur les résultats fâcheux de ces
dérangemens. Il est évident que les chocs qui en résultent doivent
occasioner des pertes de force vive, et détériorer les chariots et les

rails. Aussi l'on a senti promptement la nécessité de faire disparaître
cette grave imperfection, et l'on a proposé dans ce but plusieurs systèmes de rails et de coussinets. En 1816, MM. W. Losh de Wallsend
et George Stephenson de Killingworth obtinrent un brevet d'invention pour un modèle qui remédie en partie aux inconveniens que
nous venons de signaler; il est représenté fig. 2, Pl. II. Les coussinets reposent sur des dés en pierre de la forme ordinaire. Les extrémités des rails sont coupées en biseau sur une longueur d'environ
2 pouces $\frac{1}{2}$ ($0^m.065$), de telle sorte que, lorsque les deux biseaux
sont juxta-posés, la surface du rail présente, au point de jonction, la
même largeur que dans ses autres parties; ces extrémités sont maintenues par une seule cheville en fer qui traverse les deux biseaux, ainsi
que les rebords du coussinet. La surface sur laquelle porte le rail est
convexe; elle est indiquée dans l'élévation par une ligne ponctuée :
ce système se nomme assemblage en biseau (*half-lap*).

Au reste, voici comment s'expriment à ce sujet les inventeurs eux-
mêmes :

« Nous avons eu pour but, 1°. de fixer invariablement les extrémités des rails sur les coussinets qui les supportent; 2°. de les disposer
de manière à ce que le bout d'un rail ne puisse s'élever au-dessus du
bout correspondant du rail contigu; 3°. de fixer les rails sur les dés,
de telle sorte que, dans le cas où ces derniers viendraient à dévier de
leur position verticale, déviation fréquente dans les autres systèmes,
l'assemblage des rails ne puisse éprouver aucune variation. Nos rails
sont coupés en biseau, et fixés au moyen d'une cheville qui remplit
exactement un trou percé dans les rails et les rebords saillans du coussinet; ce trou est placé à la hauteur nécessaire pour que les rails portent sur le fond du coussinet, auquel nous donnons une forme convexe. Il résulte de ces dispositions que le coussinet pourra se mouvoir
autour de la cheville, en s'écartant de sa position primitive, sans dé-

ranger le niveau des rails, qui continueront à reposer solidement sur
la surface convexe de leur base. »

Ce mode d'assemblage, qui offre un perfectionnement évident, a
été adopté sur plusieurs lignes de chemins de fer. Il préserve presque
totalement les chariots des secousses auxquelles ils étaient exposés, et
produit une diminution considérable dans la résistance opposée au
mouvement des roues, ainsi que le prouve une série d'expériences que
nous pourrions citer.

Diverses modifications ont été proposées pour ce mode d'assemblage; mais il serait trop long de les rappeler ici en détail. Il en est
deux cependant qui méritent quelque attention (fig. 5 et 6, Pl. II).
1°. (Fig. 5.) Les rails sont coupés carrément, et chacune de leurs extrémités porte une échancrure demi-cylindrique, dont le diamètre est
égal à celui du trou pratiqué dans le coussinet; les deux bouts présentent ainsi, lorsqu'ils sont réunis, un trou cylindrique où l'on enfonce la cheville qui traverse le coussinet. Cette cheville est sans effet
pour maintenir les rails dans le sens de leur longueur; mais elle les
empêche de se disjoindre par un mouvement de bas en haut, mouvement qui seul est possible lorsque les rails sont posés.

Dans le second système, représenté fig. 6, on évite le soulèvement
des rails sans employer de chevilles. Chaque rail porte à l'une de ses
extrémités une saillie qui s'ajuste dans une cavité pratiquée dans le bout
du rail contigu. Les rails sont ainsi maintenus dans un sens par cet assemblage, et dans l'autre par les parties saillantes du coussinet. Quant
à la base sur laquelle ils reposent, elle est ordinairement plate.

Le mode d'assemblage, représenté fig. 5, Pl. II, présente un inconvénient que nous devons signaler. Lorsque les rails portent seulement
sur la cheville, le dé peut tourner autour de cette cheville comme

axe, sans que l'assemblage se dérange; mais lorsqu'ils reposent sur le fond plat du coussinet, le dé ne peut se mouvoir sans forcer la cheville. Cet inconvénient se présente également, quoiqu'à un degré moindre, dans le système de MM. Losh et Stephenson. En effet, lorsque la cheville est serrée dans le trou qui traverse à la fois les bouts des rails et le coussinet, le dé ne peut se mouvoir qu'autour de la cheville comme axe : or, supposons que le rail repose sur le sommet de la base convexe du coussinet, et que le dé commence à s'incliner, on voit que le sommet de la courbe se trouve arrêté dans son mouvement par la surface plate du dessous du rail, qui forme la tangente de l'arc que le point de contact tend à décrire, et qu'ainsi la cheville doit nécessairement se soulever. Au reste, cette imperfection est la seule que présente le mode d'assemblage de MM. Losh et Stephenson, qui s'oppose très-efficacement d'ailleurs à la désunion des rails.

En 1829, M. Losh a obtenu un brevet d'invention pour un nouveau système d'assemblage sans chevilles, (fig. 4, Pl. II.) La partie du coussinet qui porte les rails est concave, et les parties correspondantes de ces derniers sont convexes. Les rails sont joints à demi-épaisseur par un assemblage d'environ 3 pouces ($0^m.076$) de longueur; ils sont réunis au moyen d'une saillie sphérique que l'un d'eux porte intérieurement, et qui s'engage dans une cavité correspondante pratiquée dans l'autre; ils sont d'ailleurs fixés au coussinet par deux saillies extérieures qui pénètrent dans des rainures verticales que présentent les parties saillantes de ce dernier. Cette disposition empêche les rails de se séparer dans le sens de leur longueur, et leur poids suffit d'ailleurs pour les faire porter constamment sur le fond du coussinet.

Les divers systèmes que nous venons de décrire, quoique présentant des avantages incontestables, ne remplissent pas complétement néanmoins une condition essentielle à laquelle doit satisfaire tout chemin de fer. Cette condition, c'est d'offrir aux roues des chariots une surface continue et parfaitement unie; or, pour qu'il soit ainsi, il est nécessaire ou que les assemblages des rails puissent se prêter au mouvement du dé sur lequel ils reposent, sans produire d'inégalités dans la voie, ou que les dés aient une assiette assez solide pour ne pas être dérangés par le poids des chariots.

Si l'on adopte le premier de ces deux moyens, on pourra considérer la cheville comme centre du mouvement, et donner à la partie inférieure du rail la forme d'un arc de cercle décrit de cette cheville comme centre. La surface de contact du coussinet sera alors soit convexe, soit concave. On pourra encore prendre pour centre du mouvement le point d'appui du rail sur le coussinet; et dans ce cas, la cheville devra être placée dans une espèce de rainure circulaire ayant ce point pour centre. Cette disposition s'opposera au déplacement vertical des rails, et permettra en même temps à la cheville d'obéir au mouvement du coussinet, sans déranger la surface de la voie.

Le second moyen qui a été adopté par M. Stephenson, dans la construction du chemin de fer de Liverpool à Manchester, exige que l'on emploie des dés en pierre d'une grande dimension, et que l'on consolide fortement le terrain qui doit les supporter. Ce système, quoique exigeant une dépense première assez forte, paraît néanmoins devoir être préféré, si l'on peut se procurer facilement la pierre, et préserver la route de l'humidité. On sentira, en effet, combien il est important de donner immédiatement aux dés toute la solidité désirable, si l'on remarque que leur replacement interrompt la circulation; inconvénient très-grave sur les chemins de fer(1).

En 1805, M. C. Nixon construisit, pour la première fois, aux houillères de Wallbottle, près de Newcastle-sur-Tyne, des rails en fer

---

(1) Voir la note 1 à la fin du chapitre.

malléable. Ces rails étaient formés de barres rectangulaires de 2 à
3 pieds (0^m.61 à 0^m.91) de longueur, sur 1 ou 2 pouces (0^m.025 à
0^m.051) de côté, et étaient réunis par un assemblage en biseau de
5 pouces environ (0^m.076) de longueur; mais leur surface trop étroite
coupait les jantes des roues; et comme on ne pouvait leur donner la
largeur des rails en fonte sans augmenter considérablement la dépense, on a long-temps préféré ces derniers.

Ce n'est qu'en 1820 que les rails en fer malléable ont reçu un perfectionnement notable. M. John Birkinshaw, des forges de Bedlington, qui obtint, à cette époque, un brevet pour leur construction,
leur donna une forme semblable à celle des rails en fonte (fig. 7,
Pl. II); il les fabriquait en faisant passer des barres de fer rouge entre
des cylindres cannelés, et leur donnait généralement une longueur
de 12 à 15 pieds (5^m.66 à 4^m.57); les dés étaient placés à 3 pieds environ de distance (0^m.91).

On voit représenté, fig. 8, Pl. II, le mode d'assemblage des rails en fer
malléable avec le coussinet. La base du rail porte d'un côté un rebord
dont la partie supérieure est horizontale. Dans une des parties saillantes
du coussinet est pratiquée une cavité correspondante à ce rebord; dans
l'autre partie saillante une cavité semblable est destinée à recevoir un coin
en fer. Lorsque le rail est placé dans le coussinet on enfonce le coin, et de
cette manière on force le rebord du rail à entrer dans la cavité qui
lui correspond, ce qui s'oppose à tout mouvement vertical. Ce mode
d'assemblage a été adopté par M. Stephenson, sur le chemin de Liverpool à Manchester (1).

Un autre modèle a été exécuté par M. Losh (fig. 10, Pl. II). Dans

_____

(1) Nous ajoutons, fig. 8, tous les détails du rail et du coussinet du chemin de fer de
Liverpool à Manchester, et fig. 9, ceux du chemin de fer de Garnkirk.

(Note des trad.)

ce système, la base du rail porte deux rebords latéraux, dont l'un pénètre, comme précédemment, dans une cavité du coussinet, et dont l'autre se trouve placé sous le coin en fer. De cette manière, celui-ci exerce à la fois une pression verticale sur le rebord du rail, et une pression horizontale qui force le rebord du côté opposé à entrer dans la cavité qui lui est destinée.

La fig. 1, Pl. III, représente l'assemblage adopté par M. Steel, sur le chemin de fer de Clarence. Le rail diffère de ceux que nous venons de décrire, en ce qu'il a une hauteur constante sur toute sa longueur. Dans l'une des parties saillantes du coussinet est pratiquée une cavité circulaire destinée à recevoir l'un des rebords du rail, et de l'autre côté on conserve entre le coussinet et le rail un vide que remplit exactement un coin en fonte d'une forme convenable (1). L'usage des coins pour fixer les rails est infiniment préférable à celui des chevilles; car nous avons remarqué constamment, surtout lorsque l'on emploie des rails en fer d'une grande longueur, que les chevilles ne tardent pas à s'user et à prendre du jeu. Il est très-difficile alors de les consolider, tandis que les coins peuvent toujours facilement être resserrés.

Nous venons de décrire les meilleurs modèles de rails en fer et en fonte actuellement en usage. Chacun de ces systèmes a ses partisans; et sans prononcer ici sur leur mérite relatif, nous nous bornerons à donner les opinions de plusieurs ingénieurs sur cette importante question.

M. Chapman, dans son rapport sur le chemin de Newcastle à Carlisle, s'exprime ainsi :

« On peut construire les chemins à rails, soit en fonte, soit en fer

---

(1) Dans les détails que nous ajoutons, on peut voir que l'assemblage des rails est à demi-épaisseur, et consolidé par une cheville transversale.

(Note des trad.)

malléable; les rails en fer sont peut-être un peu moins dispendieux, et ils ont été appliqués avec succès dans les galeries souterraines où la charge est peu considérable; mais sur les chemins de fer, où l'on emploie des chariots pesans, ils sont moins avantageux, sous le rapport de la durée, que les rails en fonte d'une force convenable. En effet, les roues trempées sont aujourd'hui généralement employées, excepté cependant pour les machines locomotives, auxquelles elles n'ont pu être appliquées à cause de leur faible adhérence sur les rails. Ces roues, chargées d'un poids considérable, en roulant sur des rails laminés et conséquemment fibreux, aplatissent leur surface supérieure, et finissent par les diviser en lames : l'effet que nous signalons ici cause des dommages beaucoup plus fâcheux que l'oxidation »

M. Longridge, l'un des propriétaires des forges de Bedlington, a répondu aux observations de M. Chapman, en soutenant la supériorité des rails en fer malléable. Il cite une lettre de M. Thompson, agent de lord Carlisle à Tindale-Fell, qui affirme que les rails en fer malléable, employés depuis seize ans dans cette localité, ne présentent aucune apparence du genre de dégradation signalé par M. Chapman.

« Tout le fer forgé qui a été employé depuis quinze à seize ans, dit M. Thompson, me paraît en bon état : les rails en fonte sont certainement plus dégradés et plus sujets aux ruptures, quoique leur poids soit à peu près double de celui des rails en fer malléable. Les chariots sont ordinairement chargés de près d'un *chaldron de Newcastle* (55 quintaux ou 2,689 kil. 59). »

M. R. Stevenson, ingénieur d'Édimbourg, annonce dans les *Transactions of highland Society*, vol. VI, p. 139, qu'il n'hésite pas à accorder la préférence au fer malléable. M. G. Stephenson, de Newcastle, breveté pour les rails en fonte perfectionnés, présente, dans un rapport fait à ce sujet, les observations suivantes :

« La condition que l'on a à remplir dans la construction des chemins à rails est d'employer des matériaux qui permettent d'effectuer, le plus économiquement possible, la plus grande quantité de travail utile, et qui, par leur nature même, présentent la plus grande durée ; je pense que les rails en fer malléable brevetés de Birkinshaw, sont ceux qui réunissent ces avantages au plus haut degré. Il est certain que ces rails peuvent aujourd'hui être confectionnés à meilleur marché que ceux en fonte, attendu que leur poids est moindre de moitié pour une égale solidité, et que le prix du fer malléable est loin d'être double de celui de la fonte : de plus, étant moins sujets à se rompre par l'effet d'un choc brusque, ils permettent de donner aux chariots une vitesse considérable. Pour obtenir des rails en fonte les mêmes avantages, il faudrait leur donner un poids énorme, ce qui augmenterait nécessairement la dépense première. Les rails en fer malléable offrent aussi plus de solidité pour la construction de la route ; car on peut leur donner une longueur assez grande pour qu'ils reposent sur plusieurs dés, de telle sorte que ces derniers se maintiennent mutuellement. Cette disposition diminue d'ailleurs le nombre des assemblages, et rend ainsi moins fréquentes les secousses éprouvées par les chariots. Les rails en fer malléable s'usent, par le frottement des roues, d'une manière plus constante et plus uniforme que ceux en fonte, ce qui ne les empêche pas, en définitive, d'être d'une plus longue durée. Quelques ingénieurs ont prétendu qu'ils étaient sujets à s'exfolier dans la partie exposée à la pression de la roue : c'est un fait que je crois pouvoir nier formellement ; j'ai examiné attentivement des rails employés depuis plusieurs années sur une ligne très-fréquentée, et nulle part je n'ai aperçu d'effet de ce genre. La pression des roues doit être certainement plus nuisible à la fonte qu'au fer malléable. Il est bien vrai que la fonte a plus d'élasticité que le fer ; dans ce sens, qu'elle peut subir un allongement plus considérable sans altération permanente ; mais, d'un autre côté, il suffit d'un léger changement de forme pour la briser complétement. Le fer malléable, au contraire, peut éprouver dans sa forme des modifications très-sensibles, sans que sa force de cohésion en reçoive aucune diminution. D'après cela, le poids, qui suffirait pour écraser le tissu cristallisé de la fonte, aplatirait seulement le fer malléable, et par cela même augmenterait sa résistance. Nous pouvons donc assurer que le fer, en raison de sa malléabilité, ne peut subir d'exfoliation tant qu'il n'est pas altéré par quelqu'action chimique.

» Le frottement des roues produit aussi des effets très-distincts sur les rails en fer et en fonte, à raison de la différence remarquable qu'offre la contexture de ces deux substances. En effet, le fer malléable présente dans toutes ses parties une densité uniforme, tandis que dans la fonte, comme dans tout autre corps formé d'une manière analogue, le tissu est plus dense à la surface qu'à l'intérieur, ce qui provient indubitablement du refroidissement plus rapide de cette surface. Il résulte de là que du moment où la roue a usé la couche extérieure d'un rail en fonte, sa destruction devient très-prompte. Quant à l'action de l'atmosphère, elle s'exerce à peu près également sur les deux substances, et, dans les deux cas, elle ne produit que des effets très-peu sensibles. Le frottement et la pression à laquelle les rails sont constamment exposés entretient sur leur surface un poli qui contribue probablement à les préserver de l'oxidation, et les parties latérales sont sans doute garanties par la croûte d'oxide noir qui recouvre toujours la surface du fer. »

Des expériences récentes ont en effet démontré que les rails en fer, ainsi que l'annonce M. Stephenson, ne se détruisent ni par l'exfoliation, ni par l'oxidation, et que sous ce rapport ils sont supérieurs aux rails en fonte. On peut du reste se faire une idée assez exacte de la durée relative du fer et de la fonte, en comparant entre elles les roues construites avec ces deux matières : les roues en fonte des machines locomotives sont ordinairement usées au bout de neuf mois, tandis

que nous voyons quelquefois des jantes en fer malléable encore en
bon état après trois ans de service. Quant aux effets de l'oxidation
sur les rails en fer malléable, ils offrent des différences très-remar-
quables, suivant que ces rails forment la voie d'un chemin de fer,
ou restent exposés sans emploi à l'action de l'atmosphère. On remarque en effet que, dans le premier cas, ils ne présentent aucune altération sensible, tandis que dans le second cas on voit se détacher con-
tinuellement de leur surface des écailles de fer oxidé (1).

On a donné, dans l'origine, des dimensions beaucoup trop faibles
aux rails en fonte, en cherchant à rendre leur construction plus économique que celle des rails en bois; et il est résulté de là que la plupart de ceux qui ont été posés il y a une vingtaine d'années sont aujourd'hui hors de service. Il paraît nécessaire de donner aux rails une
force très-supérieure à celle qui est rigoureusement indispensable pour
supporter le poids auquel ils sont soumis. En effet, les secousses produites par les inégalités de la route, qui font porter la charge alternativement sur chaque côté du chariot, et de plus les chocs latéraux
causés par les obstacles accidentels qui peuvent se rencontrer sur la
voie, tendent à briser les rails en fonte et à courber ceux en fer malléable. On conçoit combien il est important de prévenir un semblable accident, qui peut avoir les conséquences les plus graves lorsque
les chariots marchent avec une grande vitesse.

Après avoir décrit les divers genres de rails en fer ou en fonte actuellement en usage, il sera peut-être utile de faire connaître un modèle
formé par la combinaison de ces deux substances, et proposé en 1817
par M. John Hawks de Gateshead. La partie inférieure du rail présentait la forme ordinaire, et consistait en une barre de fer malléable
dont la surface supérieure était taillée en queue d'hironde ou cou-

---

(1) Voir la note 2 à la fin du chapitre.

verte d'aspérités. **Sur cette** surface on coulait la partie destinée à
recevoir la roue. Le rail se trouvait ainsi formé d'une partie supérieure
en fonte d'environ $\frac{3}{4}$ de pouce (0^{m}.019) d'épaisseur, et d'une partie
inférieure en fer malléable. Cette combinaison repose sur ce principe,
que dans toute barre de fer soutenue par ses extrémités, et soumise
à l'action d'un poids, la partie inférieure est dans un état de tension,
tandis que la partie supérieure subit une pression : or l'on sait que le
fer forgé supporte mieux la tension que la fonte, tandis que cette
dernière résiste mieux à la pression. M. Hawks a espéré obtenir ainsi
une plus grande résistance, et en même temps l'avantage de présenter
à la roue la surface la plus dure; mais les soins nécessaires pour opérer complétement la jonction des deux matières rendaient la fabrication de ces rails assez difficile; le contact du fer, pour peu que
ce dernier ne fût pas complétement exempt d'humidité, altérait la
qualité de la fonte; de plus, la partie en fer forgé était trop faible,
et en cédant au poids du chariot, elle exposait la partie supérieure
en fonte à se briser. Ce sont probablement ces inconvéniens qui ont
empêché d'adopter les rails de M. Hawks (1).

Il nous reste maintenant à faire connaître la disposition des rails
au point de rencontre d'une voie principale avec une voie diagonale,
ainsi qu'au point de croisement de deux voies. Lorsque le chemin de
fer est à double voie sur toute sa longueur, et lorsque tous les chariots doivent marcher avec une vitesse égale, il n'est pas nécessaire
d'établir un grand nombre de voies diagonales pour le passage d'une
ligne à l'autre; mais si l'on a à transporter des voyageurs ou des marchandises légères qui exigent une grande vitesse, ces passages sont in-
dispensables pour permettre aux convois rapides de dépasser les chariots marchant plus lentement.

____

(1) Voir la note 3 à la fin du chapitre.

Supposons, par exemple, que, sur la ligne A A, (fig. 7, Pl. III), un convoi de marchandises s'avance de A en A', et qu'un autre convoi de marchandises légères ou de voyageurs marche sur la même voie et dans la même direction ; le premier convoi prendra la ligne BB', au moyen de la voie diagonale ab, laissera passer le convoi plus rapide, puis rentrera dans la voie AA' au moyen de la ligne diagonale cd. De même si un convoi léger marchant sur la ligne BB', de B' en B, rencontre un convoi plus lent marchant dans la même direction ; à un signal donné, le convoi lent passera au moyen de la voie transversale fe sur la ligne A'A, jusqu'à ce que l'autre convoi l'ait dépassé, puis reprendra la première ligne au moyen de la voie diagonale cd. De cette manière, lorsque la route est sensiblement en ligne droite, ainsi que cela devrait toujours avoir lieu sur les chemins de fer destinés au public, les convois n'interrompent pas réciproquement leur marche.

Le passage des chariots d'une voie à l'autre s'opère de la manière suivante (fig. 10, Pl. III) : au point de jonction de la ligne diagonale avec la ligne principale est placée une aiguille ou rail mobile ab. Tant que cette aiguille reste dans la position que la figure indique, les chariots suivent invariablement la ligne principale; mais lorsqu'elle est appuyée contre le rail de la voie principale, dans la position indiquée par les lignes ponctuées, elle agit sur le rebord des roues, et force le chariot à entrer dans la voie diagonale; l'autre rail de la voie principale présente une ouverture g destinée à livrer passage au rebord de la roue. Les aiguilles doivent toujours être placées à l'avance par le conducteur dans la position convenable pour que le chariot change de voie.

Au point de croisement ($x\,x$, fig. 7) des deux lignes de rails, on emploie le système représenté fig. 15 : les deux rails se confondent au point a, et se séparent de nouveau en b et c. De chaque côté en dd et ee sont placés des rebords saillans de $\frac{4}{7}$ de pouce ($0^m.019$)

de hauteur, destinés à maintenir les roues au point x, où l'action de leurs filets devient nulle.

Lorsque le passage des chariots d'une voie diagonale dans la voie principale doit s'effectuer constamment dans le même sens, on peut employer la disposition indiquée fig. 11, Pl. III, laquelle offre l'avantage de n'exiger aucune manœuvre.

Sur les chemins à simple voie on établit de distance en distance des gares ou portions de voies latérales qui permettent le croisement des chariots marchant en sens contraire. La figure 8, Pl. III, représente un système de ce genre : les chariots chargés suivent constamment la direction principale AA′, tandis que les chariots vides, marchant en sens inverse, entrent, pour leur livrer passage, dans la voie latérale B′B. On emploie, du reste, aux points de rencontre des voies diagonales avec les voies principales, les dispositions que nous venons de décrire pour les chemins à double voie.

Ces appareils exigent généralement, ainsi que nous l'avons déjà fait observer, que les aiguilles soient manœuvrées chaque fois que les chariots doivent changer de voie; cet inconvénient peut être évité sur les chemins à simple voie au moyen du système représenté fig. 9, Pl. III. La route se partage en deux voies distinctes, bd, ac, destinées exclusivement, l'une aux chariots qui marchent dans le sens AA′, l'autre aux chariots qui marchent en sens inverse. Les premiers suivent d'eux-mêmes la ligne A bdc A′, et les seconds la direction A′cab A. Aux points c et b sont placés des appareils fixes, semblables à celui qui est représenté fig. 11, Pl. III.

Ce mode de croisement est très-utile sur les chemins de fer publics, où toute négligence dans le placement des aiguilles peut donner lieu aux plus graves accidens; mais il présente cependant l'inconvénient

de forcer les chariots à suivre des coudes brusques, même lorsqu'ils
ne doivent pas se croiser.

Nous avons adopté récemment, sur le chemin de fer de Killingworth,
un système qui, sans offrir la même imperfection, rend également
toute manœuvre inutile (fig. 12 et 13, Pl. III). A l'une des extrémités de la voie latérale (fig. 12) sont placées deux aiguilles, *ik* et *dr*,
mobiles autour des chevilles *i* et *d*, et s'appuyant en *k* et en *r* sur des
plaques de fonte; ces deux aiguilles sont unies par une chaîne ou une
barre de fer. Une autre chaîne plus petite est fixée en *r* à l'aiguille
dr, et passe sur une poulie placée en dehors de la voie. Elle supporte
à son extrémité un poids suffisant pour maintenir les aiguilles dans la
position que la figure indique, et pour les y ramener lorsqu'elles en ont
été écartées. A l'autre extrémité de la voie latérale est disposé un appareil
semblable. Les chariots chargés suivent constamment la voie principale
dans la direction marquée par la flèche, et les chariots vides suivent
la direction opposée, en passant sur la voie latérale. On voit aisément
que les premiers arrivent sans obstacle jusqu'en *cl*, *gs*; là le rebord des
roues appuyant sur le rail *ef*, pousse l'aiguille *ts* contre le rail *ph*, et
éloigne l'aiguille *vl* de *ef*. Après le passage du convoi, les deux aiguilles sont ramenées dans leur position primitive par le contre-poids dont
nous avons parlé; quant aux chariots vides, ils sont dirigés vers la
voie latérale par l'aiguille *vl*, et rentrent sur la ligne principale en déplaçant les aiguilles *dr* et *ik*.

Le mode de croisement que nous venons de décrire a l'avantage de
présenter aux roues une surface continue. Dans le système indiqué
fig. 11, au contraire, il existe aux points *f* et *h* un intervalle considérable entre les deux rails; comme le rail *ab* s'use beaucoup plus
vite que *f*, celui-ci se trouve bientôt plus élevé que le premier, et
cette différence de niveau produit un choc lors du passage des chariots. Cet inconvénient se présente encore à un plus haut degré dans

le système de croisement en X, représenté fig. 15. Car les convois chargés aussi bien que les convois vides, passent sur le rail a, qui se trouve ainsi promptement abaissé au-dessous du niveau des rails b et c.

On voit, fig. 14, un système destiné à prévenir ces secousses. a, b, c, d, représentent la voie principale; e, f, g, h, la voie latérale : sur les rails e et c sont placées deux aiguilles i et k, que des contre-poids tiennent appuyées contre les rails cd, ef. Lorsqu'un chariot chargé s'avance de ac en bd, ou de bd en ac sur la voie principale, la roue pousse l'aiguille i dans la position que la figure indique, et passe ainsi sans secousse sur une surface parfaitement de niveau. De même, sur la voie latérale, le chariot arrive en k, écarte l'aiguille k du rail ef, tandis que l'aiguille i, appuyée par le contre-poids sur le rail dc, offre aux roues une surface continue. Les poulies sont placées dans des boîtes au-dessous du niveau du chemin de fer, et ne peuvent ainsi être endommagées par les chariots.

La fig. 2, Pl. 4, représente le mode adopté par M. Stephenson, sur le chemin de fer de Liverpool à Manchester, pour faire passer les chariots d'une voie principale $abcd$, sur une voie diagonale $acef$. Les deux rails ae, cf, sont mobiles autour des points a et c, et sont réunis à leur extrémité par une tige de fer g, qui s'étend d'un côté à l'autre de la route. Cette tige se termine par une boîte oblongue contenant un excentrique qui est manœuvré par un bras de levier horizontal. Les dimensions de l'excentrique sont telles, que pour la position h du bras de levier, les rails mobiles se trouvent placés sur la voie principale, ainsi qu'on l'a indiqué en points ronds, et que, pour la position k de ce bras de levier, ils correspondent à la voie latérale. Ce système présente toute sûreté, et se manœuvre très-facilement (1).

---

(1) Voyez les notes 4 et 5, à la fin du chapitre

NOTES

DES TRADUCTEURS.

Note 1.

Pour compléter l'histoire des rails en fonte, nous croyons devoir ajouter ici la description d'un modèle employé sur plusieurs chemins que nous avons visités aux environs de Newcastle. Ils sont représentés fig. 3, Pl. 2. Ces rails, qui présentent la forme ordinaire, sont joints bout à bout ; le coussinet ne porte qu'une partie saillante du côté extérieur de la voie. Un boulon traverse cette partie saillante ainsi que les deux rails, et est serré du côté intérieur par un écrou. Les rails portent à leur extrémité un renflement qui pénètre dans une cavité pratiquée au fond du coussinet.

Note 2.

Nous empruntons au rapport présenté en 1832, à l'assemblée générale des actionnaires du chemin de fer de la Loire, la note suivante relative aux effets de l'oxidation sur les rails.

« On craignait que les rails, sans cesse exposés à l'humidité et si voisins du sol, ne fussent promptement détériorés par l'effet de la rouille ; mais il a été fait à cet égard une observation singulière. Tant que les rails sont emmagasinés ou couchés sur la terre, ils s'oxident effectivement beaucoup, et c'est un genre de destruction dont on cherche à les préserver le plus possible ; mais aussitôt qu'ils sont posés et mis en rapport les uns avec les autres, il n'y a plus rien à craindre, non-seulement pour la surface exposée fréquemment au frottement des roues ; mais encore pour les côtés, et même les parties qui touchent à terre. C'est ce que nous avons observé sur toute la ligne du chemin de fer.

» A quelle cause est-on redevable de cet avantage ? nous ne saurions le préciser d'une manière absolue ; ce qui est certain, c'est qu'indépendamment de l'ébranlement, ou si l'on veut du frémissement communiqué aux rails lors du passage des chariots, il s'établit sur toute la ligne un courant magnétique prononcé. En effet, il existe toujours à la jonction des rails entr'eux un intervalle de deux millimètres, pour permettre leur dilatation par la chaleur. Or, si l'on jette de la limaille de fer au-dessus de cet intervalle, les parcelles de limaille restent suspendues au niveau de la surface des rails, et s'agglomérant les unes aux autres ne tardent pas à réunir les deux rails entr'eux. Si l'on pose de la limaille sur une feuille de papier au-dessus des rails, cette limaille s'agitant d'elle-même se dispose en ligne dans la direction même du rail. Une influence protectrice préserve donc les rails contre les ravages de l'oxidation, et ce fait important sera pour les chemins de fer d'un immense avantage. »

Note 3.

Nous avons pensé qu'il serait utile d'ajouter ici la description des principaux rails nouvellement employés en Angleterre, en France et en Amérique, et dont la forme présente quelques particularités remarquables.

Rail du chemin de fer de Saint-Helens à Runcorn, fig. 2, Pl. 3. Sa hauteur est constante sur toute sa longueur. Il porte un rebord inférieur également saillant des deux côtés. Il est fixé au coussinet au moyen de deux coins qui pénètrent dans des cavités correspondantes du coussinet, ces coins, étant plus épais à leur base qu'à leur sommet, s'opposent au mouvement vertical du rail en appuyant sur son rebord inférieur. Les axes des supports sont éloignés de 3 pieds (0^m.91). Le poids de ce rail est de 42 livres par yard (20^k,78 par mètre).

Rail de MM. Stephenson et Vignolle, fig. 3, Pl. 3. Sa section est constante sur toute sa longueur. La partie supérieure est plus forte du côté intérieur de la voie, comme devant supporter la plus grande partie de la charge. Les rails ont une base plate, et sont fixés sur les supports au moyen de chevilles en fer sans l'intermédiaire de coussinets. La base du rail porte deux rainures sur lesquelles appuient les têtes des chevilles, comme on le voit dans la coupe en travers. Les points d'appui sont éloignés de 4 à 5 pieds (1^m.22 à 1^m.52), les rails pèsent 42 liv par yard (20^k.78 par mètre).

Rail employé à la Nouvelle-Orléans. On nous a communiqué le dessin de ce rail, que l'on voit fig. 4, Pl. 3. Sa section est constante sur toute sa longueur. Il est fixé sur des pièces longitudinales au moyen de chevilles en fer éloignées les unes des autres de 6 pouces (0^m,15).

Rail employé par MM. Mellet et Henry sur le chemin de fer de la Loire, fig. 5, Pl. 3. Sa section est la même sur toute la longueur; il porte d'un seul côté un rebord inférieur. Le rail est fixé au coussinet au moyen d'un coin qui fait pénétrer le rebord du rail dans une des parties saillantes du coussinet. Les rails sont assemblés bout à bout, leur poids est de 13 kil. par mètre courant; les points d'appui sont éloignés de 0^m.83. Ce rail diffère peu de celui qui a été adopté par M. Séguin pour le chemin de fer de Saint-Étienne à Lyon, et dont le modèle a été fourni par M. Philip Taylor.

Rail proposé pour le chemin de fer de Paris à Pontoise, fig. 6, Pl. 3. Ce rail, dont la section est constante sur toute sa longueur, porte deux rebords inférieurs symétriques, dont l'un pénètre dans une cavité du coussinet. Du côté opposé, le rail est assujetti par deux coins; le coin supérieur est en fonte et se place le premier ; le second, en fer malléable, s'enfonce avec un marteau. Le poids des rails est de 20 kil. par mètre de longueur. Les points d'appuis sont éloignés de 0^m.83.

En terminant cette description des divers genres de rails employés jusqu'ici, nous croyons devoir rappeler que les rails plats sont aujourd'hui presque entièrement abandonnés, et que pour la construction des rails saillans, qui seuls sont employés actuellement sur les chemins de fer publics, on adopte généralement le fer forgé. Enfin, dans les rails les plus récemment projetés, la section est constante sur toute la longueur.

Note 4.

Nous ajoutons, fig. 1, Pl. 4, le détail d'un changement de voie avec une seule aiguille employée sur le chemin de fer de Darlington à Stockton.

Les chariots pleins suivent constamment la voie principale dans la direction indiquée par la flèche. Les chariots vides marchent en sens inverse, et prennent la voie latérale, dont l'extrémité est représentée dans la figure. Ils rejoignent la voie principale en déplaçant l'aiguille, qui, dans sa position ordinaire, est maintenue près du rail au moyen d'une poulie et d'un contrepoids. La pièce de fonte *c d e f* porte une saillie *g* destinée a empêcher les chariots de sortir des rails, au moment où, rentrant sur la voie principale, ils éprouvent une secousse causée par le changement subit de leur direction. La pièce de fonte *c d e f*, sert à faciliter le mouvement de l'aiguille et à maintenir son axe.

On emploie sur le chemin de fer de Liverpool à Manchester, pour changer de voie à angle droit, le système représenté fig. 3, Pl. 4. Il se compose d'une plate-forme circulaire en fonte, mobile autour de son axe, et supportée par huit galets qui roulent sur un cercle en fer fondu. La plate-forme est recouverte d'un plancher sur lequel sont fixés les rails. Au moyen d'un simple mouvement de rotation de la plate-forme ces rails peuvent correspondre successivement aux deux voies, entre lesquelles se se trouve ainsi établie une communication facile. Ce système est applicable, quel que soit l'angle sous lequel les deux voies se rencontrent.

Note 5.

Nous avons pensé qu'il était indispensable de faire connaître les dispositions adoptées dans quelques cas particuliers pour le profil des chemins de fer.

La fig. 1, Pl. 5, représente le mode de construction employé sur le chemin de fer de Liverpool à Manchester, à la traversée de la route à barrières qui réunit ces deux villes. Le rail est compris entre deux cours de pierres de taille, et a sa surface supérieure à peu près au niveau de la route. Il est garanti des chocs par deux lames de fer éloignées de $0^m,04$ de ses deux rebords. Au-dessous de chaque rail, et dans l'intérieur du massif de maçonnerie sur lequel reposent les pierres de taille, règne un fossé longitudinal de $0^m.36$ de largeur, destiné à recevoir l'eau pluviale ainsi que les matières qui pourraient s'accumuler autour du rail.

On voit, fig. 2, la disposition adoptée sur un grand nombre de chemins de fer à la traversée d'une route vicinale. Le rail est simplement garanti par deux pièces de bois longitudinales, dont la partie supérieure est quelquefois garnie de plaques en fer.

Nous devons à l'obligeance de M. Mallet, inspecteur divisionnaire des ponts et chaussées, le détail du mode de construction adopté sur le chemin de fer de Garnkirk à Glascow dans la traversée d'un marais (fig. 3, Pl. 5). On établit sur le sol une couche de fascinages de $0^m.10$ d'épaisseur, que l'on recouvre d'un remblai en terre forte et en pierraille de $0^m.25$ d'épaisseur. On pose sur cette base un système de charpente composé de doubles longrines séparées par des traversines. Les coussinets reposent immédiatement sur les longrines supérieures. L'espace compris entre les deux rails de chaque voie est occupé par un empierrement en matériaux durs. Le reste de la route est recouvert d'un empierrement moins résistant. De chaque côté du chemin est établie une rigole pavée, séparée par un mur des terrains environnans. Les eaux de ces rigoles s'écoulent au moyen de petits conduits transversaux dans un aqueduc qui règne sur toute la longueur de la route à $0^m.70$ environ au-dessous de son niveau.

Un autre mode de construction a été employé dans une circonstance analogue par M. Philip Taylor, sur un embranchement du chemin de Pontipool (pays de Galles) (fig. 4, Pl. 5).

Des pieux légèrement inclinés dans le sens transversal sont placés à une distance de $0^m.04$ d'axe en axe. Ils sont réunis par des longrines, sur lesquelles reposent des pièces transversales, correspondant à la tête de chaque pieu. Les coussinets sont fixés sur ces traversines. Ce mode de construction a complétement réussi.

CHAPITRE III.

Les chariots employés sur les chemins de fer présentent des formes très-variées, suivant les différentes espèces de marchandises qu'ils sont destinés à transporter. Aussi n'essaierons-nous pas d'en donner une énumération complète; nous nous contenterons de faire connaître le mode de construction des roues, des essieux, des boîtes d'essieux et des diverses pièces dont la disposition dépend uniquement de la nature de la roue.

Pendant long - temps on n'a employé sur les chemins de fer que des roues en bois, composées, tantôt d'une pièce unique, tantôt de deux ou trois pièces reliées ensemble par des chevilles, et maintenues par des plaques de fer en S, clouées sur les joints. Sur un des côtés de la jante on ménageait un rebord destiné à guider la roue sur le rail. Quant aux essieux, ils étaient en fer forgé, et fixés à demeure dans les moyeux, de sorte qu'ils tournaient en même temps que les roues.

L'emploi de ce genre de roues présentait un grave inconvénient : il était en effet presque impossible de leur donner une forme parfaitement circulaire, et il en résultait que le centre de gravité du chariot, au lieu de se mouvoir parallèlement à la surface des rails, éprouvait un mouvement vertical qui consommait inutilement une partie plus ou moins considérable de la force motrice. On a cherché à éviter cet inconvénient par l'emploi des roues en fonte.

Il serait assez difficile de préciser l'époque à laquelle on commença à mettre en usage ce dernier genre de roues. On trouve dans un dictionnaire des sciences et des arts, publié en 1754, le dessin d'une roue en fonte employée pour les chariots, qui transportaient les pierres d'une carrière des environs de Bath. Cette invention est citée dans l'ouvrage comme offrant une supériorité incontestable sur le système adopté aux houillères de Newcastle; d'où l'on doit conclure que, dans cette dernière localité, les roues en fonte n'étaient pas encore en usage à cette époque. Nous ne saurions dire combien de temps après elles y furent adoptées; mais il paraît qu'en 1765 on employait généralement deux roues en fonte et deux en bois. Ces dernières étaient seules soumises à l'action du frein, destiné à modérer la vitesse dans les descentes rapides.

Au reste, l'emploi exclusif des roues en fonte, a été long-temps combattu par un grand nombre d'objections, et ce système n'a été généralement admis qu'après que l'on a eu acquis une connaissance plus approfondie des propriétés du fer fondu, et surtout après l'introduction des rails en fonte, sur lesquels les roues en bois n'étaient plus applicables.

Les roues en fonte employées aujourd'hui sur les chemins à rails plats, sont ordinairement formées d'une seule pièce; leur épaisseur à la jante est environ de 2 à 3 pouces ($0^m.051$ à $0^m.076$); mais vers le moyeu cette épaisseur est plus considérable. Elles sont mobiles autour des essieux, et ces derniers sont fixés au corps du chariot. Du reste, la forme des roues est variable : les unes ont des rayons semblables à ceux des voitures ordinaires, les autres sont massives et percées seulement de quelques ouvertures pour diminuer leur poids.

Les roues employées sur les rails saillans ont ordinairement six ou huit rayons; leur épaisseur est d'environ 4 pouces ($0^m.10$) à la jante, et de 7 pouces ($0^m.18$) au moyeu. Ce dernier est percé d'un trou quarré destiné à recevoir l'essieu.

La *fig.* 1, Pl. VI, donne une idée de leur disposition; *f* représente le moyeu, *a* la jante garnie d'un rebord saillant *b*, qui a pour objet de guider la roue sur le rail, et que nous nommerons filet. Le diamètre de la roue n'est pas constant sur toute la largeur de la jante; il augmente vers le point *b*. Cette forme conique de la jante tend à l'éloigner du rail, et, par suite, à diminuer le frottement de la face latérale de ce dernier contre le filet de la roue. Cependant, si l'on ne se tenait pas à cet égard dans de justes limites, le mouvement du chariot deviendrait irrégulier, et le rail éprouverait une pression latérale qui tendrait à le déverser en dehors de la voie. Quant à la hauteur du filet, elle est ordinairement d'environ 1 pouce ($0^m.025$), dimension que l'expérience a démontrée suffisante pour maintenir la roue sur le rail.

On a élevé contre l'emploi des roues en fonte une très-forte objection, fondée sur ce que les rails, surtout quand leur surface est étroite, tendent à former une rainure dans les jantes des roues. Cette rainure, lorsqu'elle avait acquis une certaine profondeur, non-seulement donnait lieu à un frottement considérable, mais encore produisait sur les rails une pression latérale capable de les rompre. De plus, les arêtes saillantes de la rainure exerçaient sur les parties latérales du rail une action destructive, et souvent même brisaient, sur toute sa longueur, le rebord intérieur. On parvint à remédier, jusqu'à un certain point, à ce grave inconvénient, en augmentant la largeur des rails; mais les frais d'entretien restèrent toujours fort considérables.

Ce n'est que depuis un petit nombre d'années que l'on a complétement surmonté cette difficulté, à l'aide de la trempe en coquille (*case-hardening*), opération qui consiste à couler la jante dans un moule cylindrique en fer froid; la fonte, par le refroidissement subit qu'elle éprouve dans le moule, acquiert une telle dureté, qu'elle résiste à l'action de la lime, et ne peut plus être attaquée par les rails.

Ce procédé présenta dans l'origine de graves difficultés. Le métal, exposé à un abaissement de température trop rapide, n'éprouvait pas dans toutes ses parties un retrait uniforme, et souvent se brisait en éclats. La jante se refroidissait la première, et ne se prêtait plus ensuite à la contraction des rayons; en sorte que ces derniers, s'ils ne se séparaient pas immédiatement de la jante, restaient du moins dans un tel état de tension, que le moindre choc suffisait pour causer leur rupture. On imagina plusieurs moyens pour prévenir ce danger : les uns consistaient à donner plus d'épaisseur à la jante qu'aux rayons, afin d'accélérer le refroidissement de ces derniers; les autres, à former le moyeu de deux pièces que l'on reliait ensuite par des cercles en fer.

MM. Losh et Stephenson ont proposé de construire les rayons en fer malléable, de manière à ce qu'ils pussent céder au retrait inégal occasioné par la trempe en coquille. Ce système, pour lequel ils ont obtenu un brevet d'invention, est représenté, *fig.* 1, Pl. VI. Les rayons sont en fer malléable, ainsi que nous l'avons dit, et taillés à queue d'hironde à leurs extrémités; on les place dans le moule avant de couler le reste de la roue, et ils se trouvent ainsi reliés avec le moyeu d'une part, et de l'autre avec la jante. La contraction produite par le refroidissement du métal donne à l'assemblage une telle solidité, que l'on n'a plus à craindre aucun jeu dans le système. Dans l'origine, les rayons étaient droits, et au nombre de six, comme l'indique la figure; mais l'expérience a prouvé depuis, qu'il était préférable d'en augmenter le nombre, et de leur donner la forme en S, qui se prête mieux à l'effet de la contraction des jantes.

Le procédé de la trempe en coquille, ainsi perfectionné, a produit une économie considérable dans les frais d'entretien des chariots. Aujourd'hui les roues bien trempées peuvent être employées pendant plusieurs années, sans exiger la moindre réparation. Nous avons sous les yeux des roues qui, après huit ans de service, sont encore en bon état, et qui, selon toute apparence, doivent durer long-temps encore. Nous sommes de plus portés à croire que ce mode de coulage donne au contour de la roue une forme plus exactement circulaire; ce qui diminue la perte de force causée, comme nous l'avons dit plus haut, par l'irrégularité de la circonférence.

On a prétendu que la dureté des roues trempées en coquille les exposait à couper les rails; mais il nous semble qu'un pareil inconvénient n'est pas à craindre lorsque les surfaces en contact présentent, comme dans le cas actuel, une grande largeur, et surtout lorsque la surface roulante est à la fois la plus large et la plus dure. Au reste, nous avons souvent examiné avec le plus grand soin l'action exercée sur les rails par ce genre de roues, et nous n'avons jamais remarqué la moindre trace d'une semblable altération. Les roues ordinaires, au contraire, pour peu que la surface de la jante soit ébréchée, détériorent promptement les rails en fer; leur périphérie, ainsi dentelée, brise les parties latérales de la surface supérieure du rail, et n'en laisse subsister que le centre. Cet effet s'observe sur tous les chemins de fer où l'on a long-temps employé des roues ordinaires.

Les roues trempées en coquille, dont nous venons d'indiquer les avantages, ne peuvent s'appliquer avec succès aux chariots destinés à se mouvoir avec une grande rapidité. Il paraît indispensable, lorsque l'on se propose d'obtenir une vitesse considérable, d'employer une substance moins cassante. Aussi voit-on que, dans les machines de Killingworth, les roues en fonte sont garnies de jantes en fer forgé. MM. Stephenson et comp'. construisent également pour leurs machines des roues en fonte ou en bois garnies de jantes en fer.

MM. Jones, de Londres, ont employé un procédé semblable; mais ils y ont ajouté une disposition particulière pour laquelle ils ont obtenu un brevet d'invention, rapporté dans le sixième volume du *Repertory of Patents*, page 279. Leur système consiste à serrer les rayons dans le moyeu avec des vis et des écrous, de manière à éviter tous les efforts que peut faire naître l'inégale dilatation de la jante (1).

Les essieux sont généralement construits en fer malléable; leurs extrémités sont quarrées, et s'ajustent dans une ouverture pratiquée à cet effet dans le moyeu de la roue. Leur dimension dépend nécessairement du diamètre des roues, et de la charge qu'ils sont destinés à supporter. Dans les chariots employés aux environs de Newcastle pour le transport de la houille, leur diamètre est de 2 pouces $\frac{1}{2}$, ($0^m.063$), à 2 pouces $\frac{3}{4}$, ($0^m.070$); celui des roues est de 3 pieds (0.915), et le poids des chariots, y compris sa charge, s'élève à plus de 3 tonneaux ($3,044^k.82$).

Le chariot repose sur l'essieu par l'intermédiaire d'une boîte ou crapaudine fixée invariablement à sa charpente, et dans laquelle l'essieu peut tourner librement. La crapaudine porte une saillie latérale qui dépasse le corps du chariot. et qui, s'appuyant sur le rebord *f* du moyeu. prévient le contact du chariot et de la roue. Cette saillie est toujours graissée ou huilée avec soin, afin de diminuer le frottement. dans le cas où le chariot viendrait à s'incliner par suite de la différence de niveau des deux rails. On obtient le même résultat en plaçant sur l'essieu un collier qui l'embrasse sans le serrer, et qui frotte contre le rebord *f* du moyeu. Les crapaudines ou boîtes d'essieux ont été successivement construites en fer malléable, en cuivre et en fonte: ce dernier mode nous paraît le plus convenable.

---

1 Voyez la note 1 à la fin du chapitre.

Il nous reste à parler des freins destinés à modérer la vitesse des chariots sur les pentes rapides. Ils sont ordinairement formés de deux pièces de bois de hêtre qui pressent contre les roues, et produisent ainsi une résistance considérable. Un de ces freins est représenté en *a b c, fig.* 6, Pl. VI. Le bras de levier *a b*, au moyen duquel on fait agir les pièces *c c*, est construit soit en bois soit en fer, et est fixé par un boulon ou une cheville *a* à la charpente A B du chariot, qui lui sert de point d'appui. Quand le frein est au repos, on arrête son extrémité *b* au moyen d'un crochet qui empêche les pièces *c c* de porter contre les roues.

Dans l'origine, le frein ne se prolongeait pas au delà de *a*, et n'agissait ainsi que sur la roue de derrière. On employait pour les pentes très-rapides deux freins distincts placés chacun d'un côté du chariot, et réunis à leur extrémité *b* par une barre transversale, qui permettait à un seul homme de les manœuvrer à la fois. Ce n'est que plus récemment que l'on a imaginé de prolonger le frein au delà du point *a*, et de le faire agir simultanément sur les deux roues de devant et de derrière. Quelquefois, lorsqu'il est nécessaire d'obtenir une résistance plus considérable, on emploie un double bras de levier (1).

Nous terminerons tout ce qui est relatif à la disposition des chariots employés sur les chemins à rails, en décrivant succinctement quelques-uns de ceux qui sont en usage sur les principaux chemins de fer de l'Angleterre.

Les chariots destinés au transport de la houille présentent généralement la forme d'une trémie, ou plutôt d'un tronc de pyramide renversé. Dans l'origine des chemins à rails, comme la route était constamment en descente vers le point de déchargement, on

---

(1) Voyez la note 2 à la fin du chapitre.

donnait aux roues de devant un plus grand diamètre qu'à celles de derrière, afin de maintenir le chariot dans une position sensiblement horizontale. Mais on a peu à peu abandonné ce système, et employé exclusivement des roues du même diamètre. Du reste le modèle que nous indiquons ici, est fort convenable, lorsque les chariots doivent être déchargés par le fond, ainsi que cela se pratique dans le nord de l'Angleterre.

Lorsque la houille est destinée à être transportée dans les villes, il convient d'adopter une forme différente. Dans ce cas, le chariot doit être construit de manière à ce qu'il puisse marcher sur les routes ordinaires, ou du moins la caisse doit pouvoir se poser sur des roues de rechange.

Les *fig.* 1, 2, 3 Pl. VII, représentent en plan et élévation les chariots destinés au transport de la houille sur le chemin de fer de Liverpool à Manchester.

La caisse du chariot AA est quarrée, et peut contenir 25 quintaux ($1,269^{kil.},55$) de houille. Sur le châssis CC sont fixées des pièces de bois transversales $b\ b$, qui sont recouvertes de plaques de fer disposées comme celles d'un chemin à rails plats. A la partie inférieure de chaque caisse sont fixés quatre petits rouleaux qui marchent sur les rails plats dont nous venons de parler. On évite le frottement de la caisse contre les rebords verticaux des rails, en adaptant au châssis de petites roulettes horizontales (*fig.* 5, Pl. VII). Les caisses sont main tenues, pendant le trajet, au moyen de deux crochets $g\,g$ qui peuvent tourner autour de leur point d'attache, et s'appuient à leur extrémité sur le châssis du chariot.

Lorsque le convoi est arrivé à sa destination, on place chaque caisse sur une charrette à un cheval. Cette charrette est garnie de petits rails plats qui correspondent exactement à ceux du chariot; de sorte qu'on peut faire passer avec la plus grande facilité les caisses d'une voiture sur l'autre. On emploie le même système pour replacer les caisses vides sur les chariots du chemin de fer.

Le corps du chariot est supporté par des ressorts dont le milieu repose sur les boîtes d'essieux, et dont les extrémités s'appuient sur des plaques de fer fixées au châssis. Les boîtes d'essieux glissent verticalement entre les guides *m m;* elles sont formées de deux pièces, séparées par une rondelle de cuir, et réunies l'une à l'autre au moyen d'une frette. La pièce inférieure est destinée à empêcher la perte de l'huile, qui est fournie d'une manière continue par une mèche en syphon, renfermée dans une boîte en étain (1).

-----

(1) Voir la note 3 à la fin du chapitre.

NOTES

DES TRADUCTEURS.

Note 1.

Nous avons ajouté, fig. 2, pl. VI, le détail des roues le plus ordinairement employées sur le chemin de fer de Liverpool à Manchester. Ces roues sont en fonte; le moyeu est composé de deux pièces que l'on assemble à l'aide de deux cercles en fer, après avoir introduit l'essieu dans l'ouverture qui lui est destinée; les deux cercles sont serrés ensuite contre le moyeu par des coins en fer. — Dans la roue que nous représentons, l'extrémité de l'essieu est carrée, mais souvent on lui donne une forme cylindrique; dans ce dernier cas, on fixe l'essieu au moyeu par une cheville qui les traverse l'un et l'autre. — Souvent aussi l'on fait usage de jantes en fer forgé appliquées sur des roues en fonte, à peu près semblables à celles que nous venons de décrire.

Nous avons représenté, fig. 3, pl. VI, le détail du modèle de roue proposé par MM. Jones. La jante de cette roue est en fer forgé; la partie immédiatement contiguë à la jante est en fonte. Le moyeu est en fer et porte une rondelle en fonte qui recouvre les écrous : les rayons qui sont en fer forgé, sont fixés au moment de la fusion dans la partie en fonte du cercle de la roue.

La fig. 4 représente une roue en fer et en bois, adoptée par MM. Mellet et Henry. sur le chemin de fer de la Loire. La jante de cette roue est en fer, la partie intérieure du cercle contiguë à la jante est en fonte, et les rayons sont en bois.

Note 2.

Nous avons ajouté, fig. 5, pl. VI, le dessin d'un genre de frein plus puissant que celui qui est représenté, fig.6; il est composé, de même, de deux pièces frottantes *c c*, qui agissent chacune sur une roue différente; mais ici ces pièces sont fixées sur deux bras de levier verticaux $a b$ et $a' b'$, mobiles autour des points a et a', et ces derniers sont liés, au moyen de deux articulations, à un autre levier coudé, mobile autour du point o. D'après cette disposition, lorsqu'on abaisse l'extrémité du levier $o c$, on force les pièces $e e$ à s'éloigner l'une de l'autre et à appuyer sur les jantes.

Note 3.

Nous donnons (fig. 1, 2, 3, 4, 5, Pl. VII) tous les détails du chariot employé sur le chemin de fer de Liverpool à Manchester, pour le transport de la houille. Il se compose de deux caisses reposant sur un châssis commun. Chaque caisse peut se mouvoir à l'aide d'un système de roulettes verticales et horizontales qui marchent sur des rails plats fixés au châssis. Les caisses sont maintenues sur le corps du chariot au moyen de contrefiches en fer $g g$, indiquées dans l'élévation de face.

Lorsqu'on arrive à l'extrémité du chemin de fer, on roule les caisses sur des charrettes disposées à cet effet, ainsi qu'on l'a indiqué dans l'ouvrage. Parvenu au point de déchargement, on les vide en ouvrant leur paroi latérale, qui peut tourner autour de son arête supérieure. Cette paroi est maintenue durant le trajet par une barre de fer transversale, retenue par des crochets et indiquée dans l'élévation longitudinale.

Le châssis du chariot est supporté par des ressorts fixés au moyen de frettes sur les boîtes d'essieu. Ces frettes sont terminées par un boulon serré avec un écrou, qui appuie contre la partie inférieure de la boîte. Leur forme est indiquée dans la coupe verticale de la boîte d'essieu par des lignes ponctuées. Cette boîte est composée de deux parties liées ensemble par les boulons des ressorts ; dans la partie supérieure est pratiquée une cavité destinée à recevoir l'huile.

L'essieu est appuyé sur une pièce en cuivre indiquée dans les coupes par des hachures croisées. Son diamètre n'est ici que de $0^m,04$ à son extrémité, tandis que dans les chariots ordinaires il varie entre 0,07 et 0,08; cette disposition offre l'avantage de diminuer d'une manière notable la résistance produite par le frottement de la boîte.

La boîte d'essieu glisse verticalement entre deux plaques de fer fixées au châssis, et réunies à leur partie inférieure par une petite traverse. Cette disposition suffit pour lier le chariot à la boîte ; ce qui permet de laisser glisser librement les extrémités des ressorts sur le châssis.

On voit (fig. 6, Pl. VII) l'élévation d'un chariot destiné au transport des cotons. Le châssis est entièrement semblable à celui du chariot que nous venons de décrire ; mais les deux caisses sont remplacées par une plate-forme garnie en tôle.

La Pl. VIII. fig. 1 et 2, offre les détails de deux chariots présentant des dispositions particulières.

Le premier est employé sur le chemin de fer de Darlington à Stockton. La caisse est formée de plaques en tôle soutenues par des pièces demi-cylindriques en fer qui pénètrent dans le châssis. Ce chariot, qui est destiné au transport des charbons, se décharge par le fond. La partie inférieure est mobile autour d'une de ses arêtes latérales, et est retenue par des crochets qui sont fixés à deux barres de fer placées inférieurement. Les roues sont en fonte comme celles qui sont en usage sur le chemin de fer de Liverpool à Manchester, et le moyeu est divisé en deux ou trois pièces que l'on réunit avec des cercles en fer forgé. On donne aux rayons la forme en S, afin qu'ils puissent se prêter, sans se rompre, aux changemens de température. Les essieux sont carrés à leurs extrémités; leurs boîtes sont garnies intérieurement de plaques de cuivre.

Le second chariot est employé sur le chemin de Bolton à Leigh. La caisse est en bois ainsi que le châssis qui la supporte; celui-ci repose sur les essieux du chariot par l'intermédiaire de petites roues, dont les axes tournent dans des boîtes formant corps avec celles des grandes roues, et dont la circonférence s'appuie sur les essieux de ces dernières. Pour que le système conserve cette position, il est nécessaire que la boîte maintienne, dans le même plan vertical, le centre des grandes et des petites roues, et leur laisse en même-temps du jeu dans le sens vertical. On conçoit alors que la résistance provenant du frottement des essieux des petites roues contre leurs boîtes, se trouvera diminuée dans le rapport des rayons des roues et de ceux des essieux. Ce système rend ainsi le frottement beaucoup moindre; mais il augmente le poids des chariots et leurs frais de construction.

CHAPITRE IV.

DES MOTEURS EMPLOYÉS SUR LES CHEMINS A RAILS.

Les chevaux étaient le seul genre de moteur employé sur les premiers chemins à rails. Leur charge s'élevait en général à deux ou trois tonnes, y compris le chariot, et les pentes de la route étaient réglées de manière à leur permettre de traîner constamment ce poids. Du reste on ne s'appliquait nullement à régulariser le profil longitudinal du chemin; et, si l'on excepte les ravins profonds que l'on était forcé de combler, et les collines abruptes que l'on nivelait au moins en partie, le tracé suivait toutes les ondulations du sol.

On ne s'attachait pas non plus à modérer la vitesse des chariots sur les pentes rapides; et l'action du frein que l'on employait dans ce but était souvent insuffisante. Dans les temps pluvieux, surtout, la surface des rails devenait extrêmement glissante, et il n'était pas rare de voir les chariots, emportés avec une vitesse excessive, renverser les chevaux, briser tout ce qu'ils rencontraient sur leur passage, et enfin écraser le conducteur lui-même. On s'opposait quelquefois à l'effet de l'humidité en répandant des cendres sur les rails; souvent même on suspendait entièrement les transports pendant les mauvais temps. Mais, lorsqu'au milieu d'une descente rapide un convoi était surpris par une ondée, on n'avait aucun moyen de modérer la vitesse avec laquelle il se trouvait subitement emporté, et il ne restait d'autre ressource que de l'arrêter avec des cordes tendues en travers de la route. Le dommage était faible si l'on parvenait à employer ce moyen avant que la vitesse acquise ne fût très-considérable; mais, dans le cas contraire, les cordes étaient inévitablement brisées par le choc, et leur rupture était suivie des effets les plus désastreux.

Ces graves inconvéniens subsistèrent tant que les rails en bois furent en usage : l'adoption des rails en fer, en apportant une grande diminution dans la résistance, força de recourir à de nouveaux moyens pour franchir les pentes rapides, et c'est ainsi que l'on fut conduit à la construction des plans inclinés automoteurs. Plus tard, lorsque les applications de la machine à vapeur commencèrent à s'étendre, on l'employa pour remorquer les convois sur les rampes des chemins à rails. Enfin, aux machines fixes, succédèrent les machines locomotives, qui furent appliquées sur toutes les parties de route sensiblement de niveau.

Nous allons nous occuper successivement de ces quatre genres de moteurs; à savoir : les chevaux, les plans inclinés automoteurs, les machines fixes et les machines locomotives.

1°. *Chevaux.*

Lorsqu'un cheval exerce un effort de traction sur un chariot, il rejette sur le collier la partie de son poids nécessaire pour surmonter la résistance, et emploie la force musculaire de ses jambes à soutenir cet effort et à porter en même temps son corps en avant. La force du cheval peut donc se décomposer en deux parties, celle qu'il exrce pour vaincre la résistance et celle qu'il emploie à se porter en avant. Les expériences faites jusqu'à ce jour n'ont pas été assez précises pour déterminer exactement quelle est la valeur relative de ces deux forces, ou, en d'autres termes, quelle est la partie de l'effort constant du cheval qui est employée à transporter son propre poids.

M. Desagulier fixe le travail d'un cheval à deux cents livres (90^{kil},60), mues avec une vitesse de deux milles et demi à l'heure (4098^m.) pendant huit heures par jour, ou deux cents livres (90^{kil}.60), transportées à vingt milles (32190^m.) par jour. M. Smeaton donne une évaluation moins forte.

M. Watt estime la puissance d'un cheval à cent cinquante livres (67^{kil},95), mues avec une vitesse de deux milles et demi (4098^m.) à l'heure.

Sans approfondir ici cette question, nous supposerons, 1°. que l'effort constant d'un cheval, lorsqu'il se meut avec une vitesse ordinaire, c'est-à-dire, de deux milles et demi à l'heure (4098^m.), peut être représenté par un poids de cent cinquante livres (67^{kil}.95): 2°. qu'un cheval de moyenne taille pèse environ dix quintaux ou 1120 livres (507^{kil}). D'après cela, l'effort que le cheval exerce sur la charge se trouverait à peu près égal à $\frac{1}{7}$ de son poids.

Si la route est en pente, il dépensera une portion de cette force pour élever son propre poids, et lorsque l'inclinaison atteindra $\frac{1}{7}$ (0^m.14 par mètre), tout l'effort sera employé pour produire cet effet; de sorte que son action sur la charge deviendra nulle. On voit donc que, quand on établit un chemin de fer avec l'intention d'y employer les chevaux comme moteurs, il faut éviter les rampes avec le plus grand soin. Si la différence de niveau des deux extrémités du chemin ne permettait pas d'établir une faible pente sur toute son étendue, il faudrait diviser la ligne en plate-formes successives, séparées par des plans inclinés de peu de longueur, sur lesquels les chevaux seraient remplacés par un autre genre de moteur (1).

---

(1) Voir la note 1 à la fin du chapitre.

2°. *Plans inclinés automoteurs.*

On nomme plans automoteurs des plans inclinés, sur lesquels le poids des chariots descendans est utilisé pour effectuer la remonte des chariots ascendans. Ce système, employé d'abord sur quelques canaux pour faire passer les bateaux vides d'un bief à l'autre, a été plus tard adopté sur plusieurs chemins de fer. Il est inapplicable lorsque le mouvement commercial est très-variable, ou lorsque la masse des transports est à peu près la même dans les deux sens; mais il peut être employé avec avantage sur les lignes où la majeure partie des transports a lieu en descente (1).

Le système de plans automoteurs que nous allons décrire, est celui qui est en usage sur les chemins de fer des environs de Newcastle, (*fig.* 1, Pl. IX).

Au sommet du plan incliné est établie une poulie horizontale WW, sur laquelle s'enroule la corde DD'E'E, qui transmet aux chariots montans l'effort exercé par les chariots descendans. Cette poulie est ordinairement en fonte; elle a environ 6 pieds ($1^m.83$) de diamètre, et porte six rayons. Elle est placée dans un trou carré, dont les parois, revêtues en maçonnerie, s'élèvent à peu près au niveau du chemin. Son axe tourne dans des crapaudines qui s'appuient contre deux cadres en charpente, placés l'un au-dessus et l'autre au-dessous de la poulie. Le cadre supérieur est représenté en *abcd*; il est recouvert, ainsi que tout l'appareil, par une plate-forme sur laquelle sont fixés les rails du chemin de fer. La direction de ces rails est indiquée dans la figure par des lignes ponctuées.

---

(1) Voir la note 2 à la fin du chapitre

On réserve au sommet du plan un espace à peu près horizontal, dont la longueur varie entre 20 et 30 yards ($18^m.30$ et
$27^m.45$) suivant le nombre de chariots qui doivent former le convoi.
Cet espace est destiné au stationnement, soit des chariots pleins qui
attendent le moment de la descente, soit des chariots vides qui viennent de monter. C'est à l'extrémité de cette gare qu'est placée la
poulie horizontale sur laquelle est enroulée la corde de remorque.

Sur toute la longueur du plan et de la gare sont établis de petits
rouleaux ou poulies espacés de 8 à 10 yards ($7^m.32$ à $9^m.15$). Ces rouleaux, représentés en *s s s*, empêchent la corde de s'user par son frottement contre le sol, et diminuent en même temps la résistance. Leur
surface est quelquefois cylindrique, et garnie de rebords destinés à
maintenir la corde; leur largeur, dans ce cas, est de 3 à 4 pouces
($0^m,076$ à $0^m,102$), leur diamètre de 11 à 12 pouces ($0^m,279$ à $0^m,305$),
et leur poids de 21 à 25 livres ($9^{kil.},51$ à $11^{kil.},33$). Quelquefois aussi la
gorge de la poulie est concave; son poids est alors d'environ 20 livres
($9^{kil.},06$), et son diamètre de 12 pouces ($0^m,305$). Ces poulies sont
établies sur des supports en bois ou en fonte; leurs tourillons sont en
fer malléable, et ont un diamètre d'environ $\frac{3}{4}$ de pouce ($0^m.019$) (1).

Depuis le sommet jusque vers le milieu du plan incliné, sont
établis trois cours de rails *r r r*, disposés de telle sorte que les convois
montans et descendans passent chacun sur le rail du milieu et sur
l'un des rails extérieurs. Au point où les deux convois doivent se rencontrer, le rail du milieu se subdivise en deux autres, comme on l'a
figuré en BB, B'B', de manière à former deux voies distinctes. Ces
deux voies règnent sur une longueur suffisante pour permettre aux
chariots de se croiser. Les quatre rails convergent ensuite en CC'

---

(1) Nous ajoutons dans la **Pl. IX** les modèles des poulies en fonte avec supports en bois
employées sur le chemin de fer de Liverpool à **Manchester**, ainsi que le modèle d'un support en fonte employé aux environs de **New-Castle**.   (*Note des trad.*)

pour ne plus former qu'une seule voie jusqu'au bas du plan. En ce point, comme au sommet, est placée une gare destinée au stationnement des convois montans et descendans.

Les plans inclinés, employés sur les canaux, présentent généralement deux voies séparées sur toute leur étendue, et ce mode est aussi adopté sur plusieurs chemins de fer. Mais on peut facilement juger que le système, que nous venons de décrire, remplit absolument le même but, dans le plus grand nombre de cas. Il est vrai que, lorsque le plan incliné est très-court, la direction oblique des chariots, au passage d'une voie double sur une voie simple, produit une augmentation notable dans la résistance; mais sur des plans inclinés d'une grande étendue cet inconvénient n'est pas sensible, tandis que l'établissement d'une double voie, sur toute la longueur du plan, augmenterait beaucoup la dépense première.

Lorsque l'inclinaison du plan est trop considérable, on règle le mouvement de la roue horizontale au moyen d'un frein, et l'on fait agir en même temps, si cela est nécessaire, ceux qui sont adaptés aux chariots. On voit facilement que l'action retardatrice de ce frein ne peut en aucun cas surpasser la valeur de la résistance due au frottement de la corde sur la demi-circonférence de la roue. Il est clair en effet que, si la différence de poids des deux convois était assez grande, non-seulement pour surmonter toutes les forces qui s'opposent au mouvement, mais encore pour vaincre ce frottement, la corde pourrait glisser sur la gorge de la poulie, lors même que cette dernière serait complétement arrêtée. Cet effet peut dans certains cas devenir dangereux, et il est important de régler l'inclinaison des plans automoteurs, de manière à le rendre impossible.

On emploie quelquefois, pour des pentes rapides, deux tambours horizontaux semblables à ceux qui sont représentés en A, B (fig. 2, Pl. X).

Ces tambours, fixés sur le même axe, portent deux cordes que l'on attache, l'une au convoi montant, l'autre au convoi descendant, et dont la première s'enroule tandis que la seconde se déroule. Cette disposition permet de donner à l'action du frein toute la puissance nécessaire; car alors les cordes, se trouvant fixées aux tambours, ne peuvent se mouvoir indépendamment de ces derniers (1).

Dans certains cas on emploie des trains de chariots chargés de métal pour ramener au bas du plan la corde qui a servi à remorquer les chariots vides, et remonter en même temps celle qui était fixée au convoi descendant. Cette manœuvre a pour but de faire passer constamment les chariots montans et descendans, chacun sur leur voie respective; mais il nous semble qu'elle ne peut présenter aucun avantage réel, à moins de circonstances très-particulières.

La disposition du plan automoteur que nous venons de décrire (fig. 1, Pl. IX) exige, comme on l'a vu, que les chariots passent successivement d'un système de voie sur un autre. Ces changemens de voie s'opèrent sans aucune manœuvre et d'une manière très-simple. Lorsqu'il s'agit de passer de deux voies réunies AA dans deux voies séparées BB, B'B', ou de ces dernières dans une voie simple CC', les chariots prennent d'eux-mêmes la direction convenable, comme il est facile de le voir à l'inspection de la figure. Quant au passage de la voie simple CC' dans la double voie BB, B'B', il s'effectue à l'aide d'aiguilles semblables à celles que nous avons décrites dans le second chapitre; ces aiguilles ferment l'entrée de la voie que l'on veut éviter, et forcent en même temps les roues à entrer dans celle qui leur est destinée. Supposons, par exemple, qu'un convoi soit descendu suivant DD':

---

(1) Le premier plan incliné automoteur des environs de New-Castle sur Tyne, fut construit par feu M. Barnes. Les chariots descendans élevaient dans un puits, pratiqué au sommet du plan, un contrepoids qui, en redescendant, faisait monter les chariots vides.

(Note de l'auteur.)

l'aiguille *f* se trouvera, après son passage, séparée du rail C, et l'aiguille opposée *f'* s'appuiera contre le rail C'. D'après cette disposition, le premier convoi, qui sera nécessairement un convoi ascendant, se trouvera forcé de suivre la voie D'D, sur laquelle il doit en effet passer. Le convoi descendant, qui passera en même temps sur la voie EE', placera les aiguilles dans la position indiquée par des points ronds; et cette position est celle qui est nécessaire pour diriger les chariots suivans dans la voie E'E qu'ils doivent suivre.

De tous les systèmes proposés jusqu'à ce jour pour utiliser la force de la pesanteur, celui qui est représenté, fig. 1, Pl. IX, nous semble le plus convenable. Il offre l'avantage de diminuer le frottement, qui est le plus grand obstacle à l'adoption des plans automoteurs; en même temps il se distingue par la simplicité de la construction de la roue, et par la disposition heureuse de l'appareil, qui se trouve placé à l'abri des intempéries de l'air et de toute espèce de dégradation. Nous devons ajouter qu'il a été généralement adopté dans les environs de New-Castle, où l'on a essayé successivement tous les moyens de diminuer autant que possible les frais de transport.

3°. *Machines fixes.*

Lorsque les pentes de la route ne sont pas toutes dirigées dans le même sens, ou lorsque la masse des marchandises descendantes n'est pas suffisante pour opérer la remonte de celles qui marchent en sens contraire, les plans automoteurs, comme nous l'avons déjà vu, sont entièrement inapplicables. On est alors forcé de recourir à l'emploi des machines fixes. Ce système a été mis en usage, pour la première fois, en 1808, par M. Cooke, qui établit à Birtley-Fell, dans le comté de Durham, une machine à vapeur destinée à remonter les chariots de la houillère d'Urpeth, sur une pente rapide que l'on rencontre près de la route à barrières de New-Castle à Durham. Ces machines ont été fort employées, depuis cette époque, dans les environs de New-Castle.

Quelquefois, lorsque les pentes sont faibles et les transports peu considérables, on peut, au lieu de machines à vapeur, employer avec avantage la force des chevaux et même celle des hommes. Le quatrième volume des *Transactions of highland society*, fournit des renseignemens utiles sur ce point. Mais nous ne considérerons ici que les systèmes applicables à des lignes étendues, où les transports sont nombreux et la vitesse considérable ; et nous supposerons toujours que l'on emploie pour moteur, soit une machine à vapeur, soit une roue hydraulique.

Dans l'un et l'autre de ces deux cas, l'axe de la machine porte à son extrémité une roue dentée f qui communique le mouvement aux tambours A et B, par l'intermédiaire des deux roues g et h (fig. 2, Pl. IX). Les deux leviers d'embrayage $i\,i$ permettent d'engrener ou de désengrener à volonté les dents k, k, et par suite d'établir ou d'interrompre la communication entre les tambours et la machine. Des dents semblables à k sont placées intérieurement, vers l'autre extrémité du cylindre, afin de régulariser le mouvement de rotation, lorsque l'appareil fonctionne.

Quant à la manœuvre du plan, elle s'effectue de différentes manières, suivant la disposition de la route et son degré d'inclinaison. Nous allons examiner successivement les divers cas qui peuvent se présenter.

1°. Lorsque la pente est suffisante pour permettre aux chariots descendans de traîner à leur suite la corde qui doit remorquer les chariots ascendans, et que le mouvement commercial n'exige qu'une voie simple, on adopte le système représenté fig. 1, Pl. X ; c'est-à-dire, on n'emploie qu'un seul tambour A et une seule corde rr soutenue par des poulies semblables à celles qui sont représentées en *s s*, pl. 9. Le tambour est élevé au-dessus des rails, de manière à livrer passage aux chariots. Dans le cas où il ne serait pas possible de lui donner une hauteur suffisante, on infléchirait la route, et on la ferait passer à côté du bâtiment qui contient la machine.

Supposons qu'un convoi de chariots montans soit placé en *a;* on met le tambour A en communication avec la machine, au moyen du mécanisme que nous avons décrit plus haut; et les chariots sont remorqués par la corde *r r* jusqu'au sommet B du plan. De là ils passent dans la voie horizontale *b*, où ils s'arrêtent jusqu'à ce que la corde soit détachée. Quant aux convois descendans, ils entrent d'abord dans la voie latérale *c*, qui est légèrement inclinée du côté du plan, et où ils sont maintenus au moyen d'un arrêt. Après avoir attaché la corde à la queue du convoi, on désengrène le tambour et on enlève l'arrêt. Les chariots descendent alors jusqu'à la plate-forme horizontale *d* en traînant la corde à leur suite. Là on la détache pour la fixer à la tête d'un convoi ascendant stationné en *a;* on met de nouveau le tambour en communication avec la machine, et l'on recommence la même manœuvre.

Lorsqu'une voie simple est insuffisante, on peut, établir une double voie sur toute la longueur du plan, ou bien adopter la disposition que nous avons décrite en traitant des plans automoteurs. Le premier de ces systèmes n'a besoin d'aucune explication; le second est représenté fig. 2, Pl. X. Les deux tambours A, B, sont placés chacun en face de la voie qu'ils sont destinés à manœuvrer, de manière à ce que les cordes de remorque suivent le milieu de la route. L'axe de ces tambours est invariablement fixé à celui de la machine.

Dans le cas où le poids des chariots descendans est à peu près suffisant pour remonter les chariots ascendans, on peut se servir d'une simple roue, analogue à celle qui est en usage sur les plans automoteurs (fig. 1, Pl. IX). Cette roue, placée soit horizontalement soit verticalement, est mue par la machine, et agit à la fois sur les convois montans et descendans, au moyen d'une corde de renvoi qui s'enroule sur sa gorge.

Ce système serait inapplicable, si la résistance opposée par les chariots montans surpassait le frottement de la corde sur la circonférence de la roue; car alors celle-ci tournerait sans faire mouvoir la corde, et par conséquent sans remonter la charge. Mais on peut, jusqu'à un certain point, surmonter cette difficulté, en faisant passer la corde sur deux poulies de renvoi qui l'obligent à embrasser presque toute la circonférence de la roue (fig. 3, Pl. IX), et qui augmentent ainsi d'une manière notable sa force d'adhérence.

Le genre de plan que nous venons de décrire, s'emploie principalement lorsque le mouvement commercial est plus considérable en descente qu'en remonte, et lorsque les transports peuvent s'effectuer d'une manière régulière, et sans exiger une grande vitesse. Il est nécessaire aussi que les convois se présentent alternativement, et en nombre égal, à la descente et à la remonte, puisque la corde qui sert à remorquer les chariots montans est amenée au bas du plan par les chariots descendans. Si le nombre des convois en descente est trop faible, on peut établir des machines assez puissantes pour remorquer à la fois un grand nombre de chariots ascendans, ou bien employer, comme nous l'avons déjà dit, des chariots chargés de matières lourdes pour descendre la corde au bas du plan. Mais ces moyens extraordinaires fatiguent beaucoup les cordes et doivent être rarement mis en usage.

2°. Lorsque l'inclinaison du plan n'est pas assez grande pour que les chariots descendans puissent traîner la corde à leur suite, on emploie le système représenté fig. 3, Pl. X.

Deux tambours **A**, **B**, sont placés au sommet du plan, et à son extrémité inférieure est établie une roue horizontale C, située au-dessous du niveau de la route, et entièrement semblable à celle des plans automoteurs. La manœuvre s'opère au moyen de trois cordes d'une longueur égale à celle du plan; la première *a a* est fixée par une de ses extrémités au tambour **A**; la seconde *b b* au tambour **B**; la troisième *c c*, que nous appellerons corde de communication, passe autour de la roue C, et est attachée d'une part au convoi **D**, de l'autre au convoi **E**. Supposons maintenant que le tambour **A** soit en communication avec la machine, et que le tambour **B** soit libre, la corde *a a* s'enroulera autour du tambour **A**, et tirera le convoi **D** vers le sommet du plan, tandis que la corde de communication *c c* fera descendre le convoi **E**, en déroulant la corde *b b* de dessus le tambour **B**. Lorsque les convois **D** et **E** seront arrivés, le premier au sommet, le second au bas du plan incliné, ils entreront dans des voies latérales, où les cordes seront détachées. Quant aux convois suivans, ils parcourront, pour remonter le plan, la voie **E**, et, pour descendre, la voie **D**. La manœuvre, du reste, sera entièrement semblable.

Ce système de remorque n'est pas seulement applicable à un plan isolé; on peut évidemment à l'aide d'une série d'appareils de ce genre, faire parcourir aux chariots une distance quelconque, ainsi qu'il est facile de le voir fig. 4, Pl. X.

Supposons, par exemple, que le tambour **A** remorque le convoi *a* dans la direction *a* **A**; la corde de communication, enroulée sur la poulie, tirera en même temps le convoi *b* en sens inverse. Parvenu en *e*, ce dernier trouve l'aiguille disposée de manière à le faire passer dans la voie *f*, où il s'arrête. Pendant ce temps, le tambour **E** attire le convoi *c*, et la corde de communication enroulée sur la poulie **D**, fait marcher le convoi *d* en sens inverse; au moment où le premier arrive près de la machine **E**, le second s'arrête en *g*. Ainsi les convois *b* et *d* parviennent à la fois en *f* et en *g*. A partir de ces points, ils continuent leur marche au moyen d'une manœuvre semblable.

Sur le chemin de fer de Liverpool à Manchester, M. Stephenson emploie une corde sans fin, pour remorquer les chariots dans le grand souterrain (fig. 5, Pl. X). Le plan est à double voie sur toute son étendue. A sa partie inférieure, est placée une roue B, semblable à la roue C représentée fig. 3, sur laquelle passe la corde *e*, *f*. Au sommet du plan est établie une poulie horizontale à double gorge A, qui est mise en mouvement par des machines placées de chaque côté du chemin. La corde *e f* s'enroule d'abord autour de la poulie A, passe ensuite sur les roues *a* et *b*, puis revient sur la roue *a*, d'où elle se rend en croisant sa première direction, sur la seconde gorge de la poulie A; enfin elle se fixe au convoi *f*, et va s'enrouler autour de la poulie B. A l'aide de cette disposition, on obtient une force d'adhérence suffisante pour surmonter la résistance des chariots. On augmente d'ailleurs la pression de la corde contre les poulies, en fixant un poids considérable à la roue *b*, au moyen d'une corde qui passe sur une petite poulie *c;* ce poids peut monter et descendre librement dans un puits *d* disposé à cet effet (1). On remarquera que sur ce genre de plan les chariots montans passent constamment sur la même voie, et les chariots descendans sur l'autre, sans qu'il soit besoin pour cela d'aucune manœuvre particulière.

3°. Lorsque la route doit franchir une colline qui présente deux versans opposés, et dont l'inclinaison est assez forte pour permettre aux chariots descendans de traîner la corde à leur suite, on emploie avec avantage le système indiqué fig. 6, Pl. X. Au-dessous du tambour A, le chemin se compose de quatre rails formant deux voies

---

(1) La poulie *b* repose sur des roulettes qui lui permettent de se mouvoir horizontalement.   (*Note des trad.*)

8

a b, *c d*, dont les pentes sont disposées en sens inverse : la première
est inclinée de *a b* en *c d*, et la seconde de *c d* en *a b*. Le tambour
étant supposé en communication avec la machine, le convoi montant
f est remorqué vers le sommet du plan. Lorsqu'il est parvenu en *a b*,
on détache la corde de remonte; et les chariots descendent par leur
propre poids vers l'extrémité *c d* de la gare. En même temps on désengrène le tambour A, et l'on attache la corde à l'arrière du convoi.
qui l'entraîne à sa suite jusqu'au bas du plan E. Cette corde sert à remonter les convois marchant en sens contraire, pour lesquels du
reste on répète entièrement la même manœuvre.

Si la masse des transports est considérable, on établit au-dessous
de la machine deux voies séparées (fig. 7, Pl. X), et l'on emploie
deux tambours qui permettent de faire monter un convoi sur l'un
des plans, tandis qu'un autre convoi descend sur le plan opposé.
On peut encore, lorsque l'activité du mouvement commercial le
rend nécessaire, établir sur toute l'étendue de chaque plan deux voies
distinctes, manœuvrées chacune au moyen de deux tambours, ainsi
qu'on le voit fig. 2, Pl. IX, et présentant au sommet de la colline la
disposition de rails indiquée fig. 6, Pl. X. Quelquefois aussi l'on se con-
tente d'établir en ce point trois voies séparées, destinées, celle du milieu aux chariots vides, et les deux autres aux chariots chargés.
Dans tous les cas, les deux plans fonctionnent à la fois, et les transports s'effectuent sans interruption.

Si l'inclinaison n'est pas assez forte pour que les convois descendans traînent la corde à leur suite, on peut employer, comme dans
l'un des cas précédens, une roue horizontale avec une corde de communication. Les plans doivent alors être disposés, comme on le voit
fig. 4, Pl. X.

4. Il nous reste à considérer le cas où toute une ligne de chemin
de fer est manœuvrée au moyen d'un système de machines fixes.

Si la route est à simple voie, on adopte la disposition indiquée fig. 7, Pl. X. Le chemin est divisé en relais d'environ un mille et demi (2,415^m·) de longueur; et à l'extrémité de chaque relais est placée une machine agissant sur deux tambours, ainsi qu'on le voit représenté en A, B, C. La manœuvre s'effectue de la manière suivante : les cylindres m, n, étant supposés libres, et les cylindres q, o, en communication avec les machines, le cylindre o remorque le convoi D, en déroulant de dessus le tambour m la corde g attachée à la queue du convoi. Pendant ce temps, la machine C attire à elle le convoi E, ainsi que la corde i, enroulée sur le tambour n; et les convois D et E arrivent à la fois aux points B et C, où ils s'arrêtent. Supposons qu'en ces points stationnent des convois dirigés en sens inverse. On attache à leur tête les cordes g et i, et à leur queue les cordes h et k; on met les tambours m et n en communication avec les machines, puis on désengrène les tambours o et q. Les machines remorquent alors les nouveaux convois de C en B, et de B en A, et déroulent en même temps les cordes h et k, qui servent à leur tour à traîner les chariots marchant dans la première direction.

Lorsqu'un relais présente sur une partie de sa longueur une pente plus que suffisante pour permettre aux chariots de traîner la corde à leur suite, on laisse le tambour, sur lequel est enroulé la corde d'arrière, en communication avec la machine à vapeur. De cette sorte, l'excès de poids des convois descendans s'ajoute à la force de la machine, et l'aide à remorquer les chariots sur le relais précédent. Si cette inclinaison régnait sur toute la longueur du relais, on pourrait supprimer la corde de remorque.

La manœuvre que nous venons de décrire exige que les chariots, parvenus à l'extrémité d'un relais, attendent ceux qui marchent en sens contraire sur le relais voisin. Il résulte de là des retards considérables; et la vitesse moyenne des transports n'atteint généralement que la moitié de la vitesse effective avec laquelle les chariots parcourent chaque relais.

On peut, afin de diminuer ces retards, faire remorquer à la fois, par la même machine, deux convois marchant en sens contraire sur deux relais voisins. Dans ce cas, la manœuvre s'effectue de la manière suivante : la machine B attire à elle les convois D et E, qui arrivent en même temps en $c\,d$ et en $a\,b$; là on détache les cordes, et les chariots, entraînés par leur propre poids, parcourent les petits plans inclinés $c\,d\,f$ et $a\,b\,c$. On désengrène alors les tambours o et n ; on attache la corde g à la tête du convoi E, et la corde h à la queue du même convoi ; on fixe de même les cordes i et k aux deux extrémités du convoi D ; enfin on met les tambours q et m en communication avec les machines. Les deux convois D et E sont alors remorqués vers les points C, A, où ils arrivent en même temps. La disposition que nous indiquons ici, n'est cependant pas sans inconvénient. En effet, elle ne permet en aucun cas d'utiliser l'excédant de poids des chariots descendans, pour aider à la remonte de ceux qui suivent une direction opposée, et de plus, les machines puissantes, qui deviennent nécessaires pour remorquer deux convois à la fois, restent inactives dès que ces convois s'éloignent d'elles pour continuer leur marche.

Lorsque l'activité du mouvement commercial nécessite l'établissement d'une voie double, on adopte la disposition représentée fig. 8, Pl. X. On place à chaque station A, B, C, des machines à vapeur, munies chacune de quatre tambours, ainsi que des doubles voies diagonales destinées au croisement des chariots. Les tambours de la machine B n'ont pas été figurés, afin de permettre de suivre la marche des convois. La manœuvre s'opère ainsi qu'il suit : la machine B attire à elle le convoi D, en déroulant une corde d'arrière placée sur le tambour c de la machine A. En même temps, le convoi G est remorqué sur le relais voisin par la machine B, et à la queue de ce convoi est attachée une corde d'arrière enroulée sur le tambour *k*. Les convois D et G arrivent ainsi en *g* et *e*. Là, les cordes de remorque sont détachées et les chariots descendent d'eux-mêmes vers les points *p* et *o*, où ils s'arrêtent. On attache alors à la tête du convoi D la corde d'arrière de G, et, à la tête de ce dernier, celle de D; et ces deux convois, après avoir traversé les lignes diagonales *p q*, *o n*, sont remorqués par les machines C et A. La marche des convois E et F s'opère au moyen d'une manœuvre semblable.

Le changement de voie des chariots, à chaque station, présente des inconvéniens que l'on éviterait sans doute en employant, avec quelques modifications, la corde sans fin de M. Stephenson; mais, malgré cette difficulté, la marche des transports est constante, et n'est retardée que par la manœuvre nécessaire à chaque relais. L'emploi des machines fixes permet, comme on le voit, d'effectuer les transports sur une ligne d'une longueur indéfinie, quelles que soient d'ailleurs les ondulations qu'elle présente. Mais on doit observer que, dans ce système, le retard éprouvé par les convois à l'une des machines, se ferait sentir sur la ligne entière du chemin de fer; et qu'ainsi son application suppose que le mouvement commercial soit régulier et continu dans les deux sens.

4°. *Machines à vapeur locomotives.*

L'idée d'appliquer la vapeur au mouvement des voitures à roues remonte à une époque assez reculée. Dans une note jointe à la dernière édition d'un ouvrage du docteur Robinson, intitulé *Mechanical philosophy*, Watt annonce que dès l'année 1759, cette idée fut émise par ce savant, qui étudiait alors à l'université de Glascow. Watt lui-même, après avoir fait quelques expériences sur la force expansive de la vapeur, donna, en 1784, la description d'une machine fondée sur ce principe, et indiqua en même temps les moyens d'appliquer ce système au mouvement des voitures; mais ses projets n'eurent alors aucune suite.

Pendant long-temps encore, les savans, préoccupés du perfectionnement des machines à condenseur, ne songèrent nullement à l'emploi exclusif de la force élastique de la vapeur, système qui seul pouvait permettre la construction de machines locomotives. M. Hornblower, il est vrai, imagina de faire agir la vapeur par condensation et par expansion à la fois; mais ce sont MM. Trevithick et Vivian qui les premiers construisirent une machine à haute pression, agissant uniquement au moyen de sa force élastique. Ils obtinrent, en mars 1802, un brevet d'invention pour l'emploi de ce genre de moteur sur les chemins de fer, et donnèrent en même temps le dessin d'une machine locomotive applicable sur les routes ordinaires. (Voyez *Repertory of arts*, 2ᵈ. *series*, vol. 4, pag. 241.)

Leur voiture présente la forme des diligences ordinaires : derrière les grandes roues est placée une caisse carrée en fer, contenant la chaudière et le cylindre; cette caisse est fixée sur un châssis supporté par les essieux. Le cylindre est placé horizontalement et dans la direction de l'axe de la route; la tige du piston porte à son extrémité une bielle, qui imprime un mouvement de rotation à un axe coudé, placé horizontalement à la hauteur du centre du cylindre. Cet axe traverse le châssis de la voiture, et fait tourner, au moyen d'un engrenage, l'essieu des roues de derrière. A l'extrémité de l'essieu est fixé un volant destiné à rendre le mouvement continu. Les roues de devant ont la forme ordinaire; elles peuvent tourner sous divers angles et diriger ainsi la marche de la voiture. Lorsque la route présente des coudes brusques, qui exigent des changemens de direction subits, on peut désengrener les roues dentées de l'un ou de l'autre côté; et la roue du côté opposé, agissant seule sur la voiture, la force à prendre la direction convenable. Un frein est appliqué sur la circonférence du volant, afin de modérer la vitesse dans les descentes rapides. Tous les détails de cette machine sont combinés d'une manière fort ingénieuse. Cependant on éleva de nombreuses objections contre son emploi sur les routes à barrières; et les inventeurs, modifiant leurs premiers projets, ne songèrent plus qu'à l'appliquer sur les chemins de fer.

Deux ans plus tard, M. Trevithick construisit, à South-Wales, une machine qui fut essayée sur le chemin de fer de Merthyr-Tydvil. Le cylindre avait 8 pouces (o^m.205) de diamètre, et la course du piston était de 4 pieds 6 pouces (1^m,57). La machine remorqua le nombre de de chariots nécessaire pour porter dix tonneaux (10,150 kil.) de fer en barres, et parcourut une distance de neuf milles (14,481^m) avec une vitesse de cinq milles (8,046^m) à l'heure, sans renouveler l'eau contenue dans la chaudière au moment du départ. Comme on n'indique nullement le degré d'inclinaison du chemin de fer, nous ne pouvons pas apprécier exactement l'effet utile de la machine. Il paraît du reste, d'après les renseignemens que nous avons pu obtenir, qu'elle n'avait qu'un seul cylindre, et qu'elle différait peu, si ce n'est par la forme de la voiture, de celle que nous avons décrite plus haut.

Le principal obstacle à l'adoption de ce genre de machines fut l'opinion, alors généralement admise, que l'adhérence des roues sur les rails était trop faible pour permettre leur locomotion. MM. Trevithick et Vivian recommandent en effet dans leur patente de ménager sur les jantes des roues quelques aspérités, comme des clous saillans ou des rainures transversales, et même, lorsque la résistance est considérable, de placer sur le contour des roues une cheville ou une griffe qui ait prise sur le sol. Cette disposition, en remédiant à un inconvénient, devait évidemment en produire un autre. Il est clair, en effet, que toutes ces saillies nuisaient à la marche de la machine, en augmentant considérablement la résistance, et qu'elles tendaient de plus à détruire les rails.

M. Blenkinsop, des houillères de Middleton, près de Leeds, imagina, pour éviter cette imperfection, d'établir sur toute l'étendue de la
route, des rails dentés engrenant avec des roues mues par la machine.
Cet appareil, pour lequel il prit, en 1811, un brevet d'invention, est
indiqué fig. 2, Pl. XI. L'un des rails $r\,r$, porte latéralement une crémaillère formée de dents demi-circulaires $h\,h$, de 2 ou 3 pouces de
largeur (0^m.05 ou 0^m.07). Quant à la machine, elle offre la disposition
suivante : la chaudière est cylindrique, et est chauffée par un tube
qui la traverse dans toute son étendue. Les cylindres $a\ a$ sont placés
dans l'intérieur de la chaudière; la vapeur, après avoir agi sur les pistons, se dégage dans l'atmosphère par le tube S. Les bielles $b\ b$ fixées
aux tiges des pistons, font mouvoir les manivelles $c\ c$, et par suite
les pignons dd, qui engrènent avec la roue dentée e. L'axe de cette
dernière roue dépasse le train du chariot, et porte à son extrémité
une grande roue dentée f, qui engrène avec la crémaillère. Plusieurs
machines ont été construites sur ce modèle par M. Blenkinsop, et ont
été employées jusqu'à ce jour pour le transport de la houille, sur le
chemin de fer de Middleton à Leeds.

MM. William et Édouard Chapman obtinrent en 1812 un brevet
pour un nouveau système de locomotion. Ils proposaient d'établir
au milieu de la route, et sur toute son étendue, une chaîne en fer soutenue à des intervalles de 8 ou 10 yards (7^m,32 ou 9^m,15) par des fourchettes
verticales, et engrenant avec une roue dentée mue par la machine.
Des rouleaux étaient disposés de manière à presser la chaîne contre
les dents de la roue, et à l'empêcher de glisser. Cet appareil, qui fut
essayé sur le chemin de fer de Heaton, près de Newcastle, ne tarda pas
à être abandonné à cause de ses fréquens dérangemens et des frottemens considérables produits par la chaîne.

En 1813, M. Brunton, des usines à fer de Butterley, prit un brevet
pour une machine locomotive qui offre des dispositions fort ingé-

nieuses (fig. 5, Pl. XI). La chaudière est cylindrique, comme celle de
M. Blenkinsop, et traversée par un tube contenant le foyer. Le cylindre est placé horizontalement sur l'un des côtés de la chaudière.
A l'extrémité *a* de la tige du piston sont fixés, d'une part, le bras de
levier *a c*, dont le centre de rotation est en *c*, et de l'autre une tige
de fer *ab*. Cette tige porte à son extrémité inférieure des pates munies
d'une articulation au point *b*, et armées de petites griffes qui leur permettent de prendre sur le sol un point d'appui solide. Sur le bras de
levier *a c* est fixée en *m* une crémaillère *m n p*, qui glisse horizontalement sur le sommet de la chaudière, et qui engrène avec une roue
dentée horizontale. De l'autre côté de cette roue, est placée une crémaillère semblable à *m n p,* dont l'extrémité est fixée au point *q* sur le bras
de levier *d c;* ce dernier porte une tige *d e* entièrement semblable à
a b. On voit, d'après cette disposition, que lorsque le piston pousse
l'extrémité *a* de la tige *a b*, celle-ci, trouvant en *b* un point d'appui
sur le sol, réagit sur le chariot et lui imprime un mouvement de
translation. Pendant ce temps, la crémaillère *m* marchant dans la direction *p n m*, la crémaillère opposée *q* se meut en sens inverse, et
par conséquent la tige *d e* se trouve ramenée vers la machine, tandis
que la tige *a b* s'en éloigne. Il suit de là que, lorsque le piston est arrivé à l'extrémité de sa course, et que l'une des tiges cesse d'agir, l'autre
tige est prête à servir à son tour de point d'appui à la machine, et
qu'ainsi le mouvement de progression est continu. Les tiges *a b, d e,*
au moment où elles reviennent vers la machine, sont retenues au-dessus du sol par des courroies ou des cordes fixées en *f, f,* et passant
sur des poulies que la machine fait mouvoir au moyen d'un rochet.
L'inventeur discute les diverses formes que l'on peut donner aux pates
des tiges de progression. Il a toujours pour principal but d'éviter la
dégradation de la route, tout en obtenant un point d'appui solide.

Dans un article communiqué à l'éditeur du *Repertory of Arts,*
vol. 24, M. Brunton indique le résultat d'une expérience faite avec

une de ces machines. La chaudière était en fer forgé, et avait 5 pieds
6 pouces (1^m.677) de longueur, sur 3 pieds (0^m.915) de diamètre. Le pas
de chaque tige de progression était de 26 pouces (0^m.66), et la course
du piston de 24 pouces (0^m.61). Le poids total de la voiture s'élevait
à 45 quintaux (2285^k.19). « La machine étant placée sur le chemin de
fer, dit l'auteur, je cherchai d'abord à déterminer la force nécessaire
pour la faire marcher avec une vitesse de 2 milles et demi (4023^m.)
à l'heure; je m'assurai que cette force était de 84 livres (38^k.05). Je
fixai ensuite à la partie postérieure de l'appareil une chaîne qui faisait monter un poids avec une vitesse égale à celle de la machine; et
je trouvai que, sous une pression de 40 à 45 livres (18^k.12 à 20^k.38)
par pouce (0^m.025) carré, la machine parcourait un espace de
2 milles et demi (4023^m.) à l'heure, en élevant verticalement un poids
de 812 livres (367^k.84); ce qui équivaut à un poids total de 896 livres
(405^k.89) mû avec une vitesse de 2 milles et demi (4023^m.) à l'heure,
c'est-à-dire à une force de 6 chevaux environ. »

Vers la même époque, M. Blackett fit faire un grand pas au système
de la locomotion. Il détermina par expérience l'adhésion des roues
sur les rails, et prouva qu'elle était suffisante pour permettre aux machines de se mouvoir sur des chemins de fer sensiblement de niveau
ou d'une faible inclinaison. Il est vrai que le chemin sur lequel il fit
ses expériences était formé de rails plats, lesquels offrent aux roues
une plus grande adhérence que les rails saillans. Cependant, c'est
réellement à M. Blackett qu'appartient l'honneur d'avoir annoncé le
premier ce fait important, qui fut pleinement confirmé par l'emploi
de machines locomotives sur le chemin de fer de Wylam (1).

La première machine employée sur ce chemin avait un seul cylindre,
et était munie d'un volant destiné à régulariser le mouvement de la

---

(1) Voir la note 3 à la fin du chapitre.

manivelle ; mais cette disposition offrait des inconvéniens. En effet, lorsque la machine était arrêtée et que la manivelle se trouvait dans la même direction que la bielle, il était nécessaire, pour la mettre en mouvement, d'agir avec des leviers sur les rayons du volant, manœuvre difficile et qui entraînait de longs retards. De plus, le volant était loin de produire l'effet qu'on en attendait, et l'action intermittente du piston donnait lieu à des secousses qui tendaient à briser tout l'appareil.

Au commencement de l'année 1814 M. G. Stephenson construisit, aux houillères de Killingworth, une nouvelle machine locomotive, qui fut essayée sur le chemin de fer de ces usines le 25 juillet de la même année. Cette machine avait deux cylindres, disposition qui, en régularisant le mouvement, assurait la continuité de la marche. Chaque cylindre avait 8 pouces (0^m.20) de diamètre, et 2 pieds (0^m.61) de course. La chaudière était cylindrique ; elle avait 8 pieds (2^m.44) de longueur, et 34 pouces (0^m.86) de diamètre. Elle était traversée par un tube de 20 pouces (0^m.51) de diamètre, contenant le foyer.

On voit, fig. 1, Pl. XI, le mécanisme destiné à transmettre aux roues le mouvement imprimé par la machine. Les bielles $a\,b$, $c\,d$, sont mues par la tige des pistons, et agissent sur les manivelles $b\,e$, $d\,f$, qui font tourner les deux pignons e et f. Les manivelles sont constamment perpendiculaires l'une à l'autre ; elles sont maintenues dans cette position par une roue dentée g, qui engrène à la fois avec les deux pignons. Ces derniers engrènent en même temps avec les roues dentées $k\,k$, qui sont fixées sur les essieux du chariot et lui transmettent ainsi le mouvement des manivelles. Les petites roues e, f, g, ont chacune 12 pouces (0^m.305) de diamètre, et les grandes roues k, k, 24 pouces (0^m.610), de sorte que les manivelles font deux révolutions pendant que les roues du chariot en font une seule. La portion de chemin de fer sur laquelle cette machine fut essayée était à rails saillans, et offrait une inclinaison de $\frac{1}{450}$ environ. La machine remonta, outre son propre poids, huit chariots pesant ensemble 3o tonneaux environ (3o469^k.), avec une vitesse de 4 milles (6457^m.) à l'heure. On avait d'abord cru nécessaire de placer sur les essieux des roues de derrière de la machine, et sur ceux de devant du chariot d'approvisionnement, des roues dentées, réunies par une chaîne sans fin, de manière à ce que l'adhérence des roues de ce dernier chariot s'ajoutât à celle des roues de la machine. Mais l'expérience prouva que cette complication était inutile, et que le frottement des roues de la machine seule était suffisant pour produire la locomotion.

Le mécanisme que nous venons de décrire donnait lieu à un bruit fort incommode et à de fréquentes secousses. En effet, tant que le bras de levier de la manivelle A était plus grand que celui de la manivelle B, la première conduisait la seconde au moyen des roues intermédiaires; le contraire avait lieu lorsque le second bras de levier devenait à son tour plus grand que le premier. La force motrice agissait ainsi alternativement sur l'un et l'autre côté des dents des roues de communication, et ce changement dans le sens de la pression donnait lieu à des chocs d'autant plus violens, que les dents étaient plus usées.

MM. Stephenson et Dodd cherchèrent à obvier à cet inconvénient, et obtinrent, en 1815, un brevet pour un mode de transmission de mouvement qui n'exigeait pas l'emploi de roues dentées. Leur système est représenté fig. 1, Pl. XI. Les extrémités *a* des bielles *a, b* sont fixées d'une part au balancier transversal *a a*, et de l'autre à l'un des rayons des roues. Les bielles du second cylindre présentent une disposition semblable. Les rayons des roues servent ainsi de manivelle, et transforment directement le mouvement alternatif du piston en un mouvement de rotation. On remarquera que les rayons formant manivelles sur les roues de devant et sur celles de derrière sont placés perpendiculairement les uns aux autres, ce qui assure la continuité du mouvement de la machine. Pour rendre cette position invariable, les inventeurs proposent, soit de couder les essieux et de les réunir par une tige de communication, soit d'employer une chaîne sans fin engrenant avec des roues dentées, fixées sur les essieux. Ce dernier mode, qui est représenté fig. 1, Pl. XI, a été appliqué à un grand nombre de machines, et a remplacé généralement l'emploi des roues dentées pour la transmission du mouvement des bielles. Lorsque, par un long usage, la chaîne se trouve détendue, on peut, en éloignant l'un des essieux, lui rendre une tension convenable. On remet ensuite cet essieu dans sa position primitive, lorsque la chaîne se trouve assez allongée pour qu'on puisse enlever un des anneaux. On a essayé, le 6 mai 1815, sur le chemin de fer de Killingworth, une machine construite sur ce modèle, et cette expérience a donné les meilleurs résultats.

M. Stephenson a encore introduit dans la construction des machines locomotives un nouveau perfectionnement qui se trouve décrit dans le brevet de MM. Losh et Stephenson, dont nous avons eu plusieurs fois déjà l'occasion de parler. Il consiste à faire porter le poids ou du moins une partie du poids de la machine sur des pistons qui se meuvent dans des cylindres communiquant avec la chaudière, et soumis par conséquent à la pression de la vapeur ou de l'eau.

Cette disposition est représentée fig. 1, Pl. XI. Les cylindres sont fixés sur l'un des côtés de la chaudière, et pénètrent de quelques pouces dans son intérieur. Ils sont exactement fermés par des pistons entourés d'étoupe à la manière ordinaire. La partie supérieure des cylindres communique avec la chaudière ; la partie inférieure est ouverte, et clouée sur le train du chariot. Les pistons portent des tiges qui traversent le châssis de la machine, et qui reportent sur la boîte d'essieu la pression exercée par la vapeur sur la partie supérieure des pistons. Si la surface de ces derniers est assez grande pour que la pression soit égale au poids de l'appareil, on voit que ce poids tout entier se trouvera soutenu par la vapeur comme par un ressort élastique. Cette disposition offre l'avantage de répartir également la charge sur les quatre roues du chariot, ou même sur six roues, dans le cas où l'on jugerait nécessaire de partager ainsi le poids de la machine.

Après avoir rappelé, comme nous venons de le faire, les perfectionnemens successifs introduits dans la construction des machines locomotives, nous devons indiquer le résultat de ces différens essais, en décrivant la machine actuellement en usage sur le chemin de fer de Killingworth. On voit, fig. 1 et 2, Pl. XII, son élévation latérale et de face.

La chaudière est construite en fer forgé, et présente une forme cylindrique terminée par deux surfaces sphériques. Elle est traversée dans toute son étendue par un tube horizontal qui contient le foyer à sa partie antérieure, et qui se termine par une cheminée. La grille du foyer est placée un peu au-dessous de l'axe du tube, et a environ 4 pieds ($1^m.22$) de longueur; elle s'appuie à son extrémité sur une légère cloison de briques, qui ferme le cendrier. Les cylindres A A sont placés verticalement et pénètrent dans la chaudière; ils sont doublés intérieurement d'une feuille de cuivre; leur diamètre est de 9 pouces environ ($0^m.228$). Les tiges des pistons sont liées aux pièces transversales B B, C C, et sont guidées dans leur course par les coulisses $s\,s$, fixées d'une part en $c\,c$ à la partie supérieure du cylindre, et maintennes de l'autre par les pièces horizontales $d\,d$. Les bielles B D, C D, sont attachées à l'extrémité des traverses B B, C C, et se lient, au moyen des tourillons D D, à l'un des rayons des roues de la machine. Les rayons, qui forment ainsi manivelles, sont renforcés par une pièce de fer circulaire qui les réunit aux rayons voisins.

Pour assurer la continuité du mouvement, on règle la marche des pistons de telle sorte que les deux manivelles soient toujours à angle droit. Ce résultat peut être obtenu, ainsi que nous l'avons dit plus haut, au moyen d'une chaîne sans fin, engrenant avec deux roues dentées. Mais l'emploi de cette chaîne présente des inconvéniens que l'on évite au moyen de la disposition suivante : le tourillon **D**, auquel est fixée la bielle **B D**, porte une pièce de fer circulaire **D** *f*, qui comprend un angle de 90°. Le point *f* obéit ainsi au même mouvement que le tourillon **D** de la bielle **C D**; et ces deux points peuvent être réunis par une tige *f g* **D**, qui, en établissant une communication constante entre les deux parties du système, maintient les pistons dans leur position relative.

Le mouvement alternatif des pistons est produit par le jeu d'un tiroir qui met successivement les parties inférieure et supérieure du cylindre en communication avec la chaudière et avec le tube de décharge *r r*. Ce dernier pénètre dans la cheminée, et produit ainsi un jet de vapeur qui accélère le courant d'air chaud. Le tiroir est mis en mouvement par un excentrique représenté fig. 5, Pl. XI. Le cercle *d e* est libre sur l'essieu, et ne tourne que lorsque la cheville placée au bout du bras de levier *a b* arrive à l'extrémité *c* de la rainure circulaire *b c*. Le collier *f d g* communique alors le mouvement au bras de levier *f g h,* qui à son tour le transmet au moyen du levier coudé *i k l* et de la pièce *l m*, à la tige du tiroir.

Les roues sur lesquelles repose la machine ont 4 pieds (1^m.22), de diamètre. Le moyeu et les rayons sont en fonte, et les jantes en fer forgé; on peut aussi, lorsque la vitesse doit être considérable, employer, comme l'a fait M. Stephenson, des rayons en bois, et des jantes également en bois recouvertes d'une bande de fer laminé. Les boîtes d'essieu sont en cuivre ou en fonte; elles ont 4 pouces (0^m.10) de longueur, et enveloppent la moitié de la circonférence des essieux; elles glissent verticalement entre les guides *b b* et reposent sur des ressorts, par l'intermédiaire d'une tige fixée à leur partie supérieure et au centre de ces ressorts. Les essieux sont en fer forgé, et ont 3 pouces (0^m.076) de diamètre; ils sont fixés dans le moyeu par des clefs en fer.

La chaudière est alimentée au moyen d'une pompe foulante P, qui est mise en mouvement par la tige *t*, fixée au balancier transversal de la machine; son diamètre est très-petit, afin que le jet d'eau froide ne puisse pas abaisser d'une manière notable la température de la vapeur, et s'opposer à son passage régulier dans les cylindres. On a soin, du reste pour éviter la perte du calorique due au rayonnement, d'entourer la chaudière d'une cloison formée de planches étroites et minces. La provision d'eau et de combustible est placée sur un chariot attaché derrière la machine. Les dimensions de ce chariot dépendent évidemment de la distance comprise entre les lieux d'approvisionnement.

Nous terminerons ce chapitre par la description d'une des meilleures machines de M. Stephenson et Cie. Nous exposerons, plus tard, les perfectionnemens remarquables qui ont été le résultat du concours ouvert à Liverpool. La machine de M. Stephenson est représentée fig. 1, et 2. Pl. XIII. La chaudière est cylindrique et longue de 7 pieds (2^m.135). Elle est traversée sur toute sa longueur par 82 tubes en cuivre, de 1 pouce 1/2 (0^m.038) de diamètre, établis depuis sa partie inférieure jusqu'à la hauteur de son centre. Le foyer est contenu dans une chambre dont la base est carrée, et dont la partie supérieure embrasse l'extrémité de la chaudière; il s'élève jusqu'à la hauteur de l'axe du cylindre, de telle sorte que la flamme et l'air chaud puissent traverser tous les bouilleurs. Entre les parois latérales du foyer et celle de la chambre est ménagé un intervalle de 2 pouces (0.051) de largeur, qui communique avec l'espace compris au-dessus du foyer. Celui-ci se trouve ainsi complétement environné d'eau. La grille est placée vers la partie inférieure de la chambre, près de l'ouverture qui donne entrée à l'air extérieur. Sa surface est de 7 pieds 4 pouces carrés environ (0^{mc}.65), le foyer a 2 pieds (0^m.61) de longueur, 3 pieds 8 pouces (1^m.12) de largeur, et 2 pieds 10^{pouces}3/4 (0^m.88) de hauteur; en sorte que la surface chauffée est de 19 pieds carrés (1^{mc}.76). En ajoutant à cette surface celle des tubes de cuivre, qui est de 225 pieds carrés (20^{mc}.92), on voit qu'une superficie de 245 pieds carrés environ ($22^m.'$) se trouve exposée à l'action de la flamme et de l'air chaud. A l'autre extrémité de la chaudière est placée une chambre semblable à celle que nous venons de décrire, et qui est surmontée par la cheminée. Cette chambre est remplie d'eau jusqu'à la hauteur du centre des cylindres; elle reçoit les résidus de houille qui se trouvent entraînés dans les bouilleurs; ces résidus s'échappent à travers des espèces de contrevens en fer. La chaudière est alimentée par une pompe foulante, que la machine met en mouvement; la hauteur de l'eau, dans l'intérieur de la chaudière, est indiquée par de petits tubes en verre.

Les deux cylindres de la machine sont placés horizontalement dans l'intérieur de la seconde chambre. Les tiges des pistons sont maintenues dans leur position horizontale par les guides e,e. Elles communiquent un mouvement circulaire aux grandes roues de la machine, au moyen de bielles f, qui agissent sur deux manivelles portées par l'essieu ; ces manivelles sont placées perpendiculairement l'une à l'autre. La machine repose sur des ressorts $s\,s$, qui répartissent également le poids sur les quatre roues, et qui détruisent en même temps l'effet des secousses produites par les inégalités du chemin. Elle est fixée sur le châssis du chariot par les tiges de fer t, représentées fig. 1, et indiquées en points ronds dans la fig. 2. Les rayons des roues sont en bois, les jantes sont également en bois et recouvertes d'une double bande de fer. La vapeur est introduite dans les cylindres au moyen de tiroirs ordinaires qui sont mis en jeu par des excentriques placés sur l'essieu des grandes roues; le mouvement de ces excentriques est transmis par des tiges en fer aux leviers $i\,i$, et $n\,n,$ qui sont fixés sur l'axe transversal des tiroirs. On peut changer à volonté le sens du mouvement à l'aide des manches $m\,m$ (fig. 1), qui agissent par l'intermédiaire des leviers $l\,l,\ l'\,l'$, sur la tige des tiroirs. La vapeur, en sortant des cylindres, est conduite dans la partie inférieure de la cheminée, et établit ainsi un courant rapide qui active le tirage du foyer.

Il est facile de voir combien le système de bouilleurs, que nous venons de décrire, facilite la production de la vapeur, et apporte d'économie dans la dépense du combustible. Cependant il existe plusieurs établissemens où l'on emploie encore des chaudières à un seul bouilleur, et où l'on ne saurait renoncer à leur usage, sans se jeter dans de grandes dépenses. On peut, dans ce cas, faire subir à la chaudière une modification qui lui assure une partie des avantages de l'autre système.

Ainsi, dans la machine représentée fig. 1 et 2, Pl. XII, le bouilleur unique qui traverse la chaudière a environ 9 pieds ($2^m.74$) de longueur. Supposons qu'on le coupe à une distance de 3 pieds ($0^m.915$) à partir du foyer, qu'on le ferme par une plaque métallique, et que l'on enlève les 5 pieds restants; le tube, ainsi réduit à 3 pieds de longueur, se trouvera soutenu d'un côté par la paroi de la chaudière, de l'autre par la plaque dont nous venons de parler. Il sera facile alors de lui donner la forme ovale indiquée en points ronds, fig. 2, Pl. XII, et l'on obtiendra ainsi un foyer de 3 pieds de long ($0^m.915$) sur 2 pieds 1/2 ($0^m.76$) de large; cela fait, on introduira à travers la plaque plusieurs petits tubes en cuivre semblables à ceux que nous avons décrits plus haut, et qui s'étendront jusqu'à l'extrémité de la chaudière. De cette manière la surface chauffée sera quatre fois plus considérable qu'avec un seul tube. Il sera nécessaire, pour compléter le système, d'établir au-dessous de la grille une ouverture assez étendue, destinée à l'introduction de l'air extérieur. Pour cela on pratiquera, à travers le tube et la chaudière, une ou deux ouvertures ovales ou carrées, semblables à des trous d'homme; et comme le tube se trouve à peu près à 1 pouce ($0^m.025$) du fond de la chaudière, il suffira, pour fermer cet espace, de river autour de l'ouverture un anneau d'un pouce d'épaisseur. A l'aide de ces modifications très-simples, on facilitera beaucoup la production de la vapeur, et l'on réduira des deux tiers environ la consommation du combustible.

NOTES

DES TRADUCTEURS.

Note 1re.

M. **Tredgold** donne pour la force moyenne du cheval une évaluation plus faible encore. Il admet que la vitesse correspondante au maximum d'effet utile est la moitié de la plus grande vitesse que le cheval puisse prendre en marchant à vide. Or, la vitesse maximum d'un cheval non chargé ne surpasse pas 6 milles (9,655 mèt.) par heure, quand la marche est continuée pendant 6 heures chaque jour ; et par conséquent une vitesse de 3 milles par heure correspond dans ce cas au maximum d'effet utile. Si la journée de travail était fixée à 8 heures, la vitesse extrême serait réduite à 5 milles (8,046 mèt.) par heure, ce qui donnerait 2 milles 1/2 pour la vitesse répondant au maximum d'effet utile. Dans l'un et l'autre cas, l'effort constant exercé par le cheval est égal, suivant M. Tredgold, à la moitié de sa force moyenne, qui paraît être de 113 kil. environ. D'après cela l'effet utile d'un cheval de force moyenne serait représenté par un poids de 57 kil. 1/2, mû avec une vitesse de 2 milles 1/2 par heure (4023ᵐ.), pendant 8 heures par jour.

Malgré cette divergence d'opinions dans l'évaluation de la force du cheval, on s'accorde cependant assez généralement, lorsque l'on prend cette force pour mesure de l'effet d'une machine, à la considérer comme représentée par un poids de 75 kil. élevé à 1 mèt. de hauteur en une seconde.

Note 2.

Pour ne pas interrompre la description des divers systèmes de plans inclinés en usage sur les chemins de fer, nous avons réuni en note toutes les formules que l'auteur présente à ce sujet dans le courant du quatrième chapitre, et nous y avons ajouté les développemens qui nous ont paru nécessaires.

Si l'on considère une roue qui descend le long d'un plan incliné, en tournant sur elle-même, on obtiendra l'équation de son mouvement, à l'aide du principe des forces vives. Pour cela, on égalera la somme des forces vives de la masse totale du corps, en un instant quelconque de son mouvement, au double de la quantité d'action imprimée depuis l'origine du mouvement jusqu'à l'instant donné.

Soit m la masse de la roue, ϱ son rayon, ρ_i le rayon vecteur d'un élément quelconque de la masse de la roue, par rapport à son centre, e l'espace parcouru au bout du temps t, i l'inclinaison du plan; la quantité d'action imprimée au corps pendant le temps t sera représentée par $mge\sin.i$. Quant à la force vive, elle se compose d'abord de la force vive de la masse totale du corps, supposée réunie au centre de gravité, et, en second lieu, de la force vive due au mouvement de rotation autour de ce centre. Elle sera donc égale à

$$m\left(\frac{de}{dt}\right)^2 + \frac{1}{\rho^2}\left(\frac{de}{dt}\right)^2 \int \rho_i{}^2\, dm,$$

et l'on aura l'équation

$$(1)\qquad \left(\frac{de}{dt}\right)^2\left(m + \frac{1}{\rho^2}\int \rho_i{}^2\, dm\right) = 2\,mge\sin.i$$

ou en posant $\int \rho_i{}^2\, dm = mk^2$

$$\left(\frac{de}{dt}\right)^2\left(1 + \frac{k^2}{\rho^2}\right) = 2g\,e\sin.i.$$

Si l'on différentie cette équation, on a

$$de\,\frac{d^2e}{dt^2}\left(1 + \frac{k^2}{\rho^2}\right) = g\sin.i.de. \text{ d'où}$$

$$\frac{d^2e}{dt^2} = \frac{\rho^2}{\rho^2 + k^2}\,g\sin.i$$

Cette dernière équation, qui donne la valeur de la force accélératrice de la roue, peut être mise sous une forme différente. En effet, la distance d'un point quelconque de la circonférence de la roue au centre d'oscillation, pris par rapport à ce point, est égale à $\varrho + \frac{k^2}{\varrho}$. On a donc en nommant δ cette distance,

$$1 + \frac{k^2}{\rho^2} = \frac{\delta}{\rho}, \text{ et par suite}$$

$$(2)\qquad \frac{d^2e}{dt^2} = \frac{\rho}{\delta}g\sin.i.$$

Si l'on considère actuellement le cas d'un chariot à roues, on remarquera que le corps du chariot suit le mouvement du centre de gravité, et que les roues seules éprouvent un mouvement de rotation. On aura donc en nommant M la masse du chariot, et m celle des roues,

$$\left(\frac{de}{dt}\right)^2\left(M + m + \frac{mk^2}{\rho^2}\right) = 2\,(M + m)\,ge\sin.i,$$

ou en multipliant par g les deux membres de cette équation, ce qui revient à remplacer les masses M, m par les poids correspondans P, p, et en substituant au terme

$$\left(1 + \frac{k^2}{\rho^2}\right) \text{ sa valeur } \frac{\delta}{\rho},$$

$$(3) \qquad \left(\frac{de}{dt}\right)^2 \left(P + p\,\frac{\delta}{\rho}\right) = 2\,(P + p)\,g\,e\,\sin. i,$$

Si l'on veut tenir compte de la résistance due aux frottemens, on verra facilement qu'en nommant f le rapport du frottement à la pression sur l'essieu de la roue, f' la valeur de ce rapport pour le frottement de la roue sur le rail, n le rapport entre le diamètre de l'essieu et celui de la roue, la valeur de cette résistance sera représentée par $f'(P+p) + f n P$. On aura donc, en posant $f'(P+p) + f n P = F$,

$$(4) \qquad \left(\frac{de}{dt}\right)^2 \left(P + p\,\frac{\delta}{\rho}\right) = 2\left[\,(P+p)\sin. i - F\,\right] g\,e.$$

On tire de là, en posant $\frac{g}{2} = r$,

$$(5) \qquad e = \frac{(P+p)\sin. i - F}{P + p\,\dfrac{\delta}{\rho}}\, r\,t'^2; \quad \text{d'où}$$

$$(6) \qquad F = (P+p)\sin. i - \frac{\left(P + p\,\dfrac{\delta}{\rho}\right) e}{r\,t'^2}$$

Il nous reste à appliquer les formules précédentes au mouvement des chariots sur les plans inclinés.

Supposons d'abord qu'un convoi descendant fasse remonter un convoi ascendant, au moyen d'une corde enroulée sur la gorge d'une poulie.

Soit P le poids des chariots descendans, p le poids de leurs roues, F la résistance due aux frottemens.

P', p', F', les quantités analogues pour les chariots montants.

φ, la résistance due au frottement de la poulie, de la corde de renvoi, et des rouleaux placés le long du plan incliné.

σ le poids de la corde.

ϖ, le moment d'inertie de la poulie divisé par le carré de son rayon, c'est-à-dire la valeur de $g\dfrac{\int \rho_1^2\, dm}{\rho^2}$, expression qui représente le poids du corps transporté à sa circonférence.

ϖ_1, le poids des rouleaux également transporté à leur circonférence. Ces rouleaux, pouvant être considérés comme des cylindres pleins et homogènes, la valeur de ϖ_1 est égale à la moitié de leur poids total Π_1; car, pour un cylindre plein, on a

$$\int \rho_1^2\, dm = \tfrac{1}{2}\, M\, \rho^2.$$

Enfin supposons que δ, ρ, i, conservent les mêmes valeurs que dans les calculs précédens.

Nous aurons, en vertu du principe des forces vives,

$$(7)\quad \left(\frac{dc}{dt}\right)^2\left(P+P'+(p+p')\frac{\delta}{\rho}+\varpi+\varpi_i+\varpi_u\right)=2\left[(P+p-P'-p')\sin. i - F - F' - \varphi\right]gc.$$

D'où nous tirons

$$e = \frac{(P+p-P'-p')\,\sin. i - F - F' - \varphi}{P+P'+(p+p')\frac{\delta}{\rho}+\varpi+\varpi_i+\varpi_u}\,rc^2 \qquad \text{et}$$

$$(8)\quad F+F'+\varphi=(P+p-P'-p')\sin. i - \frac{\left[P+P'+(p+p')\frac{\delta}{\rho}+\varpi+\varpi_i+\varpi_u\right]e}{rc^2}.$$

Considérons maintenant le cas où la manœuvre est effectuée par une machine fixe placée au sommet du plan incliné.

1°. Lorsqu'un convoi descend par son propre poids en traînant à sa suite la corde de remorque, on a l'équation

$$(9)\quad \left(\frac{dc}{dt}\right)^2\left[P+p\frac{\delta}{\rho}+\varpi+\varpi_i+\varpi_u\right]=2\left[\left(P+p+\frac{1}{2}\varpi\right)\sin. i - F - \varphi\right]gc.$$

D'où l'on tire en intégrant,

$$c = \frac{\left[\left(P+p+\frac{1}{2}\varpi\right)\sin. i - F - \varphi.\right]rc^2}{P+p\frac{\delta}{\rho}+\varpi+\varpi_i+\varpi_u} \qquad \text{et}$$

$$(10)\quad F+\varphi=\left(P+p+\frac{1}{2}\varpi\right)\sin. i - \frac{\left(P+p\frac{\delta}{\rho}+\varpi+\varpi_i+\varpi_u\right)e}{rc^2}.$$

Lorsque le mouvement a lieu en sens contraire, c'est-à-dire lorsque la machine remorque vers le sommet du plan un convoi ascendant, on a l'équation

$$(11)\quad \left(\frac{dc}{dt}\right)^2\left(P'+p'\frac{\delta}{\rho}+\varpi+\varpi_i+\varpi_u\right)=2\left[Q-\left(P'+p'+\frac{1}{2}\varpi\right)\sin. i - F' - \varphi\right]gc,$$

dans laquelle Q représente l'effort exercé par la machine; et l'on en tire

$$(12)\quad Q=\left(P'+p'+\frac{1}{2}\varpi\right)\sin. i + F' + \varphi + \frac{\left(P'+p'\frac{\delta}{\rho}+\varpi+\varpi_i+\varpi_u\right)e}{rc^2}.$$

2°. Si la manœuvre s'effectue à l'aide d'une corde de communication attachée d'une part à la tête du convoi descendant, et de l'autre à la queue du convoi montant, la force déployée par la machine est donnée par l'équation

$$(13) \quad Q = F + F' + \varphi + (P'+p')\sin.i - (P+p)\sin.i + \frac{\left(P + p\frac{\delta}{\rho} + P' + p'\frac{\delta}{\rho} + \varpi + \varpi_{,} + \varpi_{,}\right)e}{r\,t^2}.$$

Dans le cas où le plan est horizontal, on a sin. $i = o$; et l'équation précédente devient

$$(14) \qquad Q = F + F' + \varphi + \frac{\left(P + p\frac{\delta}{\rho} + P' + p'\frac{\delta}{\rho} + \varpi + \varpi_{,} + \varpi_{,}\right)e}{r\,t^2}.$$

3°. Lorsque la route est formée de deux plans inclinés placés sur les deux versans d'un coteau et manœuvrés par une seule machine, on a, pour déterminer le mouvement, les formules (9), (10), (11), (12), si la manœuvre ne s'effectue que sur l'un des plans à la fois.

Dans le cas où un convoi est remorqué sur l'un des plans, tandis qu'un autre convoi descend sur le plan opposé, l'effort exercé par la machine est donné par l'équation (13), dans laquelle il faut remplacer $(P'+p')\sin. i$ par $(P'+p')\sin. i'$, en désignant par i' l'inclinaison du plan que parcourt le convoi montant : on a ainsi

$$(15)\; Q = F + F' + \varphi + (P'+p')\sin. i' - (P+p)\sin. i + \frac{\left(P + p\frac{\delta}{\rho} + P' + p'\frac{\delta}{\rho} + \varpi + \varpi_{,} + \varpi_{,}\right)e}{r\,t^2}$$

4°. Enfin, si l'on considère une ligne de chemin de fer manœuvrée par un système de machines fixes, l'équation du mouvement est donnée par la formule (14) dans le cas où la route est horizontale ; et par la formule (13), dans le cas où elle est inclinée.

Les diverses équations que nous venons d'établir ne peuvent être utiles dans la pratique, qu'autant que l'on aura déterminé d'avance la valeur des coefficiens constans qu'elles renferment. Nous exposerons dans les chapitres suivans les expériences qui ont été entreprises dans ce but, et nous ferons connaître les résultats auxquels elles ont conduit.

Note 3.

Le mouvement des machines locomotives sur les chemins de fer est évidemment dû à l'adhérence des roues sur les rails, et il est facile, à l'aide de cette considération, de déterminer la pente maximum, que peut remonter une machine locomotive en remorquant un convoi de chariots.

En effet, appelons, comme précédemment, f et f' les coefficiens du frottement, i l'inclinaison du plan, P le poids de la machine, p celui des roues, P' le poids des chariots remorqués, p' celui de leurs roues ; il est clair que le convoi s'arrêtera lorsque la force nécessaire pour déterminer le mouvement sera égale au frottement produit par les roues tournant sur place.

La valeur de ce frottement est égale à $f(P+p)$ cos. i. Quant à l'effort nécessaire pour mettre le système en mouvement, il est égal à $(P+p+P'+p')$ sin. $i + f'(P+p+P'+p') + fn(P+P')$. Nous aurons donc, pour déterminer la pente maximum, l'équation

$$f(P+p)\cos. i = (P+p+P'+p')\sin. i + f'(P+p+P'+p') + fn(P+P')$$

Cette formule peut être simplifiée dans la pratique. On remarquera en effet que pour des pentes comprises entre les limites que nous considérons, la valeur de cos. i diffère peu de l'unité ; et de plus que les termes $f'(P+p+P'+p')$, $fn(P+P')$ qui représentent l'effort du tirage sur un chemin de niveau, peuvent être remplacés, sans erreur sensible, par un seul terme de la forme $f_1(P+p+P'+p')$, dans lequel f_1 représenterait le rapport constant du tirage à la charge. On aurait ainsi, en posant

$$P + p = \Pi, \quad P' + p' = \Pi_1,$$
$$f\Pi = (\Pi + \Pi_1)(\sin. i + f_1). \qquad \text{D'où}$$
$$\sin. i = \frac{f\Pi}{\Pi + \Pi_1} - f_1,$$

Nous aurons plus tard l'occasion de revenir sur cette formule, pour déterminer la valeur des coefficients qu'elle renferme, et pour en déduire des résultats utiles dans la pratique

CHAPITRE V.

Nous avons fait connaître, dans le second chapitre, l'opinion de quelques ingénieurs sur les avantages relatifs des rails en fonte et en fer forgé. Ces discussions sont antérieures à l'année 1825; depuis cette époque, les rails en fer laminé ont été généralement adoptés sur les chemins de fer publics, et l'expérience a détruit les préjugés qui s'opposaient à leur emploi. Toutefois, on manquait jusqu'ici d'expériences propres à déterminer la force et la durée relatives de ces deux espèces de rails, ainsi que la résistance qu'ils opposent au mouvement des chariots. Nous avons fait tous nos efforts pour éclaircir ces diverses questions.

Nous présenterons d'abord, dans le tableau 1er, le résultat de quelques expériences faites à la fonderie de Walker, près de Newcastle-sur-Tyne, pour déterminer la force des rails en fonte. Les rails avaient tous été fondus dans le même moule, en sorte que leur différence de poids était purement accidentelle. Ils avaient la forme indiquée fig. 1 et 3, Pl. II; leur largeur, au sommet, était de 2 pouces 1/4 (o^m.057); et, vers le milieu de leur hauteur, de 1 pouce 1/2 (o^m.038); la partie carrée $c\,b$, placée inférieurement, avait 7/8 de pouce de côté (o^m.022). Leur hauteur maximum était de 6 pouces (o^m.152); elle diminuait graduellement, suivant une courbe parabolique, depuis le milieu du rail jusque vers ses deux extrémités; et en ces points, elle se réduisait à 4 pouces (o^m.102). Pendant le cours des expériences, les rails étaient assujettis comme à l'ordinaire sur les coussinets, qui étaient fixés eux-mêmes sur des traverses en bois. La distance entre les points d'appui était de 3 pieds 9 pouces 1/2 (1ᵐ.156). Les diverses espèces de fonte, soumises à l'expérience, sont désignées dans le tableau par des lettres et des numéros.

EXPÉRIENCE I.

NOMBRE des expériences.	NATURE du métal.	POIDS de chaque rail.	POIDS qui produit la rupture.	POIDS moyen de chaque espèce de rail.	RÉSISTANCE moyenne de chaque espèce de rail.	RAPPORT entre la résistance du métal mêlé et non mêlé, en tenant compte de la différence des poids.
		kil.	kil.	kil.	kil.	
1	Nº. 1, métal A	25,56	6436,09			
2	— idem	25,39	5065,50	25,19	5805,24	
3	— idem	25,14	5522,59			
4	— idem	24,66	6208,15			100 : 84
5	Nº. 1, A, même qualité que le précédent, mêlé avec du vieux métal . .	26,69	7541,17	27,03	7420,57	
6		26,32	7312,65			
7	Nº. 1, métal B	25,28	5751,11	25,56	5408,33	
8	— idem	25,87	5065,50			100 : 83
9	Nº. 1, B, mêlé avec du vieux métal	26,21	8264,77	26,12	7922,04	
10		26,04	7579,26			
11	Nº. 1, métal C	25,14	7655,43	25,05	7141,22	
12	— idem	24,94	6627,05			100 : 74
13	Nº. 1, C, mêlé	25,50	9369,28	25,67	8823,42	
14	— idem	25,84	8226,68			
15	Nº. 1, métal D	25,47	5751,10	25,45	5865,37	
16	— idem	25,42	5979,63			100 : 62
17	Nº. 1, D, mêlé avec du vieux métal	27,00	10550,06	26,41	9864,44	
18		25,78	9178,93			
19	Nº. 2, idem D, ...	25,76	4836,98	25,53	4938,55	
20	— idem	25,28	5065,51			
21	Nº. 3, idem D, ...	26,21	5294,07	25,98	5522,59	
22	— idem	25,74	5751,10			
23	Nº. 1, métal E	25,52	6512,84	25,73	6684,18	
24	— idem	25,90	6855,62			100 : 92
25	Nº. 1, E, mêlé avec du vieux métal	25,10	7541,17	25,16	6982,52	
26		25,22	6398,59			
27	Rail en fonte de diverses espèces de métal	25,17	6893,71			
28	— idem	25,87	5065,51			
29	Rail de 1ᵐ. 22 de long. . .	26,29	6100,23			
30	Rail de 0ᵐ.91 de longueur. Métal nº. 2.	14,96	5008,38			
31	— 0ᵐ.91 de longueur. . . Métal du pays de Galles. .	14,96	5122,69			
32	— 0ᵐ.91 de long. métal nº. 1	14,96	5440,07			

En examinant le tableau précédent, on voit qu'il donne des résultats très-différens, même pour des rails de nature semblable. La seule loi qui paraisse se vérifier d'une manière constante, c'est que les rails, formés d'un mélange de plusieurs espèces de fonte, offrent une densité et une résistance plus grande que ceux qui sont composés d'un seul genre de métal. Cette observation pourra souvent être utilisée dans la pratique. Nous remarquerons encore que les poids indiqués dans la table sont ceux qui déterminent la rupture, et qu'il convient de ne faire supporter aux rails qu'une charge très-inférieure à cette limite extrême. Il est nécessaire en effet, qu'ils puissent résister non-seulement au poids des chariots, mais encore aux secousses produites par les inégalités de la route et par les obstacles accidentels qui peuvent s'y rencontrer. De plus, dans les chariots à quatre roues et sans ressorts, la charge est loin d'être également répartie sur chacune des roues. On a soin, il est vrai, de placer autant que possible les axes des essieux dans un même plan ; mais il est rare que la surface supérieure des rails soit exactement parallèle à ce plan, et alors le chariot ne porte que sur trois roues à la fois; il arrive même, lorsque les ondulations des rails changent de sens, que, dans le moment de transition, la charge n'est supportée que par les deux roues placées sur une même diagonale. Ces motifs, joints à plusieurs autres qu'il est inutile de détailler, doivent engager à donner aux rails des dimensions trèssupérieures à celles qui seraient rigoureusement nécessaires pour éviter leur rupture.

Le minimum de résistance fourni par les expériences précédentes est environ de 7 tonneaux (7109 kil.) pour les rails composés de fontes mêlées, et de 5 tonneaux (5078 kil.) pour ceux qui sont formés d'un seul genre de métal. Ces rails étaient destinés à un chemin de fer sur lequel les chariots devaient peser 4 tonneaux (4062 kil.). Ainsi en supposant que par suite des inégalités de la route, le poids ne portât que sur deux roues à la fois, la charge sur chaque rail ne pouvait excéder deux tonneaux (2031 kil.). Le rapport entre le poids maximum supporté par les rails et leur force absolue était donc, dans le premier cas de 2/7, et dans le second, de 2/5. Nous pensons que l'on doit dans la pratique prendre pour règle de ne jamais faire supporter aux rails plus du tiers de la charge qui peut occasioner leur rupture.

M. Tredgold, dans son Traité sur la fonte, établit la relation suivante entre les dimensions du rail et la charge maximum qu'il doit supporter. Soit P ce poids maximum exprimé en livres; l la distance entre les points d'appui exprimée en pieds; b la plus grande largeur du rail en pouces; d sa plus grande hauteur en pouces; $q\,b$ la différence entre la plus grande largeur du rail et la largeur correspondante au milieu de sa hauteur; $p\,d$ la hauteur maximum de la partie inférieure; on a

$$\frac{3\,Pl}{850} = bd^2\,(l - q\,p^3) \quad \text{d'où l'on tire}$$

$$d = \sqrt{\frac{3\,Pl}{850\,(l - q\,p^3)}}\,, \quad \text{et}$$

$$P = \frac{850\,bd^2\,(l - q\,p^3)}{3\,l}$$

Pour transformer en kilogrammes la valeur de P, il suffit de multiplier le résultat par la fraction 0,453.

Nous donnons, dans le tableau 2, les résultats de quelques expériences faites aux usines à fer de Bedlington, le 6 décembre 1824, sur la force et la flexibilité des rails en fer malléable. Le rail, soumis à l'expérience, présentait la forme indiquée fig. 4 et 5, Pl. II, et avait les dimensions suivantes : hauteur maximum, 3 pouces 7/16 (0^m.087); hauteur aux deux extrémités, 2 pouces 1/4 (0^m.57); épaisseur, 5/8 de pouce (0^m.016); largeur du bandeau supérieur, 2 pouces 1/4 (0^m.057); poids, 28 livres par yard (13 kil. 87, par mètre courant); longueur totale, 9 pieds (2^m.745); distance entre les coussinets, 3 pieds (0^m.915). L'appareil était renversé, et la pression exercée de bas en haut, au milieu de l'intervalle compris entre deux supports. Le rail était formé de vieux fer du pays de Galles, retravaillé et choisi au hasard dans un monceau de rails destinés au chemin de fer de Darlington.

EXPÉRIENCE II.

POIDS appliqués.	FLEXION.	OBSERVATIONS.
kil.	m.	
1421,90	0,00153	Lorsque le poids a été enlevé, le rail a repris sa forme primitive. Pour s'assurer s'il n'avait pas éprouvé quelque détérioration, on a fait les deux expériences suivantes.
2843,79	0,00279	
4265,69	0,00508	
5687,58	0,00589	
6398,53	0,01194	
2843,79	0,00279	Les poids étant replacés, on a retrouvé les mêmes flexions que précédemment.
6398,53	0,01194	
6677,83	0,01448	Après l'enlèvement de ce poids, le rail a repris sa forme primitive.
2843,79	0,00292	On a replacé les poids, et on les a maintenus pendant un certain temps. Après leur enlèvement, on a observé que le rail conservait une flexion de $0^m.000089$.
6398,53	0,01219	
7109,48	0,01600	
7820,43	0,02337	On a de nouveau placé les poids, et l'on a retrouvé à peu près les mêmes flexions. Après avoir porté la charge à 7820 kil. 43, on a trouvé une flexion permanente de $0^m,0061$, sans que le rail présentât d'ailleurs aucune détérioration apparente.

Nous allons actuellement exposer les résultats de diverses expériences qui ont été faites pour déterminer la flexibilité relative des rails de sections différentes. La pression était exercée au moyen d'une romaine; la flexion se mesurait à l'aide d'une vis, dont le pas avait 1/17 de pouce de longueur ($0^m.0015$), et d'une roue indiquant la 64ᵉ. partie du pas de la vis, c'est-à-dire 1/1088 de pouce ($0^m.00002334$). Les rails avaient la forme indiquée fig. 7, **Pl. II**, et reposaient sur des coussinets distans de 3 pieds ($0^m.915$) d'axe en axe; la largeur de ces coussinets a été indiquée pour chaque expérience. On a aussi distingué le cas où le rail était fixé à chacune de ses divisions, et celui où il était seulement assujetti sur les deux coussinets entre lesquels était exercée la pression. Ces deux cas sont distingués dans le tableau par la désignation de supports fixes et de supports libres.

EXPÉRIENCE III.

Rail en fer forgé. Longueur totale, 1 pieds 11 pouces 1/8 (1^m.552), comprenant 5 divisions. — Poids, 167 livr. (75 kilog. 651). — Largeur du bandeau supérieur, 2 pouces 1/4 (0^m.057); épaisseur, 1 pouce (0^m.025). — Hauteur de la partie intermédiaire, 1 pouce 15/16 (0^m.049); épaisseur, 5/8 de pouce (0^m.016). — Hauteur de la partie inférieure, 3/4 de pouce (0^m.019). — Hauteur du rail en son milieu, 3 pouces 11/16 (0^m.094); se réduisant à chaque extrémité, par une courbe elliptique, à 2 pouces 3/8 (0^m.060). — Largeur du coussinet, 3 pouces 1/4 (0^m.082).

POIDS appliqués.	SUPPORTS FIXES.				SUPPORTS LIBRES.	
	FLEXION pendant l'application du poids.	FLEXION permanente.	FLEXION produite par une nouvelle application des poids.	FLEXION permanente.	FLEXION pendant l'application du poids.	FLEXION permanente.
kil.	m.		m.		m.	
863,294	0,000231		0,000231		0,000373	
1726,588	0,000465		0,000490		0,000747	
2589,882	0,000721		0,000770		0,001097	
3453,176	0,000980		0,001050		0,001471	0,000046
	0,000980		0,001050		0,001471	
4316,470	0,001189		0,001189		0,001890	0,000091
	0,001189		0,001189		0,001890	
5179,764	0,001562	0,000068	0,001585	0,000068	0,002334	0,000256
	0,001585		0,001610		0,002428	
6043,058	0,001916	0,000140	0,001935	0,000140	0,002918	0,000513
	0,001916		0,001935		0,002918	
6906,352	0,002286	0,000310	0,002311	0,000231	0,003734	0,000932
	0,002311		0,002311		0,003807	
7769,646	0,002812	0,000419	0,002809	0,000396	0,004574	0,001562
	0,002814		0,002812		0,004902	
8632,940	0,002860	0,000630	0,002855	0,000698	0,006535	0,003210
	0,002862		0,002862			
9496,234	0,002941	0,001211	0,002967	0,001259		

EXPÉRIENCE IV.

Rail en fer forgé. Longueur totale, 14 pieds 10 p. ($4^m.552$), comprenant cinq divisions. —Poids, 157 livres (71 kilog. 184).—Largeur du bandeau supérieur, 2 po. 174 ($0^m.057$); épaisseur, 374 de pouce ($0^m.019$). — Hauteur de la partie intermédiaire, 1 po. 378 ($0^m.035$); épaisseur, 374 de pouce ($0^m.019$). — Hauteur de la partie inférieure, 1 po. 3716 ($0^m.030$), épaisseur, 1 pouce (0.025). — Hauteur du rail en son milieu, 3 po. 178 ($0^m.079$), se réduisant par une courbe elliptique à 2 pouces 172 ($0.^m063$), à la distance de 1 po. 172 (0.038) de chaque extrémité (1).—Largeur du coussinet, 3 pouces 174 ($0^m.0825$).

POIDS appliqués.	SUPPORTS FIXES.				SUPPORTS LIBRES.	
	FLEXION.	FLEXION permanente.	FLEXION produite par une nouvelle application des poids.	FLEXION permanente.	FLEXION.	FLEXION permanente.
kil.	m.		m.		m.	
863,294	0,000279		0,000325		0,000442	
1726,588	0,000582		0,000556		0,000909	
2589,882	0,000932		0,000792		0,001328	
3453,176	0,001211	0,000046	0,001143	0,000046	0,001773	0.000091
	0,001211		0,001143		0,001796	
4316,470	0,001633	0,000091	0,001493	0,000091	0,002263	0,000208
	0,001633		0,001493		0,002263	
5179,764	0,002078	0,000185	0,001819	0,000140	0,002819	0,000373
	0,002100		0,001844		0,002824	
6043,058	0,002799	0,000325	0,002192	0,000231	0,002941	0,001026
	0,002809		0,002240		0,002954	
6906,352	0,002913	0,000932	0,002814	0,000419	0,003276	0,002944
	0,002926		0,002824		0,003327	
7769,646	0,003132	0,002799	0,002903	0,001026	0,003744	0,003091
	0,003165		0,002913			
8632,940	0,003594	0,003221	0,003020	0,001819		

(1) La partie inférieure de ce rail présente à chacune des divisions un renflement de 3 pouces ($0^m.076$) de longueur, environ sur 3/8 de pouce ($0^m.0095$) de hauteur, lequel pénètre dans le fond du coussinet. Les rails qui font l'objet des expériences suivantes offrent la même disposition.

(*Note de l'Auteur.*)

EXPÉRIENCE V.

Rail en fer forgé. Longueur totale, 14 pieds 8 po. (4^m,473) comprenant cinq divisions. —Poids, 162 livres (73 kilog. 286).—Largeur du bandeau supérieur, 2 po. 3/16 (0^m.055); épaisseur, 1 pouce (0^m.025).—Hauteur de la partie moyenne, 1 pouce 1/8 (0^m.029); épaisseur, 5/8 de pouce (0^m.016).—Hauteur de la partie inférieure, 1 pouce 7/16 (0^m.037); épaisseur, 7/8 de pouce (0^m.022).—Hauteur du rail en son milieu, 3 pouces 9/16 (0^m.090); se réduisant par une courbe elliptique à 2 pouces 7/8 (0^m,073), à la distance de 1 pouce 1/2 (0^m.038) de chaque extrémité. — Largeur du coussinet, 3 pouces 1/4 (0^m.082).

	SUPPORTS FIXES.				SUPPORTS LIBRES.	
POIDS appliqués.	FLEXION.	FLEXION permanente.	FLEXION produite par une nouvelle application des poids.	FLEXION permanente.	FLEXION.	FLEXION permanente.
kil.	m.		m.		m.	
863,294	0,000162		0,000163		0,000104	
1726,588	0,000442		0,000465		0,000559	
2589,882	0,000747		0,000794		0,000864	
3453,176	0,000955		0,001062		0,002166	
	0,000955		0,001062		0,002166	
4316,470	0,001237		0,001354		0,001539	
	0,001237		0,001354		0,001539	
5179,764	0,001539		0,001610		0,001844	0,000046
	0,001562		0,001610		0,001796	
6043,058	0,001773	0,000091	0,001935	0,000068	0,002078	0,000091
	0,001773		0,001935		0,002123	
6906,352	0,001984	0,000140	0,002311	0,000140	0,002428	0,000185
	0,001984		0,002334		0,002428	
7769,646	0,002334	0,000325	0,002824	0,000559	0,002852	0,000536
	0,002473		0,002832		0,002870	
8632,940	0,002852	0,000770	0,002923	0,001260	0,003243	0,002936
	0,002857					
9496,234	0,002949	0,001565				

EXPÉRIENCE VI.

Rail en fer forgé. Longueur totale, 15 pieds 1/2 pouce (4^m.588) comprenant 5 divisions. — Poids, 196 liv. (88 kilog. 788) — Largeur du bandeau supérieur, 2 pouces 1/4 (0^m.057); épaisseur, 1 pouce (0^m.025). — Hauteur de la partie moyenne, 1 pouce 3/4 (0^m.044); épaisseur, 5/8 de pouce (0^m.016). — Hauteur de la partie inférieure, 1 pouce 5/16 (0^m.033); épaisseur, 1 pouce (0^m.025). — Hauteur du rail en son milieu, 4 pouces 1/16 (0^m.103); se réduisant par une courbe elliptique à 3 pouces 3/8 (0^m.086), à la distance de 1 pouce 1/2 (0^m.038) de chaque extrémité. — Largeur du coussinet, 3 pouces 1/2 (0^m.089).

POIDS appliqués.	SUPPORTS FIXES.				SUPPORTS LIBRES.	
	FLEXION.	FLEXION permanente.	FLEXION produite par l'application du poids.	FLEXION permanente.	FLEXION produite par le poids.	FLEXION permanente.
kil.	m		m.		m.	
863,294	0,000091		0,000089		0,000208	
1726,588	0,000279		0,000279		0,000442	
2589,882	0,000467		0,000419		0,000724	
3453,176	0,000698		0,000630		0,000980	
	0,000698		0,000630		0,000980	
4316,470	0,000909		0,000747		0,001166	0,000068
	0,000909		0,000747		0,001166	
5179,764	0,001097		0,000980		0,001445	0,000140
	0,001097		0,000980		0,001445	
6043,058	0,001260	0,000046	0,001166	0,000068	0,001750	0,000279
	0,001260		0,001166		0,001773	
6906,352	0,001471	0,000114	0,001377	0,000114	0,002123	0,000467
	0,001471		0,001399		0,002123	
7769,646	0,001702	0,000208	0,001587	0,000162	0,002799	0,000770
	0,001702		0,001610		0,002809	
8632,940	0,002007	0,000325	0,001844	0,000279	0,002936	0,001819
	0,002029		0,001866			
9496,234	0,002451	0,000582	0,002240	0,002794		

EXPÉRIENCE VII.

Rail en fer forgé. Longueur totale, 14 pieds 11 po. 3/4 ($4^m.565$) comprenant 5 divisions. — Poids, 188 liv. (85 kilog. 164).— Largeur du bandeau supérieur, 2 pouces 1/4 ($0^m.057$); épaisseur, 3/4 de pouce ($0^m.019$).—Hauteur de la partie moyenne, 1 pouce 15/16 ($0^m.049$); épaisseur, 5/8 po. ($0^m.016$). — Partie inférieure présentant une surface arrondie de 1 po. 3/16 ($0^m.030$) de diamètre. — Hauteur du rail constante sur toute sa longueur, 3 pouces 7/8 ($0^m.099$).--Largeur du coussinet, 5 pouces ($0^m.127$).

POIDS appliqués.	SUPPORTS FIXES.				SUPPORTS LIBRES.	
	FLEXION.	FLEXION permanente.	FLEXION produite par une nouvelle application des poids.	FLEXION permanente.	FLEXION.	FLEXION. permanente.
kil.	m.		m.		m.	
863,291	0,000185		0,000163		0,000208	
1726,588	0,000325		0,000310		0,000439	
2589,882	0,000439		0,000465		0,000653	
3453,176	0,000607		0,000630		0,000986	
	0,000607		0,000630		0,000986	
4316,470	0,000815		0,000792		0,001166	0,000046
	0,000815		0,000792		0,001166	
5179,764	0,000980		0,000980		0,001445	0,000140
	0,000980		0,000980		0,001445	
6043,058	0,001166	0,000053	0,001166	0,000053	0,001679	0,000256
	0,001166		0,001166		0,001679	
6906,352	0,001326	0,000114	0,001377	0,000114	0,001966	0,000513
	0,001326		0,001377		0,001966	
7769,646	0,001539	0,000162	0,001539	0,000140	0,002192	0,000980
	0,001539		0,001539		0,002240	
8632,940	0,001702	0,000208	0,001702	0,000185	0,002959	0,002052
	0,001702		0,001702			
9496,234	0,001487	0,000256	0,001961	0,000279		

Les expériences précédentes prouvent que l'on augmente considérablement la résistance à la rupture, en fixant les rails, non-seulement sur les dés entre lesquels est appliquée la charge, mais encore sur les dés voisins; d'où il suit qu'il est avantageux de leur donner une grande longueur, en ayant soin de maintenir leurs extrémités dans les coussinets par un système qui ne permette aucun déplacement. Ce dernier résultat ne saurait être obtenu à l'aide de simples chevilles; on ne peut y parvenir qu'en employant des clefs agissant comme des coins.

Dans toutes ces expériences, les rails, quoique présentant des sections différentes, étaient construits d'après le même principe, à l'exception toutefois du rail du 7ᵉ. tableau. Ce dernier, au lieu d'offrir dans sa partie inférieure une suite de courbes elliptiques, avait ses deux surfaces parallèles l'une à l'autre. Du reste, son poids était à peu près égal à celui du rail du numéro VI, en sorte que les tableaux VI et VII permettent d'apprécier l'influence relative de ces deux formes sur la résistance à la rupture.

Toutefois, comme cette question est fort importante, on a répété l'expérience avec le soin le plus minutieux sur deux rails semblables à ceux des numéros VI et VII. On les a posés l'un et l'autre sur les arêtes saillantes de deux prismes, en ayant soin que la distance entre les points d'appui fût parfaitement égale : cette distance était de 3 pieds 1/4 de pouce (0ᵐ.921). Le tableau suivant indique les résultats auxquels on a été conduit.

EXPÉRIENCE VIII.

Rail, n°. 1, semblabe à celui du tableau **VI**; longueur 15 pieds 2 pouces (4^m.,626), poids 197 livres (89$^{kil.}$ 2 41).			Portion de rail, n°. 2, semblable à celui du tableau **VII**.	
POID.	FLEXION	FLEXION permanente.	FLEXION.	FLEXION permanente.
kil.	mét.		mét.	
863,294	0,000162		0,000162	
1726,588	0,000396		0,000420	
2589,882	0,000630		0,000815	
3453,176	0,000864		0,001072	
4316,470	0,001143		0,001328	
	0,001143		0,001328	
5179,764	0,001425		0,001562	
	0,001425		0,001562	
6043,058	0,001819		0,001890	
	0,001819		0,001890	
6906,352	0,002217	0,000091	0,002334	0,000107
	0,002286		0,002334	
7769,646	0,003002	0,002286	0,002822	0,000653
	0,003043		0,002835	
8632,940	0,003432	0,003030	0,003389	0,002931

L'expérience, dont nous venons d'indiquer le résultat, prouve que le rail n°. 1 offre plus de résistance que le numéro 2, tant que la charge n'est pas suffisante pour lui faire subir une altération permanente. Dès que cette limite est dépassée, le rail n°. 2 offre au contraire des flexions plus faibles; mais, comme le premier conserve son avantage sous des charges bien supérieures à celles qu'il doit réellement supporter dans la pratique, il paraît mériter la préférence.

Le poids du rail n°. 1 est de 39 liv. par yard (19 kil. 35 par mètre courant); et celui du n°. 2, de 37 liv. 1/2 (18 kil. 34 par mètre courant); mais il est à remarquer que le bandeau supérieur du premier a un pouce (0^m.025) d'épaisseur, et que celui du second n'a que 3/4 de pouce (0^m.019). En ajoutant 1/4 de pouce au bandeau supérieur de ce dernier, on porterait son poids à 45 livres par yard (21 kil. 29 par mètre courant), sans que pour cela sa rigidité fût augmentée d'une manière sensible, de sorte que l'avantage reste encore au rail n°. 1.

En comparant les expériences septième et huitième, on arrive à ce résultat facile à prévoir : 1°. que, dans le cas où les rails sont simplement posés sur les supports, la flexion est plus forte que lorsqu'ils y sont invariablement fixés; 2°. que, dans le premier cas, le rail peut supporter une charge beaucoup plus considérable sans éprouver une altération permanente. Le rapprochement des expériences sixième et septième donne un résultat semblable.

Il nous resterait maintenant à établir une comparaison entre la durée relative des rails en fonte, et celle des rails en fer malléable. Mais l'emploi de ces derniers est encore trop récent pour que les observations faites à ce sujet puissent être concluantes.

On a commencé, il est vrai, quelques expériences dans une localité où les deux genres de rails sont employés à la fois, et où ils supportent une masse égale de transports; et, jusqu'à présent, leur résultat est favorable au fer forgé. Mais nous devons remarquer que, dans l'opération de la fonte, la surface des rails acquiert une dureté plus grande que les parties intérieures, et que toute expérience, ayant pour but de constater l'usure des rails, doit être poursuivie jusqu'à ce que l'enveloppe durcie ait été enlevée. Or, tout porte à croire que les observations n'ont pas encore été continuées pendant un temps suffisant pour produire cet effet; et cette considération ne nous permet pas de regarder comme décisifs les résultats obtenus jusqu'ici.

De notre côté, nous avons eu l'occasion de soumettre la fonte et le fer forgé à un autre genre d'épreuve, qui nous semble devoir conduire à des résultats assez exacts. Nous employions anciennement, pour les machines locomotives du chemin de fer de Killingworth, des roues ordinaires en fonte, auxquelles nous avons substitué, il y a environ quatre ans, des jantes en fer forgé : nous nous sommes ainsi trouvés à même d'apprécier l'usure relative des jantes en fonte et en fer. L'usure des premiers était à peu près de 1/2 pouce (0^m.0127) en neuf mois; tandis que celle des jantes en fer forgé, avec les mêmes machines, a été de 1/4 de pouce (0^m.0063) en trois ans, et avec trois machines nouvelles de 1/8 de pouce (0^m.0032) en un an, ce qui établit une proportion au moins de cinq à un en faveur du fer malléable (1).

Ce résultat peut évidemment s'appliquer aux rails en fer forgé et en fonte, et il s'ensuivrait que les premiers sont réellement très-supérieurs aux seconds. Nous devons observer du reste, qu'à part toute considération de durée et d'économie, le fer malléable est généralement préféré sur tous les chemins de fer publics, comme moins sujet à la rupture, et offrant ainsi plus de sécurité.

Nous allons présenter actuellement quelques résultats comparatifs sur la résistance opposée au mouvement des chariots par les rails en fonte et en fer. L'observation avait semblé démontrer que, jusqu'à une certaine limite, ces derniers offraient plus de résistance que les premiers;

---

(1) Sur le chemin de fer de Stockton et Darlington, on a obtenu, pour la durée des rails en fer malléable et en fonte, les résultats suivans :

Rails en fer malléable de 15 pieds (4^m.57) de long, sur lesquels passent des machines locomotives pesant de 8 à 11 tonneaux (8.125^k à 11.172^k), et des chariots pesant 4 tonneaux (4.063^k) avec leur charge; servant chaque année au transport de 86,000 tonneaux de marchandises, non compris les machines et les chariots. — Le rail, dont le poids est de . quint. 4 liv. 1/2 (61^k.89), perd en douze mois 8 onc. (0^k.227) de son poids.

Rails en fonte, de 4 pieds (1^{m}22) de long, qui ne reçoivent que des chariots pesant 4 tonneaux avec leur charge (4.063^k), et qui servent chaque année au transport de 86,000 tonneaux, non compris les chariots. — Le rail qui pèse 63 liv. (28^k.56) perd en douze mois 8 onc. (0^k.227) de son poids.

Cette perte est égale, comme on le voit, à celle d'un rail en fer forgé, ayant 15 pieds de longueur, et servant au transport de la même masse de marchandises. (*Note de l'auteur.*)

mais il est probable que cet effet était dû à la flexion des rails en fer, auxquels on donnait, dans le principe, des dimensions beaucoup trop faibles. On a cherché, au moyen des expériences que nous allons faire connaître, à éclarcir cette question.

On a pris sur deux chemins de fer en activité des rails en fonte et en fer forgé, polis par l'usage, ainsi qu'une paire de roues appartenant à l'un des chariots d'exploitation. On a établi ces deux voies parallèlement l'une à l'autre sur les mêmes traverses, de telle sorte que les roues pussent facilement être transportées de l'une des voies sur l'autre.

Ces roues étaient réunies par un essieu, et chargées en un point de leur circonférence de poids que l'on pouvait modifier à volonté. On voit, d'après cela, qu'une fois écartées de leur position d'équilibre, elles devaient osciller comme un pendule, et n'atteindre l'état de repos que lorsque le centre de gravité se trouvait sur la verticale passant par le centre de l'essieu, c'est-à-dire, lorsque le point de la circonférence, qui était charge du poids additionnel, se trouvait en contact avec le rail. Le frottement de la jante sur la surface des rails était d'ailleurs la seule force qui arrêtât le mouvement oscillatoire des roues, en sorte que ce frottement pouvait être mesuré par le nombre des oscillations observées. Dans ce genre d'expérience, on n'a à considérer aucun élément étranger à la question, et aussi cette manière de procéder nous a-t-elle paru plus propre que toute autre à donner des résultats exacts.

Les observations étaient faites à l'aide d'une lunette, et l'amplitude des oscillations mesurée par une échelle graduée. Leur nombre était compté avec soin de pouce en pouce. Ainsi, au commencement de l'expérience, l'amplitude de l'oscillation à partir de la position d'équilibre, était de 5 pouces ($0^m.127$), et elle ne se réduisait à 4 pouces ($0^m.102$), qu'après 56 oscillations. Les rails en fonte avaient 3 pieds 6 pouces ($1^m.067$) de longueur, et pesaient 56 livres (25 kil. 568); on voit leur section, fig. 1, Pl. II. Les rails en fer pesaient 28 livres par yard (13 kil. 88 par mètre courant). La section de ces rails était

TRAITÉ PRATIQUE

la même que dans l'expérience II, rapportée ci-dessus. Les supports étaient placés à 5 pieds (0^m.915) l'un de l'autre.

EXPÉRIENCE I. — EXPÉRIENCE II.

ÉTENDUE des oscillations	Poids des roues, etc., 10 quint. (507 kil. 80).				Poids des roues, etc., 20 quint. (1015 kil. 64).			
	RAILS EN FONTE		RAILS EN FER		RAILS EN FONTE		RAILS EN FER	
	NOMBRE des oscillat.	NOMBRE des oscillat.	NOMBRE des oscillat.	NOMBRE des oscillat.	NOMBRE des oscillat.	NOMBRE des oscillat.	NOMBRE des oscillat.	NOMBRE des oscillat.
De 5 à 4 po. (0^m,127 à 0^m,102).	56	62	54	64	52	50	52	52
4 à 3 po. (0^m,102 à 0^m,076).	74	78	68	80	64	70	64	66
3 à 2 po. (0^m,076 à 0^m,051).	88	22	84	100	84	82	92	86
2 à 1 po. (0^m,051 à 0^m,025).	87	86	98	84	99	110	142	150

EXPÉRIENCE III. — EXPÉRIENCE IV.

ÉTENDUE DES OSCILLATIONS	Poids des roues, etc., 30 quint (1523 kil. 46).					Poids des roues, etc., 40 quint. (2031 kil. 38).					
	RAILS EN FONTE.		RAILS EN FER.			RAILS EN FONTE.		RAILS EN FER.			
	Nombre des oscillations.	Nombre des oscillat. (SOUTENUS PAR DES COINS.)	Nombre des oscillations.	Nombre des oscillations.	Nombre des oscillat. (SOUTENUS PAR DES COINS.)	Nombre des oscillations.	Nombre des oscillat. (SOUTENUS PAR DES COINS.)	Nombre des oscillations.	Nombre des oscillations.	Nombre des oscillat. (SOUTENUS PAR DES COINS.)	Nombre des oscillat. (SOUTENUS PAR DES COINS)
De 7 à 6 po (0^m.178 à 0^m.253).	—	—	—	—	—	28	30	24	26	31	32
6 à 5 (0^m.153 à 0^m.127).	—	—	—	—	—	32	34	28	28	32	32
5 à 4 (0^m.127 à 0^m.102).	54	46	54	54	50	42	36	38	38	35	35
4 à 3 (0^m.102 à 0^m.076).	66	56	70	66	68	44	48	44	46	43	45
3 à 2 (0^m.076 à 0^m.051).	82	78	90	94	90	48	46	56	55	50	48
2 à 1 (0^m.051 à 0^m.025).	94	90	116	124	114	52	52	84	82	63	66

On voit qu'avec des poids inférieurs à 30 quintaux (1523 kil. 46), la résistance était la même sur les rails en fonte et en fer forgé. Quand la charge a été portée à 40 quintaux (2031^k.28), le nombre des oscillations de 7 à 3 pouces d'étendue, a été de 146 sur les rails en fonte, et de 134 et 138 sur les rails en fer, ce qui donne une légère différence en faveur des premiers. Lorsque le nombre des oscillations des roues sur la fonte a atteint le chiffre de 148, on a placé des coins sous les rails pour les empêcher de fléchir, et l'on a vu que la rigidité n'influait pas sensiblement sur la résistance. En adoptant cette disposition pour les rails en fer, on a trouvé que la résistance devenait à peu près égale à celle de la fonte. D'où l'on peut conclure que lorsque le fer forgé ne présente aucune flexion, il oppose la même résistance que la fonte au mouvement des roues.

Nous remarquerons de plus que, dans les expériences précédentes, la flexion des rails sous une charge de 30 quintaux (1523^k.46), était de 0^{po}.032 (0^m.000813), et de 0^{po}.043 (0^m.001092) sous une charge de 40 quintaux (2031^k.28). Il nous semble que dans la pratique on ne doit pas se servir de rails dont la flexion atteigne la limite de 0^{po}.032, surtout s'ils ne présentent pas une force plus grande au moment de la pose; car, à mesure qu'ils s'usent, leur flexion et par suite la résistance opposée au mouvement des roues devient plus considérable.

On peut, lorsque les chariots sont montés sur des ressorts, supposer leur poids total réparti également sur les quatre roues; mais avec des chariots sans ressorts il arrive souvent, comme nous l'avons vu plus haut, que la charge se trouve supportée par deux roues seulement; et l'on doit, dans la pratique, admettre cette dernière hypothèse.

Ainsi, pour que l'emploi des rails en fer ne cause aucune augmentation de résistance, leur rigidité doit être telle, que le quart du poids des chariots, s'ils sont suspendus sur ressorts, et la moitié de leur poids, dans le cas contraire, ne cause pas au milieu du rail une flexion égale à 0^{po}.032 (0^m.000813).

Il serait même prudent dans la pratique, surtout lorsque l'on se sert de chariots non suspendus, d'employer des rails d'une rigidité suffisante pour résister à toutes les flexions que le poids des chariots serait capable de produire; car indépendamment de toute autre considération, il est à remarquer que dans le cours des expériences les poids ont toujours été soigneusement appliqués sur la surface des rails, tandis que, dans la pratique, ils ont quelquefois à subir des chocs assez forts.

Les expériences précédentes sur la résistance relative de la fonte et du fer forgé, ont été faites avec des rails dont les surfaces étaient parfaitement sèches et libres de poussière. Pour apprécier l'augmentation de résistance causée par la présence de matières étrangères, on a mouillé leur surface et l'on a vu que le nombre des oscillations était respectivement de 540, et de 570 avec la surface sèche, et de 375 avec la surface mouillée. Sur les rails en fer, on a trouvé qu'en donnant une moindre amplitude aux oscillations, leur nombre était de 404 et 412, dans le cas ordinaire, et qu'il se réduisait à 230, lorsque les rails étaient frottés de craie. Sur des rails en fonte lubrifiés, toutes circonstances égales d'ailleurs, le nombre des oscillations était de 290, et de 244 seulement lorsqu'ils étaient huilés abondamment.

Il résulte de ce qui précède, que l'emploi du fer forgé pour la construction des rails ne donne lieu à aucune augmentation de résistance, et que cette résistance est un minimum, lorsque la surface des rails est complétement sèche et libre de toute matière étrangère.

CHAPITRE VI.

DU FROTTEMENT ET DE LA RÉSISTANCE DES CHARIOTS SUR LES CHEMINS DE FER.

Lorsqu'un chariot se meut sur un chemin de fer ou sur une route quelconque, il éprouve à chaque instant une certaine résistance dont il est important d'apprécier la valeur. Cette résistance, ainsi que nous l'avons indiqué précédemment, est due à deux causes distinctes : 1°. le frottement des essieux dans leurs crapaudines, ou le frottement de premier ordre; 2°. le frottement dû au mouvement de rotation des roues sur la surface des rails, ou le frottement de second ordre. Dans toutes les voitures à roues, ces deux actions se produisent à la fois, et, par le mot de frottement, nous désignerons en général ce double effet, à moins que nous n'exprimions formellement le contraire. Plus tard, en traitant des machines locomotives, nous parlerons de la force qui s'oppose au glissement de deux surfaces en contact. C'est cette force d'adhérence, ainsi que nous l'avons déjà dit, qui détermine la locomotion des machines employées sur les chemins de fer.

Quant aux deux genres de résistance dont nous venons de parler, il est facile d'exprimer leur valeur, en admettant que le frottement est proportionnel à la pression. En effet, soit P le poids du corps du chariot, p celui des roues, f le coefficient du frottement de premier ordre, f' celui de frottement de second ordre, D le diamètre des roues, d celui des essieux; la résistance due à la rotation des roues sera représentée par $f''(P+p)$, et la résistance due au glissement des essieux dans leurs boîtes sera égale à $f\,P\,\dfrac{d}{D}$; car la vitesse des roues et celle des essieux sont évidemment en raison inverse de leurs diamètres. La résistance totale sera donc égale à $f'(P+p) + f\,P\dfrac{d}{D}$.

Nous ne tenons pas compte ici des forces accessoires qui viennent encore s'opposer au mouvement des chariots, telles que l'action du vent, de l'humidité, etc. L'effet de ces forces retardatrices est faible tant que la vitesse est modérée, et nous ne nous en occuperons qu'en traitant la question des grandes vitesses.

La valeur du coefficient f' doit nécessairement changer suivant la grandeur des roues. Jusqu'ici nous manquons d'expériences propres à faire connaître dans quel rapport elle varie ; mais, comme les roues d'un grand diamètre surmontent plus facilement les obstacles qu'elles rencontrent, nous pouvons admettre qu'elles méritent la préférence. La formule que nous venons d'obtenir prouve également qu'il est avantageux, afin de rendre le frottement le moindre possible, d'augmenter le diamètre des roues et de diminuer celui des essieux. D'un autre côté, les chariots trop élevés présentent des inconvéniens pour le chargement et le déchargement ; et de plus, en augmentant le diamètre des roues, on augmente aussi le bras de levier qui tend à opérer la torsion ou la rupture de l'essieu ; ce qui oblige de donner en même temps à ce dernier un plus grand diamètre. Toutefois, comme la tendance à la rupture est simplement proportionnelle au diamètre de la roue, tandis que la résistance est en raison du cube du diamètre de l'essieu, on peut admettre que, dans tous les cas, il est avantageux de donner aux roues un diamètre aussi grand que les circonstances le permettent.

On voit, d'après ce qui précède, que, pour apprécier exactement la résistance des chariots, il est nécessaire de déterminer par expérience les valeurs de f' et de f, relatives aux deux genres de frottement. Dans le premier de ces deux cas, l'action ne s'exerce que sur la surface supérieure du rail, qui est à peu près la même dans tous les chemins de fer : mais, pour déterminer convenablement la valeur de f, il est important de connaître quel est le rapport entre la charge et l'étendue de la surface pressée qui donne lieu au moindre frottement. Les opinions

des savans sont très-divisées sur cette question, et les expériences que
l'on a tentées jusqu'ici pour l'éclaircir n'ont pas donné de résultats satisfaisans. Nous avons pensé qu'il était utile de faire connaître, dans cette
nouvelle édition, une série d'expériences sur ce sujet, d'où il résulte
qu'il existe réellement un certain rapport entre la pression et l'étendue
de la surface frottante qui donne le minimum de résistance.

Il est également important de déterminer dans quel rapport la résistance varie avec la vitesse du transport. Mais, pour cela, il est nécessaire
de rappeler la loi qui régit le mouvement des chariots sur les chemins
de fer. On sait que tout corps en repos ou en mouvement, s'il n'est
sollicité par aucune force étrangère, reste dans son état de repos ou
conserve un mouvement uniforme et rectiligne. Si donc, un chariot
placé sur un chemin de fer se meut avec une certaine vitesse, en vertu
d'une impulsion quelconque, et qu'aucune résistance ne s'oppose à son
mouvement, il est clair qu'il continuera à se mouvoir uniformément
avec sa vitesse acquise. Si, au contraire, il est soumis à l'action d'une
force retardatrice constante, il arrivera bientôt à l'état de repos, à moins
que l'on n'oppose à cette force retardatrice une force accélératrice d'une
égale intensité; alors, comme dans le premier cas, le chariot continuera
à se mouvoir uniformément avec sa vitesse primitive.

Supposons maintenant qu'un chariot se meuve sur un chemin de
fer en vertu d'une force constante, et qu'il soit démontré par l'expérience que cette force reste la même, quelle que soit la vitesse du
chariot, il est clair que le frottement pourra être considéré comme
une force retardatrice uniforme et indépendante de la vitesse. Il résulte
également de là, que la quantité d'action nécessaire pour faire parcourir
au chariot une distance donnée avec une vitesse uniforme, sera la
même, quelle que soit cette vitesse. Car, si l'on représente par 10 la
résistance constante opposée au mouvement du chariot, et par 1, 2,
3, etc., ses divers degrés de vitesse, les quantités d'actions dépensées pendant l'unité de temps seront représentées par 10, 20, 30, etc. D'un autre
côté, le temps nécessaire pour parcourir un espace déterminé avec la

vitesse 1, 2, 3, étant proportionnel aux nombres $1 \frac{1}{2}, \frac{1}{3}$, il s'ensuit qu'en définitive la quantité d'action dépensée sera constante et égale à 10. Si, au contraire, l'expérience démontre que la force nécessaire pour donner au chariot une vitesse uniforme n'est pas la même avec des vitesses différentes, mais qu'elle est, par exemple, proportionnelle à la vitesse, alors, pour des vitesses 1, 2, 3, etc., les efforts exercés seront 10, 20, 30, etc., et les quantités d'actions dépensées dans l'unité de temps seront 10, 40, 90, etc. Cet effet ne se produisant que pendant des temps $1, \frac{1}{2}, \frac{1}{3}$, etc., la quantité d'action totale sera représentée par 10, 20, 30, etc. On verrait de même que, si la résistance croît comme le carré des vitesses, la quantité d'action nécessaire pour conserver au chariot une vitesse uniforme croît dans le même rapport.

Nous allons actuellement faire connaître les résultats de quelques expériences propres à éclaircir les diverses questions que nous venons de poser. Ces expériences sont malheureusement peu nombreuses, et l'on a peine à comprendre comment des points aussi importants, et qui forment pour ainsi dire toute la base du système de la locomotion, n'ont excité jusque dans ces derniers temps qu'un si faible intérêt.

M. Grimshaw de Sunderland, lorsqu'il était propriétaire d'une houillère dans les environs de cette ville, a fait une série d'observations sur le frottement des chariots à roues. Pour cela, il a établi sur des traverses de bois un chemin à rails en fonte, sur lequel il plaçait des chariots employés au transport de ses houilles. Il élevait ensuite les traverses à l'une de leurs extrémités, de telle sorte, que le chemin formât différens angles avec l'horizon, et il observait le temps employé par les chariots pour parcourir ce plan incliné. En comparant les espaces réellement parcourus avec ceux que la gravité leur aurait fait parcourir dans le même temps, il put apprécier la résistance due au frottement. Il trouva ainsi que pour un chariot pesant 8.522 ^{liv}. (3865 ^{kil}. 87) le frottement était égal à 50 ^{liv} (22 ^{kil}. 67) ou à $\frac{1}{...}$ du poids, et que pour un chariot vide pesant 2.586 ^{liv} (1172 ^{kil}. 49). le frottement était de 10 ^{liv} (4 ^{kil}. 53) ou $\frac{1}{...}$ du poids.

M. Palmer, dans la description de son chemin de fer, donne les résultats de quelques expériences faites sur divers chemins à rails. Il attribue au frottement une valeur beaucoup plus forte que M. Grimshaw : car il le suppose égal à $\frac{1}{57}$ de la charge. Cette valeur, qu'il a obtenue dans ses expériences sur le chemin à rails saillans des carrières d'ardoises de Penryn, est due sans doute à quelque circonstance particulière dans le mode de construction du chemin ou des chariots ; mais, comme M. Palmer ne donne aucun détail sur ses opérations, il est impossible d'apprécier exactement la cause de cette anomalie.

Convaincus de l'importance de cette question, nous avons entrepris, M. G. Stephenson et moi, en octobre 1818, une série d'expériences sur le chemin de fer de Killingworth. Nous employions dans le principe un dynamomètre à ressort pour mesurer la force de traction développée par le moteur. Mais le jeu de cet instrument était sujet à tant d'irrégularité, que nous fûmes obligés d'y renoncer. Nous nous servîmes alors d'une espèce de pendule représenté fig. 7, pl. VI. Ce pendule se compose d'un poids A fixé à l'extrémité d'une tige b, mobile autour de l'axe c. Cet axe repose sur un coussinet en cuivre parfaitement huilé. Un quart de cercle gradué est fixé à l'extrémité du pendule et se meut avec lui ; sur le châssis du chariot qui supporte tout le système, est placé un index e, qu'on peut disposer de manière à ce qu'il corresponde exactement au point zéro du cercle gradué, quelle que soit l'inclinaison de la route.

Il est facile de voir, à l'inspection de la figure, que le pendule, lorsqu'il est libre, prend une position verticale, et que pour l'écarter de cet état d'équilibre il faut déployer une certaine force qui varie suivant l'angle compris entre la tige cb et la verticale passant par le point c. Cette force atteint son maximum lorsque l'angle est droit, c'est-à-dire lorsque la tige cb est horizontale, et elle est égale alors au poids même du pendule. Les divisions comprises entre ce point et le zéro du cercle gradué pourraient facilement être déterminées par le calcul.

mais nous avons préféré les obtenir par l'expérience. Nous avons employé pour cela une verge en acier munie de deux branches de même longueur, placées à angle droit, l'une horizontalement, l'autre verticalement. Tout le système reposait sur un pivot bien aigu, et les deux branches se faisaient exactement équilibre. A l'extrémité de la branche verticale était attachée une corde qui s'enroulait autour du cercle *ed*, et se fixait au point *d*. L'appareil étant ainsi disposé, nous plaçâmes sur la tige horizontale des poids livre par livre, en ayant soin d'ajuster les deux branches à chaque opération, et nous marquâmes sur le cercle *d e* les divisions correspondantes à chaque poids. La corde qui nous servit dans cette opération préliminaire fut ensuite employée pour toute la suite de nos observations.

Après avoir ainsi réglé notre dynamomètre, nous l'avons placé sur le chemin de fer, en le disposant comme on le voit dans la figure, et nous avons fait une série d'expériences. Il suffisait pour cela de faire imprimer aux deux chariots, à force de bras, une certaine vitesse, que l'on s'efforçait de rendre aussi uniforme que possible, et d'observer la position de l'index. Nous éprouvâmes dans le principe beaucoup de difficulté pour obtenir une vitesse uniforme, et la plus légère variation dans la force appliquée au dynamomètre faisait éprouver à l'index des oscillations continuelles; mais, en employant un plus grand nombre d'hommes, nous parvînmes à obtenir une régularité d'action, et par suite une uniformité de vitesse très-satisfaisante. Du reste, on répétait chaque expérience jusqu'à ce que l'on fût parfaitement sûr du résultat, et le chiffre indiqué par le dynamomètre représentait exactement la force nécessaire pour conserver au chariot une vitesse constante.

Le tableau suivant donne le résultat des expériences faites aux houillères de Killingworth. Les rails étaient en fer fondu, et construits d'après le modèle de MM. Losh et Stephenson (fig. 2, Pl. II); leur longueur était de $3^{pi}.\ 9^{po}.\frac{1}{2}$ ($1^{m}.15$), et la largeur du bandeau supérieur de $2^{po}.\frac{1}{2}$ ($0^{m}.62$). La portion de chemin de fer disposée pour l'expérience était en ligne droite, et avait une inclinaison uniforme de $\frac{1}{488}$. Les chariots soumis à l'expérience étaient ceux mêmes qui servaient à l'exploitation des houillères (fig. 6, Pl. VI). Le diamètre des roues était de 34 pouces ($0^m.86$), avec un rebord de $\frac{3}{4}$ pouce ($0^m.019$). Les essieux étaient en fer forgé, et avaient 2 pouces $\frac{3}{4}$ de diamètre ($0^m.069$) à leur extrémité. Les boîtes d'essieux étaient soit en cuivre, soit en fer, comme on l'a indiqué dans le détail de chaque expérience.

TRAITÉ PRATIQUE

EXPÉRIENCE I.

numéros des expériences.	DESCRIPTION DES CHARIOTS	Résistance en montant le plan.	Résistance en descendant.	Résistance sur un plan horizontal.
		kil.	kil.	kil.
1	Chariot chargé, pesant 23 quintaux 174 (1180k.67) et contenant 53 quintaux (2691k.44) de charbon; poids total, 76 quint. 174 (3872k.12). — Roues en fonte, trempées en coquille, employées précédemment pendant six mois. — Boîtes d'essieux en fonte, de 4 pouces (0m.10) de largeur	25,39	9,97	17,68
2	Chariot chargé du même poids que le précédent; roues en fonte non trempées et très-usées. — Boîtes d'essieux en cuivre, de 1 pouce 172 de largeur (0m.038)	35,34	21,74	28,56
3	Quatre chariots vides, chacun du poids de 23 quintaux 172 (1193k.38); trois de ces chariots seulement ayant des roues trempées. — Boîtes d'essieux semblables à celles du n°. 1.	33,54	14,51	24,03
4	Quatre chariots vides, du même poids que les précédens, un seul ayant des roues trempées. — Boîtes d'essieux semblables à celles du n°. 2. . . . . , .	41,25	22,22	31,74
5	Quatre chariots vides, du même poids que ceux du n°. 3; toutes les roues étant vieilles, non trempées, très-usées ou dentelées à la circonférence. — Boîtes d'essieux en fer forgé de 1 pouce 172 (0m.038) de largeur.	50,75	31,72	41,23
6	Les douze chariots précédens, ensemble.	125,51	67,51	96,51
7	Quatre chariots vides, pesant chacun 23 quint. 174 (1180k67). — Roues trempées en coquille, et boîtes d'essieux en fonte, semblables à celles du n°. 1.	32,64	13,15	22,67
8	Quatre chariots vides, du même poids que les précédens; roues trempées, à demi-usées; boîtes d'essieux en cuivre, semblables à celles du n°. 2	33,97	14,96	24,48
9	Quatre chariots vides, du même poids que les précédens; roues non trempées et à moitié usées; boîtes d'essieux semblables à celles du n°. 7.	40,80	21,76	31,28
10	Quatre chariots vides, du même poids; roues semblables à celles du n°. 9; boîtes d'essieux en cuivre, comme celles du n°. 8.	43,52	24,48	33,97
11	Quatre chariots vides du même poids; roues trempées; boîtes d'essieux en fer forgé, semblables à celles du n°. 5. . .	40,25	21,21	31,28

Les six premières expériences offrent, comme on le voit, des résultats très-différens, suivant la nature des roues et des boîtes d'essieux. Les expériences suivantes ont eu pour but de déterminer l'influence relative de ces deux causes sur la valeur du frottement. En comparant les expériences VIII et X, dans lesquelles les boîtes d'essieux étaient semblables, on voit que la différence de résistance pour quatre chariots chargés pesant ensemble 93 quint. ($4722^{kil}.76$), est de 21 liv. ($9^{kil}.52$), c'est-à-dire $\frac{1}{500}$ environ de la charge. Si l'on compare de même les expériences VII et VIII, on trouve une différence à peu près semblable, c'est-à-dire égale à $\frac{1}{500}$ du poids des chariots. Ces résultats prouvent la grande supériorité des roues trempées sur les roues ordinaires non-seulement sous le rapport de l'économie, mais encore pour diminuer la résistance.

D'un autre côté, le rapprochement des expériences VII et VIII permet d'apprécier l'influence du mode de construction des boîtes d'essieux. On voit que les boîtes en fer fondu donnent lieu à une résistance moindre de 4 liv. ($1^{kil}.81$) que les boîtes en cuivre. Il semble que l'on aurait dû obtenir un résultat tout opposé; mais il est à remarquer que les boîtes en fer étaient plus larges que les secondes, et cette circonstance a sans doute influé sur le résultat. On peut juger par-là combien il est important de calculer les dimensions des boîtes d'essieux d'après la charge qu'elles doivent supporter. Nous avons eu aussi l'occasion de soumettre à l'expérience un autre genre de boîtes d'essieux, qui a long-temps été adopté pour les chariots des chemins de fer, et qui probablement est encore en usage sur plusieurs points. Cette boîte est en fer forgé, travaillé au marteau, et n'a que 1 po. $\frac{1}{4}$ ($0^{m}.032$) de largeur. Elle a été employée dans l'expérience II, et a donné lieu à un frottement qui surpasse de 19 liv. ($8^{kil}.61$) la résistance due aux boîtes en fer forgé (n°. 7), et de 15 liv. ($6^{kil}.80$) celle des boîtes en cuivre (n°. 8). Cette différence est à peu près $\frac{1}{250}$ de la charge, c'est-à-dire égale à celle qui provient de l'emploi des roues ordinaires, au lieu des roues trempées en coquille. Ce genre de boîte tend d'ailleurs à couper les essieux, inconvénient dont il est facile de sentir les fâcheuses conséquences.

En ayant soin d'éviter les deux causes d'augmentation de résistance que nous venons de signaler, on peut obtenir une réduction de frottement égale à $\frac{1}{175}$ environ de la charge, c'est-à-dire aux $\frac{43}{100}$ de la résistance totale.

Les expériences dont nous allons actuellement indiquer les résultats ont été entreprises en décembre 1824, sur le chemin à rail de Hetton. Elles conduisent par une méthode toute différente à l'évaluation du frottement des chariots, et il est intéressant de les comparer aux observations précédentes. Le chemin était parfaitement rectiligne, et présentait une pente uniforme de 9 millim. $\frac{1}{4}$ par mètre; sa longueur totale était de 1164 pieds ($354^m.78$). Les rails avaient la forme indiquée dans le brevet de MM. Losh et Stephenson; leur largeur au sommet était de 2 pouces $\frac{1}{2}$ ($0^m.063$). Les chariots descendaient librement en vertu de leur propre poids, et le temps employé à parcourir le plan incliné était mesuré au moyen d'une montre à arrêt.

Expérience II. — Quatre chariots chargés, pesant chacun 9408 liv. ($4265^{kil}.72$); roues trempées, de 2 pieds 11 pouces ($0^m.889$) de diamètre: essieux en fer forgé de 3 pouces ($0^m.076$) de diamètre; boîtes d'essieux en fer fondu de 4 pouces ($0^m.102$) de largeur. Le temps employé à parcourir un espace de 1164 pieds ($354^m.78$) a été de 120″.

Or. la formule (5) pag. 77, nous donne pour la valeur de la résistance $F = (P + p)\, sin.\, i - \dfrac{\left(P + p\,\frac{\delta}{\rho}\right) e}{r\, t^2}$. Nous avons ici $P = 8906$ liv. ($4058^{kil}.11$), et $p\,\dfrac{\delta}{\rho} = 2095$ liv. ($949^{kil}.90$) par expérience; donc $F = 157^{liv}.40$ ($71^{kil}.56$), ce qui donne pour la résistance de chaque chariot $\dfrac{157.40}{4} = 39^{liv}.35$ ($17^{kil}.84$).

Expérience III. — Sept chariots semblables aux précédens ont parcouru le même espace dans le même temps, en sorte que la valeur de la résistance est ici encore de $39^{liv}.35$ ($17^{kil}.84$). Dans le cours de ces deux expériences, le temps était complétement calme, et la surface des rails était sèche, c'est-à-dire dans les circonstances les plus favorables.

Expérience IV. — Un chariot semblable aux précédens a parcouru, sur le même plan, un espace de 1266 pieds ($385^{m}.87$) en $128''$. La formule (5) donne $F = 41^{liv}.46$ ($18^{kil}.79$).

Expérience V. — Un chariot chargé a parcouru 1140 pieds ($516^{m}.89$) en $125''$; ce qui donne pour la valeur de F. $44^{liv}.19$ ($20^{kil}.02$).

Expérience VI. — Un chariot vide, de la même forme que les précédens, pesant 3472 liv. ($1574^{kil}.19$), a parcouru 1206 pieds ($367^{m}.62$) en $124''$; on déduit de là $F = 12^{liv}.73$ ($5^{kil}.75$).

Pendant la durée des trois dernières expériences le vent s'était élevé, et sa direction était oblique à l'axe de la route; circonstance qui tendait à augmenter la résistance en pressant le rebord de la roue sur la face latérale du rail. Du reste, la surface de la route était parfaitement sèche, et présentait aux chariots la moindre résistance possible.

On peut, en comparant le frottement des chariots vides et des chariots chargés, déterminer le rapport de la résistance à la charge. Mais, dans les expériences précédentes, les chariots, bien que construits sur le même modèle, n'étaient cependant pas identiques; et, pour obtenir des résultats comparables, nous avons entrepris une série d'expériences sur le même chariot, que nous avons successivement chargé de poids différens. Leur résultat est indiqué dans le tableau suivant.

EXPÉRIENCE VII.

Nu-méros des expé-riences.	DESCRIPTION DU CHARIOT.	RÉSISTANCE en montant le plan incliné.	RÉSISTANCE sur un plan horizontal.
1	Chariot à roues ordinaires ; boîtes d'essieux en fonte, de 4 pouces (0^m.102) de largeur. — Diamètre des roues, 34 pouces (0^m.86). — Diamètre des essieux, 2 pouces 3/4 (0^m.07) ; poids du corps du chariot supporté par les essieux, 12 quintaux (609^k.38). — Poids des roues et des essieux, 11 quint. (558^k.60) ; charge du chariot, 20 quint. (1015^k.64). — L'expérience a été faite sur le même plan que l'expérience Ire.	kil. 16,32	kil. 11,78
2	Le même chariot, chargé de 40 quint. (2031^k.28) de fer. .	21,76	15,41
3	— chargé de 53 quint. (2691^k.45). . . .	26,29	18,14
	Au moment où nous terminions ces expériences, il survint une légère ondée, accompagnée d'un vent frais ; nous profitâmes de cette circonstance pour déterminer la valeur du frottement sur des rails mouillés.		
4	Même chariot, chargé de 53 quint. (2691^k.45)	29,47	21,31
5	— — 40 quint. (2031^k.28)	23,57	17,22
6	— — 20 quint. (1015^k.64)	17,22	11,69

Après avoir ainsi déterminé le rapport entre le frottement et la charge, nous avons fait les expériences suivantes à l'aide du dynamomètre, pour apprécier la résistance des chariots mus avec des vitesses différentes.

EXPÉRIENCE VIII.

Nombre des expériences.	DESCRIPTION DU CHARIOT.	VITESSE par minute.	VITESSE par heure.	RÉSIS-TANCE.
		mèt.	kilomèt.	kilog.
1	Chariot chargé pesant 22 quint. (1142^k.59). — Boîtes d'essieux en fonte, de 4 po. (0^m.102) de largeur ; roues trempées, de 3 po. (0^m.076) de diamètre ; essieux en fer forgé, de 2 po. 3/4 (0^m.069) de diamètre.	40,84	2,434	25,39
2		93,65	5.618	25,39
3		121,08	7,265	25.39
4		42,68	2,560	25,29
	Le chariot contenait 53 quint. (2691^k.44) de charbon.			

Dans toutes ces expériences on commençait par imprimer au chariot et au dynamomètre une vitesse déterminée, à laquelle on conservait, autant que possible, une valeur uniforme, et l'on avait soin de répéter plusieurs fois chaque observation, afin de s'assurer de l'exactitude des chiffres observés.

Nous avons cherché d'ailleurs à vérifier les résultats des expériences précédentes, par une autre méthode qui nous paraît offrir peu de chances d'erreurs. Nous avons choisi pour cela une portion de chemin à rails saillans parfaitement rectiligne, et présentant une pente uniforme de $\frac{1}{104}$, et nous y avons placé un chariot que nous laissions descendre librement, en vertu de la pesanteur. Placé à l'une des extrémités du chariot, je faisais marquer sur la route, de dix en dix secondes, le point où le chariot était parvenu, et je mesurais ensuite, avec le plus grand soin, la distance comprise entre ces différens points de repère. Je déterminai de cette manière les espaces parcourus dans chaque période successive, et je les comparai à ceux que donne la formule (5),

$$c = \frac{(P + p)\sin i - F}{P + p\,\frac{3}{5}}\, t\, t'.$$

en attribuant à F les valeurs précédemment obtenues. Le tableau suivant, indique les résultats de ces observations.

EXPÉRIENCE IX.

No. I.			No. II.			No. III.		
Chariot chargé, pesant 9,408 livres (4,265k.72); roues de 35 po. (0m.89); essieux de 3 po. (0m.076) de diamètre.			Chariot chargé, pesant 9,408 livres (4,265k.72); roues de 35 po. (0m.89); essieux de 3 po. (0m.076) de diamètre.			Chariot vide, pesant 3,472 livres (1,574k.23); roues de 35 po. (0m.89); essieux de 3 po. (0m.076) de diamètre.		
TEMPS de la descente.	ESPACE parcouru.	ESPACE calculé.	TEMPS de la descente.	ESPACE parcouru.	ESPACE calculé.	TEMPS de la descente.	ESPACE parcouru.	ESPACE calculé.
Secondes.	mètres.	mètres.	Secondes.	mètres.	mètres.	Secondes.	mètres.	mètres.
18	7.62	7.93	5	0.85	0.58	14	4.60	5.03
28	21.93	19.21	15	6.22	5.49	24	27.14	14.09
38	38.00	35,38	25	16.68	15.31	34	45.08	28.33
48	62.59	56.42	35	29.58	30.07	44	67.40	37.46
58	84.33	82.35	45	48.28	49.65	54	92.78	71.52
68	117.33	113.40	55	71.43	74.18	64	129.62	100.44
78	154.36	149.21	65	95.98	103.61	74	148.72	136.73
88	196.88	189.89	75	134.84	137.95	84	181.54	173.18
98	239.52	220.27	85	152.96	177.20	94	223.81	206.55
108	286.58	286.06	95	195.84	195.84	104	271.91	265.26
118	329.89	341.48	105	244.15	270.38	114	319.82	318.72
128	386.28	402.08	115	294.48	324.37	124	367.74	377.10
			125	347.82	383.23			
Frottement, 18k.78.			Frottement, 20k.13.			Frottement, 5k.77.		

On voit que j,usqu'à une certaine limite, l'espace réellement parcouru par les chariots est plus grand que la valeur obtenue par le calcul. Cette différence est due à l'action du vent qui, pendant le cours des expériences, soufflait dans la direction du mouvement du chariot, et tendait ainsi à accélérer sa marche. Vers la 110e. ou la 120e. seconde, le temps devint sensiblement calme, et l'on voit qu'alors l'espace réellement parcouru se rapproche beaucoup du résultat du calcul.

Ne pouvant répéter l'expérience sur cette même route avec un temps parfaitement calme, je choisis une portion du chemin de fer de Killingworth, qui offre une pente à peu près uniforme, et je profitai, pour faire une expérience nouvelle, d'un moment où le vent ne pouvait produire aucun effet sensible. L'inclinaison du plan n'étant pas exactement la même sur toute sa longueur, je pris note de la pente à l'extrémité de chacun des espaces parcourus. Cette expérience a fourni, comme on le voit dans le tableau suivant, des résultats assez concordants.

EXPÉRIENCE X.

Chariot chargé, pesant 9100 liv. (4126^{kil}.07) roues de 34 pouces (0^m.86); essieux de 2 p. ¼ (0^m.069).

TEMPS de la descente.	ESPACE réellement parcouru.	HAUTEUR DU PLAN.	ESPACE CALCULÉ sur un plan d'une pente uniforme.	HAUTEUR du plan, en supposant l'inclinaison uniforme.
	mèt.	mèt.	mèt.	mèt.
10″	1.83	0.025	2.01	0.018
20	8.05	0.089	8.05	0.075
30	18.24	0.190	18.12	0.171
40	32.39	0.305	32.21	0.300
50	50.32	0.483	50.32	0.465
60	74.05	0.660	72.47	0.683
70	99.64	0.940	98.03	0.922
80	129.41	1.168	128.83	1.196
90	160.22	1.448	163.05	1.483
100	193.83	1.790	201.30	1.793

Frottement 17 $^{kilog.}$ 68.

Nous avons présenté dans le tableau suivant le résumé de toutes les expériences précédemment décrites dans le cours de ce chapitre (1).

____

(1) L'expérience **VIII** (page 110) donne pour valeur de la résistance 25^{kil}.39 ; mais il est à remarquer que cette expérience a été faite ainsi que la septième, sur le même plan que l'expérience **I**, c'est-à-dire sur une portion de route offrant une inclinaison de $\frac{1}{100}$. Il suit de là que pour obtenir la valeur de la résistance sur un plan horizontal, il faut retrancher du chiffre observé la valeur de (P + p) sin i, c'est-à-dire $\frac{1}{100}$ 3834^{kil}.03 = 7^{kil}.87. On trouve ainsi que la résistance est égale à 17^{kil}.52, ainsi que nous l'avons indiqué dans le tableau suivant. (*Note des trad.*)

TABLE I.

	DÉSIGNATION DES EXPÉRIENCES.	POIDS DU CHARIOT y compris les roues et les essieux. $= \mathrm{P}+p.$	POIDS DU CHARIOT non compris les roues et les essieux, ou poids soumis au frottement de 1er. ordre. $= \mathrm{P}.$	VALEUR DU FROTTEMENT. $= \mathrm{F}.$	RAPPORT entre la pression et le frottement $\dfrac{\mathrm{P}+p}{\mathrm{F}}$	RAPPORT entre le diamètre des roues et des essieux : $\dfrac{\mathrm{D}}{d}$
		kil.	kil.	kil.		
1	Dynamomètre. Exp. I. . . Nº. 1.	3872.12	3300.85	17.68	219	12.36
2	id. . . . . id. . . . . . Nº. 7.	1180.63	609.38	5.66	208	12.36
3	id. . . . . id. . . . . . Nº. 8.	1180.63	609.38	6.11	193	12.36
4	id. . . . . Exp. VII . Nº. 1.	2183.62	1625.02	11.78	185	12.36
5	id. . . . . id. . . . . . Nº. 2.	3199.29	2640.67	15.41	207	12.36
6	id. . . . . id. . . . . . Nº. 3.	3859.43	3300.85	18.14	213	12.36
7	id. . . . . Exp. VIII.	3834.03	3275.46	17.52	217	11.36
8	Plan incliné. . Exp. II.	4265.72	3670.81	17.84	239	11. 6
9	id. . . . . Exp. III	4265.72	3670.81	17.84	239	11. 6
10	id. . . . . Exp. IV.	4265.72	3670.81	18.79	229	11. 6
11	id. . . . . Exp. V.	4265.72	3670.81	20.02	212	11. 6
12	id. . . . . Exp. VI	1574.23	979.36	5.75	272	11. 6
13	id. . . . . Exp. IX. . N.. 1.	4265.72	3670.81	18.78	226	11. 6
14	id. . . . . id. . . . . . N.. 2.	4265.72	3670.81	20.13	212	11. 6
15	id. . . . . id. . . . . . N.. 3.	1574.23	979.36	5.77	272	11. 6
16	id. . . . . Exp. X.	4126.07	3554.76	17.68	238	12.36

La plus petite résistance observée est égale à $\frac{1}{279}$ du poids du chariot, la résistance maximum à $\frac{1}{185}$, et la moyenne à $\frac{1}{200}$. Mais en comparant ensemble les valeurs obtenues pour des chariots de poids différents, on trouve que le frottement n'est pas exactement proportionnel à la charge, et l'on devait en effet s'attendre à ce résultat, puisque la résistance totale est due, comme nous l'avons annoncé au commencement du chapitre, à deux effets distincts, dépendant l'un du poids total du chariot, et l'autre de la charge de l'essieu. Il suit de là que l'on ne peut pas calculer à priori la résistance d'un chariot quelconque, d'après les expériences faites sur un chariot d'un poids différent, si l'on n'a pas déterminé séparément l'influence respective des deux genres de frottement qui se produisent. Nous avons entrepris dans ce but, depuis la publication de la première édition de cet ouvrage, une série d'expériences dont nous allons faire connaître les résultats.

Nous avons adopté le mode d'observation qui nous a paru le plus simple, et qui consiste à faire descendre le long d'un plan incliné deux roues réunies par un essieu, de manière à déterminer directement la résistance due à leur mouvement de rotation. Les rails du chemin de fer étaient en fonte, assemblés en biseau et dans le meilleur état possible ; le bandeau supérieur avait 2^{po} 1/2 ($0^m.062$) de largeur.

La route était exactement rectiligne, de sorte que le rebord de la la roue n'exerçait aucun frottement contre la partie latérale du rail. Elle offrait d'ailleurs les inclinaisons suivantes : Sur une longueur de 100^{pi} ($30^m.50$), $0^m.304$; sur 200^p ($61^m.20$), $0^m.618$; sur 300^p ($91^m.50$), $0^m.935$; sur 400^p ($122^m.00$), $1^m.215$; sur 500^p ($152^m.50$), $1^m.501$.

Le temps du parcours a été observé de 100 pieds en 100 pieds ($30^m.50$), et la valeur de la résistance a été calculée au moyen de la formule (6) page 77. Cette formule, en supposant $P = 0$, devient, $F = p \sin. i - p \frac{\delta}{\rho} . \frac{e}{rt^2}$,

ou en remplaçant F par sa valeur $f'p$, et divisant par p ; $f' = \sin . i - \frac{\delta}{\rho} . \frac{e}{rt^2}$.

| EXPÉRIENCE XI. | | | | EXPÉRIENCE XII. | | |

| Poids des roues et des essieux, 595 liv. ($269^k.53$). Roues trempées en coquille, de $34^{\text{po}}.5$ ($0^m.88$) de diamètre. (Par expérience) $\delta = 26^{\text{po}}.49$ ($0^m.673$) ; et $\rho = 17^{\text{po}}.248$ ($0^m.438$) | | | | Poids des roues et des essieux, 656 liv. ($297^k.17$). Roues trempées en coquille, de $34^{\text{po}}.50$ ($0^m.88$) de diamètre environ. (Par expérience) $\delta = 26^{\text{po}}.51$ ($0^m.673$) ; $\rho = 17.248$ ($0^m.438$). | | |

LONGUEUR du plan.	TEMPS de la descente en secondes.	RAPPORT du frottement au poids.	VITESSE acquise.	TEMPS de la descente en secondes.	RAPPORT du frottement au poids.	VITESSE acquise.
mèt.	sec.		mèt.	sec.		mèt.
30.50	34.2	0.001181	1.78	34.14	0.001157	1.78
61.00	48.8	0.001377	1.50	45.24	0.001350	2.53
91.50	59.6	0.001400	3.07	60.09	0.001479	3.05
122.00	70.2	0.001441	3.47	70.59	0.001490	3.46
152.00	79.1	0.001441	3.81	80.09	0.001559	3.80

TRAITÉ PRATIQUE

EXPÉRIENCE XIII.

EXPÉRIENCE XIV.

Poids des roues et des essieux, 2059 liv. (932^k.73).

Mêmes roues que dans l'expérience précédente.
(Par expérience) $\delta = 22^{po}.447$ (0^m.570);
$\rho = 17^{po}.248$ (0^m.438).

Poids des roues et des essieux, 2072 liv.
(938^k.61)

Mêmes roues que dans l'expérience XII.
(Par expérience) $\delta = 26^{po}.70$ (0^m.678);
$\rho = 17^{po}.248$ (0^m.438).

LONGUEUR du plan.	TEMPS de la descente.	RAPPORT du frottement au poids.	VITESSE acquise.	TEMPS de la descente.	RAPPORT du frottement au poids	VITESSE acquise.
mèt.	sec.		mèt.	sec.		mèt.
30.50	31.2	0.001278	1.91	36.3	0.001129	1.68
61.00	43.6	0.001265	2.73	49.4	0.001015	2.47
91.50	53.2	0.001258	3.44	57.7	0.001075	3.14
122.00	62.1	0.001201	3.92	68.4	0.000985	3.57
152.50	69.2	0.001183	4.20	76.4	0.001000	3.96

EXPÉRIENCE XV.

	LONGUEUR du plan.	TEMPS de la descente	RAPPORT du frottement au poids.	VITESSE finale.
Poids des roues et des essieux, 4480 liv. (2031^k.27). Mêmes roues que dans l'expérience XII. (Par expérience) $\delta = 26^{po}.10$ (0^m.66); $\rho = {}^{po}.248$ (0^m.438).	mèt. 152.50	sec. 76.04	0.001130	mèt. 4.01

L'expérience XII a été faite avec deux roues et un essieu appartenant à un chariot déjà soumis à plusieurs expériences; les roues du n°. XI provenaient d'un chariot ordinaire. Dans l'expérience XIII, les roues étaient chargées au moyen d'essieux de chariots, placés transversalement entre les deux roues et aussi près que possible du centre de gravité. Dans l'expérience XIV les essieux étaient également placés en travers, mais aussi près que possible de la circonférence. Enfin, dans l'expérience XV, on avait rempli avec des masses de plomb l'espace compris entre les rayons des roues, de manière à leur donner un poids de 2 tonneaux (2031 k). Dans chaque cas, du reste, on déterminait directement le centre d'oscillation; pour cela on suspendait les roues en un point de leur circonférence,

de manière à les faire osciller comme un pendule, et l'on comptait le
nombre n d'oscillations exécutées dans un temps quelconque t. On
obtenait ensuite la valeur de g au moyen de la relation suivante qui
existe entre la longueur l du pendule à seconde, et la longueur l' d'un
pendule simple quelconque.

$$l' = \frac{t^2}{n^2} l.$$

Nous donnons dans le tableau suivant le résumé des cinq dernières
expériences.

TABLE II.

VITESSE FINALE par seconde.	RAPPORT DU FROTTEMENT A LA PRESSION.				
	Poids des roues, $269^k.53$.	Poids des roues, $297^k.17$.	Poids des roues, $932^k.73$	Poids des roues, $938^k.62$	Poids des roues, $2031^k.27$.
De $1^m.68$ à $1^m.91$	0.001181	0.001157	0.001278	0.001129	
$2^m.47$—$2^m.73$	0.001377	0.001350	0.001255	0.001015	
$3^m.05$—$3^m.44$	0.001400	0.001479	0.001258	0.001075	
$3^m.46$—$3^m.92$	0.001741	0.001490	0.001201	0.000985	
$3^m.80$—$4^m.20$	1.001441	0.001559	0.001183	0.001000	0.001130

La valeur de la résistance varie, comme on le voit, depuis $\frac{1}{804}$ jusqu'à $\frac{1}{640}$ de la charge; mais, dans les premières observations, le poids des
roues soumises à l'expérience est inférieur à celui des roues ordinairement employées sur les chemins de fer, en sorte qu'il convient d'a-
dopter les résultats des dernières colonnes, qui indiquent $\frac{1}{800}$ ou $\frac{1}{1000}$ pour
la valeur du coefficient de frottement. Remarquons de plus que, pendant
le cours des expériences, les roues n'étaient maintenues dans une direction rectiligne que par la forme légèrement conique de la jante; la plus
petite différence de diamètre, en détruisant leur parallélisme, forçait le
filet à s'appuyer contre les rails, et la moindre inégalité dans l'assemblage
de ces derniers produisait une secousse qui tendait à arrêter le mouvement. Dans la pratique, au contraire, le frottement des boîtes d'essieux et
le poids du chariot qui repose sur les roues maintiennent ces dernières

dans une position convenable, et s'opposent à toute déviation latérale. Il suit de là que l'on se rapprochera de la vérité en supposant que la résistance est égale à $\frac{1}{1000}$ de la charge.

L'expérience prouve d'ailleurs que la valeur de ce rapport n'augmente pas avec le poids, et qu'il reste sensiblement constant pour des vitesses variant de $1^m.68$ à $4^m.20$ par seconde. Ainsi la résistance due au mouvement de rotation des roues est une force retardatrice constante, indépendante de la vitesse et proportionnelle à la charge.

Connaissant maintenant la résistance des roues, que nous supposerons égale à $\frac{1}{1000}$ de la charge, et connaissant également par les expériences précédentes la valeur de la résistance totale des chariots, il est facile de déterminer le frottement qui se produit sur les boîtes d'essieux. Le résultat de ce calcul est présenté dans le tableau suivant.

TABLE III.

	Poids des chariots, y compris les roues et les essieux. $= P + p.$	Poids du corps du chariot porté par l'essieu. $= P.$	Résistance totale $= f'\,(P+p) + f\dfrac{d}{D}\,P.$	Résistance des roues sur les rails. $= \frac{1}{1000}(P+p).$	Résistance due au frottement de l'essieu. $= f\dfrac{d}{D}\,P.$	Rapport entre la charge et la résistance. $= \dfrac{P}{f\dfrac{d}{D}P}.$	Rapport entre le diamètre des roues et celui des essieux. $= \dfrac{D}{d}.$	Rapport entre la pression et le frottement. $= \dfrac{1}{f}.$
	kil.	kil.	kil.	kil.	kil.			
1	3872.12	3300.85	17.68	3.87	13.81	239	12.36	19.
2	1180.63	609.38	5.66	1.18	4.48	136	12.36	11.
3	1180.63	609.38	6.11	1.18	4.93	123	12.36	10.
4	2183.62	1625.02	11.79	2.18	9.61	169	12.36	13.6
5	3199.29	2640.67	15.41	3.19	12.22	216	12.36	17.4
6	3859.51	3300.85	18.14	3.86	14.28	231	12.36	19.
7	3834.03	3275.46	17.52	3.83	13.69	236	12.36	19.
8	4265,72	3670.81	17.84	4.26	13.58	270	11.60	23.2
9	4265.72	3670.81	18.79	4.26	14.53	252	11.60	21.7
10	4265.72	3670.81	20.02	4.26	15.76	232	11.60	20.
11	1574.23	979.36	5.75	1.57	4.18	233	11.60	20.
12	4126.07	3554.76	17.68	4.13	13.55	262	12.36	21.2

Nous voyons que le rapport du frottement des essieux à la charge est égal, dans le cas le plus favorable, à $\frac{1}{20}$ ou même $\frac{1}{25}$, tandis que dans les expériences faites sur des chariots vides sa valeur est beaucoup plus grande; d'où l'on pourrait conclure que le coefficient du frottement diminue lorsque la pression augmente. Toutefois, comme cette différence est peut-être due à l'état des essieux, à la résistance des roues, au mode de construction des chariots, ou à quelque autre circonstance accidentelle, nous croyons pouvoir exclure ces valeurs de f et n'admettre que les résultats des expériences 1, 6, 7, etc.

Dans quelques expériences faites par M. Southern en 1801, et publiées dans le 65ᵉ volume des Transactions de la société royale, le frottement des axes d'une meule pesant 3700 l. (1677 k.), s'élevait à moins de $\frac{1}{40}$ du poids. Or il ne nous semble pas qu'il y ait aucun motif pour que la résistance dans des chariots bien construits soit plus grande que dans toute autre machine, et nous sommes forcés de conclure de cette différence, ou que le frottement dû au mouvement de rotation des roues est plus grand que nous ne l'avons supposé, ou que les chariots soumis à l'expérience présentaient quelques défauts de construction. Convaincu de la nécessité d'éclaircir cette question, je fis faire un chariot à expériences, qui fut monté avec le plus grand soin. Long-temps avant de commencer mes observations, je le fis fonctionner, afin de rendre les essieux et leurs boîtes aussi unis que possible. Je me servis des mêmes roues que dans l'expérience XII, et de la même portion de chemin de fer. J'employai successivement des boîtes d'essieux en fonte et en cuivre, afin de juger les avantages relatifs de ces deux substances. Les expériences furent d'ailleurs conduites avec le plus grand soin, et répétées plusieurs fois chacune. Les rails du chemin de fer étaient saillants, assemblés en biseau, et présentaient à leur partie supérieure une largeur de 2ᵖᵒ. $\frac{1}{2}$ (0ᵐ.063). Les boîtes d'essieux étaient en cuivre, et larges de 3ᵖᵒ (0ᵐ.076); les essieux en fer forgé, et de 2ᵖᵒ. 9 (0ᵐ.074) de diamètre; les roues étaient construites en fonte, trempées en coquille, et de 34ᵖᵒ.497 (0ᵐ.876) de diamètre.

EXPÉRIENCE XVI.

	Poids supporté par les essieux ; non compris le poids des essieux et des roues, qui s'élève à 594 kil. 85.									
	$4062^k.55$		$3046^k.95$		$2031^k.28$		$1015^k.64$		$507^k.82$	
LONGUEUR du plan.	TEMPS de la descente.	RAPPORT de la résistance à la charge.	TEMPS de la descente.	RAPPORT de la résistance à la charge.	TEMPS de la descente.	RAPPORT de la résistance à la charge.	TEMPS de la descente.	RAPPORT de la résistance à la charge.	TEMPS de la descente.	RAPPORT de la résistance à la charge.
m.										
30.50	29″16	.002234	29″10	.002097	30″	.001900	29″16	.001821	31″95	.002062
61.00	40.23	.002388	40.84	.002132	42.50	.002191	41.66	.001981	45.00	.002140
91.50	50.41	.002433	50.26	.002279	52.08	.002211	50.83	.002058	55.00	.002180
122.00	50.334	.002221	58.10	.002037	60.31	.001993	58.75	.001900	64.35	.002134
152.50	65.83	.002245	65.34	.002033	67.91	.001916	65.83	.001871	72.64	.002152
Résistance moyenne.	. . . . .	.002304	. . . . .	.002120	. . . . .	.002042	. . . . .	.001926	. . . . .	.002134

Les expériences suivantes ont été faites avec le même chariot, mais les boîtes d'essieux étaient en fonte, semi-circulaires, et larges de trois pouces (0ᵐ. 076).

EXPÉRIENCE XVII.

	Poids supporté par les essieux ; non compris le poids des essieux et des roues, qui s'élève à 594 k.85.									
	$4062^k.55$		$3046^k.95$		$2031^k.28$		$1015^k.64$		$507^k.82$	
LONGUEUR du plan.	TEMPS de la descente.	RAPPORT de la résistance à la charge.	TEMPS de la descente.	RAPPORT de la résistance à la charge.	TEMPS de la descente.	RAPPORT de la résistance à la charge.	TEMPS de la descente.	RAPPORT de la résistance à la charge.	TEMPS de la descente.	RAPPORT de la résistance à la charge.
m.										
30.50	29″00	.002153	29″00	.002046	29″10	.001869	29″74	.001793	31″88	.002035
61.00	40.95	.002281	40.65	.002062	41.35	.002083	42.16	.001864	44.50	.002002
91.50	50.19	.002368	50.00	.602202	50.51	.002118	51.58	.001924	54.48	.002062
122.50	58.65	.002134	57.90	.002007	58.40	.002006	60.25	.001864	63.75	.002007
152.50	65.41	.002153	65.12	.001989	65.41	.001813	67.66	.001821	72.00	.002061
Résistance moyenne.	. . . . .	,002218	. . . . .	.002061	. . . . .	.001978	. . . . .	.001854	. . . . .	.002033

Résumé des expériences *XVI* et *XVII*.

TABLE IV. — *Boîtes d'essieux en cuivre de 3 pouces* (0^m.076) *de large.*

POIDS TOTAL des chariots. $= P + p.$	POIDS supporté par les essieux. $= P.$	RÉSISTANCE totale. $= F.$	RAPPORT de la résistance totale à la charge. $= \dfrac{F}{P + p}$		RÉSISTANCE des roues. $= \dfrac{P + p}{1000}$	FROTTEMENT des essieux. $= f P.\dfrac{d}{D}$	RAPPORT du frottement des essieux à leur charge. $= f.$	
kil.	kil.	kil.			kil.	kil.		
4657.40	4062 55	10.72	0.002304	17434	4.66	6.06	0.01779	1756
3641.80	3046.95	7.71	0 002120	17472	3.64	4.07	0.01600	1762
2626.13	2031.28	5.36	0.002042	17489	2.62	2.74	0.01611	1762
1610.49	1015.64	3.11	0.001926	17516	1.61	1.50	0.01771	1756
1102.67	507.82	2.35	0.002134	17468	1.10	1.25	0.02936	1734

TABLE V. *Boîtes d'essieux en fonte.*

POIDS TOTAL des chariots. $= P + p.$	POIDS supporté par les essieux. $= P.$	RÉSISTANCE totale. $= F.$	RAPPORT de la résistance totale à la charge. $= \dfrac{F}{P + p}$		RÉSISTANCE des roues. $= \dfrac{P + p}{1000}$	FROTTEMENT des essieux. $= f P.\dfrac{d}{D}$	RAPPORT du frottement des essieux à leur charge. $= f.$	
kil.	kil.	kil.			kil.	kil.		
4657.40	4062.55	10.32	0.002218	17452	4.66	5.66	0.01661	1760
3641.80	3046.95	7.50	0 002061	17485	3.64	3.86	0.01508	1766
2626.13	2031.28	5.19	0.001978	17505	2.62	2.57	0.01506	1766
1610.49	1015.64	2.98	0.001854	17539	1.61	1.37	0.01609	1762
1102.67	507.82	2.23	0 002033	17495	1.10	1.13	0.02666	1738

Les expériences précédentes montrent que, dans un chariot bien construit, la résistance totale peut être réduite à $\frac{1}{300}$ de la charge environ. Ainsi en supposant le coefficient f' du frottement de second ordre égal à $\frac{1}{1000}$, celui du frottement de premier ordre f serait égal à $\frac{1}{60}$.

Cependant je trouvai cette valeur de f tellement inférieure à celle que nous avons précédemment indiquée, et même aux résultats des expériences de M. Southern, que je craignis d'avoir commis quelqu'erreur soit dans les observations, soit dans les calculs. Ne voulant pas laisser dans le vague la solution de cette question, j'entrepris pour l'éclaircir une nouvelle série d'expériences. Je cherchai cette fois à déterminer la valeur du frottement d'une manière directe et indépendamment de la résistance due au mouvement de rotation.

Dans le mode d'observation que j'avais adopté précédemment et qui consistait à faire descendre les chariots le long d'un plan incliné, j'avais éprouvé beaucoup de difficulté pour obtenir des résultats uniformes. Le temps employé à lancer le chariot ne dépassait pas généralement une demi-seconde; mais cet intervalle, quelque court qu'il fût, influait notablement sur le résultat. Aussi, avant de pouvoir compter sur l'exactitude de l'expérience, j'étais obligé d'observer le temps à différentes distances du point de départ, et d'en déduire la valeur du temps perdu à l'origine du mouvement. Je cherchai, dans les nouvelles expériences, à éviter cet inconvénient, en commençant par imprimer à l'appareil un mouvement régulier avant de faire mes observations.

Pour cela, je plaçai un essieu de 3^{po} ($0^{\text{m}}.076$) de diamètre, sur deux coussinets, à une hauteur de 30 pieds environ ($9^{\text{m}}.15$) au-dessus du sol; au milieu de l'essieu était fixée une roue de 2 pieds ($0^{\text{m}}.61$) de diamètre, autour de laquelle s'enroulait une corde portant un poids à l'une de ses extrémités; des anneaux de plomb attachés à l'essieu permettaient de modifier sa charge. A chaque expérience, on commençait par enrouler la corde sur la roue, de manière à élever le poids à 30 pieds ($9^{\text{m}}.15$) au-dessus de la plate-forme inférieure; cela fait, on enlevait un arrêt, et le poids tombant librement déroulait la corde, en imprimant à l'essieu un mouvement rapide de rotation. La corde se détachait alors d'elle-même, et le mouvement se continuait, jusqu'à ce qu'il fût arrêté par le frottement; pendant toute sa durée, on mesurait exactement le temps écoulé de dix en dix révolutions de la roue.

Au moyen de cet appareil, on pouvait obtenir non-seulement la valeur absolue du frottement, mais encore sa valeur relative pour des vitesses et des poids différens. Toutefois notre principal objet était de rechercher s'il existait une relation entre la valeur de la résistance et la surface des boîtes d'essieux, et dans ce cas de déterminer quelles étaient les dimensions de la boîte qui produisaient le moindre frottement sous une pression donnée. Dans ce but, nous avons employé successivement des crapaudines de 5, $4\frac{1}{2}$ et 6 pouces ($0^{\text{m}}.076$, $0^{\text{m}}.114$, $0^{\text{m}},152$) de largeur, en appliquant dans chaque cas, des charges de 1331, 2465, 3622 et 4140^{liv}. (603^k.48, 1117^k.65, 1642^k.24, 1877^k.12). Nous avons fait ainsi plus de six cents expériences, que nous avons variées de toutes les manières possibles, afin de ne conserver aucun doute sur l'exactitude des résultats obtenus. Nous ne donnerons pas le détail de cette longue série d'observations; nous nous contenterons d'indiquer les résultats particulièrement applicables à l'objet de nos recherches.

Dans chaque expérience, le poids destiné à imprimer le mouvement à la roue tombait exactement d'une hauteur de 30 pieds (9^m. 15). Il semble donc que, tant que le poids de l'essieu et la surface de la crapaudine restaient constans, le nombre des révolutions devait également rester le même. Cependant il n'en était pas ainsi, et les différences observées étaient trop sensibles pour pouvoir être négligées. Je m'aperçus bientôt que cette irrégularité était due à la plus ou moins grande quantité d'huile employée pour lubrifier l'essieu, ainsi qu'à son mode d'application. Cette circonstance paraît exercer sur les résultats une influence assez grande pour mériter quelques explications.

L'essieu soumis à l'expérience reposait sur les coussinets sans être recouvert d'aucune enveloppe, et au commencement de chaque observation on le lubrifiait à la manière ordinaire avec de bonne huile de pied de bœuf. Mais on remarqua que, lorsque l'huile ne coulait pas sur l'essieu pendant toute la durée de son mouvement, les résultats étaient très-variables, à moins cependant que l'huile ne fût d'abord fournie en assez grande quantité pour s'amasser sur le coussinet, et former ainsi une espèce de bourrelet sur lequel l'essieu pouvait se lubrifier à chaque tour. Dans aucun autre cas, l'on n'obtenait le maximum d'effet utile.

La table suivante présente les résultats de l'une de nos séries d'observations. La première colonne fait connaître le numéro de l'expérience; la seconde, le nombre d'oscillations observées sur un pendule qui marquait 157″ en 300 oscillations, et la troisième le nombre de révolutions de l'essieu.

TABLE VI.

Poids total de l'essieu , 2117k.65. Largeur du coussinet, 0m.114.

NUMÉRO de l'expérience.	NOMBRE d'oscillations du pendule.	NOMBRE de tours de l'essieu	NUMÉRO de l'expérience.	NOMBRE d'oscillations du pendule.	NOMBRE de tours de l'essieu
274	505	238	301	551	265
275	549	258			
276	537	253	302	454	206
277	540	252	303	357	160
			304	315	140
278	400	189	305	281	122
279	332	152	306	242	113
280	290	130	307	257	110
281	264	116	308	230	98
282	249	106	309	228	95
283	244	103	310	213	92
284	235	98	311	203	87
285	226	95	312	196	84
286	222	93	313	191	81
287	206	88	314	180	76
288	206	84	315	172	71
289	199	81	316	164	67
290	188	79	317	153	65
291	181	75	318	134	58
292	168	70	319	123	54
293	158	66	320	113	58
294	150	63	321	99	43
295	131	56	322	85	38
296	114	47	323	81	36
297	108	44			
298	94	39	324	580	278
299	91	38	325	596	270
300	89	37			

Dans les quatre premières expériences nᵒ 274, 275, 276 et 277 l'axe
était constamment lubrifié; mais à la fin de l'expérience 277 on a enlevé toute l'huile qui s'était amassée sur le coussinet, sans toucher à celle
qui entourait l'essieu, et le nombre de révolutions s'est trouvé réduit
à 189. On a continué ainsi les observations sans ajouter d'huile nouvelle jusqu'à l'expérience 300, dans laquelle le nombre de révolutions
n'a plus été que de 37. A la fin de cette expérience, on a de nouveau
lubrifié l'essieu en fournissant l'huile d'une manière constante pendant

toute la durée de l'expérience, et le nombre de tours s'est élevé à 265. Puis on a enlevé comme la première fois l'huile rassemblée sur le coussinet, et alors le nombre de tours a diminué graduellement jusqu'à la 323ᵉ expérience, pour laquelle il s'est réduit à 36. Dans les deux expériences suivantes, on a lubrifié l'axe et le nombre de révolutions s'est élevé à 278 et 270.

On voit du reste, à l'inspection de ce tableau, que le nombre de tours exécutés par l'essieu, après que l'huile a été enlevée, depuis le n° 278 jusqu'au n° 300, est de 1949; et, comme à chaque expérience on faisait cinq tours pour enrouler la corde, le nombre total de tours nécessaire pour augmenter la résistance dans le rapport de 37 à 252 a été de 2064; dans la seconde série d'expériences, 2056 révolutions l'ont augmentée dans le rapport de 36 à 265. En appliquant ces résultats à un chariot ordinaire, on voit que, si l'on suppose le diamètre de la roue douze fois plus grand que celui de l'essieu, ce nombre de tours correspond à peu près à une distance de 3 milles 1/2 (5632ᵐ. 58.)

Si l'on cherche à se rendre compte des divers résultats que nous venons d'indiquer, on remarquera que l'huile, la graisse, et en général toutes les matières lubrifiantes, ont pour effet d'interposer entre deux surfaces en contact des substances sur lesquelles le frottement soit plus doux; elles agissent comme des rouleaux, qui transforment un glissement en un mouvement de rotation. En considérant les choses sous ce point de vue, il faudrait faire en sorte que les deux surfaces ne pussent jamais se toucher, et que la substance interposée, tout en prévenant leur contact, fût de nature à rendre la résistance la moindre possible. Ces deux conditions semblent contradictoires; car la substance la moins fluide est celle qui doit le mieux prévenir le contact, et la plus fluide, au contraire, celle qui apporte la plus grande diminution dans le frottement. On doit conclure de là que la substance la plus convenable est celle qui, tout en prévenant le contact, offre cependant la plus grande fluidité possible.

En poussant plus loin les conséquences de ces observations, on voit que la surface du coussinet doit, ainsi que nous l'annoncions, exercer une influence sensible sur la valeur de la résistance. Supposons en effet qu'une certaine substance ait un degré de viscosité suffisant pour tenir les deux surfaces frottantes éloignées l'une de l'autre; il est clair que si l'on augmente la charge, sans augmenter en même temps la surface du coussinet, la pression sur chaque point deviendra plus grande, et que la substance grasse ne pourra plus produire l'effet qu'on en attend. Ainsi, pour chaque substance lubrifiante, il existe un certain rapport entre la surface du coussinet et la charge, qui donne le meilleur effet possible. Dans les tableaux IV et V, par exemple, l'effet maximum a lieu lorsque la charge est comprise entre 6720^{liv} ($3046^{kil}.95$) et 4480^{liv} ($2031^{kil}.28$), en sorte qu'il correspond à peu près à une charge de 5560^{liv} ($2539^{kil}.12$); or la surface du coussinet étant de $56^{po\,c}.54$ ($0^{mc}.74$), la pression se trouve alors égale à 98^{liv} environ ($44^{kil}.43$) par pouce carré ($6^{kil}.88$ par centimètre carré.)

Le tableau suivant présente en résumé les effets produits par des coussinets de différentes dimensions, lubrifiés avec la meilleure huile de pied de bœuf.

	Coussinet de 6 po. ($0^m.152$).		Coussinet de 4 po. 1/2 ($0^m.114$).		Coussinet de 3 po. ($0^m.076$).	
POIDS TOTAL de l'axe soumis à l'expérience.	PRESSION par centim. carré.	MESURE de l'effet produit.	PRESSION par centim. carré.	MESURE de l'effet produit.	PRESSION par centim. carré.	MESURE de l'effet produit.
kil.	kil.				kil.	
1877.12	5.18	108.96	6.90	117.10	10.36	95.88
1642.24	4.53	99.18	6.05	134.46	9.05	122.79
1117.65	4.64	97.22	4.11	148.12	6.17	183.75
603.48	1.67	86.62	2.22	117.04	3.33	146.01

Ce tableau montre que les meilleurs effets correspondent à des pressions de $4^{kil}.11$, $6^{kil}.05$, et $6^{kil}.17$ par centimètre carré. Les premières expériences nous avaient indiqué, pour le maximum d'effet utile, une pression de 6^{kil}.88, ce qui s'accorde assez bien avec les résultats précédents; en sorte que l'on peut admettre que l'effet maximum correspond moyennement à une pression de 6^{kil}.32 par centimètre carré. Mais il est à remarquer que l'on doit obtenir cette pression en donnant à peu près au coussinet une longueur égale au diamètre de l'essieu; car avec un coussinet de 3 pouces (0^m.076) de largeur, l'effet produit sous une pression de 6^{kil}.17 par centimètre carré a été de 183.75, tandis qu'avec un coussinet d'une longueur égale à 1 fois $\frac{1}{2}$ le diamètre de l'essieu, l'effet produit avec une pression de 6^{kil}.05, a été seulement de 134.46, et que sous une pression de 6^{kil}.90, il ne s'est élevé qu'à 117.10.

On voit, d'après ce qui précède, à combien de circonstances délicates il est nécessaire d'avoir égard pour arriver à des résultats exacts dans la question qui nous occupe, et l'on s'explique ainsi comment toutes les personnes qui ont entrepris des expériences sur ce sujet sont arrivées à des conséquences si différentes. Nous pouvons aussi nous rendre compte de la contradiction qui semble exister entre les expériences de la table III, et celles des tables IV et V. Dans le premier cas on employait pour lubrifier les axes une substance fixe et visqueuse; dans le second, au contraire, on se servait de bonne huile de pied de bœuf; et cette circonstance suffisait, comme on l'a vu, pour modifier d'une manière très-notable la valeur de la résistance.

Toutes les expériences que nous avons décrites jusqu'ici ont été faites sur des chariots ordinaires, employés dans les exploitations des houillères du Nord; mais plusieurs nouvelles formes de chariots ont été proposées récemment aux compagnies des chemins de fer publics, et nous devons aux directeurs du chemin de Liverpool à Manchester la connaissance de quelques expériences faites par MM. Hartley et Rastrick sur trois modèles soumis à leur examen.

Ces chariots inventés par MM. Winan, Brandreth et Stephenson, présentent les dispositions suivantes : le chariot n°. 1 de M. Winan est composé d'une plate-forme soutenue par quatre roues en fonte de 20 pouces (0^m.51) chacune de diamètre; les extrémités des essieux, dont le diamètre est de 1^{po} 1/2 (0^m.038), débordent le moyeu de 2 pouces (0^m.051), et roulent intérieurement sur les jantes de quatre roues de frottement, de 9 pouces (0^m.229) de diamètre. Ces dernières roues reposent sur des coussinets de 1^{po} (0^m.025) de diamètre et de 1^{po} 1/2 (0^m.038) de long. Le chariot n°. 2 présente les mêmes dispositions, à l'exception des grandes roues qui ont 30^{po} (0^m.76) de diamètre, et qui ne sont pas trempées en coquille.

M. Brandreth emploie également des roues de frottement; son chariot n°. 1 consiste dans une plate-forme reposant sur quatre roues trempées en coquille de 30 ^{po} (0^m.76) de diamètre, avec des essieux de 3^{po} (0^m.076). Un des essieux roule sur le sommet de deux roues de frottement, ayant 12^{po} (0^m.304) de diamètre, et 3^{po} (0^m.076) de largeur à la jante. L'autre essieu s'appuie sur le milieu d'une roue de frottement semblable aux précédentes. Cette disposition a pour but de maintenir les essieux dans une position exactement parellèle à la surface des rails. Les roues de frottement tournent sur des coussinets de 2^{po} (0^m.051) de diamètre et de 2^{po} 1/2 (0^m.063) de long. Le chariot n°. 2 offre une construction semblable, mais avec un châssis pour recevoir la charge. Au moyen de l'emploi des roues de frottement, MM. Brandreth et Winan espéraient transformer en grande partie le glissement des essieux dans leurs crapaudines en un frottement de second ordre, et diminuer ainsi la résistance.

Le chariot de M. Stephenson est semblable au modèle représenté fig. 1 et 2, planche VII. Il consiste dans une plate-forme rectangulaire, reposant sur quatre roues de 3 pieds (0^m.915) de diamètre, trempées en coquille. Les essieux traversent le moyeu, et se réduisent à leur extrémité à 1 pouce 1/4 (0.035) de diamètre; ils reposent sur des coussinets en cuivre de 3 pouces 1/4 (0^m.082) de long, qui s'appuient eux-mêmes sur des ressorts.

Ces trois genres de chariots ont été soumis à une série d'expériences sur le chemin de Liverpool, lequel est formé de rails en fer malléable de 2 po. 1/4 (0^m.057) de largeur au sommet. M. Rastrick, qui dirigeait les expériences, faisait descendre les chariots sur un plan incliné, à l'extrémité duquel régnait une contre-pente; les chariots, en vertu de la vitesse acquise, remontaient cette seconde rampe jusqu'à ce que le frottement arrêtât leur mouvement. Le rapport de la résistance à la charge avait alors pour mesure la différence de niveau entre les points de départ et d'arrivée, divisée par la somme des espaces parcourus sur les deux plans (1).

---

(1) Il est facile de vérifier cette valeur de la résistance ; en effet la formule (4), page 77, donne

$$\left(\frac{de}{dt}\right)^2 \left(P + p\,\frac{\delta}{\rho}\right) = 2\,\left[(P + p)\sin.i - F\right]ge,$$

équation dans laquelle $\left(\frac{de}{dt}\right)$ représentera la vitesse acquise par le chariot au bas du plan incliné, si e indique la longueur de ce plan.

Parvenu au bas du premier plan, le chariot remontera la seconde rampe en vertu de sa vitesse acquise, et l'on obtiendra, comme précédemment, l'équation de son mouvement, en remarquant que la différence des forces vives du système, à deux instans quelconques, est égale au double de la quantité d'action perdue ou gagnée entre les deux instants que l'on considère. On aura donc en nommant e' l'espace parcouru sur le second plan, et i' l'inclinaison de ce plan

$$\left[\left(\frac{de'}{dt}\right)^2 - \left(\frac{de}{dt}\right)^2\right]\left(P + p\,\frac{\delta}{\rho}\right) = -2\,\left[(P + p)\sin.i' + F\right]ge'.$$

Le chariot s'arrêtera évidemment lorsque l'on aura $\frac{de'}{dt} = 0$. Or l'équation précédente donne dans cette hypothèse,

$$\left(\frac{de}{dt}\right)^2 \left(P + p\,\frac{\delta}{\rho}\right) = 2\,\left[(P + p)\sin.i' + F\right]ge'.$$

ou, en remplaçant $\left(\frac{de}{dt}\right)^2$ par sa valeur tirée de la première équation

$$(P + p)\left[e\sin.i - e'\sin.i'\right] = F(e + e').$$

Or si l'on nomme h la hauteur du point de départ du chariot, h' celle du point d'arrivée, on a

$$e\sin.i = h\,;\ e'\sin.i' = h'.$$

Ce qui donne en définitive

$$\frac{F}{P + p} = \frac{h - h'}{e + e'}$$

Le rapport de la résistance à la charge a donc pour mesure, ainsi qu'on l'a annoncé, la différence de niveau des points de départ et d'arrivée, divisée par la somme des espaces parcourus.

(Note des trad.)

17

TABLE VII.

DESCRIPTION DES CHARIOTS.	NUMÉROS DES EXPÉRIENCES.	PENTE du plan incliné.		TEMPS de la descente.	DISTANCE PARCOURUE sur la rampe ascendante.	ESPACE TOTAL parcouru sur les 2 plans.	DIFFÉRENCE DE NIVEAU entre les points de départ et d'arrivée.	RAPPORT du frottement à la charge (y compris la résistance de l'air).
		LONGUEUR.	HAUTEUR.					
		mèt.	mèt.	sec.	mèt.	mèt.	mèt.	
Chariot n°. 1, de M. Winan, pesant 825kil.20, et chargé de 4062kil.60.	1	447.12	3.65	119.75	355.38	802.50	3.54	1/227
	2	447.12	3.65	116.75	436.76	883.88	3.45	1/256
Dans l'expérience I, la charge n'était que de 3554kil.77.	3	676.63	6.09	145.50	568.42	1245.05	5.76	1/216
	4	676.63	6.09	145.00	606.22	1282.85	5.73	1/224
	5	676.63	6.09	141.00	826.28	1502.91	5.59	1/269
Surface exposée au vent; 10 pieds carrés (0m.c.9289).	6	793.68	7.31	149.50	901.25	1694.93	6.74	1/251
	7	793.68	7.31	149.50	981.73	1775.41	6.68	1/265
	8	1025.32	9.75	176.00	1181.67	2206.99	8.93	1/247
	9	1025.32	9.75	175.00	1223.13	2248.45	8.99	1/253
Chariot n°. 2, pesant 685k.56, chargé de 4062kil.60.	10	1025.32	9.75	193.50	757.71	1783.03	9.28	1/192
Chariot n°. 1, de M. Brandreth, chargé de 4062kil.60.	11	447.12	3.65	123.25	335.57	782.69	3.56	1/219
	12	447.12	3.65	123.25	339.84	786.96	3.55	1/222
Surface exposée au vent, 12pi.car.(1m.c.1146).	13	676.63	6.09	147.00	583.36	1259.99	5.75	1/219
	14	676.63	6.09	146.00	617.20	1293.83	5.72	1/226
Chariot n°. 2, chargé de 4062kil.60. Surface exposée au vent; 18pi.c.(1m.c.6731).	15	908.88	8.53	177.50	662.91	1571.79	8.13	1/193
	16	908.88	8.53	177.00	746.12	1655.00	8.06	1/205
	17	1025.32	9.75	185.00	891.50	1916.82	9.20	1/208
	18	1025.32	9.75	187.00	807.08	1832.40	9.26	1/198
Chariot de M. Stephenson, chargé de 4062kil.60.	19	447.12	3.65	115.25	531.55	978.67	3.35	1/292
	20	447.12	3.65	115.25	519.87	966.99	3.36	1/288
	21	676.63	6.09	148.00	739.72	1416.35	5.64	1/251
	22	676.63	6.09	142.50	736.98	1413.61	5.63	1/251
	23	676.63	6.09	140.00	767.15	1443.78	5.62	1/257
Surface exposée au vent; 13pi.car.(1m.c.2075).	24	793.68	7.31	159.50	916.52	1710.20	6.75	1/254
	25	793.68	7.31	156.00	916.82	1710.50	6.75	1/254
	26	1025.32	9.75	177.00	1160.95	2186.27	8.95	1/244
	27	1025.32	9.75	176.00	1169.09	2194.41	8.95	1/246

Pendant le cours de ces expériences, les rails étaient parfaitement propres et exempts de toute matière étrangère; mais ils n'étaient pas encore polis par un long usage. Il paraît aussi que le vent soufflait dans une direction perpendiculaire à la route, avec une vitesse qui s'élevait quelquefois à 3 milles par heure (4828^m). Dans d'autres momens le temps était complétement calme ; la température variait de 0° à 2°.

En tout cas, si l'on s'en tient aux résultats du tableau précédent, il ne semble pas que l'on ait obtenu la diminution de résistance que faisait espérer l'emploi des roues de frottement. La réduction du diamètre de l'essieu proposée par M. Stephenson, n'a pas conduit à un meilleur résultat. En effet si l'on suppose le poids de l'essieu et des roues égal à 12 quint. (609^{kil}.37), et le frottement des roues égal à $\frac{1}{1000}$ du poids total, le coefficient du frottement de premier ordre se trouverait, dans le n°. 19, égal à $\frac{1}{13,5}$, et dans le n°. 26 à $\frac{1}{11}$, c'est-à-dire égal à 0.074, et 0.0909 ; or dans la table III nous avons trouvé $f = 0.0511$, et dans les tables IV et V $f = 0.0166$. Il est vrai que la vitesse du chariot de M. Stephenson était beaucoup plus grande que la vitesse obtenue dans nos expériences, puisqu'elle s'élevait de 17 milles $\frac{1}{3}$ à 26 milles $\frac{1}{5}$ par heure, (27,885$^{mèt.}$ à 42,164$^{mèt.}$). Mais cette circonstance ne suffit pas pour expliquer la différence de l'effet produit. Elle est due probablement à l'insuffisance de la surface du coussinet, qui ne permettait pas à l'huile de prévenir le contact des surfaces frottantes. La pression par centim. carré, qui, comme nous l'avons vu, ne devrait pas dépasser 7$^{kil.}$ environ, s'élevait à près de 19$^{kil.}$, et cette circonstance devait nécessairement produire une grande augmentation dans la résistance.

Nous nous sommes longuement étendus sur la question du frottement ; mais son importance justifiera les développemens dans lesquels nous sommes entrés. Peut-être aussi, cette discussion pourra-t-elle mettre sur la voie de quelque nouveau perfectionnement qui viendra s'ajouter à ceux que l'on a déjà obtenus. Dans ce moment la question ne paraît pas susceptible de recevoir une solution définitive. Toutefois, il nous semble que l'on peut tirer de tout ce qui précède les conclusions suivantes :

1°. Que, dans la pratique, le frottement des chariots mus sur les chemins de fer peut être considéré comme une force retardatrice uniforme et constante;

2°. Qu'il existe un certain rapport entre la pression et la surface pressée, pour lequel le frottement est un minimum;

3°. Que lorsque la surface pressée est en rapport avec le poids qu'elle doit supporter, le frottement est exactement proportionnel à la charge.

Quant à la valeur du frottement, elle peut être calculée par la formule

$$F = f'(P + p) + f P \frac{d}{D},$$

dans laquelle on supposera $f' = 0.001$ et $f = 0.05$, lorsque la pression par centimètre carré différera peu de $7^{kil.}$. Si la pression s'éloigne de cette limite, il sera nécessaire d'augmenter la valeur de f.

Nous avions admis, dans la première édition de cet ouvrage, qu'au lieu d'employer la formule précédente, on pouvait dans la pratique, prendre pour valeur de la résistance totale $\frac{1}{200}$ de la charge. Il nous semble qu'à raison des perfectionnemens déjà obtenus, on peut diminuer ce rapport, et le supposer égal à $\frac{1}{240}$. Si la route est en pente, on devra lui ajouter la valeur du sinus d'inclinaison; ainsi, pour des pentes de $\frac{1}{100}$, $\frac{1}{200}$, $\frac{1}{300}$, etc., en supposant $f = \frac{1}{200}$ sur un chemin de niveau, ce coefficient deviendra 0.015, 0.010, 0.00833, etc., et en le supposant égal à $\frac{1}{240}$, il deviendra 0.01416, 0.00916, 0.0075, etc.

Nous avons encore fait, à l'aide du dynamomètre, quelques expériences pour déterminer le frottement des chariots sur des rails plats. Les rails avaient chacun 4 pieds ($1^m.22$) de long, et 3 pouces $\frac{5}{8}$ ($0^m.092$) de large; le rebord avait 3 pouces ($0^m.076$) de hauteur. Nous avons obtenu les résultats suivans :

NOMBRE des expériences.	DESCRIPTION DES CHARIOTS.	RÉSISTANCE en montant le plan.	RÉSISTANCE en descendant.	RÉSISTANCE moyenne.
1	Deux chariots chargés, pesant chacun $3859^k.42$; roues en fonte de $39^{po}.1/4$ ($0^m.99$) de diamètre ; largeur de la jante, $1^{po}.3/8$ ($0^m.035$) ; boîtes d'essieux en cuivre, de $1^{po}.3/4$ ($0^m.044$) de large ; diamètre de l'essieu, $2^{po}.5/8$ ($0^m.066$) . . .	kil. 76.17	kil. 57.13	kil. 66.65
2	Six chariots vides, pesant chacun $1167^{kil}.98$, de la même construction que les précédens	84 78	66.65	75.72

La résistance pour les chariots pesant $3859^{kil}.42$ est égale, comme on le voit, à $33^{kil}.32$, c'est-à-dire à $\frac{1}{116}$ du poids environ. En comparant ce résultat à l'expérience I (n°. 2), faite avec un coussinet de même genre, on voit que la résistance sur les rails plats, et sur les rails saillans, est dans le rapport de 33 à 28, ce qui établit d'une manière décisive la supériorité de ces derniers.

CHAPITRE VII.

EXPÉRIENCES SUR LE FROTTEMENT DES CORDES ET DES POULIES.

Les cordes et les poulies sont, comme nous l'avons vu, un moyen de communication nécessaire pour la manœuvre des plans automoteurs ou inclinés, et il est important de déterminer la résistance à laquelle donne lieu leur emploi. Nous avons réuni dans ce chapitre les résultats de plusieurs expériences entreprises dans ce but sur divers chemins de fer des environs de Newcastle. On s'est servi, pour calculer cette résistance, de la formule (8), page 78.

$$F + F' + \varphi = (P + p - P' - p')\sin. i - \frac{\left(P + P' + (p+p')\frac{\delta}{\rho} + \varpi + \varpi_{,} + \varpi_{,}\right)e}{r\,t^{2}}$$

dans laquelle P représente le poids des chariots descendans, p le poids de leurs roues, F la résistance due aux frottemens, P', p', F' les quantités analogues pour les chariots montans; ϖ le poids de la corde, $\varpi_{,}$ le poids de la poulie transporté à sa circonférence, $\varpi_{,}$ le poids des rouleaux également transporté à leur circonférence; et φ la résistance due au frottement de la corde, de la poulie et des rouleaux, c'est-à-dire la quantité dont nous cherchons la valeur; l'équation précédente donne pour l'expression de cette quantité :

$$\varphi = (P + p)\sin. i - (P' + p')\sin. i - F - F' - \frac{\left[P + P' + (p + p')\frac{\delta}{\rho} + \varpi + \varpi_{,} + \varpi_{,}\right]e}{r\,t^{2}}.$$

Expérience XVIII. Plan automoteur du chemin de fer de Killingworth, de 2145^{pi} (653^{m},77) de longueur, et de 57 ^{pi}6^{po} (17^{m}.52) de hauteur, manœuvré par une seule poulie.

Cinq chariots chargés pesant chacun $8764^{\text{liv.}}$ $(3973^{\text{kil}}.68)$, ont remorqué dans l'espace de $200''$ six chariots vides pesant chacun $2800^{\text{liv.}}$ $(1269^{\text{k}}.56)$. Les roues avaient $34^{\text{po.}}$ ($0^{\text{m}}.86$) de diamètre, et les essieux $2^{\text{po.}}\frac{4}{4}$ ($0^{\text{m}}.070$). La corde avait $5^{\text{po.}}$ ($0^{\text{m}}.127$) de circonférence, et pesait $3884^{\text{liv.}}$ ($1761^{\text{kil}}.05$). L'inclinaison du plan était plus grande au sommet qu'à son extrémité inférieure; du reste, la direction de la route était parfaitement rectiligne. Les rouleaux en mouvement étaient au nombre de 73, et pesaient $3297^{\text{liv.}}$ ($1494^{\text{kil}}.89$). Le diamètre de chaque rouleau était de $11^{\text{po.}}$ ($0^{\text{m}}.275$), et celui de leurs tourillons de $3/4^{\text{po.}}$ ($0^{\text{m}}.019$). La poulie horizontale pesait $4636^{\text{liv.}}$ ($2102^{\text{k}}.$), elle avait $10^{\text{pi.}}$ ($3^{\text{m}}.05$) de diamètre, et ses tourillons $6^{\text{po.}}$ ($0^{\text{m}}.152$).

Ainsi, en nommant $P_,$ le poids de chaque chariot chargé, $p_,$ le poids de leurs roues, $P'_,$ et $p'_,$ les quantités analogues pour les chariots vides, $\Pi_,$ le poids de la poulie, $\Pi_,$ celui des rouleaux, on avait

$$P_, = 7452^{\text{liv.}}; \quad p_, = 1312; \quad \frac{\partial}{\rho} = \frac{20.07}{17.25}; \quad P'_, = 1488; \quad p'_, = 1312;$$

$$\varpi = 3884^{\text{liv.}}; \quad \varpi_, = \frac{1}{2}\,\Pi_, = 2318^{\text{liv.}}; \quad \varpi_2 = \frac{1}{2}\,\Pi_, = 1648^{\text{liv.}};$$

$$t = 200''; \quad \sin. i = \frac{57.5}{2145}; \quad F = 190 \text{ liv.}; \quad F' = 72 \text{ liv.} \quad \text{Si l'on intro-}$$

duit ces valeurs dans la formule que nous venons d'indiquer, on trouve $\varphi = 208^{\text{liv.}}$ ($94^{\text{kil}}.31$).

Expérience XIX. Six chariots chargés, semblables aux précédens, ont parcouru le même plan incliné dans l'espace de $180''$, en remorquant sept chariots vides. On trouve dans ce cas $\varphi = 204^{\text{liv.}}$ ($92^{\text{kil}}.49$).

Le plan incliné, qui fait l'objet des deux expériences précédentes, exige l'emploi de six chariots chargés pour la remorque d'un pareil nombre de chariots vides. Dans tout autre cas, son inclinaison serait trop faible pour assurer un service régulier et constant. En adoptant ce nombre de chariots, on voit que la force motrice $(P + p)\sin. i$ est égale à $1410^{\text{liv.}}$ ($639^{\text{kil}}.30$), et la résistance totale $(P' + p')\sin. i + F + F' + \varphi$ est égale à $1041^{\text{liv.}}$ ($472^{\text{kil}}.$) La différence qui est de $369^{\text{liv.}}$ ($167^{\text{kil}}.30$)

est rigoureusement suffisante pour déterminer le mouvement, dans tout état de l'atmosphère, et dans un espace de temps de 3 à 4 minutes.

EXPÉRIENCE XX. Plan automoteur présentant dans le sens longitudinal une courbe très-prononcée, et manœuvré par une roue semblable à celle qui est représentée fig. 1, Pl. IX. Longueur du plan, $3{,}906^{\text{pi.}}$ ($1190^{\text{m}}.32$); hauteur, $130^{\text{pi.}}4^{\text{po.}}$ ($39^{\text{m}}.73$); poids de la roue, $454^{\text{liv.}}$ ($205^{\text{kil.}}.84$); diamètre de son essieu, $3^{\text{po.}}$ ($0^{\text{m}}.076$). — Nombre des rouleaux, 144; poids, $4448^{\text{liv.}}$ ($2019^{\text{kil.}}.76$); rapport de leur diamètre à celui de leur axe, $14:1$ — Circonférence de la corde, $5^{\text{po.}}$ ($0^{\text{m}}.127$); poids, $4807^{\text{liv.}}$ ($2179^{\text{kil.}}.54$).

Cinq chariots chargés, semblables à ceux des expériences V et VI, et pesant chacnn $9408^{\text{liv.}}$ ($4263^{\text{kil.}}.72$), ont remorqué en $300''$ sept chariots vides semblables à ceux de l'expérience IX. On a $P_{\prime} = 8096^{\text{liv}}$;

$$p_{\prime}\frac{\partial}{\rho} = 2059;\ P'_{\prime} = 2160^{\text{liv}};\ p'_{\prime}\frac{\partial}{\rho} = 2059;\ \varpi = 4807^{\text{liv}};\ \varpi_{\prime} = 227^{\text{liv}}:$$

$$\varpi_{2} = 2224^{\text{liv}};\ F = 200^{\text{liv}};\ F' = 91^{\text{liv}}.\ (P'+p')\sin.i = 811^{\text{liv}};$$

$$(P+p)\sin.i = 1570;$$

Et en posant

$$\frac{\left[P+P'+(p+p')\dfrac{\partial}{\rho}+\varpi+\varpi_{\prime}+\varpi_{2}\right]e}{r\,l^{2}} = N\,;\ N = 236.$$

D'où l'on tire $\varrho = 1570 - 811 - 91 - 200 - 236 = 232^{\text{liv}}$ ($105^{\text{kil.}}18$).

On emploie ordinairement sur ce plan sept chariots chargés pour remorquer un pareil nombre de chariots vides. La force motrice est alors de $2198^{\text{liv.}}$ ($996^{\text{k}}.60$), et la résistance de $1343^{\text{liv.}}$ ($608^{\text{k}}.92$). La différence, qui est égale à $855^{\text{liv.}}$ ($387^{\text{kil.}}68$), est plus que suffisante pour obtenir un mouvement convenable; et l'on se voit même dans la nécessité d'employer sur plusieurs points un frein pour modérer la vitesse des convois.

EXPÉRIENCE. XXI. Plan automoteur semblable au précédent, et offrant au milieu de sa longueur une courbe formée d'une portion d'arc de cercle. —Longueur du plan, 3672^{pi} ($1119^m.19$); hauteur, $129^{pi}6^{po}$ ($39^m.47$).— Poids de la poulie, 454^{liv} ($205^k.84$); diamètre, 6^{pi} ($1^m.83$); rapport de ce diamètre à celui de l'axe, $24:1$. — Nombre des rouleaux, 263; poids, 9759^{liv} ($4424^{kil}.87$); rapport de leur diamètre à celui de leur axe, $14:1$. — Circonférence de la corde, 5^{po} ($0^m.127$); poids, 4468^{liv} ($2025^{kil}.83$).

Cinq chariots chargés semblables à ceux de l'expérience précédente, pesant chacun 9408^{liv} ($4265^{kil}.72$), ont remorqué, dans l'espace de $360''$, sept chariots vides du poids de 3472^{liv} ($1574^{kil}.23$).

On trouve d'après cela : $(P+p)\sin. i = 1659$; $(P'+p')\sin. i = 857^{liv}$; $F = 200^{liv}$; $F' = 91^{liv}$; $N = 158^{liv}$, d'où

$$\varphi = 1659 - 857 - 200 - 91 - 158 = 353^{liv}\ (160^{kil}.05).$$

On emploie ordinairement pour la manœuvre de ce plan le même nombre de chariots que sur le plan précédent, et l'on obtient ainsi une force motrice plus que suffisante pour assurer un service régulier.

Expérience XXII. Plan automoteur semblable aux deux précédens, d'une inclinaison à peu près uniforme, et d'une direction exactement rectiligne. — Longueur, 2706^{pi} ($824^m.76$); hauteur, $76^{pi}5^{po}$ ($23^m.29$). — Poids de la poulie, 454^{liv} ($205^{kil}.84$); rapport entre son diamètre et celui de son axe, $24:1$. — Nombre des rouleaux, 139; poids, 4173^{liv} ($1892^m.08$); rapport entre leur diamètre et celui de leurs axes, $16:1$.— Circonférence de la corde, $4^{po}.\frac{1}{2}$ ($0^m.114$); poids, 2927^{liv} ($1327^{kil}.12$).

Cinq chariots chargés ont remorqué sept chariots vides dans l'espace de $280''$, le poids des chariots étant le même que dans l'expérience précédente. D'après cela on trouve $(P+p)\sin. i = 1328^{liv}$; $(P'+p')\sin. i = 686$; $N = 183$; et

$$\varphi = 1328 - 183 - 686 - 200 - 91 = 168^{liv}\ (76^{kil}.17).$$

Ce plan est ordinairement manœuvré au moyen de sept chariots descendans qui remorquent un pareil nombre de chariots montans:

mais on obtient ainsi beaucoup plus de force qu'il ne serait rigoureusement nécessaire.

Expérience XXIII. Plan incliné, manœuvré par une machine fixe de la force de 60 chevaux. La pente de la route était plus faible au sommet du plan que vers son extrémité inférieure, et l'axe longitudinal présentait en son milieu une courbe dont le sinus verse était de 120^{pi} ($36^m.57$) environ. La longueur du plan était de 2646^{pi} ($806^m.47$), et sa hauteur de 154^{pi} 6^{po} ($47^m.08$). — Le tambour, semblable à celui qui est représenté fig. 2, Pl. IX, était désengrené pendant le cours de l'expérience, et les chariots descendaient par leur propre poids en déroulant la corde de remorque. Le poids du tambour, y compris les roues dentées, était de 8960^{liv} ($4062^{kil}.55$), et le rapport de son diamètre à celui des tourillons de 10 : 1. — Les poulies étaient au nombre de 161, pesant ensemble 10278^{liv} ($4660^{kil}.10$); le rapport de leur diamètre à celui de leur axe était de 14 : 1. — La corde avait 3000^{pi} ($914^m.38$) de longueur, $7^{po}.\frac{1}{2}$ ($0^m.184$) de circonférence, et pesait 6967^{liv} ($3158^{kil}.93$).

Trois chariots vides du poids de 3472^{liv} ($1574^{kil}.23$) chacun, ont parcouru ce plan dans l'espace de $174''$, en traînant la corde à leur suite.

La valeur de la résistance est donnée par l'équation (10), page 78.

$$F + \varphi = \left(P + p + \tfrac{1}{2}\varpi\right)\sin. i - \frac{\left(P + p\frac{\partial}{\varrho} + \varpi + \varpi_, + \varpi_,\right)v}{r\,t^2}$$

d'où l'on tire

$$\varphi = \left(P + p + \tfrac{1}{2}\varpi\right)\sin. i - F - \frac{\left(P + p\frac{\partial}{\varrho} + \varpi + \varpi_, + \varpi_,\right)v}{r\,t^2}$$

On a ici $(P + p)\sin. i = 608^{liv}$; $\tfrac{1}{2}\varpi \sin. i = 203^{liv}$; $N = 145^{liv}$; $F = 39^{liv}$. D'où l'on tire

$$\varphi = 608 + 203 - 39 - 145 = 627^{liv} \ (284^{kil}.29)$$

Expérience XXIV. Plan incliné, semblable au précédent, manœuvré par une machine fixe, et présentant une inclinaison sensiblement uniforme. Longueur, 2325^{pi} ($708^m.62$); hauteur, 115^{pi} ($35^m.04$). — Poids du tambour, 8960^{liv} ($4062^m.55$); rapport de son diamètre à celui de son axe, $10:1$. — Nombre des rouleaux, 134; poids, 4524^{liv} ($2051^{kil}.21$); rapport de leur diamètre à celui de leurs axes, $14:1$. Longueur de la corde, 2625^{pi} ($800^m.06$), circonférence, 7^{po} $1/4$ ($0^m.184$); poids, 6157^{liv} ($2791^{kil}.67$).

Quatre chariots vides pesant chacun 3472^{liv} ($1574^{kil}.23$) ont parcouru le plan dans l'espace de $115''$ en traînant la corde à leur suite. On a dans ce cas $(P+p)$ sin. $i = 686^{liv}$; $\frac{1}{2}\varpi$ sin. $i = 153$; $F = 52^{liv}$; $N = 279^{liv}$.

D'où $q = 508^{liv}$ ($230^{kil}.33$).

Expérience XXV. Plan incliné, manœuvré par une machine fixe et un tambour semblable à celui qui est représenté fig. 2, Pl. IX. Longueur, 2892^{pi} ($881^m.45$); hauteur, 57^{pi} 7^{po} ($17^m.55$). — Poids du tambour 4500^{liv} ($2040^{kil}.34$). — Rapport de son diamètre à celui de son axe, $10:1$. — Nombre des rouleaux, 138; poids, 5288^{liv} ($2397^{kil}.65$); rapport de leur diamètre à celui de leur axe, $14,65:1$. — Longueur de la corde, 3000^{pi} ($914^m.38$); poids, 3696^{liv} ($1675^{kil}.81$); circonférence, 5^{po} ($0^m.127$).

Huits chariots vides, pesant chacun 2688^{liv} ($1218^{kil}.76$), ont parcouru le plan dans l'espace de $330''$, en traînant la corde à leur suite.

On a dans ce cas $(P+p)$ sin. $i = 428^{liv}$; $\frac{1}{2}\varpi$ sin. $i = 37^{liv}$; $N = 57^{liv}$; $F = 120^{liv}$: d'où l'on tire

$$q = 428 + 37 - 120 - 57 = 288^{liv} (130^{kil}.57).$$

Sur le plan incliné qui fait l'objet de l'expérience précédente, la machine fonctionne d'une manière régulière en remorquant huit chariots à la fois; mais un pareil nombre de chariots vides ne suffit pas toujours pour traîner la corde au bas du plan. L'excès de la force motrice sur la résistance n'est en effet que de 57 livres ($25^{kil}85$): et si cette force est convenable dans les circonstances les plus avantageuses, elle devient tout-à-fait insuffisante lorsque le temps est défavorable. Il est nécessaire, dans ce cas, d'avoir recours à un cheval pour faciliter la descente de la corde.

Expérience XXVI. Plan incliné à machine fixe, semblable au précédent. Longueur, $3165^{\text{pi.}}$ ($964^{\text{m.}}66$); hauteur, $42^{\text{pi.}}$ ($12^{\text{m.}}80$); poids du tambour, $2018^{\text{liv.}}$ ($914^{\text{kil.}}98$); rapport de son diamètre à celui de son axe, $10:1$; nombre des rouleaux, 124; poids, $4216^{\text{liv.}}$ ($1911^{\text{kil.}}57$); rapport de leur diamètre à celui de leurs axes, $14,65:1$.—Longueur de la corde, $5600^{\text{pi.}}$ ($1097^{\text{m.}}25$); poids, $3527^{\text{liv.}}$ ($1599^{\text{kil.}}17$); circonférence $4^{\text{po.}}\frac{1}{2}$ ($0^{\text{m.}}114$); $(\text{P}+p)$ sin. $i = 367^{\text{liv.}}$; $\frac{1}{2}\,\varpi$ sin. $i = 23^{\text{liv.}}$; $\text{F} = 126^{\text{liv.}}$.

Neuf chariots vides, pesant chacun $3080^{\text{liv.}}$ ($1396^{\text{kil.}}51$), ont descendu le plan dans l'espace de $360''$, en traînant la corde à leur suite. La formule (8) donne, d'après cela,

$$\text{F} + \gamma = 367 + 23 - \frac{[(3827 \times 9) + 3527 + 1009 + 1054]\,3165}{16\frac{1}{12} \times 360^2} = 330^{\text{liv.}}\ (149^{\text{kil.}}62).$$

et par suite $\varrho = 330 - 126 = 204^{\text{liv.}}$ ($92^{\text{kil.}}50$).

Lorsque la machine fonctionne régulièrement, elle remorque au sommet du plan incliné douze chariots chargés; et la corde est ramenée au bas du plan par les chariots vides qui descendent. L'excès de la force motrice sur la résistance qui est égale à $390 - 330 = 60^{\text{liv.}}(27^{\text{kil.}}20)$ suffit, par un beau temps, pour déterminer la descente des chariots vides, dans l'espace de six minutes; mais, lorsque le temps est défavorable, on est quelquefois obligé d'atteler un cheval au convoi descendant pour surmonter la résistance des cordes.

L'inclinaison de la route n'est pas uniforme; elle est plus faible vers le milieu de la longueur du plan, que vers les extrémités. La direction de son axe présente en même temps une légère courbure.

Nous présentons dans le tableau suivant le résumé des diverses expériences que nous venons de décrire. Les colonnes 3, 4, 5, font connaître la longueur du plan, la circonférence de la corde, et la valeur de la résistance. La 6°. colonne indique le poids total du système en mouvement; elle comprend, dans le cas des plans automoteurs, le poids des rouleaux, de la poulie de renvoi, de la corde, et la pression de cette dernière sur la poulie (1). Dans le cas des machines fixes, elle comprend le poids de la corde, celui du tambour, et la moitié seulement du poids des rouleaux ; on voit en effet, qu'ici chaque rouleau n'est moyennement en mouvement que pendant la moitié du temps employé à parcourir le plan. La colonne 7 fait connaître dans quelle proportion le frottement se trouve diminué par l'emploi des poulies et des rouleaux. Cette proportion n'est autre chose que le rapport moyen entre les diamètres des rouleaux et de la poulie et le diamètre de leurs axes. La 8°. colonne indique les quotiens des chiffres renfermés dans les colonnes 6 et 7 ; enfin la dernière colonne fait connaître le coefficient du frottement qui se produit sur les axes, c'est-à-dire le rapport entre les chiffres des colonnes 5 et 8. Ce coefficient, multiplié par la pression totale indiquée dans la 6°. colonne, représenterait la valeur du frottement, si la corde ne reposait pas sur des rouleaux et sur une poulie de renvoi.

---

(1) L'auteur n'indique pas comment est calculée la valeur de cette pression. Il semble qu'elle doit être égale à la résultante des tensions de la corde , c'est-à-dire à $(P + p + P' + p') \sin. i + F' - F.$

(Note des trad.)

RÉSUMÉ DES EXPÉRIENCES PRÉCÉDENTES.

NUMÉROS des expériences.	DESCRIPTION du plan.	LONGUEUR du plan.	CIRCONFÉRENCE de la corde.	FROTTEMENT de la corde.	PRESSION TOTALE exercée sur les rouleaux et sur les poulies.	RAPPORT MOYEN entre le diamètre des rouleaux et des poulies et le diamètre de leurs axes.	RAPPORT ENTRE LES CHIFFRES des deux colonnes précédentes.	COEFFICIENT du frottement qui se produit sur les axes.
		met.	met.	kil.	kil.			
XVIII.	Plan automoteur.	653.77	0.127	94.31	5584.69	16 : 1	349	1 : 3,70
XIX	Id.	653.77	0.127	92.49	5584.69	16 : 1	349	1 : 3,77
XX.	Id.	1190.52	0.127	105.19	4967.15	15 : 1	331	1 : 3,14
XXI.	Id.	1149.19	0.127	160.05	7515.80	15,4 : 1	488	1 : 3,05
XXII.	Id.	824.78	0.114	76.17	3776.45	16,9 : 1	762	1 : 3,00
XXIII.	Machine fixe.	806.47	0.184	284.29	9551.53	12 : 1	796	1 : 2,81
XXIV.	Id.	708.62	0.184	230.33	7879.82	12 : 1	656	1 : 2,85
XXV.	Id.	881.43	0.127	130.57	4915.00	12 : 1	409	1 : 3,15
XXVI.	Id.	964.66	0.114	92.50	3469.93	12 : 1	289	1 : 3,12

On remarquera que, dans plusieurs des expériences précédentes, le frottement est plus grand sur les plans automoteurs, que sur les plans à machines fixes. Cette circonstance est probablement due à ce que, dans le premier cas, la corde passe sur des roues d'un diamètre plus petit que celui des tambours adaptés aux machines fixes, et qu'en même temps elle s'enroule sur la gorge d'une poulie, tandis que, dans le second cas, elle est seulement déroulée.

La résistance maximum sur les plans automoteurs est égale, comme on le voit dans le tableau, à environ $\frac{1}{3}$ de la pression, et la résistance minimum à $\frac{1}{3,77}$. Mais il est convenable, dans la pratique, d'adopter le premier de ces deux rapports. Pour les plans à machines fixes, il semble que l'on doive admettre la même proportion ; car la machine, en enroulant la corde autour du tambour, donne lieu à un frottement semblable à celui que produit la tension de la corde dans les plans automoteurs. Cependant, sur des plans dont l'inclinaison est suffisante pour permettre aux convois descendans de traîner la corde à leur suite, on trouve que, dans des circonstances favorables, on peut admettre la proportion de 1 à 3,5. Cette valeur de la résistance doit d'ailleurs être divisée, comme nous l'avons vu, par le rapport moyen entre les diamètres des rouleaux et de la poulie et les diamètres de leurs axes, rapport que nous désignerons par γ.

Ainsi, en général, si l'on appelle ϖ le poids de la corde, Π la pression exercée sur la poulie, Π_1 son poids, Π_2 celui des rouleaux, on pourra, dans le cas des plans automoteurs, calculer la valeur de φ, à l'aide de la formule

$$\varphi = \frac{\varpi + \Pi + \Pi_1 + \Pi_2}{3,5 \text{ ou } 3.\gamma}$$

et dans le cas des plans à machines fixes, par la formule

$$\varphi = \frac{\varpi + \Pi_1 + \Pi_2}{3,5 \text{ ou } 3.\gamma} .$$

Nous devons observer toutefois que la valeur, que nous venons d'indiquer pour le frottement de la corde, ne saurait être employée dans la pratique sans quelque restriction. Les plans sur lesquels ont été faites les expériences précédentes, n'avaient pas, il est vrai, été préparés dans ce but, et l'on n'avait apporté aucune modification à leur état habituel; mais pendant la durée des observations, le temps était favorable, et cette circonstance influe notablement sur la valeur de la résistance. Il est donc indispensable, de rechercher quelque donnée qui soit applicable dans tout état de l'atmosphère, et il faut pour cela recourir à la pratique.

Parmi les plans inclinés, que nous avons cités dans ce chapitre, il en est un, celui de l'expérience XVIII, qui nous semble offrir toutes les conditions nécessaires pour assurer, avec le nombre de chariots qui y est ordinairement employé, un service régulier et constant, excepté dans des circonstances tout-à-fait extraordinaires, comme dans les temps de neige. Les observations journalières que j'ai eu l'occasion de faire, m'ont prouvé en effet qu'en employant six chariots chargés pour remorquer un pareil nombre de chariots vides, on obtenait une force motrice exactement suffisante pour produire en tout temps un effet convenable, et je ne pense pas que l'on doive jamais se tenir au-dessous de cette limite. Les dispositions de ce plan pourront donc nous servir d'exemple.

Or, dans le cas que nous considérons, le poids de tout l'appareil, en y comprenant l'inertie des roues, de la corde, des rouleaux, etc., est égal à $86198^{\text{liv.}}$ ($39085^{\text{kil.}}06$), et l'excès de la force motrice sur la résistance, c'est-à-dire la valeur de $(P + p)$ sin. $i - (P' + p')$ sin. $i - F - F' - \varphi$ est de $369^{\text{liv.}}$ ($167^{\text{kil.}}30$) environ. En transportant ces valeurs dans la formule (8), page 78, on trouve

$$t \ldots \sqrt{\dfrac{\left[P + P' + (p+p')\dfrac{g}{g} + \varpi + \varpi_1 + \varpi_2\right]e}{(P + p)\sin. i - (P' + p')\sin. i - F - F' - \varphi}} = 176$$

Dans l'expérience XVIII, le temps employé à parcourir le même plan avec cinq chariots chargés était de $200''$. Ainsi, dans les deux cas, les temps du parcours sont dans le rapport de 176 à 200 ou en nombres ronds de 7 à 8. On peut conclure de là que, dans la pratique, la force motrice nécessaire pour assurer en toute saison un service régulier, doit surpasser la force qui est rigoureusement nécessaire avec un temps favorable, d'une quantité telle que les temps du parcours, calculés d'après la formule ordinaire, soient dans le rapport de 7 à 8.

CHAPITRE VIII.

OBSERVATIONS ET EXPÉRIENCES RELATIVES AUX DIVERS GENRES DE MOTEURS EMPLOYÉS SUR LES CHEMINS A RAILS.

Nous présenterons dans ce chapitre quelques considérations pratiques sur les divers genres de moteurs dont nous nous sommes déjà occupés. Ces développemens seront déduits des observations précédentes, ainsi que de plusieurs expériences nouvelles dont nous rendrons compte.

1°. PLANS AUTOMOTEURS.

Les plans automoteurs, comme nous l'avons déjà vu, ont pour but d'utiliser le poids des convois descendans pour remorquer, sur des portions de routes en pente, les chariots ascendans. Les conditions de leur établissement sont déterminées par la formule suivante dont nous avons fait usage dans le chapitre VII.

$$F + F' + \varphi = (P + p - P' - p')\ \text{sin.}\ i - \frac{\left[P + P' + (p+p)\ \frac{\partial}{\rho} + \varpi + \varpi_{\iota} + \varpi_{\text{,}}\right] c}{r\, t^{\text{3}}}.$$

Cette formule donne

$$t = \sqrt{\frac{\left[P + P' + (p+p')\ \frac{\partial}{\rho} + \varpi + \varpi_{\iota} + \varpi_{\text{,}}\right] c}{\left[(P + p - P' - p')\ \text{sin.}\ i - F - F' - \varphi\right] r}}$$

Mais, pour obtenir des résultats applicables en toute saison, nous admettrons, conformément aux indications du chapitre précédent, que le temps T, nécessaire pour le parcours du plan, est égal à $\frac{5}{4}\, t$. D'après cela, l'excès de poids nécessaire pour opérer, en tout état de l'atmosphère, la remonte des chariots vides dans un temps T, serait

$$(P+p-P'-p')\sin. i - F - F' - \varphi = \frac{\left[P+P'+(p+p')\frac{\delta}{\rho}+\varpi+\varpi_i+\varpi_i\right]e}{12,31\times T^2}$$

Si l'on connaît d'avance le poids et la résistance des convois montans et descendans, ainsi que le temps de la descente, on obtiendra la valeur de l'inclinaison du plan au moyen de la formule

$$\sin. i = \frac{\left[P+P'+(p+p')\frac{\delta}{\rho}+\varpi+\varpi_i+\varpi_i\right]e+\left[F+F'+\gamma\right]12,31\ T^2}{12,31\ T^2\ (P+p-P'-p')} \quad (1).$$

Supposons, par exemple, que l'on veuille établir un plan incliné de 5400$^{\text{pi.}}$ (1645^{m}89) de longueur, sur lequel neuf chariots chargés, pesant chacun 4 tonneaux (4062^{kil}60), remorquent un pareil nombre de chariots vides, pesant 24 quint. (1218$^{\text{kil.}}$77), et que l'on cherche l'inclinaison nécessaire pour que la manœuvre ait lieu en 400″.

Soit p_i = 1312$^{\text{liv.}}$ (594$^{\text{kil.}}$67) et $p_i\frac{\delta}{\rho}$ = 2059$^{\text{liv.}}$ (1137$^{\text{kil.}}$61).

Supposons que la corde ait 4$^{\text{po.}}\frac{1}{2}$ (0$^{\text{m.}}$114) de circonférence, et pèse 5562$^{\text{liv.}}$ (2521$^{\text{kil.}}$89); supposons de plus que les rouleaux soient placés de 30 en 30$^{\text{pi.}}$ (9^{m}15) et pèsent chacun 30$^{\text{liv.}}$ (13$^{\text{kil.}}$60), nous aurons ainsi 180 rouleaux dont le poids total s'élèvera à 5400$^{\text{liv.}}$ (2448$^{\text{kil.}}$43). Enfin admettons que la poulie placée au sommet du plan pèse 454$^{\text{liv.}}$ (205$^{\text{kil.}}$84), on aura

$$\varpi = 5562^{\text{liv.}}.\ ;\ \Pi_i = 454\ ;\ \Pi_i = 5400\ ;\ \varpi_i = \frac{1}{2}\Pi_i = 227\ ;\ \varpi_i = \frac{1}{2}\Pi_i = 2700.$$

D'un autre côté, on a

$$F = \frac{1}{200}(P+p) = 403^{\text{liv.}}.$$

$$F' = \frac{1}{200}(P'+p') = 120^{\text{liv.}};\ \varphi = \frac{\varpi+\Pi+\Pi_i+\Pi_i}{3,5.\gamma} = \frac{5562+1696+454+5400}{3,5\times16} = 234^{\text{liv.}}.$$

---

(1) Dans cette équation, les quantités P, P′, p, F, ϖ, etc., représentent des livres, e des pieds, et T des secondes.

Si l'on suppose que P, P′, etc., représentent des kilogrammes, et e des mètres, la formule deviendra

$$\sin. i = \frac{\left[P+P'+(p+p')\frac{\delta}{\rho}+\varpi+\varpi_i+\varpi_i\right]e+\left[F+F'+\varphi\right]3,77.T^2}{3,77.T^2(P+p-P'-p')}.$$

(*Note des trad.*)

On trouve donc en définitive

$$\sin. \, i = \frac{(99171 + 30905 + 5562 + 227 + 2700)\,5400 + (234 + 403 + 120)\,12.31 \times 400'}{12,31 \times 400^2 \, (80640 - 24192)}$$

ou sin. $i = \frac{1}{50}$ environ.

Cette valeur pourra être admise dans la pratique si tout le système est en parfait état; mais, s'il n'en était pas ainsi, il conviendrait peut-être de remplacer le rapport $\frac{2}{7}$ par $\frac{4}{4}$; ce qui donnerait, dans l'exemple précédent, sin. $i = \frac{1}{15}$ environ.

On peut, afin d'obtenir la force motrice nécessaire à la manœuvre, augmenter soit le nombre des chariots descendans, soit l'inclinaison du plan; mais, en tout cas, si l'on veut assurer un service régulier en hiver comme en été, il est indispensable de se tenir au-dessus des limites que nous venons d'indiquer.

Avant de quitter ce sujet, nous remarquerons que, sur un plan d'une inclinaison uniforme, le mouvement des chariots doit s'accélérer, puisque la vitesse des corps graves croît proportionnellement au temps. Pour prévenir cet effet, il faudra éviter de donner à la route une inclinaison régulière. On devra établir un système de pentes, tel que l'excès de poids des chariots descendans soit plus grand vers l'origine du plan, et diminue ensuite progressivement jusqu'à sa partie inférieure. En réduisant ainsi par degrés insensibles la valeur de la force motrice, on pourra s'opposer à l'accélération qui tend à se produire dans le mouvement des chariots, et obtenir une vitesse plus uniforme. La courbe qui satisferait à cette condition, serait difficile à déterminer rigoureusement, mais peut-être se rapproche-t-elle de la cycloïde (1).

____

(1) Lorsqu'un convoi descend le long d'un plan incliné, il est nécessaire, pour qu'il conserve une vitesse uniforme, que sa force accélératrice soit nulle. Or l'équation (7), page 78, nous donne, pour la valeur de cette force accélératrice,

$$\frac{d^2c}{dt^2} = \frac{(P+p-P'-p')\sin. \, i - F - F' -}{P + P' + (p+p')\,\frac{\delta}{\rho} + \varpi + \varpi_1 + \varpi_2}.$$

2°. Machines fixes.

Nous avons choisi, pour faire apprécier l'effet utile, que l'on peut attendre des machines fixes employées à la remorque des chariots, quatre expériences dont nous allons indiquer les résultats. Deux de ces expériences ont été faites avec des machines à condenseur et les deux autres avec des machines à haute pression.

Expérience XXVII. Machine à basse pression de Boulton et Watt, munie de deux cylindres de $30^{po.}$ ($0^{m.}76$) de diamètre. La pression de la vapeur sur les pistons était de $4^{liv.} \frac{1}{2}$ par pouce carré ($0^{kil.}31$ par centim. carré), outre la pression atmosphérique. La corde de remorque avait $7^{po.}\frac{1}{4}$ ($0^{m.}184$) de circonférence, comme dans l'expérience XXIII. Le plan était le même que dans cette expérience ; il avait $2646^{pi.}$ ($806^{m.}46$) de long, et $157^{pi.}6^{po.}$ ($47^{m.}99$) de hauteur.

Sept chariots chargés, semblables à ceux des expériences II et III, et pesant chacun $9408^{liv.}$ ($4265^{kil.}72$), ont été remorqués dans l'espace de $620''$. La machine a donné pendant ce temps 374 coups de pistons de $5^{pi.}$ ($1^{m.}52$) de course chacun. La surface des cylindres étant de $1413^{po.\ car.}72$, la pression sur les pistons s'élevait à $1413,72 \times 19.^{liv.}5 = 27567^{liv.}$. Ce poids, pendant la durée de l'expérience, a parcouru un espace de $374 \times 5^{pi.} = 1870^{pi.}$, en sorte que la quantité d'action dépensée par la machine a été de $27567^{liv.} \times 1870^{pi.} = 51550290^{liv.}$, élevées à $1^{pi.}$ ($7622425^{kil.}$ élevés à $1^{m.}$ en $620''$, ou $12294^{kil.} \times 1^{m.}$ en $1''$).

Si l'on pose $(P+p-P'-p')$ sin. $i - F - F' - = 0$, il est clair que les chariots descendront le long du plan incliné, en conservant constamment leur vitesse initiale.

Nous avons toujours supposé, dans les diverses applications que nous avons faites de la formule précédente, que cette vitesse initiale était nulle ; mais il sera facile d'imprimer aux chariots une vitesse convenable, en établissant vers le sommet du plan une pente un peu plus rapide ; et il suffira ensuite pour conserver l'uniformité du mouvement, d'établir à la suite de cette première rampe une inclinaison régulière déterminée par l'équation

$$\text{sin. } i = \frac{F + F' + 0}{P + p - P' - p'}$$

Quant à la résistance, elle nous est donnée par la formule

$$Q = (P' + p' + \tfrac{1}{2}\varpi)\sin. i + F' + \varphi + \frac{\left(P' + p'\dfrac{\delta}{\rho} + \varpi + \varpi_1 + \varpi_2\right)e}{r\,t^2}$$

dans laquelle on a $(P' + p')\sin. i = 3845^{\text{liv.}}$; $F' = 40 \times 7 = 280^{\text{liv.}}$; $\varphi = 627^{\text{liv.}}$ (d'après l'expérience XXIII); $\tfrac{1}{2}\varpi\sin. i = 203^{\text{liv.}}$, et

$$\frac{\left[P + p\dfrac{\delta}{\rho} + \varpi + \varpi_1 + \varpi_2\right]e}{r\,t^2} = 36^{\text{liv.}};$$

on trouve d'après cela $Q = 4991^{\text{liv.}}$; ce poids ayant été transporté à une distance de $2646^{\text{pi.}}$, il s'ensuit que la résistance totale est de $4991^{\text{liv.}} \times 2646^{\text{pi.}} = 13206186^{\text{liv.}}$ élevées à $1^{\text{pi.}}$ ($1825095^{\text{kil.}}$ élevés à $1^{\text{m.}}$ en $620''$, ou $2944^{\text{kil.}} \times 1^{\text{m.}}$ en $1''$).

Ainsi, l'effet utile de la machine n'est que les 0.256 environ de la pression exercée par la vapeur sur les pistons.

La vitesse du piston était de $181^{\text{pi.}}$ ($55^{\text{m.}}16$) par minute; celle du chariot de $256^{\text{pi.}}$ ($78^{\text{m.}}02$).

EXPÉRIENCE XXVIII. Machine à double effet de Boulton et Watt, de même construction et de même force que la précédente. Plan semblable à celui de l'expérience XXIV, de $2325^{\text{pi.}}$ ($708^{\text{m.}}63$) de longueur et de $115^{\text{pi.}}$ ($35^{\text{m.}}05$) de hauteur.

La machine a remorqué, dans l'espace de $550''$, sept chariots chargés, pesant chacun $9408^{\text{liv.}}$ ($4265^{\text{kil.}}72$), et a donné pendant ce temps 320 coups de piston de $5^{\text{pi.}}$ ($1^{\text{m.}}52$) de course chacun. En même temps, à l'aide d'une corde fixée à la queue du convoi, elle remorquait, sur un second plan situé dans le prolongement du premier, sept autres chariots chargés comme les précédens. Ce second plan avait $2310^{\text{pi.}}$ ($704^{\text{m.}}08$) de longueur, et $25^{\text{pi.}}6^{\text{po.}}$ ($7^{\text{m.}}76$) de hauteur.

La surface des cylindres était, comme précédemment, de $1415^{\text{p.po.}}72$, et la pression sur les pistons de $27567^{\text{liv.}}$. La course totale de ces derniers, pendant le temps de l'expérience étant de $320 \times 5^{\text{pi.}} = 1600^{\text{pi.}}$, la quantité d'action dépensée par la machine est représentée par un poids de $27567^{liv.} \times 1600^{pi.} = 44107200^{liv.} \times 1^{pi.}$ ($6095615^{kil.}$ élevés à 1^m en $550''$, ou $11083^{kil.} \times 1^m$ en $1''$).

D'un autre côté, nous avons $(P' + p')$ sin. $i = 3264^{liv.} + 726 = 3990^{liv.}$; $F' = 40^{liv.} \times 14 = 560^{liv.}$ (d'après l'expérience II); $\varphi = 508^{liv.}$ (d'après l'expérience XXIV), et pour le second plan, $\varphi = 127^{liv.}$ (d'après une expérience que nous n'avons pas rapportée ici); $\frac{1}{2}\varpi$ sin. $i = 153^{liv.}$ (d'après l'expérience XXIV); enfin

$$\frac{\left[P' + p' \frac{\partial}{\rho} + \varpi + \varpi . + \varpi, \right] c}{r t^2} = 38^{liv.} ;$$

cette dernière quantité conserve la même valeur pour le second plan.

D'après cela, la résistance totale est égale à $3990 + 153 + 560 + 508 + 127 + 76 = 5414^{liv.}$. Ce poids, pendant la durée de l'expérience, a été transporté à une distance de $2325^{pi.}$; en sorte que la résistance est égale à $5414^{liv.} \times 2325^{pi.} = 12587550^{liv.}$ élevées à $1^{pi.}$ ($1759599^{kil.} \times 1^m$ en $550''$, ou $3163^{kil.} \times 1^m$ en $1''$).

Ainsi, l'effet utile de la machine est égal à 0.26 environ de la pression exercée sur les pistons.

La vitesse des pistons était, pendant l'expérience, de $174^{pi.}$ ($53^m \cdot 03$) par minute; celle du chariot de $253^{pi.}$ ($77^m \cdot 10$).

Expérience XXIX. Machine à haute pression, avec un cylindre de $21^{po.}$ ($0^m \cdot 54$) de diamètre; force élastique de la vapeur dans la chaudière, $50^{liv.}$ par pouce carré ($2^{kil.} 10$ par centim. carré), outre la pression atmosphérique; longueur du plan, $3165^{pi.}$ ($964^m \cdot 56$); hauteur, $42^{pi.}$ ($12^m \cdot 80$). Ce plan était le même que celui de l'expérience XXVI. La corde était également la même, et avait $4^{po.}\frac{1}{2}$ ($0^m.114$) de circonférence.

La machine a remorqué 12 chariots chargés, pesant chacun $9010^{liv.}$ ($4085^{kil.} 25$), dans l'espace de $570''$; et pendant ce temps elle a donné 444 coups de piston de $5^{pi.}$ ($1^m.52$) de course.

La surface du cylindre est ici de $346^{po. c.} 36$, et la pression de la vapeur sur le piston, de $346,36 \times 30^{liv.} = 10390^{liv.} 80$. La course totale du piston pendant la durée de l'expérience étant de $444 \times 5^{\text{pi.}} = 2220^{\text{pi.}}$, le travail de la machine est égale à $23067576^{\text{liv.}} \times 1^{\text{pi.}}$ ($3187939^{\text{kil.}} \times 1^{\text{m.}}$ en $570''$, ou $5593^{\text{kil.}} \times 1^{\text{m.}}$ en $1''$).

D'un autre côté, on a $(P' + p')$ sin. $i = 1434^{\text{liv.}}$; $F = 42^{\text{liv.}} \times 12 = 504^{\text{liv.}}$ $\varphi = 204^{\text{liv.}}$ (d'après l'expérience XXVI) $\frac{1}{2} \varpi$ sin. $i = 23^{\text{liv.}}$

$$\frac{\left[P' + p' \frac{\partial}{\rho} + \varpi + \varpi_{\iota} + \varpi_{\text{2}}\right] e}{r\,t^2} = 77^{\text{liv.}}$$

; ce qui donne pour la valeur de la résistance totale $(1434 + 504 + 204 + 23 + 77^{\text{liv.}}) \times 3165^{\text{pi.}} = 2242^{\text{liv.}} \times 3165 = 7095930^{\text{liv.}} \times 1^{\text{pi.}}$ ($98065^{\text{kil.}}$ élevés à $1^{\text{m.}}$ en $570''$, ou $1720^{\text{kil.}}$ élevés à $1^{\text{m.}}$ en $1''$).

Ainsi le coefficient de l'effet utile est égal à 0.308 environ.

La vitesse du piston était de $234^{\text{pi.}}$ ($71^{\text{m.}}32$) par minute, et celle des chariots de $333^{\text{pi.}}$ ($101^{\text{m.}}50$).

Expérience XXX. Machine à haute pression, avec un cylindre de $16^{\text{po.}}$ de diamètre ($0^{\text{m.}}405$). Pression de la vapeur dans la chaudière, $50^{\text{liv.}}$ par pouce carré ($3^{\text{kil.}}51$ par centim. carré); longueur du plan, $2892^{\text{pi.}}$ ($881^{\text{m.}}45$); hauteur, $57^{\text{pi.}} 7^{\text{po.}}$ ($17^{\text{m.}}55$). Le plan ainsi que la corde de remorque étaient les mêmes que dans l'expérience XXV.

Huit chariots chargés, pesant chacun $8624^{\text{liv.}}$ ($3910^{\text{kil.}}21$), ont été remorqués dans l'espace de $390''$, et la machine a donné 400 coups de piston, de $5^{\text{pi.}} 6^{\text{po.}}$ ($1^{\text{m.}}67$) de course.

La surface du piston étant de $201^{\text{po. car.}}$, et la pression de la vapeur de $50^{\text{liv.}}$, on voit que le travail de la machine est égale à $201 \times 50^{\text{liv.}} \times 400 \times 5^{\text{pi.}},5 = 22110000^{\text{liv.}} \times 1^{\text{pi.}}$ ($3055602^{\text{kil.}} \times 1^{\text{m.}}$ en $390''$, ou $7835^{\text{kil.}} \times 1^{\text{m.}}$ en $1''$). D'un autre côté, on a $(P' + p')$ sin. $i = 1373^{\text{liv.}}$; $F' = 40 \times 8 = 320^{\text{liv.}}$, $\varphi = 304^{\text{liv.}}$; $\frac{1}{2} \varpi$ sin. $i = 37^{\text{liv.}}$;

$$\frac{\left[P' + p' \frac{\partial}{\rho} + \varpi + \varpi_{\iota} + \varpi_{\text{2}}\right] e}{r\,t^2} = 96^{\text{liv.}}$$

ce qui donne pour la valeur de la résistance $(1373 + 320 + 304 + 37 + 96^{\text{liv.}}) \times 2892^{\text{pi.}} = 6159960^{\text{liv.}} \times 1^{\text{pi.}}$ ($851306^{\text{kil.}} \times 1^{\text{m.}}$ en $390''$, ou $2183^{\text{kil.}} \times 1^{\text{m.}}$ en $1''$).

D'après cela, le coefficient de l'effet utile est égal à 0.27 environ

La vitesse du piston était de 333^{pi} par minute ($101^{m}{\cdot}50$), et celle du convoi de 445^{pi} ($135^{m}{\cdot}63$).

La même machine soumise à une nouvelle expérience a traîné en $420''$ neuf chariots chargés. Dans ce cas, comme dans le précédent, le travail effectué par la machine, pendant la durée de l'expérience, est de $22110000^{liv}{\cdot} \times 1^{pi}{\cdot}$ ($3055602^{kil}{\cdot} \times 1^{m}{\cdot}$ en $420''$, ou $7285^{kil}{\cdot} \times 1^{m}{\cdot}$ en $1''$).

D'un autre côté, on a $(P' + p') \sin. i = 1544^{liv}$, $F' = 360^{liv}$, $q = 304^{liv}$, $\frac{1}{2}\varpi \sin. i = 37^{liv}$, et $\dfrac{\left(P'+p'\dfrac{\partial}{\rho} +\varpi+\sigma_{\iota}+\varpi_{2}\right]c}{r\iota^{a}}=94^{liv}$, ce qui donne pour la valeur de la résistance $2339^{liv}{\cdot} \times 2892^{pi}{\cdot}=6764388^{liv}{\cdot} \times 1^{pi}{\cdot}$ ($954858^{kil}{\cdot} \times 1^{m}{\cdot}$ en $420''$, ou $2226^{kil}{\cdot} \times 1^{m}{\cdot}$ en $1''$).

D'après cela, le coefficient de l'effet utile est égal à 0.30 environ.

La vitesse du piston est ici de 314 pieds par minute ($95^{m}{\cdot}71$), et celle du convoi de 413^{pi} ($125^{m}{\cdot}87$).

Dans cette nouvelle expérience, l'effet utile est plus grand que dans l'expérience précédente; mais la vitesse se trouve diminuée à peu près dans le même rapport. Dans le premier cas en effet, l'effet utile est de 0.27, et la vitesse est de 338^{pi} par minute; dans le second, l'effet utile est de 0.30, et la vitesse de 314^{pi}; en tenant compte de cette circonstance, on trouve que les résultats obtenus sont dans le rapport de 338×27 à 314×30, ou de 9126 à 9340.

Il résulte de ces expériences, que l'effet utile des machines à haute pression est supérieur à celui des machines à condenseur; mais que cependant il ne surpasse pas les $\frac{3}{10}$ de la force dépensée. Cette valeur est plus faible qu'on n'aurait pu le supposer, ce qui est dû sans doute à la grande vitesse du piston. Plus tard, en traitant la question des machines locomotives, nous apprécierons l'influence de cette vitesse sur l'effet des machines à haute pression.

Les expériences précédentes suffiront du reste pour permettre de régler convenablement la force d'une machine destinée à remorquer les convois sur un plan incliné. On se servira pour cela de la formule (12).

$$Q = (P' + p' + \tfrac{1}{i}\varpi)\,\sin. i + F' + \varphi\,\frac{\left[P' + p'\,\dfrac{\delta}{\rho} + \varpi + \varpi_1 + \varpi_2\right]e}{r t^2},$$

dans laquelle Q représente l'effet utile de la machine. Cet effet utile, d'après ce qui précède, est égal, dans le cas des machines à haute pression, aux $\frac{3}{10}$ seulement de la puissance de la machine, estimée d'après la pression de la vapeur sur le piston. Ce résultat peut être admis comme règle dans la pratique pour les machines à haute pression. Quant aux machines à condenseur, nous évaluerons leur puissance à la manière ordinaire, c'est-à-dire en force de chevaux, en admettant que la puissance d'un cheval équivaut à $33000^{\text{liv.}}$ transportées à $1^{\text{pi.}}$ en $1''$ ($75^{\text{kil.}}$ environ élevés à $1^{\text{m.}}$ en $1''$).

Supposons, par exemple, que sur un plan de $3000^{\text{pi.}}$ ($914^{\text{m.}}38$) de longueur, et de $60^{\text{pi.}}$ ($18^{\text{m}}.28$) de hauteur, on veuille remorquer en $300''$ un convoi composé de 9 chariots pesant chacun $9408^{\text{liv.}}$ ($4265^{\text{kil.}}72$), la corde ayant $5^{\text{pu.}}$ ($0^{\text{m.}}127$) de circonférence; on a $(P' + p')\,\sin. i = 9408 \times 8 \times \dfrac{60}{3000} = 1505^{\text{liv.}}$; $F' = \dfrac{9408\times 8}{200} = 376^{\text{liv.}}$, (en prenant le coefficient du frottement égal à $\frac{1}{200}$); $\varphi = \dfrac{\varpi + \text{II}_1 + \frac{1}{2}\text{II}_2}{3,5. + \gamma} = \dfrac{4065 + 4500 + 1500}{3,5\times 16} = 180^{\text{liv.}}$, et $\frac{1}{2}\varpi\,\sin. i = 40^{\text{liv.}}$: en supposant que le poids de la corde soit de $4065^{\text{liv.}}$, celui du tambour de $4500^{\text{liv.}}$, et que les rouleaux, placés de 30 en 30 pieds, pèsent chacun $30^{\text{liv.}}$ ($13^{\text{kil.}}60$).

Si l'on transporte ces valeurs dans la formule (12),

$$Q = (P + p' + \tfrac{1}{i}\varpi)\,\sin. i + F' + \varphi + \frac{\left(P' + p'\,\dfrac{\delta}{\rho} + \varpi + \varpi_1 + \varpi_2\right)e}{r t^2};$$

on trouve $Q = 2284^{\text{liv.}}$ Ce poids mû avec une vitesse de $3000^{\text{pi.}}$ en $5'$, représente une quantité d'action égale à $1370400^{\text{liv.}}$, transportées à $1^{\text{pi.}}$ en $1'$ ($3146^{\text{kil.}}$ élevés à $1^{\text{m.}}$ en $1''$), c'est-à-dire une force de

41 chevaux $\frac{1}{2}$ environ. Mais ici, comme sur les plans automoteurs, un excès de force est nécessaire pour obtenir en toute saison un service régulier. En ajoutant un $\frac{1}{7}$ en sus, on trouve que la puissance de la machine doit être de 47 chevaux $\frac{1}{2}$ environ.

Si l'on suppose maintenant que le chemin soit à double voie, et qu'un convoi de chariots vides descende, tandis qu'un pareil nombre de chariots chargés est remorqué par la machine, on aura recours à la formule (13) :

$$Q = F + F' + \varphi + (P' + p') \sin. i - (P + p) \sin. i + \frac{\left[P + p\, \frac{\partial}{\rho} + P' + p'\, \frac{\partial}{\rho} + \varpi + \varpi_1 + \varpi_2 \right] c}{r\, t^2}$$

Supposons que le poids de chaque chariot vide soit de 3472$^{\text{liv.}}$ (1574$^{\text{kil.}}$·25), nous aurons $(P + p) \sin. i = 3472 \times 8 \times \frac{c\,n}{\vdots\, n\, u\, o} = 555^{\text{liv.}}$

$$F = \frac{3472 \times 8}{200} = 138^{\text{liv.}} \; ; \; \varphi = \frac{\varpi + \Pi + \Pi_1 + \Pi_2}{3,5 \times 7} = 274^{\text{liv.}},$$

On a d'ailleurs, comme dans l'exemple précédent $(P' + p') \sin. i = 1505^{\text{liv.}}$; d'où $Q = 1999^{\text{liv.}}$. Ce poids étant transporté à 5000$^{\text{pi.}}$ en 5', équivaut à 1199400$^{\text{liv.}}$ $\times$ 1$^{\text{pi.}}$ en 1' (27626$^{\text{kil.}}$ $\times$ 1$^{\text{m.}}$ en 1"); ce qui représente une force de 36 chevaux $\frac{1}{2}$ environ. En ajoutant $\frac{1}{7}$ pour obtenir un service régulier dans les mauvais temps, on trouve que la force de la machine doit être de 41 chevaux $\frac{1}{2}$. D'après cela, l'effort exercé par le convoi descendant équivaudrait à une force de 6 chevaux environ.

3°. CHEVAUX.

La puissance du cheval, ainsi que nous l'avons déjà vu, a été très-diversement évaluée par les auteurs qui se sont occupés de cette question. La force réelle de ce moteur ne doit pas être estimée d'après l'effort qu'il peut exercer pendant un instant très-court et en déployant toute son énergie, mais d'après l'effort constant qu'il est capable d'exercer chaque jour, et pendant un long espace de temps, sans éprouver d'affaiblissement ni de fatigue.

Les chemins de fer sont très-propres à indiquer la valeur de cette force; car la résistance à vaincre est toujours la même, et en général la faible inclinaison de la route n'a que peu d'influence sur la quantité d'action déployée par le cheval pour transporter son propre poids.

Nous présentons dans le tableau suivant la valeur de la résistance surmontée par le cheval sur divers chemins de fer, où ce genre de moteur a été employé pendant plusieurs années.

TABLE I.

Chemin de fer à rails saillans, des houillères de Killingworth. Un cheval traîne à la descente six chariots chargés, pesant chacun 8540 liv. (3872^k.12), et semblables à ceux de l'expérience I, n°. 1, il remonte ensuite avec six chariots vides pesant chacun 2604 liv. (1180^k.67), comme dans l'expérience I, n°. 7. Le frottement, pour chaque chariot chargé, est de 40 liv. (18^k.13), et pour chaque chariot vide, de 14 liv. (6^k.34).

DISTANCES parcourues.	HAUTEURS correspondantes sur le plan incliné.	POIDS des six chariots chargés, décomposé suivant la direction du plan.	RÉSISTANCE totale, égale à la différence entre le frottement et le poids des chariots.	POIDS des chariots vides, décomposé suivant la direction du plan,	RÉSISTANCE totale, égale à la somme du frottement et du poids des chariots.
mèt.	mèt.	kil.	kil.	kil.	kil.
100.58	0.165	38.08	70.70	11.33	49.37
100.58	0.304	70.28	38.50	21.30	59.34
100.58	0.419	96.57	12.21	29.47	67.51
100.58	0.460	108.36	0.42	32.64	70.68
100 58	0.356	82.06	26.72	24.94	62.98
100.58	0.432	99.29	9.49	30.37	68.41
100.58	0.457	105.19	3.59	32.19	70.23
100.58	0.775	178.63	.	54.41	92.45
100.58	1.117	257.98	.	78.44	116.48
100.58	0.647	149.17	.	45.34	83.38
100.58	0.051	11.33	97.45	3.17	41.21
100.58	0.203	46.70	62.08	14.05	52.09
100.58	0.279	64.38	44.40	19.50	57.54
100.58	0.609	140.55	.	42.62	80.66
100.58	0.596	137 83	.	41.72	79.76
100.58	0.000	.	108.78	0.	38.04
100.58	0.356	82.06	26.72	24.94	62.98
100.58	1.016	234.40	.	71.18	109.22
100.58	0 850	196.32	.	59.85	97.89
60.35	0.228	87.96	20.82	26.75	64.79

On voit que la résistance est moyennement de 60$^{liv.}$ (27$^{kil.}$20) pour la descente, et de 157$^{liv.}$ (71$^{kil.}$18) pour la remonte des chariots vides.

La moyenne est de 109[liv.] (49[kil.]20), et la distance parcourue de 2156 yards (1971[m.]40).

Les chevaux étaient lourds et vigoureux; ils faisaient ordinairement ce trajet huit fois par jour, et parcouraient ainsi une distance de 19 milles environ (30[kil. cm.]577). On n'employait d'abord que quatre chevaux pour le service des houillères; mais on jugea nécessaire d'ajouter un cheval de réserve pour pouvoir donner à chacun d'eux un jour de repos, en sorte que le travail était réellement effectué par cinq chevaux.

TABLE II.

Chemin de fer à rails saillans des houillères de Backworth. Un cheval traine à la descente six chariots chargés, pesant chacun 9.010 liv. (4085[k.]26), et remonte avec six chariots vides, pesant chacun 3.080 liv. (1396[k.]51). Le frottement pour chaque chariot chargé est de 42 liv. (19[k.]04), et pour chaque chariot vide de 15 liv. (6[k.]80).

DISTANCES parcourues.	HAUTEURS correspondantes.	POIDS des six chariots chargés, décomposé suivant l'inclinaison du plan.	RÉSISTANCE totale, égale à la différence entre le frottement et le poids des chariots.	POIDS des chariots vides, décomposé suivant l'inclinaison du plan.	RÉSISTANCE totale, égale à la somme des frottemens et du poids des chariots.
mèt.	mèt.	kil.	kil.	kil.	kil.
100.58	0.381	92.49	21.75	31.74	72.54
100.58	0.368	89.31	24.93	30.37	71.17
100.58	0.178	43.07	71.17	14.51	55.31
100.58	0.368	92.49	21.75	30.37	71.17
100.58	0.127	30.81	83.43	10.43	51.23
100.58	0.140	34.00	80.24	11.34	52.14
100.58	0.457	111.08	3.16	38 08	78.88
100.58	0.317	77.08	37.16	26.30	67 10
100 58	0.419	102,01	12.23	34.91	75.71
100.58	0.457	101.08	13.16	38.08	78.88
100.58	0.787	191.79	.	65.28	106.08
100.58	0.622	151.43	.	51.68	92.48
100.58	0.978	238.03	.	81.16	121.93
100.58	0.660	160 50	.	54.86	95.66
100.58	0.508	123.78	.	42 17	82.97
100.58	0.787	191.79	.	65.28	106.08
100.58	1.219	296.98	.	101.56	142.36
100.58	1.016	247.56	.	84.33	125.13
125.26	1.054	205.84	.	87.51	128.31

Ici, comme sur le chemin de fer de Killingworth, les chevaux étaient très-vigoureux. La résistance était moyennement de 42[liv.] (19[kil.]04) à la descente, et de 189[liv.] (85[kil.]69) à la remonte; c'est-à-dire, en moyenne de 115$^{\text{liv.}}$ (52$^{\text{kil.}}$36). Les chevaux faisaient ordinairement huit voyages par jour ; en sorte que leur trajet s'élevait à 19 milles (30$^{\text{kilom.}}$577). Les résultats renfermés dans la table précédente peuvent être considérés comme indiquant le travail maximum dont le cheval est capable, et comme indiquant aussi la plus grande résistance qu'un cheval vigoureux peut surmonter accidentellement.

TABLE III.

Chemin de fer de Team, à rails saillans. Un cheval traîne à la descente quatre chariots chargés, pendant l'été, et remonte un pareil nombre de chariots vides. Pendant l'hiver, il ne traîne que trois chariots dans chaque direction. Le poids des chariots chargés est de 8540$^{\text{liv.}}$ (3872$^{\text{k.}}$12), et celui des chariots vides de 2604$^{\text{liv.}}$ (1180$^{\text{k.}}$68) ; le frottement est de 40$^{\text{liv.}}$ (18$^{\text{k.}}$14), pour les premiers, et de 14$^{\text{liv.}}$ (6$^{\text{k.}}$34) pour les seconds.

LONGUEUR du plan.	HAUTEURS correspondantes.	RÉSISTANCE AVEC QUATRE CHARIOTS.				RÉSISTANCE AVEC TROIS CHARIOTS.			
		POIDS des chariots chargés décomposé suivant le plan.	RÉSISTANCE totale à la descente.	POIDS des chariots vides décomposé suivant la direction du plan.	RÉSISTANCE totale à la remonte.	POIDS des chariots chargés.	RÉSISTANCE totale à la descente.	POIDS des chariots vides.	RÉSISTANCE totale à la remonte.
m.	m.	kil.	kil.	kil.	kil.	kil.	kil.	kil.	kil.
131.06	2.28	243 03	.	74.90	100 29	182.27	54.41	55.77	74.81
152.40	0.81	82.52	.	24.94	50.33	62.11	.	19.04	38.08
152.40	1.47	149 62	.	45.34	70.73	112.44	.	34.00	53.04
152.40	1.22	123.78	.	37.63	63.02	92 95	.	28.56	47 60
152.40	1.06	108.36	.	32.65	58.04	81.61	.	24.48	43.52
152.40	1.27	128.76	.	38.99	64.38	96.57	.	29 47	48.51
152.40	0.94	95.21	.	29.01	54.40	71.64	.	21.76	40.80
152.40	0.	.	72.54	.	25.39	0.	54.41	.	19.04
152.40	—0.15	15.41	87.95	4.53	20.86	11.79	66.20	3.63	15.41
152.40	—0.81	82.52	155.06	24.94	0 15	62.11	116.52	19.04	.
152.40	—0.23	23.12	95.66	6.80	18.59	17.68	72.69	5.44	13.60
152.40	0.07	7.70	64.84	2.27	27.66	5.89	48.52	1.81	20.85
152.40	0.18	17.68	54.86	5.44	30.83	13.60	40.81	4.08	23.12
152.40	0.07	7.70	64.84	7.70	33.09	5.89	48.52	5.89	24.93
152.40	0.33	33.55	38.99	9.97	35.36	25.39	29.02	7.70	26.74
152.40	0.43	43.53	29.01	14.15	39.51	32.55	21.86	9.97	29.01
152 40	0.35	35.82	36.72	10.88	36.27	27.20	27.21	8.16	27.20
152.40	0.58	58.94	13.60	17.68	43.07	44.43	9.98	13.60	32 64
152.40	1.07	108.36	.	32.64	58.03	81.61	.	24.48	43.52
152.40	0.73	74.81	.	22.67	48.06	56.22	.	17.22	36.96
152.40	0.48	48.97	23.57	14.50	39.89	36.72	17.69	10.88	29.92
121.92	0.43	54.41	18.13	16.32	41.71	40.81	13.60	12 24	31 28
182.88	1.12	91.31	.	28.56	53.95	122.86	.	18 58	37.62
152.40	0.86	87.51	.	26.75	52.14	65.74	.	20.40	39.44
137.16	0.51	57.13	15.41	17.22	42.61	43.07	11.34	13 15	32.19

Les chevaux employés sur ce dernier chemin de fer, sans être aussi lourds ni aussi vigoureux que ceux des chemins de Backworth et de Killingworth, sont cependant de moyenne force. La résistance qu'ils surmontent est de 70$^{liv.}$ (31$^{kil.}$.74) environ, avec les chariots chargés, et avec les chariots vides de 100$^{liv.}$ (45$^{kil.}$.34); c'est-à-dire moyennement de 85$^{liv.}$ (40$^{kil.}$.04). Chaque cheval fait le trajet quatre fois par jour, et parcourt ainsi une distance de 20 milles (52$^{kilom.}$.186). En hiver, c'est-à-dire pendant cinq mois de l'année, ils ne peuvent traîner que trois chariots. La résistance, sur un des points de la route, s'élève à 342$^{liv.}$ (155$^{kil.}$.06); mais comme cette distance est faible, et que les chariots y arrivent doués d'une grande rapidité, la vitesse acquise aide le cheval à franchir ce mauvais pas.

La résistance moyenne dans la table II s'élève à 115$^{liv.}$ (52$^{kil.}$.36), et dans la table III, à 85$^{liv.}$ (40$^{kil.}$.04). Si l'on considère ces deux quantités comme représentant l'effort exercé, l'une par les chevaux de première force, l'autre par les chevaux de qualité inférieure, nous trouverons que 100$^{liv.}$ (45$^{kil.}$.34) indiquent à peu près l'effort constant que les chevaux de force moyenne peuvent exercer sur un chemin horizontal, en parcourant 20 milles (52$^{kilom.}$) par jour. Si l'on suppose maintenant que le frottement des chariots soit égal à $\frac{1}{240}$ de leur poids, on voit que le cheval peut traîner un poids de 24000$^{liv.}$ (10$^{tonn.}$881). Toutefois, comme pendant l'hiver la résistance des chariots surpasse la valeur indiquée dans la table, nous pouvons peut-être prendre pour mesure de l'effort du cheval, la moyenne des tables I et II, c'est-à-dire un poids de 112$^{liv.}$ (50$^{kil.}$.78); en supposant que le cheval marche avec une vitesse de 2 milles (3218$^{m.}$) par heure, et qu'il parcoure 20 milles (32$^{kilom.}$) par jour. Dans ce cas, le poids transporté sur un chemin horizontal serait de 12 tonnes (12187$^{kil.}$).

Si l'on admet cette dernière évaluation, on voit qu'en définitive le travail du cheval est représenté par un poids de 240 tonnes (243$^{tonn.}$755) transporté à un mille (1609$^{m.}$) de distance en un jour;

et comme le cheval effectue ce travail en prenant tout naturelle-
ment le pas qui lui convient le mieux, on peut considérer ce résultat comme indiquant le maximum d'effet utile. Nous n'avons pas fait
connaître dans chaque table quelle était la vitesse de la marche du
cheval; cette vitesse était sans doute très-variable, suivant les difficultés que présentaient les diverses parties du chemin. Toutefois, dans
la table I, elle ne dépassait pas moyennement 2 milles par heure
(3218^m), et je suis porté à croire, d'après les observations attentives
que j'ai faites sur différens points de la route, que dans les autres cas
elle n'était pas plus considérable.

Je ne connais aucune expérience entreprise dans le but de déterminer les quantités de travail relatives que peut effectuer le cheval
en marchant avec différentes vitesses. Mais il est facile de juger, par
l'exemple des voitures employées sur les routes ordinaires, que l'augmentation de vitesse diminue considérablement sa puissance, en exigeant de lui un effort musculaire beaucoup plus considérable pour
porter son corps en avant.

J'ai cherché à déterminer approximativement le rapport entre l'effet utile du cheval et la vitesse de sa marche, à l'aide d'une formule
empirique. Pour cela j'ai remarqué que lorsqu'on laisse le cheval
prendre librement le pas qui lui convient, les chevaux lourds, comme
ceux des expériences I et II, marchent généralement avec une vitesse
de 2 milles à l'heure (3218^m.), et les chevaux plus légers, avec une
vitesse de 2 milles 1/2 (4025^m.) J'ai considéré ces vitesses comme celles
qui permettent au cheval d'effectuer un travail donné avec la moindre
fatigue, et en même temps d'effectuer le plus grand travail possible.
J'ai constamment observé, en effet, qu'en forçant le cheval à prendre
un pas plus rapide, il se fatigue beaucoup plus pour produire le
même effet utile.

J'ai admis en second lieu, comme résultat des expériences précédentes, qu'un cheval marchant avec une vitesse de 2 milles (3218^m.)

à l'heure, pendant dix heures par jour, c'est-à-dire parcourant en un jour un espace de 20 milles ($32^{\text{kilom.}}$), déploie un effort constant de $112^{\text{liv.}}$ ($50^{\text{kil.}}78$). Si l'on suppose que le rapport du tirage à la charge, sur un chemin de niveau, soit égal à $\frac{1}{240}$, ainsi que nous l'avons indiqué précédemment, on voit que cet effort suffit pour transporter un poids de 12 tonneaux ou 240 quintaux ($12187^{\text{kil.}}$) à une distance de 2 milles (3218^{m}.) en une heure.

D'après cela l'effet utile du cheval, dans les circonstances que nous venons d'indiquer, a pour mesure $240^{\text{quint.}}$ transportés à $2^{\text{mill.}}$ en une heure, ou $480^{\text{quint.}} \times 1^{\text{mill.}}$; et la quantité d'action dépensée a pour expression $112^{\text{liv.}} \times 2^{\text{mill.}} = 224^{\text{liv.}} \times 1^{\text{mill.}}$.

Enfin j'ai admis que la force musculaire nécessaire au cheval pour transporter son propre poids, force qui est au moins sept fois plus grande que l'effort exercé sur la charge, augmente avec la vitesse de la marche de telle sorte, que le poids transporté, multiplié par le nombre de milles parcourus en une heure, donne un produit constant, égal à $480^{\text{quint.}} \times 1^{\text{mill.}}$.

D'après cela, si l'on appelle v la vitesse du cheval, c'est-à-dire le nombre de milles parcourus en une heure, la force qu'il peut déployer avec une vitesse quelconque v, serait égale à $\dfrac{224^{\text{liv.}}}{v}$; et le poids transporté sur un chemin horizontal aurait pour mesure $\dfrac{480^{\text{quint.}}}{v}$ (1).

Le professeur Leslie, dans ses Élémens de philosophie naturelle, donne également une formule pour calculer l'effort que peut développer un cheval avec différens degrés de vitesse. Il annonce que cet effort peut être représenté en livres, avec assez d'exactitude, par l'expression $(12 - v)^2$ dans laquelle v indique le nombre de milles parcourus en une heure.

---

(1). Pour appliquer ces formules, on se rappellera que 1 livre anglaise est égale à $0^{\text{kil.}}453$; et 1 mille. à $1^{\text{kilom.}}609$. Il est du reste facile de les transformer immédiatement en mesures françaises. En effet si l'on suppose que v représente le nombre de kilomètres parcourus en 1 heure, elles deviennent $\dfrac{163^{\text{kil.}}41}{v}$ et $\dfrac{39220^{\text{kil.}}}{v}$.   (*Note des trad.*)

D'après cela le cheval développerait, à l'origine de son mouvement, une force de 144$^{liv.}$ (65$^{kil.}$29), et pourrait exercer un effort constant de 100$^{liv.}$ (45$^{kil.}$34) avec une vitesse de 2 milles (3218^m.) à l'heure ; cet effort se réduirait à 64$^{liv.}$ (29$^{kil.}$) pour une vitesse double, et enfin à 36$^{liv.}$ (16$^{kil.}$92) si la vitesse s'élevait à 6 milles (9$^{kilom.}$655) par heure. On voit ainsi que le plus grand effet utile correspond à une vitesse de quatre milles (6$^{kilom.}$457) à l'heure (1).

La règle de M. Leslie a été récemment adoptée par plusieurs auteurs. Quant à nous, nous ne modifierons pas maintenant les calculs que nous avions établis avant de connaître cette formule, d'autant plus que nos résultats diffèrent peu de ceux auxquels elle conduit, pour les vitesses que l'on a ordinairement à considérer. Nous nous contenterons de réunir dans la table suivante les résultats fournis par chacune des deux formules, afin de mettre le lecteur à même de les comparer l'une à l'autre. Les chiffres des colonnes 3 et 5 sont déterminés en supposant que la résistance soit égale à $\frac{1}{240}$ de la charge, et que le cheval parcoure 20 milles (32$^{kilom.}$ ou 8$^{lieues.}$) par jour.

TABLE IV.

VITESSE par heure.		FORCE développée par le cheval, d'après la formule 224 liv. $\overline{v}$	POIDS transporté à une distance de 32 kilomètres en un jour, d'après la formule 480 quint. $\overline{v}$	FORCE développée par le cheval d'après la formule $(12-v)^2$	POIDS transporté à une distance de 32 kilomètres en un jour, d'après la formule $(12-v)^2$
mill.	kilom.	kil.	tonn.	kil.	tonn.
2	3.218	50.78	12 187	45.34	10.882
3	4.827	33.85	8.125	36.72	8.813
4	6.437	25.39	6.094	29.01	6.962

1) La formule $(12-v)^2$, transformée en mesures françaises, devient

$$0^{kil.}453 \left(12 - \frac{1.609}{v'} \right)^2,$$

en supposant que v' représente le nombre de kilomètres parcourus en une heure.

Quant au maximum d'effet utile, il correspond en effet à une vitesse de 4 milles par heure, car la quantité d'action dépensée par le cheval pendant une heure est $(12-v)^2 v$; or, en égalant à zéro la différentielle de cette quantité, on a $(12-v)^2 - 2(12-v)v = 0$; et si l'on supprime le facteur $12-v$ qui correspond au minimum, on trouve pour le maximum $3v = 12$ ou $v = 4$.

(Note des trad.)

Les chiffres indiqués dans la table précédente peuvent s'appliquer aux faibles vitesses que l'on adopte sur les chemins de fer particuliers. Mais si l'on veut rechercher jusqu'à quel point les chevaux peuvent entrer en concurrence avec les machines, pour le transport rapide des voyageurs, il est nécessaire de déterminer la quantité de travail qu'ils peuvent effectuer, en supposant qu'ils marchent avec la plus grande vitesse dont ils soient susceptibles.

D'après la formule de M. Leslie, les efforts développés par un cheval, avec des vitesses de 2 milles 1/2 et 10 milles par heure ($4^{kilom.}$ et $16^{kilom.}$), sont comme 9 : 1. M. Tredgold, dans son ouvrage sur les chemins de fer, indique la proportion de 4 : 1. M. Rastrick, dans son rapport sur le chemin de fer de Liverpool, donne les mêmes chiffres, tandis que M. Walker, dans le rapport qu'il a présenté sur le même sujet, indique la proportion de 6,4 : 1.

Notre formule nous conduit au même résultat que M. Tredgold, c'est-à-dire à la proportion de 4 : 1. Nous pensons en effet que ces chiffres représentent assez exactement le rapport entre les efforts constans que le cheval peut exercer sur sa charge, avec des vitesses de $2^{mil.}\frac{1}{2}$ et $10^{mil.}$ par heure. Mais nous remarquerons que pour atteindre cette seconde vitesse, le cheval force considérablement son pas naturel, et il en résulte pour lui une telle fatigue, qu'il est loin de pouvoir parcourir en un jour une aussi longue distance que dans le premier cas. Il est donc nécessaire, lorsque la vitesse dépasse une certaine limite, de modifier les résultats de notre formule pour obtenir le travail effectif du cheval.

Nous trouvons sur ce point un document fort précieux dans une pétition présentée à la Chambre des communes, le 5 mai 1830, par les propriétaires des voitures publiques qui exploitent les routes à barrières comprises entre Liverpool et Manchester (1). A cette époque il existait 55 voitures sur les différentes routes partant de Liverpool,

(1) Voyez la note 1 à la fin du chapitre.

savoir : 26 pour Manchester, 12 pour Bolton, 2 pour Wigan, et 1 pour Saint-Hélens. Chacune de ces voitures faisait tous les jours un voyage et un retour. Le nombre total de kilomètres parcourus était :

Sur la route de Manchester, $37^{mil} \times 2 \times 26 = 1924^{mil.}$ ($3096^{kilom.}$ ou 774^{lieues});

Sur la route de Bolton, $33^{mil.}\frac{1}{2} \times 2 \times 4 = 268^{mil.}$ ($431^{kilom.}$ ou $107^{lieues}\frac{1}{2}$);

Sur la route de Wigan, $22 \times 2 \times 2 = 88^{liv.}$ ($141^{kilom.}60$ ou $45^{lieues}\frac{1}{2}$);

Sur la route de Saint-Hélens, $12 \times 2 \times 1 = 24^{mil.}$ ($38^{kilom.}60$ ou $9^{lieues}\frac{1}{2}$).

L'espace total parcouru chaque jour était donc de $2304^{mil.}$ ($3707^{kilom.}$ ou $926^{lieues}\frac{3}{4}$). Ce service occupait 709 chevaux ; et comme chaque attelage se composait de quatre chevaux, la distance moyenne parcourue en un jour par chaque cheval était de $\dfrac{2304 \times 4}{709} = 13^{mil.}$ ($20^{kilom.}281, 5^{lieues}\frac{1}{4}$). Les pétitionnaires annoncent qu'avec un pareil service, il fallait renouveler les chevaux tous les trois ans. La vitesse du transport, quoique très-considérable, n'excédait pas cependant 10 milles à l'heure ($16^{kilom.}$ ou 4^{lieues}). Il suit delà que les quantités de travail correspondant à des vitesses de $2^{mil.}\frac{1}{2}$ ($4^{kilom.}$ ou 1^{lieue}) et $10^{mil.}$ ($16^{kilom.}$ ou 4^{lieues}) à l'heure, sont à peu près dans le rapport de 6 à 1.

D'après cela, nous pensons que la formule $\dfrac{224}{v}$ pourra donner des résultats assez rapprochés de la vérité, si, à partir d'une vitesse de $3^{mil.}$ à l'heure ($4^{kil.}.827$), on diminue les valeurs qu'elle fournit de 5 pour 100 à chaque mille d'augmentation dans la vitesse. Cette règle, sans être théoriquement exacte, suffira peut-être dans la pratique. C'est d'après cette donnée que nous avons calculé les charges qu'un cheval peut traîner avec différentes vitesses, sur un chemin de fer de bonne construction, en admettant que le frottement des chariots ne surpasse pas $\frac{1}{240}$ de leur poids. Ces résultats sont présentés dans le tableau suivant:

TRAITÉ PRATIQUE

TABLE V.

VITESSE par heure.	FORCE DÉVELOPPÉE par le cheval.	TRAVAIL EFFECTUÉ, ou nombre de tonneaux transportés à 1$^{kilom.}$ en un jour.	RAPPORT des effets utiles correspondans aux différentes vitesses.
kil.	kil.	tonn.	
6.437	24.12	185.241	3.65
8 046	18.28	140 390	2.76
9.655	14.43	110.822	2.18
11.265	11.61	89 165	1.75
12.874	9.52	73.114	1.44
14.483	7.90	60 672	1.19
16.093	6.61	50.765	1.00

Nous allons actuellement indiquer les quantités de travail qu'un cheval peut effectuer sur des chemins de fer présentant différens degrés d'inclinaison. Nous remarquerons d'abord que dans beaucoup de cas la majeure partie, ou même la totalité des transports, a lieu dans le même sens. Or on voit, d'après les tables précédentes, que lorsque le cheval n'est chargé que sur l'une des directions, il peut déployer dans ce sens un effort beaucoup plus considérable que sur l'autre moitié de la route. Ainsi, sur le chemin de fer de Backworth, l'effort moyen dans une des directions est de 189$^{liv.}$ (85$^{kil.}$69), et même de 247$^{liv.}$ (111$^{kil.}$99) sur une longueur d'un demi-mille (804$^{m.}$65). Sur le chemin de Killingworth l'effort moyen est de 157$^{liv.}$ (71$^{kil.}$18), ou plutôt de 168$^{liv.}$ (96$^{kil.}$6) si l'on néglige quelques portions de route qui présentent des irrégularités accidentelles; et l'effort maximum est de 257$^{liv.}$ (116$^{kil.}$52). Les chevaux parcourent chaque jour 10 milles avec cette charge, les 10 autres milles étant parcourus avec les chariots vides.

D'après cela nous admettrons que l'effort maximum du cheval sur l'une des directions est de 180$^{liv.}$ (81$^{kil.}$61), et de 60$^{liv.}$ (27$^{kil.}$20) sur l'autre, ce qui donne une moyenne de 120$^{liv.}$ (54$^{kil.}$41); nous supposerons de plus le frottement des chariots égal à $\frac{1}{224}$ de la charge.

C'est d'après ces données que nous avons calculé dans la Table suivante les charges qu'un cheval peut traîner sur des plans de différentes inclinaisons, en parcourant 20 milles par jour, ou 10 milles dans chaque direction.

TABLE VI.

INCLINAISON du plan.	CHARIOTS chargés à la remonte, et chariots vides à la descente.	CHARIOTS chargés à la descente, et chariots vides à la remonte.	CHARGE ÉGALE dans les deux directions.
	tonn.	tonn.	tonn.
0.	18.28	18.28	12.20
1 sur 4480	17.44	18.75	»
3360	17.00	18.91	»
2240	16.60	19.24	»
1680	15.88	19.34	»
1120	15.23	20.31	»
1000	14.92	20.62	»
900	14.63	20.88	»
800	14.25	21 36	»
700	13.88	21.75	»
600	13.30	22.50	»
500	12.60	23.57	»
448	12.18	24 37	»
400	11.70	25.40	11.70
350	11.12	26.90	11.12
300	10.45	27.80	10.45
250	9.62	28.86	9.62
200	8.63	25.90	8.63
150	7.34	21.95	7.34
100	5.64	16.90	5.64

Les chiffres de la table précédente ont été calculés, comme nous l'avons dit, d'après l'effort moyen du cheval, mais nous voyons, dans les Tables I et II, que les chevaux vigoureux peuvent développer, pendant un court espace de temps, un effort de $240^{liv·}$, ou même de $250^{liv·}$ ($108^{kil}.82$, ou $113^{kil}.55$). Si donc il se rencontre sur la ligne du chemin quelque srampes trop fortes, on peut compter que sur ces points le cheval sera capable de développer un effort supérieur d'un tiers à celui qui est indiqué dans les colonnes 2 et 3, et moitié plus fort que celui de la colonne 4.

Dans la quatrième colonne, nous prenons un poids de $12^{\text{tonn.}}.20$ pour mesure de la quantité de travail du cheval, depuis une inclinaison nulle jusqu'à une inclinaison de $\frac{1}{448}$. Ce poids représente en effet le travail moyen sur l'une et l'autre direction, tant que la résistance à la remonte n'excède pas $180^{\text{liv.}}$ ($81^{\text{kil.}}61$), c'est-à-dire la valeur que nous avons admise pour l'effort maximum du cheval. Mais cette dernière limite est dépassée du moment où l'inclinaison est plus grande que $\frac{1}{448}$; et dès lors il est nécessaire de réduire, comme nous l'avons fait, la mesure de l'effet utile.

On a adopté sur le chemin de fer de Stockton et Darlington, afin d'augmenter le travail utile des chevaux, une méthode qui m'a été indiquée par M. Story, ingénieur de la compagnie. La majeure partie du mouvement commercial sur cette route a lieu dans une seule direction, et plusieurs portions du chemin offrent dans ce sens des pentes suffisantes pour permettre aux chariots de descendre en vertu de leur propre poids. Chaque fois que cette circonstance se présente, on fait monter le cheval sur un chariot composé d'une plate-forme peu élevée, et placé à la suite du convoi, de sorte qu'il se trouve transporté sans fatigue au bas du plan incliné. Les chevaux s'habituent facilement à cette manœuvre, et ils peuvent ainsi parcourir une distance beaucoup plus considérable que s'ils marchaient constamment.

Avant l'emploi de cette méthode, le travail effectué pendant six jours consistait, d'une part, dans le transport de 12 tonneaux ($12^{\text{tonn.}}60$) de marchandises, et de 5 tonn. $\frac{1}{2}$ ($5^{\text{tonn.}}58$) de chariots vides, à la distance de 87 milles ($140^{\text{kilom.}}$); et, d'autre part, dans le transport de 5 tonn. $\frac{1}{2}$ ($5^{\text{tonn.}}58$) de chariots vides à la même distance. L'espace total parcouru était de 174 milles ($280^{\text{kilom.}}$).

A l'aide de la disposition que nous venons d'indiquer, le travail effectué pendant le même temps consiste dans le parcours d'une distance de 120 milles ($193^{\text{kilom.}}$), d'une part avec 12 tonneaux

($12^{\text{tonn.}}20$) de marchandises, et 5 tonn. $\frac{4}{7}$ ($5^{\text{tonn.}}58$) de chariots vides, et d'autre part, avec 5 tonn. $\frac{4}{7}$ ($5^{\text{tonn.}}58$) de chariots vides seulement. Le trajet total est de 240 milles ($386^{\text{kilom.}}$). M. Story observe d'ailleurs que, bien que la quantité de travail se trouve ainsi augmentée d'un tiers environ, l'état des chevaux, au lieu de se détériorer comme précédemment. s'améliore au contraire d'une manière sensible.

M. Brandreth, de Liverpool, a cherché à éviter la perte de force qu'éprouve le cheval en marchant avec une grande vitesse, et il a présenté, lors des expériences de Liverpool, une machine dans laquelle la vitesse des chevaux n'était que le tiers environ de celle du chariot qu'ils faisaient mouvoir.

Deux chevaux étaient placés sur le chariot, l'un à côté de l'autre, et faisaient tourner avec leurs pieds une espèce de plate-forme composée de planches étroites disposées en échelons. Celle-ci mettait en mouvement une roue dont le diamètre était environ le tiers de celui des roues de la voiture; de telle sorte que les chevaux, en parcourant 4 milles à l'heure ($6^{\text{kilom.}}437$), imprimaient au chariot une vitesse de 12 milles environ ($19^{\text{kilom.}}311$). On pouvait supposer, avec quelque raison, que cette disposition augmenterait la valeur de l'effet utile; car on sait que l'accélération de la marche du cheval détériore ses facultés physiques, et que d'ailleurs, avec une vitesse de 12 milles à l'heure, il est incapable d'exercer un effort égal au quart de celui qu'il développe avec une vitesse de 4 milles. Mais il restait à examiner si les frottemens et la manière désavantageuse dont la force se trouvait appliquée, ne contrebalanceraient pas cet effet. Pendant la durée des expériences, on a reconnu que la construction de la machine présentait quelques défectuosités, ce qui a forcé de suspendre les observations. J'ignore si depuis lors M. Brandreth a pu faire l'application de son appareil.

4°. Machines locomotives.

Nous ne nous occuperons ici que des machines locomotives dont le mouvement est déterminé par l'adhérence des roues sur les rails. Les seules qui ne soient pas fondées sur ce principe, sont les machines à crémaillère de M. Blenkinsop, qui sont encore en usage à Leeds. N'ayant pas eu l'occasion de déterminer, par expérience, la quantité de travail que ces machines peuvent effectuer, nous n'essaierons pas d'établir entre elles et les machines ordinaires un parallèle qui ne serait fondé que sur des hypothèses ou sur de simples ouï-dire.

Nous avons expliqué précédemment comment la force d'adhérence des roues sur les rails détermine la locomotion. Nous allons chercher actuellement à apprécier la valeur de cette force. Il est facile de voir que cette donnée est indispensable pour fixer le nombre de chariots ainsi que la pente que peut remonter une machine locomotive.

Or, on peut la déterminer, soit en observant d'une manière suivie la marche des machines locomotives sur différentes lignes de chemins de fer, soit en entreprenant des expériences directes. Ce dernier mode conduirait nécessairement à des résultats très-variables, suivant l'état de l'atmosphère; et il serait difficile d'entreprendre des expériences suffisamment multipliées. Mais on peut arriver à un résultat moyen, en faisant des observations dans les deux cas extrêmes, c'est-à-dire dans l'état le plus favorable et dans l'état le plus défavorable de la route. Le premier de ces deux cas se présente lorsque les rails sont complétement secs ou complétement mouillés; leur surface étant alors libre de toute matière étrangère, présente le maximum d'adhérence. Lorsqu'au contraire les rails sont seulement humides et couverts de boues sur une partie de leur surface, cette boue, interposée entre la jante et la roue, agit comme une substance lubrifiante, et rend l'adhérence la plus petite possible. Dans toute autre circonstance, l'adhérence est plus ou moins grande, suivant que l'état de la route se rapproche plus ou moins de ces deux cas extrêmes.

Cela posé, il est clair que la valeur totale de l'adhérence a pour mesure la force nécessaire pour faire glisser les roues sur la surface des rails, en supposant qu'on arrête leur mouvement de rotation ; c'est-à-dire qu'elle est égale au poids de la machine multiplié par le rapport du frottement à la charge. Si donc l'on connaît le coefficient de frottement du fer glissant sur le fer, il sera facile de calculer, d'après le poids de la machine, son adhérence sur la surface des rails. On pourrait d'ailleurs déterminer directement ce coefficient, en empêchant les roues de tourner et en mesurant la force nécessaire pour mettre la machine en mouvement avec différentes charges.

Cependant cette méthode, bien que rigoureuse, ne fournirait peut-être pas une règle assez sûre pour la pratique. On remarquera en effet que la vapeur, aux différentes époques du coup de piston, agit sur chaque roue d'une manière très-variable ; et cette irrégularité peut exercer une certaine influence sur les résultats. Aussi avons-nous cherché à déterminer la valeur de l'adhérence au moyen de deux expériences directes faites sur des machines actuellement en usage.

Expérience I. — Machine locomotive munie de roues en fonte de 3^{pi} ($0^m\cdot914$) de diamètre, pesant $6^{ton\cdot}$ ($6^{ton}\cdot093$), et contenant en outre $1^{ton\cdot}$ ($1^{t\,n}\cdot015$) d'eau. Cette machine a traîné sur une route, dont l'inclinaison était de $154^{po\cdot}$ sur $1164^{pi\cdot}$ ($0^m\cdot0095$ par mètre), 12 chariots chargés, pesant chacun 9408 ($4265^{kil}\cdot72$), et de plus un chariot d'approvisionnement pesant $1^{t\,n\cdot}\frac{1}{2}$ ou $3360^{liv\cdot}$ ($1525^{kil\cdot}$). Les roues n'éprouvaient aucun glissement. Les rails étaient saillans, en fer fondu, et larges de $2^{po\cdot}\frac{1}{2}$ ($0^m\cdot065$) à leur bandeau supérieur. Leur surface était complétement sèche.

Le poids total du système était, d'après ce qui précède, de 16800 $+9408\times12+3360 = 133056^{liv\cdot}$. Ce poids, décomposé suivant l'inclinaison du plan, est égal à $133056 \times \dfrac{134}{12\times1164} = 1277^{liv\cdot}$. D'un autre côté, le frottement des chariots, évalué à $45^{liv\cdot}$ pour chacun d'eux, est égal à $516^{liv\cdot}$; celui du chariot d'approvisionnement est de

$17^{liv\cdot}$; en sorte qu'en définitive la résistance surmontée par la machine, non compris la force nécessaire pour transporter son propre poids, est égale à $1810^{liv\cdot}$, c'est-à-dire à $\frac{1}{9.28}$ de la pression exercée sur les rails. Si maintenant on prend pour mesure de la résistance de la machine un poids de $568^{liv\cdot}$, on voit que la résistance surmontée, et par suite la valeur de l'adhérence, est égale à $\frac{1}{7}$ de la charge, en supposant la surface de la route parfaitement sèche.

Expérience II. La même machine a traîné 29 chariots vides, pesant $3472^{liv\cdot}$ ($1574^{kil\cdot}25$) chacun, sur une rampe présentant une inclinaison de $\frac{1}{324}$ ($0^{m}.005$ par mètre). Les rails étaient en partie couverts de boue et dans l'état le plus défavorable; les roues glissaient un peu sur leur surface; cependant la machine avançait avec une vitesse de 4 milles ($6^{kilom\cdot}457$) à l'heure environ.

Le poids du convoi et de la machine, décomposé suivant l'inclinaison du plan, est égal à $(16800+3360+3472\times29)\frac{1}{324}=120788\times\frac{1}{324}=372^{liv\cdot}$. Le frottement des chariots est de $16\times29^{liv\cdot}+17^{liv\cdot}=481^{liv\cdot}$; en sorte que la résistance s'élève à $853^{liv\cdot}$, c'est-à-dire à $\frac{1}{20}$ du poids de la machine. En supposant, comme précédemment, que le frottement de cette dernière soit de $568^{liv\cdot}$, l'adhérence serait égale à $\frac{1}{12}$ de la charge environ.

En adoptant ce résultat, on trouve que la machine pourrait, sur une route horizontale, traîner une charge de 70 tonneaux environ ($71^{ton\cdot}$). Mais nous observons que, dans l'expérience précédente, les roues glissaient un peu sur la surface des rails, et qu'il est nécessaire d'éviter cette circonstance fâcheuse, en diminuant convenablement le nombre des chariots.

Au reste, les observations que j'ai faites pendant plusieurs années sur le chemin de fer de Killingworth me portent à croire que la valeur précédente est trop élevée. Sur la route de Killingworth, les machines remorquent tantôt 9 et tantôt 12 chariots, pesant chacun 4 tonnes au moins ($4^{ton\cdot}062$); la rampe la plus forte pour les chariots chargés est de $\frac{1}{330}$, et pour les chariots vides de $\frac{1}{8..}$. Dans les très-mauvais temps, les roues des machines glissent quelquefois avec une charge de 12 chariots; mais elles peuvent toujours, même dans les circonstances les plus défavorables, remorquer 9 chariots.

Si nous considérons ce dernier cas, nous trouvons que le poids des chariots, décomposé suivant l'inclinaison du plan, est de $8764^{\text{liv.}} \times 9 \times \frac{1}{330} = 239^{\text{liv.}}$, et celui de la machine de $(16800 + 3360) \times \frac{1}{330} = 61^{\text{liv.}}$. D'un autre côté, le frottement des chariots est égal à $40 \times 9 = 360$, et celui du chariot d'approvisionnement à $17^{\text{liv.}}$, ce qui donne $677^{\text{liv.}}$ pour la valeur de la résistance que la machine peut surmonter en toute saison et sans éprouver de glissement. Or, le poids total de la machine étant de $16800^{\text{liv.}}$, on voit que l'adhérence est égale à $\frac{1}{25}$ de la charge.

Le résultat précédent a été obtenu avec une machine sans ressorts, et munie d'une chaîne de communication destinée à réunir les deux paires de roues; du reste, la machine était semblable à celle qui est représentée *fig.* 1 et 2, Pl. XII. Plus tard, lorsque l'on eut adopté les ressorts, ainsi que le mode de communication indiqué dans ces figures, on trouva que la valeur de l'adhérence était plus considérable. C'est un fait que j'ai eu plusieurs fois l'occasion de remarquer, et qui, du reste, a été démontré par plusieurs expériences directes. On en trouvera la preuve dans les observations suivantes qui ont été faites par MM. Walker et Rastrick, alors qu'ils cherchaient à déterminer le genre de moteur le plus convenable pour le chemin de fer de Liverpool à Manchester.

Ces expériences ont été faites sur une portion de chemin de fer, disposé pour déterminer le frottement des chariots. Les rails étaient saillans, en fer fondu, assemblés à mi-épaisseur, et larges de $2^{\text{po.}}\frac{1}{4}$ ($0^{\text{m.}}056$) à leur sommet. La route était partagée en intervalles de $330^{\text{pi.}}$ ($100^{\text{m.}}58$), présentant les inclinaisons suivantes : $1^{\circ}. \frac{1}{137}$, $2^{\circ}. \frac{1}{97}$, $3^{\circ}. \frac{1}{113}$, $4^{\circ}. \frac{1}{170}$, $5^{\circ}. \frac{1}{114}$.

EXPÉRIENCE III. Machine sans ressorts pesant $6^{ton.}$ ($6^{ton.}$093); roues en fonte de 3 pieds ($0^{m.}$91) de diamètre; l'eau et le chariot d'approvisionnement pesant $3^{ton.}$ ($3^{ton.}$046).

N°. 1. La machine a parcouru les deux premiers relais, en traînant 4 chariots pesant chacun $4^{ton.}$ ($4^{ton.}$062). Les rails étaient couverts de neige fondue ou salis par de la poussière de charbon. Les roues, dans cette expérience, glissaient évidemment sur la surface des rails.

N°. 2. La machine a remorqué sur les mêmes portions de route 3 chariots de 4 tonneaux chacun ($4^{ton.}$062), sans que les roues éprouvassent de glissement.

EXPÉRIENCE IV. Machine avec ressorts, pesant $7^{ton.}\frac{1}{2}$ ($7^{ton.}$617); roues de $4^{pi.}$ $2^{po.}$ ($1^{m.}$27) de diamètre. Les jantes, construites en fer forgé, avaient déjà servi pendant un an, mais ne paraissaient cependant pas en mauvais état. Le poids de l'eau et du chariot d'approvisionnement était de $2^{ton.}\frac{1}{2}$ ($2^{ton.}$531).

N°. 1. La machine placée au bas des cinq relais a parcouru cet espace de $1722^{pi.}$ ($502^{m.}$90), en traînant 7 chariots de $4^{ton.}$ chacun ($4^{ton.}$062); et les roues ont fait pendant ce trajet 133 révolutions.

N°. 2. La machine a traîné 7 chariots, comme dans l'expérience précédente. Les roues ont décrit, sur le premier relais, 27 révolutions; sur le second, 27, sur les troisième et quatrième, 53; enfin sur le cinquième, 26, c'est-à-dire en somme 133 révolutions.

N°. 3. Avec 6 chariots, le nombre des tours de roues a été le même.

N°. 6. On a marqué le point de contact de la roue et du rail, lorsque la machine était au sommet du plan; puis on l'a laissé descendre avec 6 chariots, jusqu'à ce que les roues eussent fait 68 tours. A partir de ce point, le convoi est remonté jusqu'à la première marque, et les roues ont fait pendant le retour 69 tours $\frac{1}{2}$. Mais comme il s'était produit au départ un glissement considérable, on peut admettre que cette circonstance a occasioné la perte d'un tour de roues, et que le glissement à la remonte n'a été que d'un demi-tour de roues.

On voit que, dans l'expérience III, n°. 1, la résistance était égale à $\frac{1}{20}$ du poids de la machine, et que cependant l'adhérence n'était pas suffisante pour prévenir le glissement des roues. Dans le n°. 2, la résistance s'est réduite à $\frac{1}{24}$ de la pression, et il ne s'est manifesté aucun glissement sur les rails. Dans l'expérience IV, n°. 1, pendant que la machine a parcouru un espace de 1732^{pi} ($610^{\text{m}}\cdot18$), les roues, dont le diamètre était de 4^{pi} 2^{po}, ont fait 133 tours, et ont ainsi décrit un espace de 1741^{pi}. Il en résulte que les roues ont glissé sur une longueur de 19 pieds environ; la résistance était égale dans ce cas à $\frac{1}{16}$ du poids de la machine. Enfin, dans le n°. 6, cette résistance était égale à $\frac{1}{18}$ de la pression; le glissement a été, comme nous l'avons vu, d'un demi-tour de roues, c'est-à-dire de $6^{\text{pi}}\,\frac{1}{2}$ ($1^{\text{m}}\cdot98$ environ).

De tout ce qui précède, on peut conclure que la seconde machine présente une force d'adhérence plus considérable que la machine qui était privée de ressorts, et montée sur des roues d'un plus petit diamètre.

Les valeurs de l'adhérence, dans ces deux cas, doivent être à peu près dans le rapport de 20 à 25, lorsqu'il ne se produit pas de glissement.

Il est à peine nécessaire d'ajouter que toutes les machines modernes étant montées sur de grandes roues et sur des ressorts, on doit prendre pour règle dans la pratique le résultat de l'expérience IV. D'après cette expérience, l'adhérence des roues sur les rails est égale à $\frac{1}{7}$ de la pression environ; et comme ces observations ont été faites dans les circonstances les plus défavorables, on peut considérer cette valeur comme un minimum.

Les machines, dont nous nous sommes occupés jusqu'ici, étaient, comme nous l'avons dit, semblables à celle de la Pl. XII (*fig.* 1 et 2), c'est-à-dire que chaque cylindre faisait mouvoir une paire de roues, et que les deux paires étaient réunies par des tiges de communication. Les machines employées sur le chemin fer de Liverpool à Manchester présentent un genre de construction différent. Les deux cylindres agissent sur la même paire de roues, comme on le voit dans les *fig.* 5, 5 et 7, Pl XII, et *fig.* 1 et 2, Pl. XIII; et il paraît que cette disposition produit dans la valeur de l'adhérence une différence dont il est peut-être nécessaire d'expliquer la cause.

Dans la machine représentée *fig.* 1 et 2, Pl. XII, l'action des pistons sur les roues est très-irrégulière. En effet, lorsque le piston des premiers cylindres est au sommet de sa course, son action est nulle, et les roues d'avant sont mises en jeu par l'intermédiaire des tiges de communication. Après quelques instans, l'action des premiers pistons devient égale, puis supérieure à celle du second; et, à leur tour, les roues d'arrière sont mises en mouvement par le premier cylindre. Ainsi chaque paire de roues est alternativement poussée et tirée par les tiges de communication; or, celles-ci ne peuvent être assemblées avec une exactitude mathématique, et ces changemens successifs dans le sens de l'action produisent par intervalle des mouvemens de glissement. De plus, le poids des pistons et des bielles n'étant pas contre-balancé, il s'ensuit que la pression sur les rails est fort irrégulière, et que le glissement des roues tend à se produire plutôt pendant le mouvement descendant du piston que pendant la course ascendante. On observe constamment, en effet, que le glissement commence sur les roues correspondantes au piston qui descend, et se communique ensuite à l'autre paire de roues par l'intermédiaire de la tige horizontale. Enfin, il est difficile de se procurer un assortiment de roues dont le diamètre soit exactement le même, et la plus légère irrégularité dans leurs dimensions produit nécessairement un glissement partiel.

La machine de M. Stephenson (Pl. XIII) ne présente aucun des inconvéniens que nous signalons. Dans cette machine, les deux pistons agissent sur la même paire de roues; et les cylindres sont placés trop près l'un de l'autre pour que les variations de la force motrice puissent produire un effet appréciable. De plus, la tige des pistons étant horizontale, et par conséquent parallèle à la ligne du chemin, la pression sur les rails est constamment la même. Enfin, comme les pistons ne mettent en mouvement qu'une seule paire de roues, on n'a pas à craindre les inconvéniens qu'offre l'inégalité des diamètres des quatre roues.

Avec tous ces avantages de construction, on trouve, comme on devait s'y attendre, que les machines de M. Stephenson présentent, à charge égale, une adhérence plus grande que les machines ordinaires. Il est vrai que si l'on suppose le poids total de l'appareil uniformément réparti sur les quatre roues, cette adhérence ne sera due qu'à la moitié de la charge seulement. Mais les dimensions des deux roues, sur lesquelles agit la vapeur, viennent contre-balancer cette circonstance défavorable. Nous sommes convaincus, en effet, qu'en substituant, comme on le fait ici, des roues de 4^{pi} ($1^{\text{m}} 22$) de diamètre aux roues ordinaires de 3^{pi} ($0^{\text{m}} 91$), on augmente la valeur de l'adhérence, et qu'en même temps on diminue, à égalité de pression, les chances de détérioration des rails; non-seulement parce que la surface de contact est plus étendue qu'avec des roues d'un moindre diamètre, mais encore parce que l'on est à même de disposer la charge d'une manière plus avantageuse. Aussi nous pensons qu'avec des machines ainsi construites, on peut reporter sur les deux grandes roues plus de la moitié du poids total de l'appareil, sans causer aux rails autant de dommage qu'en occasioneraient les machines anciennes, en supposant même la charge de ces dernières uniformément répartie sur les quatre roues.

On n'a entrepris encore aucune expérience suivie pour déterminer la valeur exacte de l'adhérence des machines locomotives mues par une seule paire de roues; et, dans le fait, les machines construites jusqu'ici offrent des dispositions trop variées, pour qu'il soit possible d'obtenir quelque donnée générale. Cependant les observations faites sur le chemin de fer de Liverpool à Manchester suffisent pour prouver que, dans les machines de ce genre, le rapport de l'adhérence à la charge est, comme nous l'avons annoncé, beaucoup plus grand que dans les machines anciennes. Nous sommes portés à croire qu'il est plus grand au moins dans le rapport de 3 : 1, à en juger par la charge que ces machines traînent sur des rampes offrant $\frac{1}{50}$ de pente.

À défaut d'expériences précises, nous indiquons dans la table suivante, avec une exactitude suffisante pour la pratique, les poids qu'une machine peut traîner sur des plans de différentes inclinaisons, dans l'état le plus défavorable des rails. La colonne 1 indique l'inclinaison du plan. La colonne 2 fait connaître le poids qui peut être remorqué par une machine pesant 6 tonneaux ($6^{\text{ton}}\cdot\text{o93}$), en supposant que deux roues seulement soient mises en mouvement par les cylindres, et que ces deux roues portent les $\frac{3}{5}$ du poids total de l'appareil. Nous admettons que, dans ce cas, l'adhérence est égale à $\frac{1}{15}$ de la charge qui pèse sur les roues, c'est-à-dire à $\frac{1}{15}$ des $\frac{3}{5}$ ou à $\frac{1}{25}$ du poids total de la machine. La colonne 3 est calculée dans l'hypothèse où les quatre roues de la machine seraient mises en mouvement par les pistons, et où la valeur de l'adhérence serait $\frac{1}{20}$ du poids de la machine. Nous avons supposé, dans les deux cas, que le diamètre des roues était de $4^{\text{pi}\cdot}$ ($1^{\text{m}}\cdot22$). Quant au frottement des chariots, nous l'avons pris égal à $\frac{1}{224}$ de leur poids.

TABLE 1.

INCLINAISON du plan	CHARGE que la machine peut remorquer dans le cas où 2 roues seulement sont mises en mouvement.	CHARGE que la machine peut remorquer dans le cas ou les 4 roues sont mises en mouvement.
	ton.	ton.
0	54 64	68 25
1 : 1480	51 61	66 50
— 2240	49 90	61 26
— 1680	46 42	58 29
— 1120	44 15	55 17
— 1000	43 11	54 23
— 900	42 88	53 00
— 800	40 88	51 50
— 700	39 16	49 73
— 600	37 55	47 46
— 500	35 20	44 58
— 448	33 69	43 76
— 400	32 08	40 80
— 350	30 07	38 36
— 300	28 79	35 59
— 250	25 80	32 13
— 200	21 46	27 88
— 150	17 05	22 44
— 100	11 23	15 44

Les chiffres de la table précédente doivent nécessairement varier avec le poids de la machine : mais en tout cas, tant que la résistance due au poids ainsi qu'au frottement du convoi n'excédera pas un $\frac{1}{75}$ ou $\frac{1}{70}$ du poids total de l'appareil, l'adhérence des roues sur les rails suffira pour déterminer la locomotion en toute saison, sans que les roues éprouvent de glissement. On voit encore que, si l'inclinaison du plan était égale à $\frac{1}{75}$ ou à $\frac{1}{70}$, la machine dépenserait toute sa force d'adhérence pour transporter son propre poids, et que dès lors elle deviendrait incapable de traîner une charge quelconque.

Il est nécessaire d'observer que l'on est arrivé aux résultats précédens, en supposant les rails dans l'état le plus défavorable, c'est-à-dire en partie mouillés ou couverts de boue. Ces circonstances ne se présentent que rarement, et pendant un temps assez court, comme, par exemple, au commencement ou à la fin d'une pluie, lors d'un dégel, pendant un brouillard, etc.; dans toute autre circonstance, la force d'adhérence a une valeur au moins double de celle que nous lui avons assignée. Les machines pourraient donc souvent traîner des convois plus lourds que nous ne l'avons supposé; mais nous croyons convenable de se renfermer en deçà de la limite extrême de la charge; car tout glissement, même partiel, détériore considérablement les roues ainsi que les rails. Sur le chemin de fer de Killingworth, par exemple, on voit que les roues des machines légères sont plus usées dans le rapport de 3 à 2, que celles des machines dont le poids est plus considérable et les roues plus grandes.

Il existe, pour les machines locomotives, un certain rapport entre le poids de l'appareil et celui du convoi, qui donne le maximum d'effet utile; mais il est impossible d'en déterminer la valeur si l'on n'est parvenu, à l'aide d'expériences suivies sur ce genre de moteur, à déterminer la loi générale de son action.

J'ai entrepris dans ce but une série d'expériences sur le chemin de fer de Killingworth. J'ai successivement employé différentes machines avec des charges égales, et la même machine avec des poids différens; de cette sorte, j'ai pu déterminer avec exactitude la quantité de travail correspondant à des vitesses et des charges différentes. J'ai fait aussi quelques expériences, en adaptant à la même machine des roues de différens diamètres, et j'ai déterminé ainsi, non-seulement les effets utiles correspondans à chaque diamètre, mais encore la résistance due au mouvement de la machine elle-même.

Les résultats de ces observations sont indiqués dans la table suivante. Le plan avait 6780$^{\text{pi.}}$ (2066^{m}·60) de longueur, et une hauteur totale de 6$^{\text{pi.}}$ 5$^{\text{po.}}$ (1^{m}·95). Son inclinaison n'était pas régulière, elle variait depuis $\frac{1}{330}$ jusqu'à l'horizontalité. Les rails étaient saillans, et avaient 2$^{\text{po.}}$ $\frac{1}{7}$ (0^{m}·051) de largeur à leur sommet; les chariots, construits tous sur le même modèle, pesaient chacun 81$^{\text{quint.}}$ $\frac{1}{7}$ (4126$^{\text{kil.}}$), et avaient des essieux de 2$^{\text{po.}}$ $\frac{3}{7}$ (0^{m}·069) de diamètre.

TABLE II.

N°. 1. Machine locomotive semblable à celle qui est représentée *fig.* 1 et 2. pl. XII. Longueur du bouilleur, 8 pi. (2m·44), diamètre 3 pi· 9 po· (1m·14) ; diamètre du tube contenant le feu, 20 po· (0m·51), cylindres de 9 po· (0m·23) de diamètre chacun ; pression de la vapeur , 50 liv· par pouce carré (3kil·51 par centim. carré, 3athm· ½).

NOMBRE DES VOYAGES	EXPÉRIENCE I. Roue de 3 pi· (0m.914) de diamètre ; 9 chariots pesant 731 quint. ¼ (37134kil·).				EXPÉRIENCE II. Roue de 4 pi· (1m·22) de diamètre ; 9 chariots pesant 731 quint. ¼ (37134kil·).				EXPÉRIENCE III. Roue de 4 pi· (1m·22) de diamètre ; 12 chariots pesant 975 quint. (49512kil·).			
	REMONTE		DESCENTE		REMONTE		DESCENTE		REMONTE		DESCENTE	
	TEMPS en minutes.	COUPS de pistons par minute.	TEMPS en minutes.	COUPS de pistons par minute.	TEMPS en minutes.	COUPS de pistons par minute.	TEMPS en minutes.	COUPS de pistons par minute.	TEMPS en minutes.	COUPS de pistons par minute.	TEMPS en minutes.	COUPS de pistons par minute.
1	23	31	18	40	19	28	16	34	16	34	16	34
2	22	33	18	40	16	34	16	34	20	27	16	34
3	22	33	19	38	16	34	17	32	18	30	14	38
4	22	33	16	45	16	34	15	35	17	3	16	34
5	27	27	18	40	16	34	14	38	16	34	14	38
6	22	33	16	45	16	34	14	38	16	34	14	38
7	26	28	20	36	17	32	24	38	17	32	15	35
8	25	28	19	38	14	38	12	45	18	30	15	35
9	22	33	19	38	14	38	13	41	17	32	13	41
10	25	28	19	38	16	34	13	41	»	»	»	»
11	19	38	20	36	17	32	16	34	»	»	»	»
12	21	34	20	36	17	32	15	35	»	»	»	»
13	21	34	18	40	16	34	14	38	»	»	»	»
14	20	36	18	40	16	34	13	41	»	»	»	»
15	»	»	»	»	16	34	11	49	»	»	»	»
16	»	»	»	»	13	41	12	45	»	»	»	»
17	»	»	»	»	15	35	14	38	»	»	»	»
18	»	»	»	»	16	34	13	41	»	»	»	»
19	»	»	»	»	16	34	13	41	»	»	»	»
	317 (moy.)	32	258	39 (moy.)	302	34 (moy.)	265	39 (moy.)	155	32 moy.	133	36 (moy.)

Distance parcourue, 36mil· (57kilom·935) en 9 h. 35′ ; charbon consumé, 2534liv· (1148kil·94 ; eau, 890gal·; ou 935al· (422lit·55) par heure.

Distance parcourue, 48mil·8 (78kilom·534) en 9 h. 27′ ; charbon consumé, 2534liv· (1148kil·94) ; eau, 854gal·; ou 90gal·4 par heure (410lit·74).

Distance parcourue, 23mil· (37kilom·014) en 4 h. 48′ ; charbon consumé, 1546liv· (700kil·97) ; eau, 452gal·; ou 94gal· par heure (427·09 lit·).

TABLE III.

N°. 2. Machine locomotive semblable à la précédente, excepté pour les dimensions du bouilleur et du foyer. Longueur du bouilleur, 9 pi· 2 po· (2 m·,79); diamètre, 4 pi· (1 m·,22), diamètre du foyer, 22 po· (0 m·,55); cylindres de 9 po· (0 m·,23) de diamètre chacun; pression de la vapeur, 5o liv· par pouce carré (3 kil·,51 par centim. carré, 3 athm. ½).

NOMBRE DES VOYAGES.	EXPÉRIENCE IV. Roue de 3 pi· (0 m··91 ¼) de diamètre; 9 chariots pesant 731 quint· ⅓ (37,134 kil·).				EXPÉRIENCE V. Roues de 4 pi· (1 m··22) de diamètre; 12 chariots pesant 975 quint· (49,512 kil·).			
	REMONTE		DESCENTE		REMONTE		DESCENTE	
	TEMPS en minutes.	COUPS de pistons par minute.	TEMPS en minutes.	COUPS de pistons par minute.	TEMPS en minutes et secondes.	COUPS de pistons par minute.	TEMPS en minutes et secondes.	COUPS de pistons par minute.
1	17′	42	16′	45	11′40″	34	9′4″	44
2	20	36	18	40	9 20	43	8 5	49
3	21	34	18	40	8 22	47	7 40	51
4	21	34	18	40	8 16	48	7 42	51
5	23	32	18	40	8 10	49	7 55	50
6	23	32	18	40	»	»	»	»
7	21	34	18	40	»	»	»	»
8	21	34	18	40	»	»	»	»
9	23	32	19	38	»	»	»	»
10	22	33	19	38	»	»	»	»
	212	34 (moy).	180	40 (moy.)	45′48″	43 (moy.)	40′26″	49 (moy.)

Distance parcourue, 26 mil· (41 kilom· 842) en 6 h· 32′; charbon consumé, 1487 liv· (674 kil·21); eau, 490 gal· ou 75 gal·; par h. (340 lit·75).

Longueur de chaque voyage, 6006 pieds (1830 m·58). Distance correspondante aux temps indiqués dans la table, 4989 pieds (1520 m·60); espace total parcouru, 9 mil·45 (15 kilom·206); temps, 1 h· 26′ 14″; charbon consumé, 587 liv· (266 kil·14); eau, 200 gal·; ou 135 gal· par heure (613 lit·35).

Le chemin de fer sur lequel ont été faites les expériences précédentes n'était pas de construction très-récente, en sorte que sur plusieurs points les rails opposaient au mouvement des roues des obstacles difficiles à vaincre. Du reste, les observations ont été suivies avec le soin le plus minutieux. Dans les premières expériences on a compté le temps à partir du moment du départ, en sorte que les résultats des observations comprennent le temps et la force employés pour mettre le convoi en mouvement. On n'a nullement cherché à imprimer à la machine toute la vitesse dont elle était susceptible. Le but des expériences étant de déterminer les quantités de travail effectuées avec des roues et des charges différentes, on s'efforçait seulement de rendre la vitesse aussi égale que possible, et d'obtenir dans chaque expérience le même nombre de coups de piston par minute. Pour arriver à ce résultat, il était souvent nécessaire de régler et de modérer la vitesse de la machine.

Dans la cinquième expérience on a attendu, avant de mesurer le temps, que la machine et le convoi eussent acquis une vitesse régulière. Cette circonstance explique la différence que l'on observe entre les deux distances indiquées au bas de la table; la première comprend l'espace total parcouru depuis l'origine du mouvement jusqu'à la fin de la station; la seconde, l'espace parcouru par la machine, depuis l'instant où son mouvement est devenu uniforme, jusqu'à l'instant où l'on a commencé à le ralentir, afin d'arrêter le convoi à l'extrémité du relais. Le temps marqué dans la table correspond à l'espace parcouru par la machine avec une vitesse uniforme, et peut ainsi servir à mesurer cette vitesse.

Les expériences I et II ont eu pour but de déterminer le travail effectué avec des roues de différens diamètres. La machine était la même dans les deux cas; on s'était contenté de substituer dans la seconde expérience des roues de $4^{pi.}$ ($1^{m.}22$) à celles de $3^{pi.}$ ($0^{m.}91$), et l'on avait eu soin d'ailleurs, afin d'obtenir des résultats comparables, que toutes les autres circonstances fussent exactement semblables.

Or, on voit que, pour la même charge et la même consommation de charbon, la machine a parcouru un espace de $36^{mil.}$ ($57^{kil.}930$) avec des roues de $3^{pi.}$ de diamètre, et de $48^{mil.}8$ ($78^{kil.}534$) avec des roues de $4^{pi.}$. On peut conclure de là que la distance parcourue par la même machine, avec des roues de diamètres différens, est proportionnelle à ces diamètres, en supposant la charge et la consommation de charbon égales de part et d'autre. Il en résulte également que, pour une même charge et un même espace parcouru, la consommation de combustible est en raison inverse des diamètres des roues.

Cette conclusion paraîtra peut-être paradoxale; car si l'accroissement du diamètre des roues rendait la machine capable de parcourir avec la même dépense de force une distance plus considérable, il s'ensuivrait, ce semble, qu'en augmentant indéfiniment ce diamètre, on pourrait réduire indéfiniment aussi la force du moteur. Cependant un examen plus attentif prouve que le résultat que nous annonçons est très-rationnel et pouvait être prévu à l'avance.

En effet, à chaque tour de roues, toutes les parties de la machine décrivent une oscillation complète, et si l'on fait abstraction de la résistance des jantes sur la surface des rails, il est clair que la force dépensée pour produire ce mouvement reste constamment la même, quel que soit d'ailleurs le diamètre des roues. Si donc l'on remplace des roues de 3^{pi} de diamètre par des roues de 4^{pi}, et que l'on n'apporte d'ailleurs aucune modification au reste de l'appareil, on augmentera dans le rapport de 3 à 4 l'espace parcouru par la machine sans augmenter la valeur de son frottement (en supposant toujours que l'on néglige le frottement des roues sur les rails). On peut conclure de là que, pour un même espace parcouru, la résistance de la machine est en raison inverse des diamètres des roues.

Toutefois, il ne faudrait pas pousser trop loin les conséquences de cette observation. On a bien pu en effet remplacer des roues de 3^{pi} de diamètre par des roues de 4^{pi}, sans apporter aucune modification aux essieux, non plus qu'aux autres parties frottantes; mais si l'on dépassait cette limite, il est clair que les essieux, et toutes les autres parties du mécanisme se trouveraient soumises à une plus grande fatigue. Il serait nécessaire alors d'augmenter également leurs dimensions, et l'on détruirait par cela même l'effet que devrait produire l'augmentation du diamètre des roues. Quoi qu'il en soit, les expériences précédentes prouvent que, si l'on veut obtenir un accroissement de vitesse, on doit en général, pour parvenir à ce but, augmenter le diamètre des roues.

Nous allons chercher actuellement à déterminer la valeur absolue de la résistance due aux frottemens de la machine. Nous avons fait une expérience dans ce but, sur la portion de chemin de fer qui avait déjà servi pour l'expérience II, chap. VI. Cette portion de route présente une hauteur de $11^{\text{pi.}}2^{\text{p.}}$ ($3^{\text{m.}}40$) sur $1164^{\text{pi.}}$ ($354^{\text{m.}}77$) de développement. Cinq chariots chargés, pesant chacun $9408^{\text{liv.}}$ ($4265^{\text{kil.}}72$), sont descendus librement le long de la pente dans l'espace de $120''$; puis ils ont été ramenés au sommet du plan et attachés à une machine locomotive. Cette dernière était disposée de telle sorte, que la vapeur ne pût agir sur les pistons; pour cela on avait interrompu la communication entre la chaudière et les cylindres, et les parties supérieure et inférieure du corps de pompe étaient mises alternativement en communication avec l'air extérieur. Le seul obstacle au mouvement de la machine était dû au frottement des diverses parties de l'appareil.

Les chariots et la machine, ainsi réunis, ont descendu le plan dans l'espace de $150''$; en sorte que la résistance de la machine a occasioné un retard de $30.''$

Le poids de la machine et du chariot d'approvisionnement était de $9^{\text{ton.}}$ ou $20160^{\text{liv.}}$ à quoi il faut ajouter $1800^{\text{liv.}}$, pour le mouvement de rotation des roues. Le poids des chariots était de $9408^{\text{liv.}}$, et la résistance due au mouvement de rotation des roues de $747^{\text{liv.}}$; d'où il suit que la masse totale en mouvement s'élevait à $20160 + 1800 + 10155 \times 5 = 72,755^{\text{liv.}}$. Or, la formule (8), pag. 78, donne, pour la valeur du frottement,

$$F = (P+p)\sin.i - \frac{\left(P + p\,\frac{\delta}{\rho}\right)\frac{\rho}{}}{r\,t'} = 310^{\text{liv.}}70\ (186^{\text{kil.}}21)$$

D'après l'expérience II, chap. VI, le frottement des chariots est de $39^{\text{liv.}}35 \times 5 = 196^{\text{liv.}}75$ ($289^{\text{kil.}}20$); en sorte que celui de la machine s'élèverait à $410 - 196 = 214^{liv.}$ ($97^{kil.}03$). En admettant d'ailleurs que la résistance due à l'action des roues sur les rails et au frottement sur les essieux, soit égale à $\frac{1}{200}$ de la charge, c'est-à-dire à $100^{liv.}$ ($45^{kil.}34$) environ, il resterait $114^{liv.}$ (51.69) pour le frottement des pistons, des tiges de communication, et de toutes les autres pièces frottantes.

Nous remarquerons toutefois que la force dépensée par la machine pour transporter son propre poids est nécessairement plus grande lorsqu'elle traîne un convoi que lorsqu'elle marche à vide. En effet, la résistance du convoi est transmise, par l'intermédiaire des diverses parties de l'appareil, au moteur, c'est-à-dire aux pistons, et ensuite aux roues qui reposent sur les rails. Il résulte nécessairement delà une pression sur les diverses parties du mécanisme, et par suite un frottement qui s'ajoute à la résistance de la machine. Ce frottement étant d'ailleurs proportionnel à la pression, sa valeur est d'autant plus grande, que le convoi est plus lourd.

Au reste, les observations que nous avons exposées précédemment sur l'influence du diamètre des roues, nous permettent de déterminer la valeur absolue de la résistance de la machine. En effet, dans l'expérience I, table II, la machine a consommé $2534^{liv.}$ de combustible pour transporter à une distance de 56 milles une charge de $731^{quint.}\frac{1}{4}$, non compris son propre poids. Dans l'expérience III, avec des roues de 4 pieds de diamètre, elle a transporté à 25 milles un poids de $975^{quint.}$ en dépensant $1546^{liv.}$ de combustible ; d'où l'on peut conclure qu'avec une dépense de $2534^{liv.}$ elle eût parcouru une distance de $37^{milles}70$: or, la résistance des chariots est de $560^{liv.}$ pour un poids de $731^{quint.}\frac{1}{2}$. et de $480^{liv.}$ pour un poids de $975^{quint.}$ (en supposant la résistance de chaque chariot égale à $40^{liv.}$). On voit donc que, pour la même consommation de combustible, les effets produits avec des roues de $3^{pi.}$ et de $4^{pi.}$ de diamètre, sont dans le rapport de 480×37.70 à 360×36, ou de $480 \times \frac{37.70}{36} = 502$ à 360. Cette augmentation dans l'effet produit est nécessairement due à une diminution dans la résistance de la machine; or, si l'on suppose qu'en portant le diamètre des roues de 3$^{pi.}$ à 4$^{pi.}$, on diminue cette résistance dans le rapport de 4 à 3, on devra en conclure que sa valeur absolue est égale avec des roues de 3$^{pi.}$, de diamètre à (502 — 360) × 4 = 142 × 4 = 568$^{liv.}$ (257$^{kil.}$54), et avec des roues de 4$^{pi.}$, à 142 × 3 = 426$^{liv.}$ (193$^{kil.}$15).

On admet quelquefois, en évaluant la puissance des machines, que, lorsque la tension de la vapeur dans la chaudière s'élève à 50 liv. par pouce carré (3$^{athmos.}$$\frac{1}{4}$), cette tension conserve sensiblement la même valeur dans le corps de pompe, et que l'on peut prendre pour mesure du frottement, ou autrement dit de la force perdue, la différence entre cette pression et le travail effectif de la machine. Cependant il est une considération à laquelle il est nécessaire d'avoir égard.

Tous les fluides élastiques, lorsqu'ils ont acquis un haut degré de pression, tendent à reprendre la densité du milieu environnant, et la vitesse avec laquelle ils s'écoulent dans un milieu d'une densité moindre est en raison de la différence de densité des deux fluides. Or, dans une machine locomotive, ou en général dans toute machine à haute pression, lorsque l'on ouvre la soupape qui établit la communication entre la chaudière et le cylindre, les circonstances sont les mêmes que si la vapeur était en communication avec un milieu dont la densité aurait pour mesure la charge qui s'exerce sur le piston. La vitesse d'écoulement de la vapeur, et par suite sa pression sur la surface du piston, dépend donc de la valeur de cette résistance. Si l'appareil est tellement combiné que la vitesse du piston soit à peu près la même que celle avec laquelle la vapeur tend à s'écouler dans le vide, c'est-à-dire si la résistance est presque nulle, la pression sur la surface du piston sera très-faible. Sa valeur augmente à mesure que la vitesse du piston se ralentit, et enfin elle deviendrait égale à la pression même de la vapeur dans la chaudière, si cette vitesse était nulle. Dans tous les cas, l'élasticité de la vapeur dans la chaudière et son élasticité dans le corps de pompe ont des valeurs différentes, et sont mesurées, l'une par la pression exercée sur la soupape de sûreté, l'autre par la résistance qui s'oppose au mouvement du piston. En tenant compte de cette circonstance, on trouve qu'il ne résulte aucune perte de force du mode particulier d'action des machines locomotives, et que leur effet utile est le même que celui des machines ordinaires à haute pression; on doit seulement tenir compte de la force dépensée par la machine pour transporter son propre poids.

Nous avons supposé, dans tout ce qui précède, que la quantité de vapeur produite par le bouilleur était suffisante pour maintenir constamment la même pression dans la chaudière, quelle que fût d'ailleurs la vitesse d'écoulement de la vapeur dans le cylindre. S'il en était autrement, c'est-à-dire si la quantité de vapeur formée dans la chaudière n'était pas constamment égale à celle qui s'échappe par la soupape du régulateur, son élasticité et sa vitesse d'écoulement diminueraient nécessairement; par suite aussi, la vitesse du piston se ralentirait, jusqu'à ce que l'équilibre s'établit entre les quantités de vapeur produites et dépensées. Ces deux cas se présentent dans les expériences suivantes.

Expér. VII. Une machine locomotive semblable à celle qui est représentée, fig. 1 et 2, Pl. XII, munie de deux cylindres de 9$^{po.}$ (0$^{m.}$23) de diamètre chacun, a parcouru en 450″ un espace de 1164$^{pi.}$ (354$^{m.}$77) sur une rampe de 0$^{m.}$0095 par mètre, en traînant à sa suite 12 chariots pesant chacun 9408$^{liv.}$ (4265$^{kil.}$72); le bouilleur avait 9$^{pi.}$ (2$^{m.}$74) de long sur 4$^{pi.}$8$^{po.}$ (1$^{m.}$42) de diamètre; la pression de la vapeur dans la chaudière était de 50$^{liv.}$ par pouce carré (3$^{athm.}$·$\frac{1}{2}$). La longueur de la course du piston étant d'ailleurs de 2$^{pi.}$ (0^{m}.68), et le diamètre des grandes roues de 37$^{po.}$ (0$^{m.}$94), on voit que le piston a décrit 480$^{pi.}$ pendant la durée totale du voyage, c'est-à-dire que sa vitesse a été de 80$^{pi.}$ (24^{m}.98) par minute.

D'après cela la machine a dû dépenser $122,112^{\text{po. cub.}}$ ($1^{\text{m.cub.}}995$) de vapeur par minute. Or, en supposant la chaudière capable de vaporiser 94 gall. ($427^{\text{lit.}}$) d'eau par heure, ainsi qu'il résulte des expériences de la table II, on voit qu'elle pouvait fournir à chaque minute un volume de $171,363^{\text{po. cub.}}$ ($2^{\text{m}}.76$) de vapeur sous la pression de $50^{\text{liv.}}$ par pouce carré ($3^{\text{athm.}}\frac{1}{2}$). La vapeur arrivait donc toujours avec abondance, et comme d'ailleurs la vitesse du piston était peu considérable, la pression devait être sensiblement la même dans la chaudière et dans les cylindres.

Expér. VIII. Dans une nouvelle expérience, cette machine a remonté la même rampe dans l'espace de $175''$, en traînant cinq chariots chargés. La vitesse des pistons étant ici de $165^{\text{pi.}}$ ($50^{\text{m}}.28$) par minute, la dépense de vapeur devait s'élever dans le même temps à $251,831^{\text{po. cub.}}$ ($4^{\text{m.cub.}}10$).

Or, la quantité d'eau vaporisée était, comme précédemment, de $94^{\text{gall.}}$ ($427^{\text{lit.}}$) environ par heure, lesquels ne produisent, par minute, que $171,363^{\text{po. cub.}}$ de vapeur sous la pression de $50^{\text{liv.}}$ par pouce carré. Ce volume étant insuffisant pour la consommation de la machine. la pression de la vapeur, qui, au commencement de l'expérience, était de $50^{\text{liv.}}$ par pouce carré, a dû nécessairement diminuer graduellement jusqu'à ce qu'il se soit établi un état d'équilibre entre la quantité de vapeur produite et dépensée. La vitesse du piston, qui d'abord avait une valeur considérable, est devenue uniforme, et la pression a conservé une valeur constante de $50^{\text{liv.}}$ environ par pouce carré ($2^{\text{kil.}}10$ par centim. carré).

En résumé, la vitesse des machines locomotives est réglée par la quantité de vapeur qui peut être produite dans un temps donné et sous une pression déterminée. Il serait donc tout à-fait inutile, pour donner à la machine une plus grande puissance, d'augmenter les dimensions du cylindre, si l'on ne pouvait augmenter en même temps la puissance de vaporisation de la chaudière.

Nous allons chercher maintenant à l'aide des expériences précédentes, à déterminer le travail effectif qu'une machine locomotive peut produire sur un chemin de fer, ainsi que la quantité de combustible dépensée pour accomplir ce travail.

On voit, d'après les expériences I et II (table II), qu'une machine peut traîner $36^{ton.}$ avec une vitesse de $5^{mil.}$ (8046^{m}). à l'heure; et $48^{ton.}$ avec une vitesse de $4^{mil.}\frac{3}{4}$ ($7664^{m.}$). La machine qui a fourni ces résultats avait un foyer de $6^{pi.c.}\cdot\frac{2}{3}$ ($0^{m.c.}6284$) d'étendue; la surface exposée à l'action directe de la chaleur était de $10^{pi.c.}\frac{1}{2}$ ($0^{m.c.}97$), et la partie exposée à la flamme et à l'air chaud était de $21^{pi.c.}$ ($1^{m.c.}95$).

Dans l'expérience V (table III), la surface du foyer était de $7^{pi.c.}$ ($0^{m.c.}65$); la surface exposée à la chaleur de $11^{pi.c.}\frac{1}{2}$ ($1^{m.c.}0682$), et celle qui recevait l'action de la flamme avant son passage dans la cheminée était de $29^{pi.c.}\frac{3}{4}$ ($2^{m.c.}76$). La surface totale était donc d'un tiers environ plus grande que dans le cas précédent, et nous voyons aussi que l'effet produit s'est trouvé considérablement augmenté; car cette dernière machine a transporté $48^{ton.}\frac{3}{4}$ ($49^{ton.}50$) avec une vitesse de $6^{mil.}6$ (10620) par heure. Si l'on remarque maintenant que la résistance augmente dans le rapport de $4:3$ environ, lorsque le temps est défavorable, on conclura de ce qui précède, que l'on peut prendre pour mesure du travail de cette machine, un poids de $40^{ton.}$ ($40^{ton.}62$) transporté à une distance de $6^{mil.}$ ($9655^{m.}$) en une heure.

Tel était à peu près en 1825, époque à laquelle se rapportent les observations précédentes, le maximum d'effet utile des machines locomotives à quatre roues. Dans quelques circonstances on s'était servi de machines plus lourdes, et présentant une surface plus étendue à l'action de la chaleur. Dans la machine de Wylam, le tube qui contenait le foyer, au lieu de traverser directement le bouilleur, revenait sur lui-même, et se terminait du même côté que le foyer même. Au moyen de cette disposition, on augmentait, il est vrai, la surface de vaporisation, mais on diminuait l'étendue du foyer, puisque l'extrémité du tube occupait une partie de l'espace qui aurait dû lui être réservé. Aussi, bien que l'on obtînt de cette manière quelque économie dans la consommation de houille, le travail effectif de la machine restait à peu près le même. En définitive, le plus grand travail des machines employées à cette époque consistait, comme nous l'avons dit dans le transport, d'un poids de 40^{ton} (40^{ton} 62) à une distance de 6^{mil} (9655^{m}) en une heure; ce qui représente environ le travail de sept chevaux, non compris la force nécessaire pour le transport de la machine elle-même. La consommation de houille était d'ailleurs considérable relativement à l'effet produit.

Les observations que nous venons de citer peuvent nous servir aussi à déterminer la consommation de combustible dans les machines locomotives. Les expériences des tables II et III ont été faites avec deux machines que nous avons désignées par les numéros 1 et 2. Ces machines sont de construction semblable, et ne diffèrent que par les dimensions du foyer. Le bouilleur, comme on le voit dans la Pl. XII, fig. 1 et 2, n'est pas exposé directement à l'action du feu; il est seulement traversé par un cylindre au milieu duquel est placé la grille qui porte le combustible; ce sont les parois de ce foyer qui communiquent la chaleur à l'eau contenue dans le bouilleur. La surface de liquide exposée à l'action du feu se trouve ainsi égale à la moitié de la surface du cylindre. Dans la machine n°. 1, le foyer a 20^{po} ($0^{\text{m}}\cdot51$) de diamètre, et dans le n°. 2, 22^{po} ($0^{\text{m}}\cdot55$); les dimensions de la cheminée présentent une différence analogue. Du reste, les deux machines sont, comme nous l'avons dit, exactement semblables.

Cela posé, si l'on compare les expériences I et IV, dans lesquelles la charge est la même, on voit que la quantité de charbon consommé par la première machine pour un espace de 63280 yards, est de 2534^{liv}. La seconde machine a consommé 1487^{liv} pour parcourir sur la même route un espace de 45200 yards, et par conséquent pour une distance de 63280 yards, elle eût dépensé $1487^{\text{liv}} \times \frac{63280}{45200}$ ou 2101^{liv}.

Ainsi, pour une même distance parcourue, les quantités de combustible dépensées dans les deux cas sont comme 2534 et 2101. Il est à peine nécessaire de remarquer que cette différence dans la consommation du combustible dépend en grande partie de l'étendue de la surface exposée à l'action du feu et de l'air chaud. En effet, dans les tubes étroits, l'intensité de chaleur nécessaire pour produire constamment une quantité convenable de vapeur déterminant une combustion plus rapide, le charbon sort imparfaitement consumé et à une température fort élevée. Dans des tubes plus larges, l'intensité de la chaleur est moindre, et le charbon éprouve une combustion plus parfaite; en même temps le foyer présentant une surface plus étendue, l'eau du bouilleur absorbe une plus grande quantité de calorique.

En rapprochant les expériences II et III, faites avec la même machine, et dans des circonstances exactement semblables, on voit qu'avec neuf chariots pesant $731^{\text{quint.}} \frac{1}{4}$, et sur une distance de 85880 yards, la machine a dépensé $2534^{\text{liv.}}$ de charbon, et qu'avec douze chariots pesant $975^{\text{quint.}}$, elle a dépensé $1546^{\text{liv.}}$ pour une distance de 40680 yards. La quantité de combustible consommée dans ce dernier cas pour une longueur de 85880 yards, aurait donc été de $3263^{\text{liv.}}$. Ainsi les quantités de combustible dépensées avec neuf chariots d'une part, et douze choriots de l'autre, sont dans le rapport de 2534 : 3263. Nous avons vu précédemment que le frottement de la machine était de $426^{\text{liv.}}$, et celui de chaque chariot de $59^{\text{liv.}}85$; la résistance est donc égale, dans le premier cas, à $426 + 59,35 \times 9 = 780^{\text{liv.}}$, et dans le second cas, à $426 + 59,35 \times 12 = 898^{\text{liv.}}$. Or $2534 : 3263 : : 780 : 1000^{\text{liv.}}$ environ; en sorte qu'ici la consommation de charbon est plus que proportionnelle à la résistance. Nous avons déjà annoncé que l'accroissement de poids du convoi produisait dans toutes les parties de la machine un excès de frottement; cette circonstance doit sans doute influer sur le résultat que nous indiquons. Cependant c'est en général l'état défavorable des rails qui contribue le plus à augmenter la consommation de la houille.

Enfin si nous comparons ensemble les expériences IV et V, nous remarquerons que, dans la première, la distance totale parcourue par la machine est de 45200 yards, et la quantité de charbon consumée de 1487 $^{liv.}$. Mais les roues avaient 3 $^{pi.}$ de diamètre, et comme la dépense de combustible pour une même distance parcourue, est en raison inverse des diamètres des roues, il s'ensuit qu'avec des roues de 4 $^{pi.}$ la consommation n'eût été que de 1115 $^{liv.}$. D'un autre côté, la machine a dépensé, dans l'expérience V, 587 $^{liv.}$ de combustible pour une distance de 20020 yards; elle eût donc consommé 1325 $^{liv.}$ pour parcourir 45200 yards comme dans le premier cas. Il suit de là que les quantités de charbon dépensées pour remorquer neuf chariots d'une part, et douze chariots de l'autre, sont entre elles comme 1115 : 1325, les résistances correspondantes étant d'ailleurs dans le rapport de 780 à 898. Or 1115 : 1325 : : 780 : 926; en sorte qu'ici la dépense de charbon est sensiblement proportionnelle à la résistance. La différence que l'on observe entre les deux chiffres est inférieure à la limite des erreurs qui peuvent être dues aux différens états de la route. D'après ce résultat, on peut admettre dans la pratique que la dépense de combustible nécessaire pour remorquer avec une même vitesse des charges différentes, est proportionnelle à la résistance due au frottement du convoi et de la machine.

Quant à la dépense absolue de combustible, elle varie beaucoup suivant la disposition de la chaudière. Watt, qui a recherché avec l'attention la plus soutenue les moyens de diminuer la consommation de combustible, estime que, dans les fourneaux les mieux combinés, il faut une surface de 8 $^{pi.\ car.}$ (o $^{m.\ c.}$ 74) pour vaporiser en une heure 1 $^{pi.\ cub.}$ (o $^{m.\ c.}$ 028) d'eau; et que, dans ce cas, 8 $^{liv.}$ 4 (3 $^{kil.}$ 81) de houille suffisent pour réduire en vapeur 1 $^{pi.\ cub.}$ (o $^{m.\ c.}$ 028) d'eau; c'est-à-dire que pour vaporiser en une heure 1 $^{m.\ c.}$ d'eau, il faut environ 26 $^{m.\ car.}$ de surface de chaudière, et 135 $^{kil.}$ 90 de houille.

Les expériences précédemment décrites donnent sur ce point les résultats suivans :

TABLE IV.

NUMÉROS des expériences.	VOLUME d'eau vaporisé en une heure.	SURFACE exposée à la chaleur.	QUANTITÉ DE HOUILLE consommée pour vaporiser 1 mètre cube d'eau.	CONSOMMATION de houille par tonneau et par kilomètre.
	m. cub.	m. car.	kil.	kil.
1	0. 420	2. 92	294. 47	0. 80
2	0. 409	2. 92	299. 93	0. 59
3	6. 425	2. 92	343. 76	0. 57
4	0. 340	3. 82	306. 77	0. 65
5	0. 450	3. 82	296. 73	0. 48
Watt.	0. 500	13. 00	67. 95	»

Les trois premières expériences donnent moyennement $7^{m.\,c.}$ et les deux dernières $9^{m.\,c.}66$ de surface de chaudière pour $1^{m.\,c.}$ d'eau vaporisée; tandis que, d'après Watt, cette surface doit être de $26^{m.\,c.}$. Aussi voit-on que la consommation de combustible est moyennement de $308^{kil.}73$ pour $1^{m.\,cub.}$ d'eau, tandis que Watt, ne la porte qu'à $135^{kil.}90$.

Dans ces expériences, la consommation de houille varie de $2^{liv.}9$ à $1^{liv.}60$ par tonneau et par mille ($0^{kil.}80$ à $0^{kil.}44$ par kilomètre et par tonneau), non compris le poids de la machine. On a trouvé sur le chemin de fer de Killingworth, après plusieurs années d'expérience, que cette consommation était de $2^{liv.}12$ par tonneau et par mille ($0^{kil.}85$ par tonneau et par kilomètre). M. Story annonce que sur le chemin de fer de Darlington elle s'élève à $2^{liv.}16$ ($0^{kil.}59$ par tonneau et par kilomètre). MM. Locke et Stephenson (ouvrage sur les avantages relatifs des machines fixes et locomotives, page 18), décrivent une expérience faite sur le chemin de fer de Bolton et Leigh. Dans l'espace de douze heures, une machine locomotive a traîné 158 chariots chargés de marne et de sable, et pesant chacun $4^{tonn.}$, non compris le poids même des chariots, à une distance de $1^{mil.},4$. La consommation de houille a été de $15^{quint.}$ ($761^{kil.}73$), et la dépense d'eau de $1^{quint.}$ ($50^{kil.}78$), ce qui équivaut à $2^{liv.}05$ de houille par tonneau et par mille ($0^{kil.}56$ par tonneau et kilomètre). Les trois dernières expériences, citées dans la table précédente, donnent moyennement $2^{liv.}10$

par tonneau et par mille ($0^{kil.}55$ par tonne et par kilomètre). Mais dans ces expériences, la machine, après avoir traîné les chariots chargés, ramenait les chariots vides en dépensant inutilement une partie de son combustible. On peut admettre que sur un chemin horizontal, et avec une charge constante, la consommation se trouverait diminuée d'un quart environ, en sorte qu'elle ne s'élèverait qu'à $1^{liv.}$ 60 par tonneau et par mille ($0^{kil.}44$ par tonneau et par kilomètre).

Dans la première édition de cet ouvrage, nous annoncions que le transport de $48^{tonn.}75$ ($49^{tonn.}40$), y compris le poids des chariots, ou de $31^{tonn.}8$ (32.28) de marchandises à la distance de $1^{mil.}$ ($1609^{m.}$), exigeait une consommation de $51^{liv.}55$ ($23^{kil.}37$) de charbon; ce qui équivaut à $1^{liv.}62$ par tonneau et par mille ($0^{kil.}45$ par tonneau et kilomètre). Nous avons vu d'ailleurs que la consommation de houille était proportionnelle à la résistance de la machine et du convoi Or, dans le cas que nous citons, cette résistance était de $898^{liv.}$; à savoir, $426^{liv.}$ pour la machine et $472^{liv.}$ pour le convoi. Si donc l'on appelle généralement F la résistance de la machine et F′ celle d'un convoi quelconque, la quantité de combustible nécessaire pour traîner ce convoi sur un chemin de fer horizontal et à la distance d'un mille sera représentée par $\frac{51,55 \times (F + F')}{898}$. Si le mouvement commercial n'a lieu que dans une seule direction, et que la machine ramène les chariots vides, la consommation de houille sera égale à $\frac{66.78 \times (F + F')}{898}$ pour une vitesse moyenne de $5^{mil.}$ ($8046^{m.}$) par heure. Peut-être conviendrait-il, dans la pratique, d'adopter cette dernière expression, à cause des pertes de vapeur qui peuvent se présenter accidentellement. Cette formule s'applique aux machines locomotives à simple bouilleur, de la construction la plus parfaite. Une expérience faite sur une machine dont le bouilleur était composé d'un double tube a donné pour résultat une consommation de $1^{liv.}60$ par tonneau et par mille ($0^{kil.}44$ par tonneau et kilomètre).

25

Nous avons déjà dit qu'en 1825 on pouvait prendre, pour mesure du travail des machines locomotives, un poids de 40 tonnes ($40^{\text{toun.}}62$) transporté à la distance de 6$^{\text{mil.}}$ (9655$^{\text{m.}}$) en une heure. A cette époque la disposition de ces machines ne permettait pas d'obtenir de grandes vitesses. On ne pouvait leur donner une puissance suffisante qu'en augmentant soit l'étendue de la surface du bouilleur, soit l'intensité du feu. Or, tout accroissement dans les dimensions du bouilleur devait accroître aussi le poids de la machine; et d'un autre côté, si l'on augmentait l'intensité du feu, la dépense de combustible, déjà trop considérable, devenait énorme. Aussi tant que les bouilleurs furent composés d'un cylindre unique ou même double, le perfectionnement des machines locomotives ne fit que peu de progrès. Sur le chemin de fer de Darlington on essaya, il est vrai, l'emploi d'une machine dont le bouilleur présentait une surface beaucoup plus étendue; mais il résulta de cette disposition une telle augmentation de poids, qu'il fut nécessaire de placer la machine sur six roues.

Au printemps de l'année 1829, le chemin de fer de Liverpool à Manchester étant près d'être terminé, les directeurs songèrent à fixer le genre de moteur qui devait être employé sur cette ligne. Déjà en 1828 ils avaient chargé une commission d'examiner les chemins de fer des comtés de Northumberland et de Durham, où l'on emploie des systèmes très-variés. La commission, après avoir visité les chemins les plus perfectionnés de ce district, revint sans pouvoir décider quel était le genre de moteur le plus avantageux pour la compagnie. La seule conclusion à laquelle elle soit arrivée, suivant M. Booth, c'est que l'étendue du mouvement commercial entre Manchester et Liverpool rendait l'emploi des chevaux complétement impraticable. Il ne restait donc plus à choisir qu'entre les machines fixes et les machines locomotives. Les directeurs, pour juger quel était celui de ces deux systèmes qui méritait la préférence, chargèrent deux ingénieurs de visiter les chemins à rails de Darlington et de Newcastle, et d'examiner avec attention les résultats fournis par ces deux genres de moteurs. Ils s'adressèrent dans ce but à MM. Walker de Limehouse et Rastrick de Stourbridge. Ces ingénieurs firent une tournée sur tous les chemins de fer du Nord, et présentèrent aux directeurs les résultats de leurs observations. Leurs rapports, bien que publiés séparément, renferment les mêmes conclusions. A cette époque, c'est-à-dire au mois de mars 1829, les diverses machines locomotives employées sur les chemins de fer que visitèrent MM. Walker et Rastrick, effectuaient les quantités de travail indiquées dans la table suivante. Cette table, présentée par M. Rastrick, fait connaître en même temps la quantité de travail que peut fournir la machine de dix chevaux proposée par cet ingénieur, de concert avec M. Walker. Le rapport entre le poids des chariots et celui des marchandises est le même que celui dont MM. Walker et Rastrick ont demandé l'adoption pour le chemin de fer de Liverpool à Manchester.

TABLE V.

MACHINES LOCOMOTIVES.	TRAVAIL EFFECTUÉ PENDANT L'ÉTÉ.											
	Vitesse de 5mil. (8046m.) par heure.				8mil. (12874m.) par heure.				10mil. (16093m.) par heure.			
	Marchandises.	Chariots.	Machine et approvisionn.	Poids total.	Marchandises.	Chariots.	Machine et approvisionn.	Poids total.	Marchandises.	Chariots.	Machine et approvisionn.	Poids total.
	ton.	ton.	ton.	ton.	ton.	ton.	ton.	ton.	ton.	ton.	ton.	ton.
Machine de Timothy Hackworth, montée sur six roues de 4pi. (1m.22); chemin de Stockton et Darlington. . .	48,5	24,1	15,2	87,8	26,4	18,3	15,2	59,9	19,0	9,6	15,2	43,8
Machine de James Stephenson. — Quatre roues de 4pi. (1m.22). — Même chemin .	35,2	17,5	12,2	64,9	18,9	9,3	12,2	40,4	13,5	6,7	12,2	32,4
Machine de Nich. Wood. — Quatre roues de 4pi. 2po. (1m.27). — Houillères de Killingworth.	38,5	19,3	10,6	68,4	21,3	10,6	10,6	42,5	15,7	7,8	10,6	34,1
Machine de Thos. Wood. — Quatre roues de 3pi. (0m.91). — Houillères de Hetton . .	24,5	12,2	10,6	47,3	12,7	6,3	10,6	29,6	8,8	4,4	10,6	23,8
Machine à quatre roues de Blenkinsop. — Chemin de fer à crémaillère des houillères de Middleton	22,5	11,2	6,3	40,0	12,5	6,3	6,3	25,1	9,1	4,6	6,3	20,0
Machine de dix chevaux, proposée par Walker et Rastrick.	33,5	16,8	10,6	60,9	18,3	9,1	10,6	38,0	13,2	6,6	10,6	30,4
TRAVAIL EFFECTUÉ PENDANT L'HIVER.												
Machine de Timothy Hackworth.	41,4	20,5	15,2	77,1	22,1	10,9	5,2	48,2	15,4	7,8	15,2	38,4
Machine de James Stephenson	29,1	14,7	12,2	56,0	15,2	7,6	12,2	35,0	10,5	5,2	12,2	27,9
Machine de Nich. Wood . . .	31,7	16,0	10,6	58,3	17,3	8,6	10,6	36,5	12,2	6,3	10,6	29,1
Machine de Thos. Wood. . .	20	9,9	10,7	40,6	9,9	4,8	10,7	25,4	6,3	3,3	10,7	20,3
Machine de Blenkinsop. . . .	19,5	9,6	6,3	35,5	10,4	5,3	6,3	22,0	7,6	3,8	6,3	17,7
Machine de Walker et Rastrick.	27,7	13,8	10,6	52,3	14,7	7,3	10,6	32,6	10,4	5,1	10,6	26,1

Les rapporteurs annoncent que dans l'évaluation de la force des machines locomotives, ils ont pris pour base celles qui étaient alors en usage; mais que ce genre de machine fait de très-grands progrès. M. Walker ajoute que, si l'on considère la question sous un point de vue général, on doit en espérer de plus grands encore. Il est vrai, dit-il, que l'on peut aussi attendre quelque perfectionnement dans le système des machines fixes, mais beaucoup moins étendus que dans celui des machines locomotives.

Malgré le rapport de ces ingénieurs, les directeurs du chemin de Liverpool ne se crurent pas en état de décider la question. La majorité, dit M. Booth, penchait pour les machines locomotives: mais ils voulaient qu'en leur conservant la même puissance qu'aux machines alors en usage, on diminuât leur poids qui s'élevait généralement à sept ou huit tonnes, et en même temps que l'on se conformât aux stipulations de l'acte de concession en établissant des chaudières fumivores. M. Harrison, l'un des directeurs, avait pensé que le moyen le plus convenable d'arriver à ce but était d'ouvrir un concours public. Ses collègues finirent par adopter son opinion, et le 20 avril 1829 ils proposèrent un prix de 500 liv. sterl. (12,500 fr.) pour la machine locomotive qui remplirait le mieux certaines conditions déterminées. Ce concours remarquable a donné lieu aux perfectionnemens les plus importans dans la construction des machines locomotives, et forme en quelque sorte une ère nouvelle non-seulement dans l'histoire de ces machines, mais encore dans l'histoire même des chemins de fer. Aussi nous excusera-t-on de donner une description succincte de ses principaux résultats.

Les conditions sous lesquelles les directeurs du chemin de fer de Liverpool à Manchester offraient le prix de 500 liv. sterl., étaient les suivantes :

1°. La machine doit consumer sa fumée, conformément aux dispositions de l'acte de concession du chemin de fer.

2°. La machine, si elle pèse 6 tonn., doit être capable de traîner, sur un chemin de fer bien construit et horizontal, un convoi de chariots du poids total de 20 tonneaux, y compris l'eau et l'approvisionnement; sa vitesse sera de $10^{mil.}$ (16.093^{m}.) par heure, et la pression dans la chaudière n'excédera pas $50^{liv.}$ par pouce carré ($3^{athm.}\frac{1}{2}$).

3°. La chaudière sera munie de deux soupapes de sûreté, dont l'une sera hors de la portée du machiniste.; ni l'une ni l'autre ne pourra être fermée lorsque la machine fonctionnera.

4°. La machine et la chaudière seront montées sur des ressorts et sur six roues. La hauteur totale de la cheminée ne devra pas excéder $15^{pi.}$ ($4^{m.}$ 57).

5°. Le poids de la machine, y compris l'eau de la chaudière, ne doit pas excéder 6 tonn., et une machine plus légère sera préférée si elle traîne proportionnellement la même charge. Dans le cas où la machine ne pèserait que 5 tonn., la totalité de la charge ne dépasserait pas 15 tonn. Pour des machines plus légères encore, la charge sera diminuée dans le même rapport. La machine sera portée sur six roues, tant que son poids ne sera pas réduit au moins à $4^{ton.}\frac{1}{2}$; à partir de cette limite, l'appareil pourra être placé sur quatre roues. La compagnie aura la liberté de soumettre la chaudière, le foyer et les cylindres, etc., à un effort de la presse hydraulique, équivalant à un poids de $150^{liv.}$ par pouce carré ($10^{kil.}54$ par centimètre carré ou $10^{athm.}\frac{1}{2}$); elle ne sera pas responsable des dommages qui pourront en résulter.

6°. La machine portera un manomètre à mercure avec une tige graduée, indiquant la pression de la vapeur au-dessus de $45^{liv.}$ par pouce carré ($3^{kil.}16$ par centim. carré ou $3^{athm}16$).

7°. La machine doit être présentée au concours sur la partie du chemin de fer située du côté de Liverpool, le $1^{er.}$ octobre prochain au plus tard.

8°. Le prix de la machine qui sera agréée, n'excédera pas $550^{l.}$ 13750 fr.); les machines refusées seront reprises par les propriétaires.

N. B. La compagnie fournira les chariots à remorquer avec les approvisionnemens d'eau et de charbon pour les expériences. La largeur comprise entre les deux rails est de 4^{pi} $8^{po.}\frac{1}{2}$ ($1^{m.}44$).

Il fut décidé plus tard que le concours s'ouvrirait le 6 octobre.

On avait choisi pour juges MM. Rastrick de Strourbridge, Kennedy de Manchester et Nich. Wood de Killingworth. Au jour fixé, M. Robert Stephenson présenta *la Fusée;* MM. Braithwaite et Erickson, *la Nouveauté;* M. Timothy Hackworth, *la Sans - Pareille;* M. Burstall, *la Persévérance;* et M. Brandreth, *la Cyclopède*, machine mue par des chevaux, et dont nous avons parlé précédemment.

On choisit, pour les expériences, le plateau de Rainhill compris entre les plans inclinés de Whiston et de Sutton; cette partie de route présente une ligne parfaitement horizontale, sur deux milles ($3218^{m.}$) de longueur environ.

Les clauses et conditions publiées par les directeurs ne renfermant aucune indication sur le genre d'épreuve auquel les machines seraient soumises, les juges arrêtèrent les dispositions suivantes qui furent communiquées aux concurrens :

A huit heures du matin on constatera le poids de la machine locomotive avec la chaudière pleine d'eau; et la charge à traîner sera triple de ce poids. L'eau de la chaudière sera froide, et il n'y aura pas de combustible dans le foyer. On délivrera à chaque concurrent la quantité d'eau et de houille qu'il jugera nécessaire pour un voyage de $32^{mil.}\frac{1}{2}$ ($2.302^{m.}$); ces quantités seront préalablement mesurées avec soin. Cela fait, on allumera le feu, et l'on vérifiera la quantité de charbon dépensée pour la production de la vapeur; en même temps on tiendra note du temps.

Le chariot d'approvisionnement avec l'eau et la houille sera considéré comme faisant partie de la charge assignée à chaque machine.

Si la machine porte elle-même son eau et son charbon, on lui accordera une diminution proportionnelle dans sa charge, qui sera déterminée d'ailleurs d'après le poids de la machine même.

La machine avec son convoi sera traînée à bras jusqu'au point de départ ; elle partira aussitôt que la vapeur aura acquis une tension de $50^{liv.}$ par pouce carré.

La longueur de chaque voyage sera de $1^{mil.}\frac{3}{4}$ ($3540^{m.}$), y compris deux espaces de $\frac{1}{8}$ de mille ($201^{m.}$), ménagés à chaque extrémité de la route, pour permettre d'une part au convoi de prendre toute sa vitesse, et de l'autre pour l'arrêter à la fin du relais. On voit, d'après cela, que les machines parcourront à chaque tour un espace de $1^{m.}\frac{1}{2}$ ($2414^{m.}$) avec toute leur vitesse.

La machine fera dix tours, ce qui équivaut à un trajet de $35^{mil.}$ ($556.325^{m.}$), effectué avec toute la vitesse dont elle est susceptible. La vitesse moyenne ne sera pas moindre de $10^{mil.}$ ($56093^{m.}$) à l'heure.

Aussitôt que la machine aura fait ce premier trajet, qui équivaut à celui de Liverpool à Manchester, on lui fournira une nouvelle provision d'eau et de combustible ; et lorsqu'elle sera prête à repartir, elle recommencera un semblable voyage.

On notera avec soin le temps de chaque voyage, ainsi que le temps nécessaire pour préparer la machine au second trajet.

Si la machine ne peut prendre avec elle toute la provision d'eau et de charbon nécessaire pour une reprise de dix tours, le temps employé à renouveler les provisions sera considéré comme partie du temps total du voyage

Ces dispositions étaient signées de MM. Rastrick, Nicholas Wood, et John Kennedy, et datées de Liverpool, du 6 octobre 1829.

La longueur de la lice était, comme nous l'avons dit, de $1^{mil.}\frac{1}{2}$; on établit à chaque extrémité deux stations occupées chacune par l'un des juges. Chacun d'eux notait avec soin le moment du passage de la machine, soit à l'allée, soit au retour. En comparant ces observations, ils déterminaient exactement le temps de chaque trajet, et aussi le temps employé à l'extrémité de la lice pour arrêter la machine et changer le sens de son mouvement.

Pendant les deux ou trois premiers jours, on se borna à mettre les machines en état, et à les montrer aux nombreux spectateurs qu'avait attirés ce concours remarquable. On se décida ensuite, pour éviter toute confusion, à essayer chacune d'elles séparément et à des jours différens.

La Fusée entra la première en lice. Son poids, y compris l'eau de la chaudière, s'élevait à $4^{tonn.}5^{quint.}$ ($4,316^{kil.}$). Sa charge fut fixée d'après cela à $12^{tonn.}15^{quint.}$ ($12942^{kil.}$), et composée du chariot d'approvisionnement pesant $3^{tonn.}4^{quint.}2^{liv.}$, et de deux chariots chargés de pierres, pesant ensemble $9^{tonn.}10^{quint.}110^{liv.}$. Lorsque le convoi fut amené à l'extrémité de la ligne, on alluma le feu; et après $57^{minutes}$ de chauffage, la vapeur commença à soulever la soupape de sûreté qui était chargée de $50^{liv.}$ par pouce carré. Au même instant, c'est-à-dire à $10^{h.}36'50''$, l'expérience commença, et la machine termina son dixième tour à $1^{h.}48'38''$. Le tableau suivant donne les détails de cette expérience.

EXPÉRIENCE IX.

OBSERVATIONS.	Numéros des trajets.	Temps employé au commencement et à la fin de chaque relais.	Heure observée lors du passage de la machine à la station n°. 1.	Temps employé à faire le trajet de la station n°. 2 à la station n°. 1.	Temps employé à faire le trajet de la station n°. 1 à la station n°. 2.	Heure observée lors du passage de la machine à la station n°. 2.	Temps employé au commencement et à la fin de chaque relais.	OBSERVATIONS.
Heure du départ, 10h.36'.50".	1	1'.25"	10h.38'.15"		7'.43"	10h.45'.58"		
		3 .42	10 .54.55	6' .43"		10 .48.12	2' .14"	On a graissé les pistons.
	2		10 .58.37		7 . 8	11 . 5.45		
		2 .28	11 .18.42	8 .22		11 .10.20	4 .35	
On s'est arrêté	3		11 .21.10		7 .52	11 .29. 2		
pour huiler la		2 .55	11 .39.50	8 . 3		11 .31.47	2 .45	
machine.	4		11 .42.45		6 . 7	11 .48.52		
		2 .27	11 .58.15	7 . 3		11 .51.12	2 .20	
	5		0 . 0.42		6 .31	0 . 7.13		
		2 . 5	0 .15.45	6 . 5		0 . 9.40	2 .27	
	6		0 .17.50		5 .55	0 .23.45		
On s'est arrêté		4 . 5	0 .35 20	8 .42		0 .26.38	2 .53	
pour prendre	7		0 .39.25		5 .55	0 .45.20		
19gal. (86lit.)		2 .24	0 .55.30	7 .35		0 .47.55	2 .35	
d'eau.	8		0 .57.54		5 .40	1 . 3.34		
		3 .25	1 .13.45	6. 57		1 . 6.48	3 .14	
	9		1 .17.10		5 .18	1 .22.28		
Heure de l'ar-		2 .15	1 .33.35	7 . 5		1 .26.30	4 . 2	On a pris 13gal. (72lit.) d'eau.
rivée,	10		1 .35.50		4 .12	1 .40. 2		
1h.48'.38".		1 .23	1 .47.15	5 .12		1 .42. 3	2 . 1	
Durée totale de l'expérience, 3h.11'.48".		28' .34"		1h11'47"	1h4'21"		29' . 6"	Temps total employé au commencement et à la fin des relais, 57'.40".

2h.14'.8".

Aussitôt que cette première épreuve fut terminée, on renouvela la provision d'eau et de combustible, et après un temps d'arrêt de 14'34", c'est-à-dire à 2h.5'12" la machine commença son second voyage. Ce nouveau trajet se termina à 5h.0'21"; et la machine revint à la première station avec la même pression et la même quantité d'eau dans la chaudière qu'au moment du départ. La table suivante donne le détail de cette seconde épreuve.

EXPÉRIENCE X.

OBSERVATIONS	Numéros des trajets.	Temps employé au commencement et à la fin de chaque relais.	Heure observée lors du passage de la machine à la station n°. 1.	Temps employé à faire le trajet de la station n°. 2 à la station n°. 1.	Temps employé à faire le trajet de la station n°. 1 à la station n°. 2.	Heure observée lors du passage de la machine à la station n°. 2.	Temps employé au commencement et à la fin de chaque relais.	OBSERVATIONS.
Heure du départ, 2h.3'.12".		1'.38"	2h. 4'.50"		6'.15"	2h.11'. 5"	2' .8"	
	1		2 .20 .55	7' .32"		2 .13 .13		
		2 .25	2 .23 10		5 .57	2 .29 . 7	2 .23	
	2		2 .38 .50	7 .20		2 .31 .30		
		2 .30	2 .41 .20		5 .17	2 .46 .37	2 .59	
	3		2 .55 .48	6 .12		2 .49 .36		
		2 .47	2 .58 .35		7 . 6	3 . 5 .41		
On a pris 1 quint.½ (51k.68) de coke.	4		3 .16 . 8	6 .47		3 . 9 .21	3 .40	On a graissé les chariots.
		2 .41	3 .18 .49		6 . 5	3 .24 .54		
	5		3 .33 .38	6 .33		3 .27 . 6	2 .11	
		2 .48	3 .36 .26		5 .51	3 .42 .17		
	6		3 .52 . 7	7 .18		3 .44 .49	2 .32	
		2 . 2	3 .54 . 9		6 . 9	4 . 0 .18		
	7		4 .10 .33	7 .46		4 . 2 .47	2 .29	
		2 .18	4 .12 .51		5 .23	4 .18 .14		
	8		4 .30 .11	8 .19		4 .21 .52	3 .38	On a pris 16 seaux (72 lit.) d'eau.
		2 .13	4 .31 .24		5 .25	4 .37 .49		
	9		4 .46 .27	6 .32		4 .39 .55	2 .6	
		1 .57	4 .48 .24		3 .44	4 .52 . 8		
Heure de l'arrivée, 5h.0'.21".	10	0 .45	4 .59 .36	5 .18		4 .54 .18	2 .10	
Durée totale de l'expérience, 2h.57'.9".		24' 4".		1h.9'37"	57'.12".		26'.16".	Temps employé au commencement et à la fin des relais, 50'.21".

Pour les colonnes centrales : 1h.9'37" + 57'.12". = 2h.6'.49".

En examinant le tableau précédent, on voit que la machine, en marchant à toute vitesse, a parcouru dans le premier voyage 30mil. en 2h.14'8"; c'est-à-dire avec une vitesse moyenne de 13mil.4 (21.563m.) par heure; dans le second voyage le temps du même trajet a été de 2h.6'9", ce qui donne une vitesse moyenne de 14mil.2 (22.852m.) par heure. Le temps employé pour parcourir un espace total de 5mil. (8,046m.) à la fin des relais, a été, dans le premier cas, de 57'40", et dans le second de 50'20", ce qui équivaut à des vitesses de 5mil.2 (8,368m.) et de 6mil. (9,655m.) par heure.

Le maximum de vitesse pendant une allée et un retour a été, dans le premier voyage, de $19^{mil.}\frac{1}{7}$ ($38.802^{m.}$) par heure, et dans le second de $20^{mil.}$ ($32.186^{m.}$). Le minimum est de $11^{mil.}\frac{1}{7}$ ($18,281^{m.}$) et de $13^{mil.}$ ($20,931^{m.}$) par heure. La plus grande vitesse qui ait été obtenue correspond au dernier trajet de la station n°. 1 à la station n°. 2. La distance a été franchie en $3'44''$, c'est-à-dire avec une vitesse de $29^{mil.}\frac{1}{9}$ ($56.670^{m.}$) à l'heure.

Au commencement de l'expérience, on a mis dans le foyer $222^{liv.}$ ($100^{kil.}65$) de combustible pour produire la vapeur. Si l'on en déduit $80^{liv.}$ ($36^{kil.}27$) qui restaient encore lorsque la vapeur a eu acquis la tension convenable, on trouve que la quantité de houille consommée pour chauffer l'appareil s'est élevée à $142^{liv.}$ ($64^{kil.}38$). La machine a dépensé, durant les deux expériences, $1,085^{liv.}$ ($491^{kil.}$) de houille, ce qui équivaut à $0^{liv.}91$ par tonneau et par mille ($0^{kil.}25$ par tonneau et kilomètre), ou à $1^{liv.}63$ par tonneau et par mille ($0^{kil.}45$ par tonneau et kilomètre), si l'on fait abstraction du poids de la machine et du chariot d'approvisionnement. La quantité d'eau consommée a été de $579^{gall.}$ ou $92^{pi.\ cu.}6$ ($2^{m.\ c.}621$), en sorte que l'on a dépensé $11^{liv.}7$ de houille pour la vaporisation de chaque pied cube d'eau ($189^{kil.}$ par mètre cube).

On remarquera que les trajets de la station n°. 1 au n°. 2 ont été constamment plus rapides que les trajets en sens inverse. Dans le premier cas, la machine traînait les chariots derrière elle, tandis que dans le second elle poussait devant elle tout le convoi : la route étant, ainsi que nous l'avons dit, parfaitement horizontale, on ne peut attribuer cette différence de vitesse de la machine qu'au désavantage résultant de son second mode d'action; or, si l'on observe que dans la pratique les machines locomotives traînent toujours les chariots derrière elles, on en conclura qu'il est peut-être convenable de prendre pour mesure du travail effectif de *la Fusée* le résultat de ses trajets de la station n°. 1 au n°. 2. Le temps de ces voyages a été dans la première épreuve de 1ʰ·2′21″, et dans la seconde de 57′12″; ce qui représente des vitesses de 14$^{\text{mil.}}\frac{1}{7}$ (23.335$^{\text{m.}}$), et 15$^{\text{mil.}}\frac{3}{7}$ (25.346) par heure. Toutefois nous devons remarquer qu'en adoptant cette évaluation on pourrait craindre d'arriver à un résultat exagéré. En effet, bien que la machine, en s'arrêtant à chaque tour, dût nécessairement éprouver une certaine perte de force vive, cependant pendant toute la durée de ces temps d'arrêt la vapeur n'était pas dépensée, et la chaudière continuait à la produire, sinon avec autant d'abondance que pendant la marche du convoi, du moins avec toute l'activité due au tirage de la cheminée. D'après ces considérations, on pourrait peut-être admettre que si la machine eût franchi les 70$^{\text{mil.}}$ d'un seul trait, le temps du voyage eût été égal au temps employé à parcourir vingt fois l'intervalle des deux stations, plus la moitié du temps employé à chaque relais. Le travail effectif de *la Fusée* aurait ainsi pour mesure un poids de 17$^{\text{tonn.}}$ (17$^{\text{tonn.}}$15), ou (en faisant abstraction de la machine) un poids de 9$^{\text{ton.}}\frac{1}{2}$ (9$^{\text{ton.}}$65) transporté à une distance de 70$^{\text{mil.}}$ (112.652) dans l'espace de 5$^{\text{h.}}$ environ, c'est-à-dire avec une vitesse de 14$^{\text{mil.}}$ (2,2530$^{\text{m.}}$) à l'heure. La quantité d'eau vaporisée serait de 114$^{\text{gall.}}$ (518$^{\text{lit.}}$) par heure, et la consommation de coke de 217$^{\text{liv.}}$ (98$^{\text{kil.}}$98) dans le même temps.

La seconde machine soumise à l'épreuve fut la *Sans-Pareille*. Les juges avaient d'abord l'intention de déterminer, comme précédemment, la quantité de combustible, ainsi que le temps nécessaire pour porter la vapeur à une tension de 50$^{\text{liv.}}$ par pouce carré (5$^{\text{kil.}}$50 par cent. carr. ou 3$^{\text{athm.}}\frac{1}{2}$). Mais avant de présenter la machine au concours, M. Hackworth l'avait fait courir, pour vérifier si l'on avait exactement bouché quelques fentes de la chaudière. L'eau se trouvant ainsi déjà chaude, on fut obligé de renoncer à cette observation préliminaire.

Après avoir introduit dans la chaudière la quantité d'eau convenable, on pesa la machine, et l'on trouva que son poids s'élevait à 4$^{\text{ton.}}$15$^{\text{quint.}}\frac{1}{2}$ (4,850$^{\text{kil.}}$). Or, d'après les clauses et conditions imposées aux concurrens. toute machine, dont le poids dépassait 4$^{\text{ton.}}$ (4.570$^{\text{kil.}}$), devait être montée sur six roues. La *Sans-Pareille* se trouvait donc exclue du concours. Malgré cette circonstance, on se détermina à la soumettre aux épreuves, afin de juger si les résultats obtenus étaient assez satisfaisans pour que les directeurs pussent les prendre en considération.

Le poids total du convoi fut fixé à $19^{ton.}\,2^{quint.}$ ($19,400^{kil.}$). Il comprenait, 1°. la machine pesant $4^{ton.}\,15^{quint.}\,\frac{1}{4}$; 2°. les chariots d'approvisionnement, du poids de $3^{ton.}\,6^{quint.}\,\frac{3}{4}$; 3°. trois chariots pesant ensemble $10^{ton.}\,19^{quint.}\,\frac{3}{4}$. Les expériences ont été conduites comme précédemment et ont fourni les résultats suivans :

EXPÉRIENCE XI.

OBSERVATIONS.	Numéros des trajets.	Temps employé au commencement et à la fin de chaque relais.	Heure observée lors du passage de la machine à la station n°. 1.	Temps employé à faire le trajet de la station n°. 2 à la station n°. 1.	Temps employé à faire le trajet de la station n°. 1 à la station n°. 2.	Heure observée lors du passage de la machine à la station n°. 2.	Temps employé au commencement et à la fin de chaque relais.	OBSERVATIONS.
Heure du départ, 10h.10'.21".	1	1'.9"	10h.11'.30"		5'.9	10h.16'.39"	2'.6"	
			10.26.22	7'.9"		10.18.45		
	2	2.12	10.28.34		6.3	10.34.37	2.1	
			10.43.46	7.8		10.36.38		
	3	2.11	10.45.57		6.8	10.52.5	2.11	
			11.1.37	7.21		10.54.16		
	4	2.35	11.4.12		5.34	11.9.46	1.52	
			11.18.12	6.34		11.11.38		
	5	2.35	11.20.47		5.39	11.6.26	1.55	
			11.35.17	6.56		11.28.21		
Un des chariots a été détaché.	6	2.40	11.37.57		6.1	11.43.58	.11	On s'est arrêté pour huiler les chariots et réparer la pompe foulante.
			11.53.21	7.12		11.48.9		On a pris 8 gal. (36 lit.) d'eau.
	7	2.54	11.58.15		6.22	0.4.37	2.34	On a pris 8 gal. (36 lit. 54) d'eau et visite la pompe foulante.
			0.15.12	8.1		0.7.11		
Heure de l'arrivée, 0h.27'.32".	8	3.31	0.18.43		5.31	0.24.14	3.18	
						0.27.32		
Durée totale de l'expérience, 2h.17'.11".		19.47		50.49	46.27		20.8	Temps employé au commencement et à la fin des relais, 39'.55".
				1h.37'.16".				

Dans le cours du huitième trajet, la pompe d'eau froide se dérangea, et l'eau manquant dans la chaudière, la plaque fusible se fondit; l'expérience se trouva ainsi arrêtée. La machine a présenté du reste, pendant la durée des observations, les résultats suivans : d'une part elle a parcouru 10$^{\text{mil.}}\frac{1}{2}$ (16898$^{\text{m.}}$) de la station n°. 2 à la station n°. 1 en 50′ 48″, c'est-à-dire avec une vitesse de 12$^{\text{m.}}$4 (19.955$^{\text{m.}}$) à l'heure ; de l'autre elle a parcouru 12$^{\text{mil.}}$ (19311) en 46′ 27″, c'est-à-dire avec une vitesse de 15$^{\text{mil.}}$5 (24.945$^{\text{m.}}$). A l'extrémité des relais, la vitesse a été de 5$^{\text{mil.}}$73 (9172$^{\text{m.}}$) et 6$^{\text{mil.}}$ (9655$^{\text{m.}}$) par heure. Le maximum de vitesse, pour une allée et un retour, a été de 16$^{\text{mil.}}$5 par heure (26552$^{\text{m.}}$), et le minimum de 12$^{\text{mil.}}$4 (20116$^{\text{m.}}$). Dans le premier trajet de la station n°. 1 à la station n°. 2, la vitesse s'est élevée à 17$^{\text{mil.}}$4 (28461$^{\text{m.}}$).

L'espace total parcouru par la machine est de 27$^{\text{mil.}}$5 (45.442$^{\text{m.}}$), et la consommation de houille de 1269$^{\text{liv.}}$ (57437$^{\text{kil.}}$), en sorte qu'elle a dépensé 2$^{\text{liv.}}$41 de combustible par tonneau et par mille (0$^{\text{kil.}}$67 par tonn. et kilom.), ou 4$^{\text{liv.}}$2 (1$^{\text{kil.}}$16 par tonn. et kilom.), si l'on fait abstraction du poids de la machine et de son approvisionnement. On a d'ailleurs employé 274$^{\text{gall.}}$ ou 43$^{\text{pi. cub.}}$84 (1$^{\text{m. c.}}$24) d'eau ; par conséquent la vaporisation de chaque pied cube a exigé 28$^{\text{liv.}}$8 de charbon (465$^{\text{kil.}}$98 par mètre cube).

En définitive, le travail effectif de la machine, calculé d'après les mêmes bases que celui de *la Fusée*, a pour mesure un poids de 19$^{\text{ton.}}$5 (19.80), ou si l'on fait abstraction de la machine et de son chariot d'approvisionnement, un poids de 11$^{\text{ton.}}$ (11 50) transporté à une distance de 15$^{\text{mil.}}$ (24.140$^{\text{m.}}$) en une heure; la quantité d'eau vaporisée dans cet espace de temps étant d'ailleurs de 150$^{\text{gall.}}$ (681$^{\text{lit.}}$50), et le poids du combustible dépensé de 692$^{\text{liv.}}$ (315$^{\text{kil.}}$77).

Les propriétaires de *la Nouveauté* n'ayant pu essayer cette machine sur un chemin de fer, avant leur arrivée à Liverpool, reconnurent, lorsqu'ils l'eurent placée pour la première fois sur les rails, que la disposition des roues exigeait quelque modification. Cette circonstance et quelques autres accidens imprévus forcèrent de retarder le moment de l'épreuve. Les juges avaient d'abord décidé que l'expérience aurait lieu le lundi, afin de laisser aux propriétaires le temps de faire toutes les réparations nécessaires; mais, sur les instances de M. Braithwaite, ce délai fut abrégé et l'expérience eut lieu le samedi.

La Nouveauté, comme on le verra plus tard, diffère des machines précédentes, en ce qu'elle porte elle-même sa provision d'eau et de combustible. Les juges, afin de la placer dans les mêmes circonstances que *la Fusée*, décidèrent que l'on conserverait dans les deux cas le même rapport entre le poids de la machine même et sa charge utile, en laissant d'ailleurs chacune d'elles transporter à sa manière sa provision d'eau et de combustible.

Le poids de *la Fusée* était, comme nous l'avons dit, de $85^{quint.}$, et sa charge, non compris le chariot d'approvisionnement, de $191^{quint.}$. *La Nouveauté*, pesant $61^{quint.}$, devait donc traîner une charge égale à $191^{quint} \times \frac{61}{85} = 137^{quint.}$ ou $6^{ton} 17^{quint.}$ ($6^{ton} 95$). Le poids du convoi fut définitivement réglé ainsi qu'il suit : machine avec la chaudière pleine d'eau, $3^{ton.} 1^{quint.}$; provision d'eau et de combustible $16^{quint.} 14^{liv.}$; deux chariots chargés de pierres, $6^{ton.} 17^{quint.}$, en somme $10^{ton.} 14^{quint.} 14^{liv}$ ($10873^{kil.}$)

Après avoir pris ces dispositions, on amena la machine à son point de départ, et on alluma le feu. La vapeur acquit en $54'$ $40''$ la tension voulue de $50^{liv.}$ par pouce carré. On n'avait fourni pour chauffer l'appareil que $66^{liv.}$ ($29^{kil.} 92$) de houille; mais le foyer contenait déjà une certaine quantité de combustible que l'on n'a pu déterminer exactement, en sorte qu'il a été impossible d'apprécier la consommation réelle de combustible.

L'expérience a été conduite, comme dans les deux cas précédens. et son résultat est indiqué dans la table suivante :

OBSERVATIONS.	Numéros des trajets.	Temps employé au commencement et à la fin de chaque relais.	Heure observée lors du passage de la machine à la station nᵒ. 1.	Temps employé à faire le trajet de la station nᵒ. 2 à la station nᵒ. 1.	Temps employé à faire le trajet de la station nᵒ. 1 à la station nᵒ. 2.	Heure observée lors du passage de la machine à la station nᵒ. 2.	Temps employé au commencement et à la fin de chaque relais.	OBSERVATIONS.
Heure du départ, $11^h.0'.28''$	1	$1'20''$ . . .	$11^h. 1'.48''$ / $11.16.38$	. . . / $6'.40''$	$5'.36''$ / . . .	$11^h. 7'.24''$ / $11.9.58$	$2'.34''$	
		$1'.20''$		$6'.40''$	$5'.36''$		$2'.3\{''$	Distance parcourue, $3^{mil.} (4827^m.)$
				$12'.16''$				

Lorsque la machine, après son premier trajet, fut de retour à la station nᵒ. 1, on reconnut que le tuyau qui amenait l'eau dans la chaudière venait de se crever. Cet accident, suivant M. Erickson, provenait de ce que le robinet, destiné à interrompre ou à établir la communication entre la pompe foulante et la chaudière, s'était trouvé fermé pendant que la pompe fonctionnait. Lorsque cette avarie fut réparée, il était trop tard pour continuer l'expérience. Cependant la machine fit encore quelques voyages : il résulte, d'un rapport publié par M. Vignoles, dans le Magasin mécanique, qu'avec un poids total de $10^{ton.}6^{quint.}\frac{1}{4}$ ($10474^{kil.}$) elle parcourut la lice du nᵒ. 1 au nᵒ. 2 en $4'39''$, c'est-à-dire avec une vitesse de $17^{mil.}\frac{1}{2}$ ($28.163^{m.}$) par heure, et qu'elle revint en $5'54''$ avec une vitesse de $15^{mil.}$ ($24.140^{m.}$). On détacha ensuite les chariots, et la machine, en traînant un convoi de voyageurs, fit le trajet avec une vitesse de 20 à $30^{mil.}$ ($32.116^{m.}$ à $28048^{m.}$) par heure.

On accorda à MM. Braithwaite et Erickson tout le temps qu'ils demandèrent pour remettre la machine en parfait état de service. Le 14, ils la présentèrent de nouveau au concours. Les juges, à leur arrivée à Rainhill, trouvèrent encore plusieurs pièces démontées, ce qui occasiona un assez long retard. Pour éviter tout nouveau délai, on chauffa immédiatement la chaudière, sans mesurer la quantité de combustible dépensé. Lorsque la machine fut prête, on lui fit faire une première course d'essai, et l'on commença immédiatement les expériences indiquées dans la table suivante :

OBSERVATIONS.	Numéros des trajets.	Temps employé au commencement et à la fin de chaque relais.	Heure observée lors du passage de la machine à la station n°. 1.	Temps employé à faire le trajet de la station n°. 2 à la station n°. 1.	Temps employé à faire le trajet de la station n°. 1 à la station n°. 2.	Heure observée lors du passage de la machine à la station n°. 2.	Temps employé au commencement et à la fin de chaque relais.	OBSERVATIONS.
Heure du départ, 1ʰ.25′.40″.	1 2	1′.23″ 1 .19	1ʰ.27′ .3″ 1 .46 .25 1 .48 .44	5′ .35″	11′ .8″ 6 .14	1ʰ.38′.11″ 1 .40 .50 1 .54 .58 1 .56 .5	2′ .39″ 1 .7	
		2 .42		5 .35	17 .22		3 .46	Distance totale parcourue, 4ᵐⁱˡ·¹⁄₂ (7242ᵐ)

22′.57″.

Vers la fin du second voyage, quelques-uns des joints de la chaudière laissèrent passage à l'eau. L'expérience se trouva interrompue, et M. Erickson déclara se retirer du concours. Les expériences que nous venons de citer ont été, comme on le voit, trop peu prolongées pour que l'on puisse en tirer aucune conclusion positive.

La *Persévérance* ayant éprouvé quelqu'accident dans son transport à Liverpool, et ne s'étant pas trouvée d'ailleurs conforme aux vues de la compagnie, M. Burstall se retira également du concours.

Le prix fut définitivement décerné à *la Fusée* de M. Stephenson, qui avait satisfait à toutes les conditions imposées par la compagnie.

Nous allons donner une description rapide du mode de construction des différentes machines que nous venons de citer : nous présenterons en même temps quelques remarques sur les perfectionnemens auxquels ont conduit les expériences de Liverpool.

La chaudière A de *la Fusée*, fig. 3 et 4, Pl. XII, est cylindrique et terminée par deux surfaces planes; sa longueur est de 6ᵖⁱ· (1ᵐ.83) et son diamètre de 3ᵖⁱ· 4ᵖᵒ· (1ᵐ.01). A l'une de ses extrémités est placée une boîte carrée, ou fourneau B de 3ᵖⁱ· (0ᵐ.91) de long sur 2ᵖⁱ· (0ᵐ.61) de large et 3ᵖⁱ· (0ᵐ.91) de hauteur. Ce fourneau porte à sa partie inférieure les grilles du foyer F; sur toutes ses autres faces, excepté celle qui est placée du côté de la chaudière, il est entouré d'une double paroi qui comprend un espace de 3ᵖᵒ· (0ᵐ.076) de largeur, constamment rempli d'eau. Un tuyau C, placé latéralement, communique avec la chaudière, et lui fournit constamment l'eau nécessaire à son alimentation; un second tuyau D, fixé sur la partie supérieure du fourneau, conduit la vapeur dans la chaudière.

La moitié supérieure de la chaudière sert de réservoir pour la vapeur, et la moitié inférieure est remplie d'eau. Dans cette seconde partie sont placés des tubes de cuivre qui règnent sur toute la longueur de la chaudière, fig. 4, et qui aboutissent d'une part au foyer, de l'autre à la cheminée. Ces tubes sont au nombre de 25, et ont 3ᵖᵒ· (0ᵐ.076) de diamètre. Les cylindres sont placés de chaque côté de la chaudière, comme l'indique la figure 3, et n'agissent que sur une seule paire de roues; leur diamètre est de 8ᵖᵒ· (0ᵐ·21), et la course des pistons de 16ᵖᵒ· ½ (0ᵐ·41). Quant aux grandes roues, elles ont 4ᵖⁱ· 8ᵖᵒ· (1ᵐ·42) de diamètre. Le tirage qui détermine la combustion est activé par le courant de vapeur qui passe dans la cheminée à l'aide des deux tuyaux E. L'étendue de la surface de liquide qui entoure le fourneau, et qui se trouve ainsi exposée à l'action directe du calorique, est de 20ᵖⁱ·ᶜ· (1ᵐ·ᶜ·86), et la surface exposée à l'air chaud et à la flamme est de 117 ᵖⁱ·ᶜ· 8 (10ᵐ·ᶜ·94); la surface de la grille est de 6ᵖⁱ·ᶜ· (0ᵐ·ᶜ·56).

La *Sans-Pareille* de M. Hackworth est construite d'après le même principe que *la Fusée*. La combustion est également déterminée par le tirage de la cheminée et par le courant de vapeur qui s'introduit dans la cheminée à sa sortie des cylindres.

La fig. 5, Pl. XII, indique la forme de la chaudière, qui est cylindrique, et terminée d'un côté par une surface plane, de l'autre par une surface arrondie. Son diamètre est de 4^{pi} 2^{po}_{j} ($1^m \cdot 27$), et sa longueur de 6^{pi} ($1^m \cdot 83$). Les cylindres sont placés de chaque côté du bouilleur et immédiatement au-dessus de l'une des paires de roues; les deux paires sont d'ailleurs réunies ensemble par des tiges horizontales. Le diamètre des roues est de 4^{pi} 6^{po} ($1^m \cdot 37$); celui des cylindres de 7^{po} ($0^m \cdot 18$), et la course des pistons de 18^{po} ($0^m \cdot 45$).

Le foyer se compose d'un double tube qui, après avoir traversé la chaudière, se retourne sur lui-même et vient aboutir à la cheminée C, près de la grille *bb* (fig. 6, Pl. XII.). Ce tube dépasse la chaudière de 3^{pi} ($0^m \cdot 91$) environ, et du côté du foyer son sommet est entouré d'un espace demi-circulaire. On augmente ainsi l'étendue de la surface chauffée, et l'on obtient un tirage plus actif que si la grille était entièrement renfermée dans la chaudière.

Le diamètre du tube, qui est de 2^{pi} ($0^m \cdot 61$) près du foyer, se réduit à 15^{po} ($0^m \cdot 38$) à son débouché dans la cheminée; la longueur de la grille est de 5^{pi} ($1^m \cdot 52$), et sa surface de $10^{pi. ca.}$ ($0^{m. ca.} 92$). D'après cela, la surface de liquide exposée à l'action directe du feu est de $15^{pi. ca.}$ ($1^{m. ca.} 45$), et celle qui reçoit l'action de l'air chaud et de la flamme est de $74^{pi. ca.}$ 6 ($6^{m. ca.} 92$).

Dans la machine de MM. Braithwaite et Erickson, *la Nouveauté*, le mode de production de la vapeur est tout différent. Le bouilleur **A** est plein d'eau dans sa partie inférieure, et sert dans sa partie supérieure de réservoir à la vapeur. Il communique avec le bouilleur horizontal B, dont le sommet est situé au-dessous du niveau de l'eau contenue dans le premier bouilleur A, et qui se trouve ainsi constamment plein d'eau. La vapeur produite dans le bouilleur B passe dans le récipient à l'aide du tuyau H. Un cylindre vertical C (fig. 7 et 8,

Pl. XII), traverse le bouilleur A, et s'élargit vers sa partie inférieure pour recevoir la grille du foyer F. On verse le charbon par le sommet du cylindre, que l'on referme ensuite à l'aide d'un couvercle. L'extrémité inférieure du foyer est complétement fermée ; l'air est fourni par le ventilateur D (fig. 7), lequel est mu par la machine, et communique avec le foyer à l'aide du tuyau E (fig. 8). L'air, après avoir traversé le foyer, passe dans le tube *ece* placé au milieu du bouilleur horizontal, et s'échappe dans l'atmosphère par le tuyau G. Le cylindre K n'agit que sur l'une des paires de roues de la machine ; les deux paires sont réunies l'une à l'autre, lorsqu'on le juge nécessaire, à l'aide d'une chaîne semblable à celle des anciennes machines. L'étendue de la grille est ici de $1^{\text{pi. ca.}}$ 8 ($0^{\text{m. ca.}}$ 17) environ. La surface du foyer est de $9^{\text{pi. ca.}}$ 5 ($0^{\text{m. ca.}}$ 88), et celle du tube *ece* de $35^{\text{pi. ca.}}$ ($3^{\text{m. ca.}}$ 16).

La machine de M. Burstall ne nous a pas paru combinée de manière à concilier la vitesse avec l'économie de combustible. La chaudière était simplement formée d'un cylindre vertical, et la flamme, ainsi que l'air chaud, s'échappaient immédiatement dans la cheminée sans avoir abandonné leur excès de chaleur. Aussi ne croyons-nous pas utile de donner une description détaillée de cette machine. Nous remarquerons cependant que, bien que l'ensemble de sa construction la rendît impropre à remplir les vues de la compagnie, elle présentait dans quelques-unes de ses parties des dispositions fort ingénieuses.

Quant à la machine de M. Brandreth, nous en avons déjà parlé précédemment.

La table suivante indique aussi exactement que possible les résultats fournis par les diverses machines dont nous venons de parler

TABLE VI.

NOMS DES MACHINES.	SURFACE de la grille.	SURFACE extérieure du foyer.	SURFACE exposée à l'air chaud et à la flamme.	VOLUME d'eau vaporisée par heure.	DÉPENSE de combustible par mètre cube d'eau vaporisée.
	m.c.	m.c.	m.c.	m.c.	kil.
La Fusée..........	0,56	1.86	10.94	0.52	189.30
La Sans-Pareille......	0,93	1.45	6.92	0.68	465.98
La Nouveauté.	0,17	0.88	3.13	. . .	. . . .
Anciennes machines. . . .	0,65	1.06	2.76	0.45	296.74

On voit dans la table précédente que *la Fusée* offre sur les anciennes machines une économie notable de combustible, en admettant que le coke et la houille produisent la même quantité de chaleur. Cet avantage est entièrement dû à l'emploi des tubes de petit diamètre, qui présentent une plus grande surface à l'eau contenue dans la chaudière. Cette disposition a été adoptée d'après l'avis de M. Booth, trésorier de la compagnie du chemin de fer de Liverpool à Manchester ; et depuis l'introduction des machines locomotives, aucune invention n'a plus puissamment contribué à leur perfectionnement. En effet, tout en donnant à la grille une étendue moindre qu'à celle des anciennes machines, on augmente dans le rapport de 1,86 à 1,06 la surface exposée à l'action directe du feu, et dans le rapport de 4 à 1 environ la surface exposée à l'air chaud et à la flamme. De plus, dans les machines anciennes, le tube traversé par la flamme et l'air chaud, ayant 22$^{po.}$ de diamètre, présentait une section de 380$^{po. ca.}$, dont le contour extérieur n'était que de 69$^{po.}$ 11. Dans *la Fusée*, la section de 25 tubes de 3$^{po.}$ de diamètre chacun, est de 176$^{po. ca.}$ 7, et son contour de 235$^{po.}$ 6 ; ce qui établit un rapport beaucoup plus grand entre la surface chauffée et le volume d'air qui traverse le foyer.

Nous nous trouverons conduits à des observations analogues en comparant *la Fusée* avec *la Sans-Pareille*. Dans la première de ces machines, le rapport entre la surface extérieure du foyer et l'étendue de la grille est de 3,33 : 1 ; tandis que dans *la Sans-Pareille*, comme dans les anciennes machines, ce rapport n'est que de 1,5 : 1. Dans *la Fusée*, la surface exposée à l'air chaud est à la surface de la grille comme 19,66 : 1 ; dans la *Sans-Pareille,* ce rapport est de 7,5 : 1. Enfin, dans l'une comme dans l'autre, la section des tubes est de 176^{po.c.}7, tandis que le contour extérieur de cette section est dans l'une de 47^{po.}12, et dans l'autre de 235^{po.}6. Ces différences expliquent suffisamment l'économie de combustible que présente *la Fusée* sur les autres machines.

Il est à remarquer que *la Sans-Pareille* dépense plus de charbon que les anciennes machines locomotives, bien que la surface de sa chaudière soit beaucoup plus grande relativement à l'étendue de la grille. Cette circonstance exige quelqu'explication. Nous avons déjà dit que, lorsque l'on mit pour la premiere fois en usage les bouilleurs composés de plusieurs tubes, on reconnut la nécessité de faire passer la vapeur dans la cheminée, à sa sortie des cylindres, pour produire un tirage suffisamment actif. M. Hackworth, dans la construction de sa machine, avait eu recours à ce mode de tirage et en avait beaucoup augmenté l'énergie, en faisant passer dans la cheminée un jet continu de vapeur. Il atteignit ainsi le but qu'il se proposait, ou plutôt il le dépassa. Car, dès que la machine commençait à marcher avec une vitesse de 12 à 15^{mil.}(19.312^{m.} à 24.140^{m.}) par heure, le tirage devenait tellement actif, que les résidus de houille étaient rejetés avec force hors de la cheminée, et qu'il se produisait une perte énorme de combustible. Aussi la consommation de sa machine s'élevait-elle au moins à 692^{liv.} de houille (313^{kil.}86) par heure. Celle de *la Fusée*, en supposant que la surface du foyer fût la même, c'est-à-dire de 10^{pi.ca.}(0^{m.ca.}93), n'eût été, dans le même temps, que de 361^{liv.}(163^{kil.}68), c'est-à-dire environ moitié moindre. On peut expliquer ainsi l'anomalie apparente qu'offre la machine d'Hackworth, comparée aux machines anciennes. On voit qu'il faut attribuer cet excès de dépense de houille à la rapidité de la combustion et au peu d'étendue de la surface exposée à l'action du feu, circonstances qui laissent échapper l'air et la flamme à une température très-élevée.

Les considérations précédentes nous conduisent à une remarque importante. Il n'est pas douteux que, par l'emploi convenable de tubes d'un petit diamètre, on ne puisse réduire la flamme et l'air chaud, avant leur passage dans la cheminée, à peu près au même degré de température que l'eau de la chaudière. De cette sorte l'eau absorberait toute la chaleur utile, et l'on obtiendrait probablement ainsi la plus grande économie possible dans la dépense de combustible. Mais peut-être ne serait-il pas convenable d'atteindre cette limite; car, du moment où les températures de l'eau et de la flamme deviendraient à peu près égales, l'absorption de la chaleur serait si lente, qu'il faudrait employer des tubes d'une longueur démesurée. On peut donc supposer que, dans tous les cas, la température de l'air qui passe dans la cheminée est supérieure à celle de l'eau contenue dans la chaudière. Toutefois cette chaleur sera généralement insuffisante pour donner au tirage de la cheminée l'activité convenable, et l'on devra, pour obtenir ce résultat, sacrifier une plus grande partie de la chaleur de la flamme ou rejeter dans la cheminée la vapeur qui sort des cylindres.

Cette dernière méthode est probablement la plus économique; mais, quand il n'en serait pas ainsi, elle nous paraîtrait encore seule admissible, surtout pour des machines destinées à marcher avec une grande vitesse. Dans les machines locomotives, en effet, la vitesse dépend essentiellement de la quantité de vapeur qui peut être produite dans un temps donné, et par suite de l'activité de la combustion. Or, dans le système que nous indiquons, le courant de vapeur qui détermine le tirage devient plus rapide à mesure que la marche de la machine s'accélère; et, l'activité de la combustion augmente, en même temps que le jeu de l'appareil exige la production d'une plus grande quantité de vapeur. Dans *la Fusée*, ce mode de tirage était mis en usage; mais l'ouverture des tubes qui rejetaient la vapeur dans la cheminée n'était pas assez étroite pour produire un courant très-actif.

La Nouveauté présente, comme nous l'avons vu, un système de tirage essentiellement différent. Le courant est produit par un ventilateur qui amène l'air dans le foyer, en lui faisant subir un haut degré de compression, ce qui rend la cheminée inutile. On peut juger de l'état de condensation de l'air, en remarquant que la section du tuyau qui le rejette dans l'atmosphère est vingt-cinq fois moindre dans cette machine que dans *la Fusée*. D'un autre côté, la température du foyer doit être beaucoup plus élevée que dans cette dernière machine, pour produire la même quantité de vapeur dans le même temps; car l'étendue de la grille n'est que le tiers de celle de *la Fusée*, et la surface exposée à la flamme et à l'air chaud a une étendue deux fois moindre.

Il serait très-important de pouvoir déterminer exactement la puissance de vaporisation d'un appareil ainsi combiné, et il est fâcheux que les expériences entreprises avec *la Nouveauté* n'aient pu être continuées assez long-temps pour arriver à ce but. Nous pensons qu'en théorie ce système doit produire une économie notable de combustible; mais on peut faire contre son emploi quelques objections pratiques, telles que la prompte destruction de la grille du foyer, et la perte de force résultant du mouvement du ventilateur. C'est à l'expérience à décider si l'économie de combustible peut compenser ces inconvéniens.

Avant d'aller plus loin, nous devons remarquer que les accidens survenus à *la Nouveauté*, lors du concours de Liverpool, n'étaient pas dus à quelque défaut dans la combinaison de cette machine, mais seulement à un vice de construction; en effet, la chaudière horizontale, dont le diamètre n'était que de 12$^{\text{po.}}$ (0^{m}·30), se trouvait traversée trois fois par le tube destiné à livrer passage à la flamme et à l'air chaud. Or, ce dernier avait 4$^{\text{po.}}$ (0^{m}·10) de diamètre à son origine et 3$^{\text{po.}}$ (0^{m}·076) à son extrémité; en sorte qu'il ne restait que très-peu d'espace entre ce tube et la partie supérieure de la chaudière. D'un autre côté, la température de la flamme étant nécessairement très-élevée, lorsque la machine marchait avec une grande vitesse, la production de la vapeur était trop rapide pour permettre à l'eau de remplir entièrement le bouilleur horizontal. Le tube, se trouvant ainsi découvert, a dû céder à l'action de la chaleur et de la pression. Cet inconvénient, comme on le voit, pouvait être facilement évité.

Nous allons actuellement faire connaître quelques perfectionnemens qui ont été apportés dans la construction des machines locomotives.

Depuis les expériences de Liverpool, on a fait subir à *la Nouveauté* plusieurs modifications. On a établi d'une manière plus convenable la communication entre la chaudière horizontale et le réservoir de la vapeur, afin de prévenir le retour de l'accident dont nous venons de parler; un cylindre particulier a été disposé pour mettre en jeu le ventilateur; enfin on a exécuté quelques autres changemens de moindre importance. M. Vignole a ensuite entrepris une expérience, avec la machine ainsi modifiée, sur la partie de chemin de fer qui avait servi pour le concours de Liverpool.

Expérience XII. — Dans cette expérience, la machine a transporté $28^{ton}\cdot5$ à la distance de $50^{mil}\cdot813$, $17^{ton}\cdot3$ à $3^{mil}\cdot224$, et enfin $17^{ton}\cdot5$ à $33^{mil}\cdot205$, ce qui équivaut à un poids de $960^{t\cdot n}\cdot46$ transporté à la distance d'un mille (1569^{ton} 58 transportés à $1^{kilom.}$). La vapeur a été formée en $32'$, et la quantité de charbon consommée pendant ce temps a été de $62^{liv}\cdot$ ($28^{kil}\cdot40$). La consommation totale, pendant la durée de l'expérience, s'est élevée à $588^{liv}\cdot$ ($266^{kil}\cdot60$), c'est-à-dire à $0^{liv}\cdot613$ environ par mille et par tonneau, non compris le poids de la machine ($0^{kil}\cdot17$ par tonneau et par kilomètre). En tenant compte du poids de la machine, qui est de $4^{ton}\cdot$ ($4^{t\cdot n}\cdot06$), la consommation n'est que de $0^{liv}\cdot55$ par tonneau et par mille ($0^{kil}\cdot152$ par tonneau et par kilomètre); et enfin, si l'on suppose que le poids des marchandises forme les deux tiers de la charge totale, la dépense de combustible est de $0^{liv}\cdot918$ par mille et par tonneau de marchandises ($0^{kil}\cdot254$ par tonneau et par mille). Le temps employé à faire un voyage complet a été de $6^{h}\cdot15'$. La vitesse moyenne entre les deux stations s'est élevée à

8mil·05 (13kilom·674) par heure, et la vitesse moyenne pour toute la durée de l'expérience à 6mil· (9kilom·655) environ. Le ventilateur était mû par un cylindre particulier, ainsi que nous l'avons dit, et il a fonctionné pendant le temps total de l'épreuve. Ainsi la machine a dépensé toute la vapeur qui pouvait être produite en 6h· 15'.

M. Stephenson a également perfectionné le mécanisme de *la Fusée;* il a augmenté l'activité du tirage en faisant passer dans la cheminée un courant de vapeur plus puissant, et il a ainsi rendu la chaudière capable de produire dans le même temps une plus grande quantité de vapeur. Une expérience a été faite avec cette machine ainsi modifiée, et elle a fourni les résultats suivans :

Expérience XIII. La machine a transporté un poids de 37ton·25 à 9mil· en 41' 18"; un poids de 41ton·75 à 3mil· en 13' 15"; et enfin 46ton·25 à 3mil· en 13' 8". Elle a ainsi parcouru 15mil· (24140m·) avec une vitesse moyenne de 13mil·⅓ (21450m·) par heure, et une charge moyenne de plus de 40ton· (40ton·62). On n'a pas tenu note de la quantité de combustible dépensé; quant à la tension de la vapeur, elle n'a pas dépassé 50liv· par pouce carré (3athm·¼).

M. Stephenson a encore entrepris deux expériences sur la même portion de chemin de fer avec *le Météore* et *la Flèche.*

Expérience XIV. *Le Météore* portait une chaudière munie de 90 tubes de 2po· (0m·05) de diamètre chacun; la surface de la grille était de 6pi· car· (0m· c·56); l'étendue de la surface extérieure du foyer de 20pi· car· (1m·86), et la surface exposée à l'air chaud et à la flamme, de 138pi· car· 8 (12m· 90). Cette machine a transporté 34ton·½ (35ton·10) à une distance de 43mil·½ (70kilom·) avec une consommation de 1422liv· (644kil·74) de coke, et une vitesse moyenne de 10 à 12mil· (16093m· à 19311m·) par heure, ce qui équivaut à 1500ton· environ transportés à 1 mille (2450ton· environ transportés à 1kilom·). La consommation de houille, en comprenant dans le poids total du convoi la machine et le chariot d'approvisionnement, est de 0liv·78 par tonneau et par mille (0kil·22 par ton.

et kilom.), ou de $0^{liv.}94$ ($0^{kil.}27$ par t. et k.), non compris la machine et le chariot d'approvisionnement. En supposant, comme précédemment, que les marchandises forment les deux tiers du poids total du convoi, cette consommation est de $1^{liv.}42$ par mille, et par tonneau de marchandises ($0^{kil.}40$ par ton. et kilom.).

Expérience XV. *La Flèche*, de même construction que la machine précédente, portait une chaudière munie de 92 tubes de $2^{po.}$ ($0^{m.}05$) de diamètre chacun. La surface de la grille était de $6^{pi. car.}$ ($0^{m. c.}56$), et l'étendue de la surface du foyer de $20^{pi. car.}$ ($1^{m. c.}86$). La machine a transporté $28^{ton.}$ à une distance de $36^{mil.}\frac{1}{4}$, et $32^{ton.}\frac{1}{4}$ à $6^{mil.}$, ce qui équivaut à $1208^{ton.}$ transportés à $1^{mil.}$ ($1972^{ton.}$ transportés à $1^{kilom.}$). Sa vitesse moyenne a été de $12^{mil.}$ ($19311^{m.}$) par heure, et la dépense totale de combustible de $1008^{liv.}$ ($457^{kil.}$). D'après cela on voit qu'il a été dépensé dans cette expérience $0^{liv.}67$ de houille par ton. et par mille ($0^{kil.}18$ par ton. et kilom.), ou $0^{liv.}83$ ($0^{kil.}23$), non compris la machine et le chariot d'approvisionnement, ou enfin $1^{liv.}25$ ($0^{kil.}34$) pour la charge utile seulement. Ces résultats sont indiqués dans la table suivante :

TABLE VII.

MACHINES.	VITESSE moyenne par heure.	CONSOMMATION de coke par tonneau et par kilomètre.
	kilom.	kil.
1. La Fusée.	22.530	0 67
2. La Sans-Pareille.	24.1 0	0.68
3. La Nouveauté.	12.874	0.25
4. Le Phénix.	19.311	0.40
5. La Flèche	19.311	0.34

On voit ici l'inconvénient que présente pour le transport des marchandises l'emploi de machines légères et d'une faible puissance, marchant avec une grande vitesse. En effet, bien que *la Fusée* ne dépense que 11^{liv}.7 de coke pour vaporiser un pied cube d'eau, tandis que les anciennes machines en consomment 18^{liv}.34, cependant, lorsque cette machine marche avec une vitesse considérable, en traînant seulement une charge triple de son propre poids, elle dépense plus de charbon par tonneau et par mille que les machines anciennes. Les machines nouvellement construites pour le chemin de Liverpool sont plus puissantes que *la Fusée*, et peuvent transporter une charge plus considérable relativement à leur poids, ce qui diminue la consommation de houille par tonneau et par mille. Leurs chaudières nous paraissent d'ailleurs combinées de manière à obtenir une économie notable dans la dépense du combustible, et en même temps une plus grande force de vaporisation.

La disposition de ces chaudières est indiquée dans la table suivante :

TABLE VIII.

MACHINES.	SURFACE de la grille du foyer.	SURFACE extérieure du foyer.	SURFACE exposée à la flamme et l'air chaud.	SECTION des tubes traversés par la flamme et l'air chaud.
	m. c.	m. c.	m. c.	m. c.
La Fusée	0.56	1.86	10 94	0.1138
La Flèche. . . .	0.56	1.86	26.20	0.1818
La Planète . . .	0.68	2.70	20.90	0.0933

Si nous comparons ensemble *la Fusée* et *la Flèche*, nous voyons que cette dernière machine présente à l'action de la flamme et de l'air chaud, une surface beaucoup plus étendue que la première, et qu'en même temps la section de ses tubes est plus considérable. Il résulte de là que le courant d'air qui traverse le foyer est plus actif, et que la puissance de vaporisation de la chaudière se trouve augmentée. Nous verrons bientôt en effet que la quantité d'eau vaporisée par *la*

Flèche est de 275$^{gal.}$ (1250$^{lit.}$) en une heure, tandis que *la Fusée* ne vaporise que 185$^{gal.}$ (840$^{lit.}$).

M. Robert Stephenson a bien voulu nous communiquer une expérience intéressante sur ce sujet.

Expérience XVI. Le foyer soumis à l'expérience avait la même forme que celui de *la Fusée*, excepté qu'il était ouvert à la partie supérieure. A ce foyer était fixée une chaudière horizontale, ou générateur, de 5$^{pi.}$ 6$^{po.}$ (1$^{m.}$67) de long sur 16$^{po.}$ (10$^{m.}$40) de large, dans lequel étaient placés neuf tubes de 3$^{po.}$ (0$^{m.}$076) de diamètre chacun. Ces tubes étaient traversés par l'air chaud comme dans la chaudière de *la Fusée*. La surface extérieure du foyer était de 6$^{pi. car.}$ (0$^{m. c.}$56), et celle des tubes de 24$^{pi. car}$ $\frac{1}{2}$ (2$^{m.c.}$23). Après avoir rempli d'eau la chaudière, ainsi que l'espace ménagé autour du foyer, on a allumé le feu, et au bout de 32′ l'eau est entrée en ébullition dans les deux récipiens à la fois. A partir de cet instant le foyer a vaporisé dans l'espace de 38′, 6$^{gal.}$ (27$^{lit.}$26) d'eau, et la chaudière 8$^{gal.}$ (36$^{lit.}$33); d'où il suit que l'un peut vaporiser environ 10$^{gal.}$ (45$^{lit.}$43), et l'autre 12$^{gal.}$75 (57$^{lit.}$81) par heure. Ainsi, dans cette expérience, 1$^{pi. car.}$ (0$^{m. c.}$09) de chaudière exposé à l'action immédiate du feu a transformé en vapeur 1$^{gal.}$ $\frac{2}{3}$ (7$^{lit.}$53) d'eau par heure, et 1$^{pi. car.}$ de tube exposé à l'action de l'air chaud a vaporisé $\frac{1}{2}$$^{gal.}$ (2$^{lit.}$27); en sorte que les puissances de vaporisation du foyer et des tubes sont dans le rapport de 10 : 3.

Dans cette expérience le feu était beaucoup moins vif que dans le foyer des machines locomotives; car dans ces machines la quantité de vapeur produite par la même surface de chaudière est plus que double de celle que nous indiquons ici. Il est probable qu'avec une chaleur plus intense le rapport entre les puissances de vaporisation du foyer et du bouilleur serait plutôt augmenté que diminué. Mais en supposant que ce rapport restât le même, nous trouvons, d'après la table précédente, que les forces de vaporisation de *la Flèche* et de *la Planète* auraient pour valeurs relatives $20 \times 1\frac{2}{3} + 288 \times \frac{1}{2} = 174$, et

$29 \times 1\frac{1}{3} + 225 \times \frac{1}{2} = 160$. Ces deux machines offrent à peu près la même étendue de surface vaporisante; mais les volumes d'air chaud qui traversent les tubes sont dans le rapport de $1818 : 953$. Ainsi. pour un même volume d'air, la chaudière de *la Planète* présente une surface deux fois plus étendue que celle de *la Flèche;* ou si l'on suppose qu'en un temps égal il passe une égale quantité d'air dans les cheminées des deux machines, la densité de l'air chaud est deux fois plus grande dans les tubes de *la Planète* que dans ceux de *la Flèche*. Cette densité est égale d'ailleurs à celle de l'air contenu dans la cheminée, circonstance qui doit contribuer à déterminer l'économie de combustible qu'offre *la Planète*.

Il est difficile, sans doute, au milieu de résultats si divers, d'assigner une valeur exacte à la consommation des machines locomotives. Cependant, comme il peut être nécessaire d'avoir quelque donnée qui serve de règle dans la pratique, nous admettrons le résultat de l'expérience IV, table VII. D'après cette expérience, la consommation de houille est de $1^{liv.}42$, ou en nombre rond de $1^{liv.}50$ par mille et par tonneau de marchandises ($0^{kil.}41$ par tonn. et kilom.), et de $1^{liv.}$ par mille et par tonneau de charge brute ($0^{kil.}28$ par tonn. et kilom.). Ce chiffre a été fourni par une suite d'observations faites avec le plus grand soin, et peut être adopté avec confiance. Nous remarquerons toutefois qu'il indique le maximum de consommation des machines construites suivant le système que nous venons de décrire. M. Stephenson annonce en effet que, d'après quelques expériences récentes, *la Planète* ne dépense que $0^{liv.}66$ par tonneau de charge brute ($0^{kil.}18$ par tonn. et kilom.), ou $1^{liv.}$ par tonneau de marchandises ($0^{kil.}28$ par tonn. et kilom).

Si nous supposons que la résistance d'une machine montée sur des roues de $5^{pi.}$ ($1^m 52$) de diamètre, soit de $340^{liv.}$, et que celle du convoi soit de $205^{liv.}$, la dépense de combustible pour une distance d'un mille sera, d'après le résultat précédent, égale à $45^{liv.}$; et en reprenant la formule dont nous nous sommes servis plus haut, nous pourrons représenter par l'expression $\dfrac{45\times(F+F_1)}{645}$ la quantité de houille nécessaire pour transporter à la distance d'un mille un convoi quelconque dont la résistance serait F, celle de la machine étant repré sentée par F_1. Cette formule deviendrait $\dfrac{30\times(F+F_1)}{645}$ si l'on prenait pour donnée la quantité de houille dépensée par *la Planète*, en marchant avec une vitesse de 15$^{mil.}$ (24.140$^{m.}$) à l'heure.

Nous observerons, avant de quitter ce sujet, qu'en comparant ensemble la dépense de combustible de différentes machines locomotives, on doit tenir compte de leur degré de vitesse. Ainsi *la Nouveauté* est celle qui paraît fournir les résultats les plus économiques, mais sa vitesse n'était que les deux tiers de celle des machines n°s. 4 et 5, et elle pouvait ainsi traîner une plus grande quantité de marchandises relativement à son poids.

Il nous reste actuellement à faire connaître, d'après les observations les plus récentes, la quantité de travail que peuvent effectuer les machines locomotives.

Cette détermination présente une grande difficulté; en effet, les machines locomotives viennent de subir une suite de perfectionnemens aussi importants que rapides. Dernièrement encore, elles ne marchaient qu'avec une vitesse de quatre, ou tout au plus de six milles à l'heure; aujourd'hui leur vitesse moyenne est de 15$^{mill.}$ (24.140$^{m.}$), et s'élève quelquefois jusqu'à 30$^{mill.}$ (48.280$^{m.}$). Chaque nouvelle machine semble supérieure à celle qui l'a précédée, et au milieu de ces progrès successifs, on ne saurait adopter aucune évaluation sans courir le risque d'être bientôt démenti par l'expérience. Ainsi, dans la première édition de cet ouvrage, nous avons admis que le travail des machines les plus parfaites s'élevait à 40$^{ton.}$ (40$^{ton.}$62) transportés à une distance de 6$^{mill.}$ (9655$^{m.}$) en une heure. Bientôt de nouveaux perfectionnemens sont survenus, et l'on nous a reproché d'avoir adopté une valeur beaucoup trop faible. Cependant, aujourd'hui comme alors, nous croyons devoir prendre pour donnée le travail effectif des machines actuellement en usage, et suivre ainsi les résultats de l'expérience au lieu de les devancer.

Au reste, les seules machines qui puissent servir de base à nos évaluations sont celles de MM. Stephenson et comp^{ie}. Dans les dernières machines construites pour le chemin de Liverpool, par MM. Braithwaite et Ericsson, ces ingénieurs ont abandonné leur système de ventilation, et ils se sont servis, pour déterminer le tirage, d'une roue à aubes, placée dans une chambre à l'extrémité de la chaudière. Mais nous n'avons pas eu l'occasion de déterminer le travail utile de ces nouvelles machines et nous ne pouvons exprimer aucune opinion sur leur mérite. Il est vrai qu'une expérience (1) a été faite à Liverpool sur une chaudière à basse pression, construite d'après le système de MM. Braithwaite et Ericsson, et que l'on a obtenu une notable économie de combustible. Mais la longueur des tubes était de 45^{pi} (13^{m}·71), longueur qu'il serait sans doute difficile d'obtenir dans une machine locomotive, et à laquelle nous paraissent dus en grande partie les avantages de cet appareil. Au reste, les deux machines de M. Stephenson et de MM. Braithwaite et Ericsson sont réellement fondées sur le même principe, c'est-à-dire la production du tirage à l'aide d'un procédé mécanique. Dans l'une, c'est la vapeur qui par son passage dans la cheminée détermine le courant d'air, dans l'autre c'est le mouvement d'une roue à aubes. Il reste à savoir quel est celui de ces deux moyens qui produit le tirage le plus actif, et qui exige en même temps pour sa manœuvre la moindre dépense de force. Mais, dans les deux cas, aucune portion de la chaleur du foyer n'est consommée, comme dans les machines ordinaires, pour déterminer le courant d'air, et tout le calorique peut être absorbé par l'eau de la chaudière.

Dans l'expérience XIV, *le Météore* a traîné, sur une faible longueur de route, un poids de 34^{ton}·5 (35^{ton}·03) avec une vitesse de 10 à 12^{mil}·

____

(1) Voyez la note 2 à la fin du chapitre.

($16{,}093^{m.}$ à $19{,}312^{m.}$) par heure. Mais des expériences plus récentes prouvent que quelques-unes des machines nouvellement construites pour le chemin de Liverpool, peuvent effectuer un travail beaucoup plus considérable, surtout lorsqu'elles suivent, sur de longues distances, une direction constante, au lieu de changer alternativement le sens de leur mouvement.

Une expérience citée par MM. Stephenson et Locke dans leur ouvrage sur le mérite comparatif des machines fixes et locomotives, donne pour valeur moyenne du travail de *la Fusée* $37^{ton.}\frac{1}{4}$ ($37^{ton.}84$) de charge brute, ou $25^{ton.}$ ($25^{ton.}40$) de marchandises, transportées à $13^{mil.}$ ($20.920^{m.}$) en une heure. Cette machine cependant est beaucoup moins puissante que celles qui ont été mises plus tard en usage.

Au reste, la force des machines locomotives étant proportionnelle à la quantité de vapeur que la chaudière est capable de produire dans un temps donné, on peut apprécier la force des machines précitées en examinant le tableau suivant, dans lequel se trouve indiqué le volume d'eau vaporisée dans un trajet de Liverpool à Manchester. La distance est de $32^{mil.}$ ($51.497^{m.}$), et la durée totale du voyage, de 2 heures, y compris les temps d'arrêt.

TABLE IX.

MACHINES.	QUANTITÉ de coke dépensé.	QUANTITÉ d'eau vaporisée.	QUANTITÉ d'eau vaporisée par heure.
	kil.	lit.	lit.
La Fusée.	294.70	1781.07	840.53
La Flèche.	408.07	2498.90	1249.45
Le Phénix	385.40	1953.68	976.84

On voit, par ce tableau, que la quantité d'eau vaporisée en une heure est ici deux ou trois fois plus considérable que dans les anciennes machines. On doit remarquer aussi que la puissance de vaporisation de *la Fusée* se trouve beaucoup augmentée par l'emploi de la vapeur comme moyen de tirage.

La Flèche vaporise $275^{gal.}$ ($1249^{lit.}45$) d'eau par heure, et produit ainsi à chaque minute $501.328^{po.\,cub.}$ de vapeur sous une pression de $50^{liv.}$ par pouce carré, ce qui équivaut à une force de $\dfrac{501.328 \times 50^{liv.}}{12} \times 1^{pi.} = 2.088.866^{liv.} \times 1^{pi.}$. Si l'on admet que l'effet utile de la machine soit égal à $\frac{3}{10}$ de sa puissance, son travail effectif aura pour mesure $0,3 \times 2,088,866^{liv.} \times 1^{pi.} = 626,659^{liv.} \times 1^{pi.}$; et en supposant que la vitesse moyenne du convoi soit de $15^{mil.}$ par heure, ou de $1320^{pi.}$ par minute, on voit que la machine sera capable de surmonter une résistance constante de $\dfrac{626.659^{liv.}}{1320} = 474^{liv.}$.

D'après ce résultat, on peut prendre pour mesure de la puissance d'une machine locomotive, une charge brute de $30^{ton.}$ ($30^{ton.}26$), transportée à une distance de $15^{mil.}$ en une heure, y compris les temps d'arrêt accidentels; il resterait ainsi un excès de force de $174^{liv.}$, qui est plus que suffisante pour vaincre la résistance de la machine.

La valeur que nous assignons ici au travail des machines locomotives se rapporte à leur état actuel de perfectionnement. Mais l'attention publique est trop fortement dirigée vers ce nouveau genre de moteur pour que l'on puisse douter qu'il ne subisse bientôt de nouveaux perfectionnemens. Aussi, en admettant l'évaluation précédente, nous courons le risque de tomber dans une erreur semblable à celle qui nous a déjà été reprochée. Nous croyons cependant, ainsi que nous l'avons déjà dit, que l'on doit se borner à indiquer les résultats fournis par l'expérience.

Le travail de *la Fusée* et des machines légères de même force est moins considérable; mais nous avons déjà fait connaître les inconvéniens de l'emploi de machines aussi faibles. Nous pensons que, pour obtenir la plus grande économie possible, on ne doit pas se servir de machines dont la puissance soit inférieure à la limite que nous avons indiquée;

notamment sur les chemins de fer publics, où la même voie sert en même temps au transport des voyageurs et des marchandises, et où il importe par conséquent que les machines traînent la plus grande charge possible avec une vitesse suffisante pour le transport des voyageurs.

On peut se demander, il est vrai, s'il est possible de construire des machines de cette force qui soient assez légères pour ne pas endommager les rails. Mais si l'on fait attention aux perfectionnemens introduits nouvellement dans la construction des machines locomotives, la solution de cette question ne paraîtra pas douteuse. Ainsi, *la Planète*, qui présente une force convenable, ne pèse que 5 ou $6^{ton.}$, et il est très-probable que ce poids pourrait encore être réduit.

Au reste, en ajoutant aux rails quelques livres de fer par mètre courant, on peut, avec un léger surcroît de dépense, augmenter notablement leur force. Sur le chemin de Liverpool à Manchester, par exemple, le prix des rails n'entre que pour 6 centièmes dans la dépense totale du chemin de fer, et il serait facile de doubler leur résistance avec une dépense de 2 p. o/o environ, c'est-à-dire de $2^{sh.}6^{d.}$ par yard courant (2^f 70 par mètre courant) de voie simple. On ne saurait balancer entre une si faible augmentation de dépense, et l'économie permanente que l'on obtiendra dans les frais de transport, en donnant aux machines locomotives un poids supérieur de 20 ou $30^{quint.}$ ($1015^{kil.}$ ou $1523^{kil.}$) à celui des chariots ordinaires. Nous ne prétendons pas par-là recommander l'usage de machines lourdes, mais bien l'emploi de machines qui puissent fournir le maximum d'effet utile, sans détériorer les rails.

D'après ce qui précède, nous admettrons que le travail d'une machine locomotive, sur un chemin de niveau, a pour mesure une charge brute de 30 ou de $40^{ton.}$ ($30^{ton.}$ 47 ou $40^{ton.}$ 62) (suivant la puissance et le poids de la machine, que la force des rails permet d'employer), transportée à une distance de $15^{mil.}$ (24. 140^m) en une heure. Cette charge brute correspond à $20^{ton.}$ ou $30^{ton.}$ de marchandises. Les deux tables suivantes indiquent les quantités de travail que des machines de cette force peuvent effectuer avec des vitesses différentes et sur des rampes présentant différents degrés d'inclinaisons.

TABLE X.

Machine capable de traîner 30^ton. (30^ton.47) de charge brute avec une vitesse de 15^mil. (24.140^m.) par heure.

INCLINAISON de la route.	Charge brute que cette machine peut remorquer avec les vitesses suivantes :									
	10 mil. (16.093)	11 mil. (17.702)	12 mil. (19.302)	13 mil. (20.920)	14 mil. (22.530)	15 mil. (24.140)	16 mil. (25.748)	17 mil. (27.358)	18 mil. (28 967)	19 mil. (30 577)
	ton.	ton.	ton.	ton.	ton.	ton.	ton.	ton.	ton.	ton.
0	54.20	52.61	45.70	39.82	34.80	30.46	26.74	23.64	20.31	17.62
1 : 4480	51.63	50.54	43.21	37.91	33.11	29.00	25.32	22.15	19.25	16.74
— 2240	49.25	47.80	41.42	36.15	31.50	27.63	24.20	21.16	18.42	16.14
— 1120	47.20	45.72	39 68	34.56	30.22	26.41	23.14	20.25	17.58	15.29
— 1000	44.22	42.93	36.75	32.60	28.39	24.81	21.77	18.98	16.51	14.37
— 900	43 55	42.32	36.84	32.04	28.01	24.51	21.47	18.68	16.36	14.16
— 800	42.32	30.50	35.68	31.06	27.17	23.75	20.78	18.12	15.83	13.70
— 700	41.87	39.60	34.57	30.15	26.34	23.07	16.11	17.58	15.30	13.31
— 600	39.60	38.37	33.34	29.00	25.32	22.22	19.33	16.97	14.77	12.86
— 500	37.60	36.54	31.67	27.63	24.13	21.01	18.50	15.32	14.07	12.18
— 448	36.14	35.02	30.47	26.49	23.21	20.00	17.73	15.48	13.47	11.72
— 400	34.26	33.65	29.23	24.72	22.30	19.49	17.05	14.92	12.94	11.26
— 350	33.19	31.44	27.78	24.28	21.16	18.52	16.21	14.15	12.33	10.65
— 300	31.91	30.21	26.19	22.87	19.94	17.43	15.30	13.32	11.64	10.02
— 250	28.63	27.78	24.13	21.01	18.45	16.06	14.08	12.25	10.73	9.28
— 200	25.48	24.72	21.54	18.72	16.36	14.31	12.55	11.21	9.51	8.29
— 150	21.68	21.00	18.27	15.83	13.85	12.18	10.66	9.29	8.07	7.03
— 100	17.82	17.27	14.99	13.09	11.42	9.96	8.75	7.61	6.67	5.79

TABLE XI.

Machine locomotive capable de traîner $40^{ton.}$ ($40^{ton.}60$) de charge brute avec une vitesse de $15^{mil.}$ ($24.140^{m}.$) par heure.

INCLINAISON de la route.	Charge brute que cette machine peut remorquer avec les vitesses suivantes :									
	$11^{mil.}$ (17.702^m.)	$12^{mil.}$ (19.302^m.)	$13^{mil.}$ (20.920^m.)	$14^{mil.}$ (22.530^m.)	$15^{mil.}$ (24.140^m.)	$16^{mil.}$ (25.748^m.)	$17^{mil.}$ (27.358^m.)	$18^{mil.}$ (28.967^m.)	$19^{mil.}$ (30.577^m.)	$20^{mil.}$ (32.186^m.)
0	70.15	60.93	53.08	46.38	40.60	35.52	31.03	27.06	23.49	20.31
1 : 4180	66.28	57.95	50.54	44.15	38 67	33.80	29.53	25.68	22 34	19.28
— 2440	63.74	55.31	48.21	42.12	36.44	32.28	28.22	24.56	21.21	18.37
— 1120	61.50	52.88	46.08	40.29	35.22	30.86	26.99	23.44	20 40	17.56
— 1 000	57.24	49.73	43.34	37.86	33.09	29.03	25.37	22.02	19.18	16.54
— 960	56.53	49.14	42.73	37.35	32.68	28.63	24.96	21.82	18.88	16.34
— 800	54.02	47.60	41.41	35.23	31.68	27.71	24.16	21.12	18.27	15 83
— 700	53.08	46.08	40.19	35.11	30.75	26.99	23.45	20.40	17.76	15.32
— 600	51.15	44.45	38.67	33.79	29.64	25.78	22.63	19.69	17.15	14.82
— 500	48.74	42.22	36.84	32.17	28.11	24.66	21.52	18.78	16 24	14.11
— 448	46.71	40.62	35.32	30.95	26.99	23.65	20.60	17.96	15.62	13.49
— 400	44.86	38.97	32.98	29.74	25.98	22.71	19.89	17.25	15.02	12.98
— 350	42.73	37.05	32.37	28.22	24.65	21.62	18.88	16.44	14.31	12.28
— 300	34.29	34.91	30.50	26.59	23.24	20.40	17.76	15.53	13.50	11.57
— 250	37.05	32.17	28.01	24.46	21.42	18.78	16.34	14.31	12.38	10.76
— 200	32.98	28.72	24 97	21.82	19.08	16.75	14.62	12.69	11.06	9 60
— 150	»	24.36	21.12	18.47	16.24	14 21	12 38	10.76	9 39	8.12
— 100	»	19.99	17.46	15.22	13.30	11.67	10.15	8.91	7.73	6.68

Sur une longue ligne de chemin de fer on peut prendre pour charge un poids dont la résistance, calculée d'après l'inclinaison moyenne de la ligne entière, soit égale à celle que présente un poids de $30^{ton.}$ ($30^{ton.}47$) sur une route horizontale; il est nécessaire toutefois qu'il ne se rencontre pas de rampe sur laquelle la résistance excède la valeur de l'adhérence des roues sur les rails, ou dépasse les limites indiquées dans la table XI. Cette dernière table fait connaître les charges qui peuvent être remorquées sur des plans de peu d'étendue, ainsi que les vitesses correspondantes. On n'a pas poussé le calcul, au-delà du point où s'arrête l'effet de l'adhérence des roues sur les rails.

Il est facile de s'assurer, d'après l'exemple de *la Planète*, que les machines locomotives peuvent réellement effectuer la quantité de travail indiquée dans la table XI.

En effet, les cylindres de cette machine ont $11^{po.}$ ($0^{m.}28$) de diamètre, et $190^{po. ca.}$ ($0^{m. ca.}124$) de surface ; la longueur de la course est de $16^{po.}$ ($0^{m.}40$). Le nombre des coups de piston est de 84 par minute, et leur vitesse de $224^{pi.}$ ($68^{m.}27$).

D'un autre côté, le diamètre des roues est de $5^{pi.}$ ($1^{m.}52$). Leur circonférence est de $188^{pi.}14$; et la résistance correspondante à une charge de $40^{ton.}$ est de $400^{liv.}$, d'où il suit que le travail effectif de la machine pour un tour de roue est égal à $188^{po.}4 \times 400^{liv.} = 75360^{liv.} \times 1^{po.}$.

La pression totale qui doit s'exercer sur le piston pour produire un pareil effet est égal à $\frac{75360}{32} = 2355$ $^{liv.}$ et la pression par pouce carré est $\frac{75360}{32 \times 190} = 13$ $^{liv.}$ environ. La tension de la vapeur dans la chaudière étant d'ailleurs de $50^{liv.}$ par pouce carré, on voit que l'effet utile est de 26 pour cent. Il reste à examiner si la chaudière est capable de produire une quantité convenable de vapeur sous la pression de $50^{liv.}$ par pouce carré. La course de chaque piston étant de $16^{po.}$ et le nombre des coups de piston de 84 par minute, la dépense de vapeur, à chaque minute, s'élève à $190^{po. ca.} \times 32 \times 84^{po.} = 510,720^{po. cub.}$. Or, nous trouvons, dans la table IX, que *la Flèche*, dont la force de vaporisation est moindre que celle de *la Planète*, réduit en vapeur 275 gallons par heure, ou $4^{gall.}58$ par minute, ce qui donne environ $501,328^{po. cub.}$ de vapeur à la pression de $50^{liv.}$ ou $510,720^{po. cub.}$ sous la pression de $49^{liv.}$; en adoptant cette donnée pour *la Planète*, son effet utile se trouverait porté à 26,5 pour cent environ. Nous avons vu plus haut, en effet, que la puissance des machines locomotives pouvait en général être évaluée à $\frac{7}{10}$ de la pression exercée sur le piston. On voit, d'après ce qui précède, que ces machines pourront effectuer le travail indiqué dans la table XI, non-seulement sur de courtes distances ou sur des rampes accidentelles, mais bien d'une manière continue, pourvu que la puissance de vaporisation de la chaudière s'élève à 275 gallons par heure.

Dans le calcul des tables X et XI, nous avons supposé que la force de la machine était constamment la même, ou que la production de la vapeur dans la chaudière était égale dans des temps égaux. Pour peu que l'on considère le mode de formation de la vapeur, on reconnaîtra que cette hypothèse n'est pas rigoureusement exacte. En effet, le tirage est presque entièrement déterminé par le courant de vapeur qui s'échappe dans la cheminée. Or, plus la vitesse de la machine est considérable, plus ce courant doit être actif, et plus aussi la production de la vapeur doit être rapide. On devrait donc, lorsque la vitesse augmente, obtenir avec la même machine un plus grand effet. Mais comme d'un autre côté, l'accélération du piston donne lieu à une certaine perte de force, et qu'en même temps la résistance de l'air croît avec la vitesse du convoi, l'on doit peut-être, à défaut d'expériences précises, admettre dans la pratique que la machine conserve la même puissance, et qu'elle est capable d'effectuer, à de grandes vitesses, le travail indiqué dans la table XI.

Il serait impossible de comprendre, dans des tableaux semblables à ceux que nous venons de présenter, tous les cas qui peuvent se rencontrer dans la pratique ; mais on peut y suppléer sans peine à l'aide de la formule que nous avons déjà donnée page 80.

En appelant comme précédemment Π le poids de la machine, Π celui des chariots, f le coefficient du frottement, f_i le rapport du tirage à la charge sur un chemin horizontal, i l'inclinaison du plan, nous aurons, dans le cas de la remonte, l'équation

$$(1) \qquad f\,\Pi = (\Pi + \Pi_i)\,(f_i + \sin. i).$$

et dans le cas de la descente,

$$(2) \qquad f\Pi = (\Pi + \Pi_i)\,(f_i - \sin. i). \quad \text{d'où l'on tire}$$

$$\Pi_i = \frac{\Pi\,(f - f_i - \sin. i)}{f_i + \sin. i} \quad \text{et} \quad \Pi_i = \frac{\Pi\,(f - f_i + \sin. i)}{f_i - \sin. i}$$

Lorsque le plan est horizontal, on a $\sin. i = 0$, et par suite

$$\Pi_i = \frac{\Pi\,(f - f_i)}{f}.$$

Or, nous avons vu précédemment que l'on peut prendre $f = \frac{1}{2,0}$ ou $\frac{1}{3,5}$, suivant que les pistons agissent sur les quatre roues ou sur deux roues seulement : en prenant d'ailleurs $f_1 = \frac{1}{124}$, on trouve que sur une route horizontale une machine peut remorquer une charge égale à 9 ou 10 fois son propre poids.

Si le poids du convoi montant est dans un rapport déterminé avec celui du convoi descendant, et si l'on veut que la résistance reste la même dans les deux cas, la valeur de sin. i se trouve complétement déterminée ainsi que celle de Π, par les deux équations (1) et (2). Supposons en effet que le rapport entre les poids des deux convois soit $q : 1$, nous aurons :

$$f\,\Pi = (\Pi + \Pi_1)\,(f_1 + \sin. i)$$
$$f\,\Pi = (\Pi + q\Pi_1)\,(f_1 - \sin. i).$$

Eliminant Π entre ces deux équations, il vient

$$\sin.^2 i - \frac{q+1}{q-1}\cdot f \sin. i + (f - f_1)f_1 = 0.$$

d'où l'on tire

$$\sin. i = \frac{1}{2}\frac{q+1}{q-1}\cdot f \pm \sqrt{\frac{1}{4}\left(\frac{q+1}{q-1}\right)^2 f^2 - f_1 (f - f_1)}.$$

En supposant $q = 3$, $f_1 = \frac{1}{200}$, et en prenant le signe inférieur, on trouve sin. $i = 0.0023$, et

$$\Pi_1 = \frac{\Pi\,(f - f_1 - \sin. i)}{f_1 + \sin. i} = 4{,}5 \times \Pi.$$

d'où $q\Pi_1 = 13.5 \times \Pi$.

Si le poids de la machine est de $6^{\text{ton.}}$, on aura $\Pi_1 = 27^{\text{ton.}}$, et $q\Pi_1 = 81^{\text{ton.}}$.

CHEVAUX ET MACHINES LOCOMOTIVES.

Nous avons indiqué précédemment, dans différens tableaux, le travail effectué par ces deux genres de moteurs; mais nous croyons utile de rapprocher ces résultats.

Le travail maximum du cheval a pour mesure, ainsi que nous l'avons vu, un poids de $12^{\text{ton.}}$ transporté à $20^{\text{mil.}}$, ou un poids de $240^{\text{ton.}}$ transporté à $1^{\text{mil.}}$ en un jour ($392^{\text{ton.}} \times 1^{\text{kilom.}}$). D'un autre côté, les documens fournis par les propriétaires des voitures de Liverpool nous apprennent qu'un cheval, marchant avec une vitesse de 9 à $10^{\text{mil.}}$ par heure (14484$^{m.}$ à 16095$^{m.}$), parcourt moyennement 13$^{mil.}$ (20,910$^{m.}$) en un jour, et que quatre chevaux sont nécessaires pour traîner avec cette vitesse une voiture ordinaire. Si nous supposons que le poids moyen de chaque voiture soit de 36$^{quin.}$ (1828$^{kil.}$5), et que les résistances sur les chemins de fer et sur les routes ordinaires soient dans le rapport de 7,5 à 1, nous voyons que sur un chemin de fer, quatre chevaux transporteraient en un jour 13$^{ton.}$5 à la distance de 13$^{mil.}$, ou 175$^{ton.}$5 à la distance d'un mille. Le travail de chaque cheval aurait donc pour mesure un poids de 45$^{ton.}$8 transporté à 1$^{mil.}$ (71$^{ton.}$52 × 1$^{kilom.}$).

M. Walker, dans son rapport sur le chemin de fer de Liverpool, donne pour mesure de ce travail 37$^{ton.}$5 × 1$^{mil.}$ (61$^{ton.}$24 × 1$^{kilom.}$), et M. Rastrick 60$^{ton.}$ × 1$^{mil.}$ (97$^{ton.}$98 × 1$^{kilom.}$); mais le premier prend 10$^{mil.}$, et le second 20$^{mil.}$, pour la distance parcourue chaque jour par le cheval. L'expérience nous indique que cette distance est de 13$^{mil.}$; en sorte que, d'après la donnée de M. Rastrick, le travail effectif serait de 60$^{ton.}$ × $\frac{13}{20}$ = 39$^{ton.}$ transportés à 1$^{mil.}$ (62$^{ton.}$75 × 1$^{kilom.}$). M. Tredgold, dans son ouvrage sur les chemins de fer, adopte pour mesure de ce travail un poids de 4$^{ton.}$8 transporté à 1$^{mil.}$ sur une route ordinaire, c'est-à-dire 4$^{ton.}$8 × 7,5 = 36$^{ton.}$ transportés à un mille sur un chemin de fer (58$^{ton.}$90 × 1$^{kilom.}$).

On voit, d'après ces divers résultats, que l'on peut, avec assez d'exactitude, considérer comme valeur maximum du travail d'un cheval marchant avec une vitesse de 10$^{mil.}$ (16,093$^{m.}$) à l'heure, un poids de 45$^{ton.}$8 transporté à 1$^{mil.}$ en un jour (71$^{ton.}$52 × 1$^{kilom.}$).

La table X indique comme mesure du travail d'une machine locomotive un poids de 53$^{ton.}$4 transporté à une distance de 10 milles en une heure, ou de 45$^{ton.}$ × 12$^{mil.}$ (880$^{ton.}$82 × 1$^{kilom.}$). Nous sommes convaincus, d'après quelques nouveaux résultats, que cette valeur n'est pas exagérée; en effet, *la Planète*, dans une expérience faite sur le chemin de Liverpool à Manchester, a parcouru la distance qui sépare ces deux villes dans l'espace de $2^h\ 54^m$, et en traînant $75^{ton.}$ ($76^{ton.}\ 17$) de marchandises (1).

TABLE XII.

	VITESSE par heure.		CHARGE.	DISTANCE parcourue en un jour.		TRAVAIL effectif ou nombre de tonneaux transportés à 1 kilom.	NOMBRE de chevaux équivalent à la puissance de la machine.
	mil.	kilom.	ton.	mil.	kilom.	ton.	
Machines lo-comotives.	12	19.312	45.70	96	154.494	7060.32	»
Chevaux... {	2.5	4.023	12.18	20	32.186	392.02	18
	10	16.093	3.44	13	20.910	71.93	98

Sur la plupart des chemins de fer, les voyageurs et les marchandises doivent suivre la même voie, et par conséquent marcher avec la même vitesse ; aussi est-il nécessaire de prendre pour limite de la charge d'une machine locomotive le poids qu'elle est capable de traîner avec la vitesse qui convient au transport des voyageurs. Une vitesse de $12^{mil.}$ par heure est généralement suffisante ; or, dans ce cas, une machine effectue en 8 heures le travail de 18 chevaux, comme on le voit dans la table précédente. Pour une vitesse de $15^{mil.}$ par heure, sa charge n'est que de $30^{ton.}$, et son travail équivaut à celui de 12 chevaux en $6^h\ \frac{1}{2}$; mais nous devons remarquer que dans ce rapprochement nous supposons aux machines une vitesse que les chevaux ne sauraient atteindre, et que d'un autre côté nous prenons pour terme de comparaison le travail maximum du cheval, travail qui suppose une lenteur de marche tout-à-fait incompatible avec le transport des voyageurs.

Si l'on considère le cas où les chevaux marchent avec une grande vitesse, on trouve une différence bien plus marquée. En supposant en effet qu'un cheval parcoure $10^{mil.}$ ($16,093^{m.}$) par heure, non compris les temps d'arrêt, on voit qu'une machine, avec une vitesse de

---

1) Voyez la note 3 à la fin du chapitre.

12$^{\text{mil.}}$ (19,312$^{\text{m.}}$), effectue en 8 heures le travail de 98 chevaux, et qu'en 6$^{\text{h.}}\frac{1}{2}$, avec une vitesse de 15$^{\text{mil.}}$ (24,140$^{\text{m.}}$) à l'heure, elle produit le même effet que 165 chevaux. On doit conclure de là que, lorsque les voyageurs doivent être transportés sur le même chemin de fer que les marchandises, et que la vitesse moyenne ne doit pas être moindre de 10$^{\text{mil.}}$ par heure, l'emploi des chevaux est complétement inadmissible.

L'exemple du chemin de fer de Liverpool vient à l'appui de cette conclusion. Nous avons déjà dit qu'avant la construction de ce chemin, il existait 26 voitures publiques sur la route à barrières qui réunit Liverpool à Manchester. En supposant que ces voitures fussent chargées à chaque voyage de 14 personnes, le nombre des voyageurs devait s'élever à 728 par jour. D'un autre côté, la distance entre les deux villes étant de 37$^{\text{mil.}}$, les voitures parcouraient journellement 26 × 74$^{\text{mil.}}$ = 1924$^{\text{mil.}}$. Or, chaque attelage se composait de 4 chevaux, et chaque cheval ne pouvait parcourir que 13$^{\text{mil.}}$, en sorte que ce service exigeait 591 chevaux. Sur le chemin de fer, chaque machine locomotive traîne 120 voyageurs et parcourt en 2$^{\text{h.}}$ la distance qui sépare les deux villes. Si l'on suppose qu'elle fasse 3 voyages par jour, elle transportera 360 voyageurs; en sorte que deux machines locomotives pourront effectuer sur le chemin de fer le même travail que 591 chevaux sur la route ordinaire. La longueur de cette dernière route était de 37$^{\text{mil.}}$, tandis que celle du chemin de fer n'est que de 30$^{\text{mil.}}$; on doit donc diminuer ce nombre de chevaux dans le rapport de 30 à 37, et l'on trouve ainsi que chaque machine fait le travail de 240 chevaux; l'une marchant avec une vitesse de 15$^{\text{mil.}}$ et les autres avec une vitesse de 10$^{\text{mil.}}$ par heure.

Il existe sans doute peu de villes qui puissent fournir 120 voyageurs à la fois pour former la charge d'une machine locomotive, mais on peut compléter cette charge avec des marchandises, ce qui nous conduit de nouveau à cette conclusion, que dans la plupart des cas tous les transports doivent être effectués avec la même vitesse.

Nous avons vu qu'une machine locomotive, avec une charge de 120 voyageurs, peut faire le même travail que 240 chevaux sur une route ordinaire. Or, l'on sait que les résistances sur les chemins de fer et sur les routes ordinaires sont dans le rapport de 1 à 7,5, d'où il suit que 32 chevaux peuvent effectuer sur un chemin à rails le travail de 240 chevaux sur une route à barrières. Le travail effectif des machines locomotives et des chevaux serait donc dans le rapport de 32 à 1 ; mais nous devons observer que le poids de 120 voyageurs représente le tiers seulement de la charge que la machine locomotive peut traîner avec la vitesse que nous considérons ; en sorte que son travail équivaut réellement à celui de 3×32 ou de 96 chevaux, ce qui se rapproche du résultat indiqué dans la table XII.

Le rapport entre l'effet utile des chevaux et des machines dépend sans doute de la longueur de la route, de la nature des marchandises, des pertes de temps, etc. Mais, dans tous les cas, il s'écarte peu de la valeur que nous indiquons. D'un autre côté, les prix relatifs de ces deux genres de moteurs dépendent aussi de la situation du pays, du prix de la houille et de quelques autres circonstances accessoires. Nous croyons cependant qu'en général la dépense d'une machine locomotive équivaut à celle de quatre chevaux avec leurs conducteurs. Ainsi, tant que l'effet utile d'une machine locomotive surpassera celui de quatre chevaux, son emploi devra être préféré sous le rapport économique.

MACHINES FIXES ET LOCOMOTIVES.

Nous avons déjà parlé des recherches entreprises par MM. Walker et Rastrick, d'après l'invitation des directeurs du chemin de Liverpool, dans le but de déterminer le genre de moteur le plus convenable pour cette nouvelle voie de communication. Ces ingénieurs ont donné dans leur rapport des notions très-intéressantes sur les différens genres de moteurs applicables aux chemins de fer, et notamment sur les machines fixes et locomotives. Il est vrai que leurs évaluations ont été faites avant les derniers perfectionnemens introduits dans la construction des machines locomotives, et qu'elles ne s'accordent pas avec les résultats fournis plus récemment par MM. Stephenson et Locke (1). Cependant, comme il existe entre ces deux évaluations des différences indépendantes du degré de perfectionnement des machines locomotives, et que d'ailleurs le rapport de MM. Walker et Rastrick contient des détails fort utiles, nous croyons convenable d'en présenter ici un résumé rapide. Ces ingénieurs ont pris pour base de leurs calculs le mouvement commercial indiqué ci-dessous :

MOUVEMENT COMMERCIAL PAR JOUR.

1°. *De Liverpool à Manchester.*

1000$^{tun.}$ de marchandises, de Liverpool à Manchester, portées sur des chariots, et pesant avec les chariots. 1,500

500$^{tun.}$ de bétail, brebis, porcs, etc. ; c'est-à-dire que le bétail occupe la place de 500$^{tun.}$ de marchandises, et pèse à peu près le même poids ; en ajoutant 250$^{tun.}$ pour le poids des chariots, on a. 750

Un transport aussi considérable de bestiaux ne doit avoir lieu que deux ou trois fois par semaine ; mais il faut se réserver la force nécessaire pour l'effectuer.

400$^{tun.}$ de houille, à la distance de 12 à 15 milles de Kenyon à Manchester, avec les chariots. 600

800 chariots vides, à des distances de 8 à 20 milles, comme de Liverpool à Whiston, Rainhill, Newton.. 800

800 voyageurs de Liverpool à Manchester, transportés par 35 voitures environ. 100

Total. . . . 3,750$^{tun.}$

2°. *De Manchester à Liverpool.*

500$^{tun.}$ de marchandises, chaux, pierres, etc., avec les chariots. . . . 750

300 chariots vides, ayant apporté du coton et autres marchandises. . . 250

200 chariots vides, ayant transporté de la houille à une distance de 12 à 15 milles, comme de Kenyon à Manchester. 200

1,600$^{tun.}$ de houille, à une distance de 8 à 20$^{mil.}$, comme de Newton ou de Whiston à Liverpool. 2,400

250 chariots ayant servi au transport du bétail. 250

800 voyageurs. de Manchester à Liverpool, occupant 35 voitures environ. 100

Total. . . . 3,950$^{tun.}$

---

(1) La controverse entre MM. Walker et Rastrick, et MM. Locke et Stephenson, est rapportée dans les *Annales des Ponts et Chaussées*, n°s. 2 et 5 de l'année 1831.

Le profil longitudinal du chemin de Liverpool à Manchester présente les dispositions suivantes :

	DISTANCE.	PENTE par mètre.	RAMPE par mètre.
	m.	m.	m.
Plan incliné de la galerie	1.828.76	»	0.0208
Partie de niveau.	914.38	»	»
Pente insensible.	8.247.68	0.0009	»
Plan incliné de Rainhill.	2.413.96	»	0.0104
Plateau horizontal.	3.017.50	»	»
Plan incliné de Sutton.	2.413.96	0.0104	»
Marais de Parr.	4.023.28	0.0004	»
Partie à la suite	10.460.54	0.0011	»
Marais de chat.	8.851.23	»	0.0008
Partie de niveau. '	7.241.32	»	»

MACHINES LOCOMOTIVES.

MM. Walker et Rastrick admettent que chaque machine a la force de dix che-
vaux, qu'elle pèse $8^{ton.}$, et avec l'eau et le combustible $10^{ton.}\frac{1}{2}$, enfin qu'elle peut
traîner avec une vitesse de $10^{mil.}$ ($16.090^{m.}$) par heure, $19^{ton.}\frac{1}{2}$ ($19^{ton.}$ 80) de charge
brute, c'est-à-dire $13^{ton.}$ ($13^{ton.}$20) de marchandises, et $6^{ton.}\frac{1}{2}$ ($6^{ton.}$60) de chariots
(a, note 4).

Prix d'achat d'une machine.	$550^{l. s.}$ (1)
Machine de réserve (une pour cinq).	110
Chariot d'approvisionnement, bache.	50
' en sus pour la machine de réserve.	10
Total. . . .	$720^{l. s.}$

En supposant que la durée de la moyenne de chaque machine
soit de vingt années, et en déduisant $60^{l. s.}$ pour la valeur des
vieux matériaux, l'intérêt annuel de ce capital est de.. . . . . . . $55^{l. s.}$ $16^{sh.}$ $0^{p.}$
Réparations annuelles (b, note 4). 107 8 0
$382^{ton.}$ de houille, à $5^{sh.}$ $10^{p.}$ (c, note 4). 111 8 4
Graisse, huile, gages des mécaniciens, etc. (d, note 4). . . . 92 12 0

Total. . . . $367^{l. s.}$ $4^{sh.}$ $4^{p.}$

(1) La livre sterling $=$ 20 shellings $=$ 25 fr. 20 c.
Le shelling $=$ 12 pence $=$ 1 fr. 16 c.
Le penny (au pluriel pence) $=$ 0 fr. 10 c.

Dépenses annuelles pour tout le chemin de fer.

On suppose que chaque machine peut transporter 13$^{\text{ton.}}$ de marchandises, et exécuter trois voyages par jour, non compris les temps d'arrêt, c'est-à-dire transporter un poids de 1170$^{\text{ton.}}$ à un mille de distance. Le mouvement commercial consistant dans le transport de 4,000$^{\text{ton.}}$ à la distance de 10$^{\text{mil.}}$, ou de 120,000$^{\text{ton.}}$ à 1$^{\text{mil.}}$, 102 machines sont nécessaires pour effectuer ce travail ; lesquelles, au prix de 367$^{\text{l. s.}}$ 4$^{\text{sh.}}$ 4$^{\text{p.}}$ chaque, reviennent à.   37.456$^{\text{l. s.}}$ 2$^{\text{sh.}}$ 0$^{\text{p.}}$

MM. Walker et Rastrick regardent les machines locomotives comme inapplicables sur les plans de Rainhill et Sutton (*e*, note 4), et ils supposent que ces plans seront manœuvrés par des machines fixes, dont la dépense s'élève (*f*, note 4) à. . .   5.013   6   0

Changement de voie sur les parties de niveau, à raison de 120$^{\text{l. s.}}$, dont l'intérêt est de.   6   0   0

Dépenses aux stations d'eau (*g*, note 4).   922   1   0

Intérêt à 5 p. 100 de 1.460$^{\text{l. s.}}$ 14$^{\text{sh.}}$ 3$^{\text{p.}}$ pour pièces de rechanges, cordes, signaux, à savoir :

Machines de rechange . . . . 400$^{\text{l. s.}}$ 0$^{\text{sh.}}$ 0$^{\text{p.}}$
Cordes 18$^{\text{ton.}}$ 17$^{\text{quint.}}$ 16$^{\text{liv.}}$ à 51$^{\text{l. s.}}$.   960   14   3
Signaux. 100   0   0   73   2   0

Total. . . .   43.471$^{\text{l. s.}}$ 0$^{\text{sh.}}$ 0$^{\text{p.}}$

Cette somme représente le prix du transport journalier de 4,000$^{\text{ton.}}$, à la distance de 30$^{\text{mil.}}$ (19,613$^{\text{ton.}}$.75 à 1$^{\text{kilom.}}$), ce qui équivaut à 0$^{\text{p.}}$2786 par tonneau et par mille.

Dépense primitive en capital.

123 machines avec chariots d'approvisionnement, à 600$^{\text{l. s.}}$. .   73.800$^{\text{l. s.}}$ 0$^{\text{sh.}}$ 0$^{\text{p.}}$
Machines fixes de Rainhill et Sutton (*f*, note 4) 9.190   0   0
Pièces de rechange des machines.   400
Cordes pour les plans inclinés, déduction faite du prix des vieilles cordes (*f*, note 4).   792   0   0
Cordes de rechange.   961   14   3
Conduits en fonte pour la corde   120
Signaux pour les deux plans inclinés.   100
Dix stations d'eau, à 560$^{\text{l. s.}}$ chacune (*g*, note 4) 5.600

90.963$^{\text{l. s.}}$ 14$^{\text{sh.}}$ 3$^{\text{p.}}$

MACHINES FIXES.

MM. Walker et Rastrick proposent de partager la ligne totale du chemin de fer de la manière suivante : l'espace compris entre la galerie de Liverpool et le pied du plan incliné de Rainhill, et présentant une longueur de 6$^{mil.}$ environ, comprendrait quatre relais de 1$^{mil.\frac{1}{2}}$ de longueur chacun. Les plans ascendans et descendans formeraient chacun un relais ; les 2$^{mil.}$ du plateau de Rainhill formeraient deux relais ; les 19$^{mil.}$ compris entre le pied du plan incliné et Manchester seraient partagés en 12 relais de 1$^{mil.\frac{1}{2}}$ de longueur environ ; enfin, près de Manchester, on placerait un dernier relais de 1$^{mil.}$. La vitesse entre les stations serait de 12$^{mil.}$ par heure, et se réduirait, en tenant compte des temps d'arrêt, à 9$^{mil.}$ environ.

Les machines seraient d'ailleurs disposées ainsi qu'il suit :

1 relais	de 30 chevaux-vapeur, au sommet de la galerie de Liverpool.	30$^{ch.}$
2 —	de 60 chevaux, jusqu'au pied du plan de Rainhill (*a*, note 5).	120
1 —	de 40, au pied du plan	40
2 —	de 120, pour manœuvrer les plans de Rainhill et Sutton (*b*, note 5).	240
2 —	de 40, l'une entre les deux plans, l'autre à l'extrémité du plan de Sutton	80
12 —	de 60, entre le pied du plan de Sutton et Manchester. . . .	720
1 —	de 24 à Manchester. . . . . , . . .	24
		1.254$^{ch.}$

Dépense des machines fixes.

Au sommet de la galerie de Liverpool, une machine de 30 chevaux. . . . . 2.000$^{l.}$ 0$^{sh.}$ 0^{l}

Deux machines de 60 chevaux (*b*, note 5), pour manœuvrer les plans de Rainhill et Sutton. 10.000 0 0

Sur le plateau de Rainhill, et au pied des deux plans, trois relais, composés chacun de deux machines de 20 chevaux *c*, note 5). 8.130 0 0

15 relais, composés de deux machines de 30 chevaux chacun, à 3,500$^{l.s.}$ (*d*, note 5). 52.500 0 0

Deux machines de 12 chevaux à la station de Manchester *e*, note 5). 1.725 0 0

13,090 poulies distantes de 24$^{pi.}$, à 15$^{sh.}$ chaque, y compris la pose. 9.817 10 0

Dépenses supplémentaires pour l'établissement des machines et la fondation des bâtimens dans les marais de Chat. 9.000 0 0

$$\overline{87.172^{l.s.} 10^{sh.} 0^{l}}$$

Dépenses annuelles.

Intérêt du capital de 87.172^{l. st.} 10^{sh.} à 5 p. 0/0, et moins value à raison de 1 ½ p. 0/0. . . . .   5.666^{l. s.}   4^{sh.} 3^{p.}

Réparations, charbon, etc. (*f*, note 5). 11.257   15   8

Cordes pour un transport de 4.000^{tonn.} par jour sur une distance de 27^{mil.} et pendant 312 jours; détérioration évaluée à 0^{p.}08 par tonne et par mille (*g*, note 5). 11.232   0   0

Cordes des plans inclinés de Rainhill et Sutton (*f*, note 4).   3.315   12   0

Détérioration de ces cordes pour un transport de 4.000^{ton.} à une distance de 3^{mil.} par jour, pendant 312 jours, à raison de 0^{p.}02 par tonne et par mille (*g*, note 5).   312   0   0

Cordes de rechange : intérêt à 5 p. 0/0 (*h*, note 5).   219   15   0

Dépenses diverses (*i*, note 5). 1.291   4   6
33.294   11   5

Le mouvement commercial consistant dans le transport de 4,000^{ton.} à la distance de 30^{mil.} chaque jour et, pendant 312 jours, on voit que la dépense annuelle s'élève à 0^{p.} 2135 par tonne et par mille.

Dépenses primitives en capital.

Achat des machines. . . . .   87.172^{l. s.}   10^{sh.} 0^{p.}

Machines de réserve. 1.354   0   0

Cordes, à raison de 4.395^{liv.} (*h*, note 5) d'une part, et 792^{liv.} de l'autre (*e*, note 4). 5.187   0   0

Conduits en fonte.   300   0   0

Cordes de rechange, d'une part 5,396^{liv.} 16^{sh.} 8^{p.} (*h*, note 5), et de l'autre 961^{liv.} 14^{sh.} 9^{p.} comme précédemment. 6.398   11   0

Signaux.   550   0   0
100.862^{l. s.}   1^{sh.} 0^{p.}

Comparaison des deux systèmes.

	CAPITAL PRIMITIF.	DÉPENSES ANNUELLES.	DÉPENSE par tonne et par mille.
Machines locomotives. .	90.403^{l.} 14^{sh.} 3^{p.}	43.464^{l.} 9^{sh.} 0^{p.}	0^{p.} 2786
Machines fixes.	100.862 1 0	33.317 7 3	0 2135
Différence.	10.458 6 9 (En faveur des machines locomotives.)	10.147 1 9 (En faveur des machines fixes.)	0 0651 (En faveur des machines fixes.)

MM. Robert Stephenson et Locke, comme nous l'avons déjà dit, ont opposé aux résultats produits par MM. Walker et Rastrick de nouvelles évaluations, dont nous allons présenter un résumé rapide, sans entrer d'ailleurs dans aucune discussion à ce sujet.

MACHINES LOCOMOTIVES.

MM. Robert Stephenson et Locke évaluent la force de chaque machine à 20$^{\text{ton.}}$ de marchandises ou 30$^{\text{ton.}}$ de charge brute transportés à 90$^{\text{mil.}}$ en un jour, c'est-à-dire 1.800$^{\text{ton.}}$ transportés à un mille avec une vitesse de 12$^{\text{mil.}}$ par heure. Chaque machine pèse 5$^{\text{ton.}}$ (a, note 6) et coûte 720$^{\text{liv.}}$ y compris $\frac{1}{5}$ en sus pour la machine de réserve.

La dépense annuelle de chaque machine s'élève d'ailleurs à 324$^{\text{l.s.}}$ 12$^{\text{sh.}}$ 10$^{\text{p.}}$ à savoir :

Intérêt de 720$^{\text{liv.}}$ à raison de 7 $\frac{1}{2}$ p. 100 en y comprenant la moins-value.	54$^{\text{liv.}}$	0$^{\text{sh.}}$	0$^{\text{p.}}$
Réparation annuelle (b, note 6).	50	0	0
Mécanicien à 21$^{\text{sh.}}$ par semaine et aide à 26$^{\text{l.s.}}$ par an. . . .	80	12	0
439$^{\text{ton.}}$ de charbon par an, à 5$^{\text{sh.}}$ 10$^{\text{p.}}$ (c, note 6).	128	0	10
Graisse, huile, chanvre, etc.	12	0	0
	324$^{\text{l.s.}}$	12$^{\text{sh.}}$	10$^{\text{p.}}$

Dépenses annuelles pour toute la ligne.

Le mouvement journalier consiste dans le transport de 4000$^{\text{ton.}}$ à la distance de 30$^{\text{mil.}}$ ou de 120.000$^{\text{ton.}}$ à 1$^{\text{mil.}}$, et exige ainsi 67 machines, au prix de 324$^{\text{l.s.}}$ 12$^{\text{sh.}}$ 10$^{\text{p.}}$ . . . .   21.750$^{\text{l.s.}}$ 19$^{\text{sh.}}$ 10$^{\text{p.}}$

MM. Stephenson et Locke estiment que l'on pourra employer les machines locomotives sur les plans inclinés, en y plaçant des machines de renfort. Chacune d'elles effectuera les 0,6 du travail qu'elle peut faire sur une route horizontale, c'est-à-dire traînera un poids de 12$^{\text{ton.}}$. En supposant d'ailleurs que chaque machine fasse 20 voyages par jour, c'est-à-dire parcoure 60$^{\text{mill.}}$, le nombre des machines de renfort sera égal

à $\dfrac{4000 \times 6}{10 \times 12 \times 20}$ = 10, et leur prix s'élèvera à. 3.246   8   4

Dépenses annuelles de cinq stations pour l'approvisionnement d'eau à 104$^{\text{l.s.}}$ chaque (e, note 6).   520   0   0

        25.517$^{\text{l.s.}}$ 8$^{\text{sh.}}$ 2$^{\text{p.}}$

La dépense annuelle revient, comme on le voit, à 0$^{\text{p.}}$164 par tonne et par mille.

Dépenses primitives en capital.

93 machines à 600$^{\text{l.s.}}$.	55.800$^{\text{l.s.}}$
Quatre stations pour l'approvisionnement d'eau à 500$^{\text{liv.}}$ (e, note 6).	2.000
Changement de voie pour les machines de renfort au plan de Sutton et Rainhill.	200
	58.000$^{\text{l.s.}}$

TRAITÉ PRATIQUE

MACHINES FIXES.

MM. Stephenson et Locke partagent la ligne totale du chemin de fer en 22 relais, comme MM. Walker et Rastrick ; mais ils évaluent de la manière suivante la force nécessaire pour la manœuvre :

1 relais de 40 chevaux-vapeur au souterrain (*a*, note 7).	40
3 — de 80 chevaux jusqu'au pied du plan de Rainhill (*a*, note 7). .	240
2 — de 50 au pied de chaque plan (*d*, note 7).	100
1 — de 48 sur le plateau compris entre les 2 plans (*b*, note 7). . .	48
2 — de 80 pour la manœuvre des plans (*c*, note 7).	160
12 — de 80 entre le pied du plan de Sutton et Manchester (*a*, note 7).	960
1 — de 24 à Manchester.	24
	1572

Le prix de leur établissement peut d'ailleurs être évalué ainsi qu'il suit :

1 machine de 40 chevaux au souterrain.	1.800$^{l.s.}$ 0$^{sh.}$ 0^p
17 stations avec deux machines de 40 chevaux (*e*, note 7), à 4.200$^{l.s.}$.	71.400
2 stations au bas des deux plans, avec deux machines de 25 chevaux (*f*, note 7), à 2.880$^{liv.}$.	5.760
1 station au sommet des plans, avec deux machines de 24 chevaux.	2,880
1 machine de 24 chevaux à Manchester (*g*, note 7). . .	1.890
13,090 poulies, à 12$^{sch.}$ chaque.	7.854
4 systèmes de voies latérales et de changemens de voies pour chaque station, à 50$^{liv.}$.	4.400
	95.984$^{l.s.}$ 0$^{sh.}$ 0^p

Dépenses annuelles pour tous les chemins de fer.

Intérêt et dépréciation d'un capital de 95.984$^{l.s.}$, à raison de 6 $\frac{1}{4}$ p. 100	6.238$^{l.s.}$ 19$^{sh.}$ 2^p
Charbon, réparations, etc. (*h*, note 7).	18.917 5 0
Cordes (*i*, note 7).	16.136 7 10
Cordes de rechange, intérêt de leur valeur (*k*, note 7). .	739 4 5
	42.031$^{l.s.}$ 16$^{sh.}$ 5^p

Le prix du transport s'élève, d'après cela, à 0^{p}2694 par tonne et par mille.

Dépenses primitives en capital.

Capital, d'après l'évaluation précédente.	95.984$^{l.s.}$ 0$^{sh.}$ 0^p
Cordes, etc, etc. (*i*, note 7).	10.727 18 0
Cordes de rechange, etc. (*k*, note 7).	14.784 9 0
	121.496$^{l.s.}$ 7$^{sh.}$ 10^p

Comparaison des deux systèmes.

	CAPITAL PRIMITIF.	DÉPENSES ANNUELLES.	DÉPENSE par mille et par tonne.
Machines locomotives. . Machines fixes.	58.000l. s. osh. op. 121.496 7 0	25.517l. s. 8s. 2p. 42.031 16 5	op. 164 0 269
Différence en faveur des machines locomotives.	63.496l. s. 7 0	16.514l. s. 8 3	op. 105

Ce résumé rapide suffira sans doute pour permettre au lecteur d'apprécier le mérite relatif des deux systèmes. Quant à nous, nous pensons, avec MM. Stephenson et Locke, que, si l'on considère avec attention cette longue série de relais, manœuvrée par tant de machines différentes, et entravée par des changemens de voie continuels, si l'on réfléchit qu'un seul accident suffit pour arrêter le mouvement des convois sur toute la ligne, que la manœuvre exige le concours de 150 personnes, et que l'attention constante de chacune d'elles est nécessaire pour assurer la communication entre deux des villes les plus importantes du royaume, on doit avouer qu'un semblable système est complétement inapplicable.

M. Walker paraît avoir la même idée, lorsqu'il dit : « La probabilité d'un accident sur un point de la route est moindre dans le système des machines fixes que dans celui des machines locomotives. Mais, dans le premier cas, l'influence de cet accident s'étend sur toute la ligne, tandis que dans le second l'effet n'en est ressenti que par la machine même et son convoi, à moins cependant que la route ne se trouve obstruée et le passage interrompu. L'un des systèmes est composé en quelque sorte d'une suite de chaînons indépendans les uns des autres ; l'autre est une chaîne continue, qui s'étendrait depuis Liverpool jusqu'à Manchester, et dont tout l'ensemble serait dérangé par la rupture d'un seul anneau. »

Ces considérations s'appliquent surtout aux chemins de fer publics, et aux lignes qui ne présentent que de faibles pentes. Sur les chemins particuliers destinés exclusivement au transport des marchandises ou des produits des mines, l'inclinaison est généralement trop grande pour admettre l'emploi des machines locomotives. Dans ce dernier cas, les évaluations précédentes seront fort utiles pour calculer les frais d'installation. Nous avons déjà donné précédemment des formules qui permettent de déterminer la force nécessaire pour manœuvrer les plans inclinés, soit à l'aide de machines fixes, soit à l'aide de la pesanteur. On trouvera en outre dans la note 8 une table qui présente des renseignemens utiles sur l'usure des cordes.

NOTES

DE L'AUTEUR.

NOTE 1.

Extrait de la pétition présentée à la chambre des communes par les propriétaires des diligences employées sur les routes à barrières du comté de Lancastre, et desservant les lignes suivantes :

> De Liverpool à Manchester par Warrington ;
> — à Saint-Hélens ;
> — à Newton et Wigan ;
> — à Leigh et Bolton.

« Les pétitionnaires prennent la liberté de présenter à la chambre l'état comparatif des taxes payées au gouvernement, ainsi qu'aux commissaires des routes à barrières, et des dépenses qu'a exigées leur entreprise pendant l'année dernière. »

Taxes.

Droit annuel pour 33 voitures.	8.455 l. s.	16 s.	8 p.
Taxes pour les conducteurs.	261	»	»
Droit de barrières pour les vingt-six voitures de Manchester, à raison de 13 l. 4 s. par jour.	4.818	»	»
— pour les quatre voitures de Bolton, à 1 l. 15 s.	638	15	»
— pour les deux voitures de Wigan, à 15 s. 8 p.	267	13	4
— pour la voiture de Saint-Hélens, à 3 s.	54	15	»
	14.496	»	»
Péage de trente-trois voitures, à 18 l. 10 s. 8 p. par jour	8.005	13	4
	22.501 l. s.	13 s.b.	4 p.

Dépenses.

Harnais pour 709 chevaux, à raison de 4ˡ·ˢ· par an et par cheval . .	2.836ˡ·ˢ
Fer et travail des maréchaux, à 3ˡ·ˢ· par an pour chaque cheval. .	2.127
Quatre-vingt-sept valets d'écuries, etc., à 1ˡ·ˢ· par semaine. . . .	4.524
Loyer des écuries et des bureaux.	1.418
Moins - value des chevaux *qui doivent être renouvelés tous les trois ans*, à raison de 15ˡ·ˢ· chaque.	3.545
Foin et avoine, à 15ˢ· par semaine pour chaque cheval.	27.651
Paille, à 2ˢ· 6ₚ· par semaine.	4.615
	46.716
A déduire la valeur des fumiers, estimée au prix de la paille . .	4.645
	42.101ˡ·ˢ

En ajoutant à cette somme le prix des taxes, on trouve que la dépense totale s'élève à 64.602ˡ· 13ˢ· 4ᵖ·.

NOTE 2.

Expériences faites aux usines de M. Lairds à North-Bickenhead, avec la nouvelle chaudière à basse pression, construite d'après le système de ventilation de MM. Braithwaite et Ericsson, par MM. Alexandre Nimmo de Dublin, et Charles Vignoles de Londres.

L'appareil de ventilation consiste en une roue garnie de larges palettes dirigées vers le centre. Cette roue fonctionne dans une chambre placée à une petite distance de la chaudière, et communiquant avec les tubes qui traversent cette dernière : un tuyau d'une faible longueur surmonte la chambre du ventilateur, et débouche dans l'atmosphère. Lorsque le ventilateur est en jeu, l'air chaud sort du foyer, traverse tous les contours du tube placé dans la chaudière, passe dans la chambre même du ventilateur, et enfin s'échappe dans l'air. Pendant l'expérience, la chaleur, qui dans le foyer était très-intense, se trouvait si complétement absorbée par l'eau de la chaudière, que, lorsque l'air sortait de la cheminée, on pouvait y placer impunément la main. Sa température n'excédait pas 180° Fareinheit (80 Réaumur). On n'apercevait du reste aucune trace de fumée.

Le foyer avait 2ᵖⁱ· (0ᵐ.61) de haut, 2ᵖⁱ· 6ᵖᵒ· (0ᵐ.76) de long, et 2ᵖⁱ· 6ᵖᵒ· (0ᵐ.76) de large.

Le récipient ménagé pour les cendres avait 1ᵖⁱ· (0ᵐ.30) de haut ; sa largeur et sa longueur étaient de 2ᵖⁱ· 6ᵖᵒ· (0ᵐ.76). Les ouvertures de la grille étaient à peu près égales à la moitié de la surface.

La chambre du ventilateur avait 2ᵖⁱ·6ᵖᵒ· (0ᵐ.76) de hauteur sur 3ᵖⁱ· 6ᵖᵒ· (1ᵐ.06) de largeur, et 3ᵖⁱ· 6ᵖᵒ· de longueur.

Le diamètre de la roue à palettes était de 3ᵖⁱ· (0ᵐ.91), et sa largeur de 10ᵖᵒ·. (0.25).

Le tuyau portant du foyer avait 2 pi· 6 po· (0m.76) de large, 4 po· (0m.10) de haut, 2 pi· (0m.61) de long. Le premier tour du tuyau avait 4 po· (0m.10) de large et 2 pi· (0m.61) de long ; les second, troisième, quatrième et cinquième tours avaient 3 po· (0m.076) de large sur 2 pi· (0m.61) de long. La longueur totale des tuyaux qui traversaient la chaudière était de 45 pi· (13m.71).

La surface vaporisante était de 247 pi· car· (22m· c·.94). Le volume d'eau contenu dans la chaudière pleine était de 85 à 90 pi· cub· (2 m· cub·.40 à 2 m· cub·.55); La surface chauffée, de 33 pi· car· (3m· c·.07) environ, et le rapport entre la surface des tubes et celle du foyer, de 7 ½ : 1. Le réservoir de vapeur avait 3 pi· (0m.91) de large, 4 pi· 10 po· (1m.47) de hauteur moyenne, 4 pi· 6 po· (1m.37) de longueur, et contenait environ 65 pi· cub· (1 m· cub·.84).

La soupape de sûreté avait près de 5 po· (0m.13) de diamètre, et était chargée de 4 liv· (1 kil· 81) par pouce carré. Le poids total de sa charge était ainsi de 76 liv· (34 kil·.46), y compris 10 liv· (4 kil·.53) formant le poids de la soupape, de la tige, du crochet, etc.

On s'est servi pour l'expérience de l'eau salée de l'étang de Wallasey, que l'on versait dans un grand réservoir en fer, de 32 pi· car· ½ (3m· car·.02) d'étendue. La chaudière était placée sous un hangar ouvert ; le temps était très-froid et très-pluvieux. L'appareil du tirage était mis en jeu par une roue et une courroie. La vitesse des palettes de la roue s'élevait à 77 pi· (23m.46) par seconde ou à près de 52 mil· (83.684 m·) par heure. On n'a pas déterminé par un calcul exact la force nécessaire pour obtenir ce mouvement ; mais les ingénieurs présens ont évalué cette force à celle de deux chevaux environ.

Le feu étant allumé, la vapeur a été portée en 45 minutes à une pression de 4 liv· par pouce carré, avec une consommation de 2 quint· ½ (126 kil·.95) de coke.

La dépense a été d'abord de 8 liv· (3 kil·.43) par minute ; elle a diminué graduellement jusqu'à 5 liv· (2 kil·.27), et elle s'est élevée moyennement à 6 liv· ½ (2 kil·.82). La vapeur a commencé à se former en 27′, et dès ce moment, il y en aurait eu une quantité suffisante pour faire marcher la machine.

Le coke employé dans l'expérience provenait d'une fabrique de gaz ; il était de très-mauvaise qualité et pesait 3,000 liv· (1,360 kil·) pour un volume de 100 pi· cub· (2 m· cub·.82). A égalité de poids, le charbon de Saint-Helens, ordinairement employé sur les bateaux à vapeur, présente un volume de 63 pi· cub· seulement (1 m· cub·.78). Le prix du coke était de 8 s· 6 p· par tonneau livré à Liverpool. Le coke de Smithy, qui pèse environ 33 liv· (14 kil·.96) par pied cube (0m· cub·.028), coûte 25 sh·.

Lorsque la vapeur a été formée et que l'eau du manomètre fixé à 'a chaudière s'est élevée à 7 po· ½ (0m.19), deux hommes ont commencé à pomper. En même temps on a placé sur la grille une certaine quantité de coke qu'on avait préalablement pesée avec soin, et l'on a fait les observations suivantes :

à 3 h· 32′ on a commencé à pomper ;
à 3 h· 54′ 16 pi· cub· (0 m· cub·.45) d'eau avaient été vaporisées ;
à 4 h· 12′ 27 pi· cub· (0m· cub·.76) ;
à 4 h· 19′ 38 pi· cub· (1 m· cub·.07) avaient été vaporisées, et l'on avait dépensé 224 liv· (101m·.56) de coke ;

enfin à 4^h. 32′, 41$^{pi. cub.}$ (1$^{m. cub.}$.18) avaient été vaporisées, et il avait été consommé 252$^{liv.}$ (114$^{kil.}$.26) de coke.

On voit d'après cela qu'il suffisait de 6$^{liv.}$ (2$^{kil.}$.72) de coke pour vaporiser 1$^{pi. cub.}$ (0$^{m. cub.}$.028) d'eau par heure ; et comme l'on considère généralement la vaporisation d'un pied cube d'eau en une heure comme équivalant à la force d'un cheval, on arrive à cette conclusion que la chaudière soumise à l'expérience serait suffisante pour une machine de quarante chevaux. La consommation de combustible s'élèverait à 2$^{quint.}$ $\frac{1}{2}$ (126$^{kil.}$.95) par heure, et la dépense à 12$^{p.}$ $\frac{3}{4}$; mais comme après la première heure la consommation diminue, on peut admettre que la dépense n'excéderait pas 1$^{sh.}$ par heure.

Hôtel de Waterloo, à Liverpool, 19 mai 1830.*Signé* Alexandre NIMMO.
Charles-B. VIGNOLES.

NOTE 3.

Samedi dernier, 4 décembre 1830, *la Planète*, machine de M. Stephenson, a traîné le premier convoi qui ait parcouru le chemin de Liverpool à Manchester. Ce convoi consistait en 18 chariots contenant 135 balles de coton américain, 200 barils de farine, 63 sacs d'avoine et 34 sacs de drèche, pesant ensemble 51$^{ton.}$ 11$^{quint.}$ $\frac{1}{4}$; à quoi il faut ajouter le poids des chariots, etc., montant à 23$^{ton.}$ 8$^{quint.}$ $\frac{3}{4}$; le chariot d'approvisionnement, l'eau et le charbon pesant 4$^{ton.}$, et enfin 15 personnes placées sur le convoi, et pesant 1$^{ton.}$; ce qui complétait un poids total de 80$^{ton.}$ (81$^{ton.}$.251), non compris celui de la machine, qui était de 6$^{ton.}$. Le voyage a été fait en 2 heures 54 minutes, y compris trois temps d'arrêt de 5 minutes chacun pour huiler les pièces frottantes et pour prendre de l'eau et du charbon. Un seul temps d'arrêt est nécessaire dans les circonstances ordinaires. La machine avait à lutter contre un vent contraire ; et, outre ce désavantage, les roues et les axes qui étaient entièrement neufs éprouvaient un frottement considérable. Le convoi a remonté le plan de Rainhill, à l'aide de machines de renfort, avec une vitesse de 9 milles (14.483^m) par heure, et elle a descendu le plan de Sutton avec une vitesse de 16$^{mil.}$ $\frac{1}{2}$ (26.553^m). La vitesse moyenne sur les autres parties de la route a été de 12$^{mil.}$ $\frac{1}{2}$ (20.115^m) par heure, la plus grande vitesse sur les parties de niveau étant de 15$^{mil.}$ $\frac{1}{2}$ (24.945^m). Cette dernière vitesse s'est maintenue sur une longueur de 1 ou 2 milles à différentes époques du voyage. (*Journal de Liverpool.*)

Le 23 novembre, *la Planète* a fait le voyage entre les deux villes en 60 minutes, y compris 2′ d'arrêt, pour prendre de l'eau comme à l'ordinaire. La machine devait amener à Liverpool quelques électeurs ; le moment du départ s'étant trouvé retardé par un motif quelconque, il a fallu marcher avec cette vitesse extraordinaire pour arriver en temps utile. (*Journal de Liverpool.*)

Les machines ont transporté environ 50,000 voyageurs, et ont parcouru une distance de 28620$^{mil.}$ (46058$^{kil.}$) en 954 voyages, aller et retour, depuis le 16 septembre jusqu'au 7 décembre inclusivement. Pendant cet espace de temps il n'y a eu que onze voyages où elles aient dépassé d'une heure le moment fixé pour l'arrivée. (*Journal de Liverpool.*)

Note 4.

(a) *Charge des machines locomotives.*

La force d'un cheval, dans le calcul des machines, est supposée capable d'élever à 1[pi.] un poids de 33.000[liv.] par minute, ce qui revient à 150[liv.] élevées à 220 pieds par minute, ou à 150[liv.] transportées à 2[mil.] $\frac{1}{2}$ par heure, ou enfin à $\frac{150}{4} = 37$[liv.]5 transportées à 10 milles par heure. La puissance de dix chevaux sera donc représentée par 375[liv.] transportées à 10[mil] en une heure, ce qui correspond, en prenant le frottement égal à $\frac{1}{80}$ du poids, à une charge de. . . . . 30[ton.] »

En déduisant le poids de la machine, train d'approvisionnement, etc.   10 $\frac{1}{2}$

Reste pour les marchandises et les chariots. . . . . 19 $\frac{1}{2}$
ou 10[ton.] de marchandises et 6[ton.] $\frac{1}{2}$ de chariots.

On a pris pour base de ce calcul le travail des machines en usage sur le chemin de Darlington, en supposant ce chemin réduit à une surface de niveau ; sa rampe est moyennement de $\frac{1}{246}$.

Machine d'Ackworth.

Cette machine, comme nous l'avons dit dans le texte, présente sur une route horizontale les résultats suivans :

	EN ÉTÉ.			EN HIVER.		
	5 mil. (8046 m.)	8 mil. (12874 m.)	10 mil. (16093 m.)	5 mil. (8046 m.)	8 mil. (12874 m.)	10 mil. (16093 m.)
	ton.	ton.	ton.	ton.	ton.	ton.
Marchandises.	47. 48	25. 39	18. 00	40. 52	21. 32	14. 50
Chariots.	23. 45	12. 68	8. 92	20. 10	10. 35	7. 30
Machines et fourgon.	16. 75	16. 75	16. 75	16. 75	16. 75	16. 75
	ton. 87. 68	ton. 54. 82	ton. 43. 67	ton. 77. 37	ton. 48. 42	ton. 38. 55
MACHINES PLUS FAIBLES.						
Marchandises.	35. 18	18. 90	13. 52	29. 20	15. 22	10. 48
Chariots.	17. 55	9. 47	6. 75	14. 72	7. 60	5. 28
Machines et fourgon.	12. 18	12. 18	12. 18	12. 18	12. 18	12. 18
	ton. 64. 91	40. 55	32. 45	56. 10	35. 00	ton. 27. 94

Expériences sur le chemin de fer de Bolton, rapportées par M. Sinclair.

Poids d'un chariot. . . . . $30^{\text{quint.}}$ $0^{\text{liv.}}$
Poids de sa charge.   42   96

                                               72   96

En sorte que le poids de 13 chariots est de. . . . . . $106.080^{\text{liv.}}$
En ajoutant celui de la machine. 23.856

   on trouve un poids total de. 129.936

Le frottement est égal à . . . . $129.936 : 180 = 722^{\text{liv.}}$
La pesanteur . . . . $129.936 : 440 = 295$

                                                     1.017

$$1.017^{\text{liv.}} \times 8^{\text{mil.}} 8 = 894^{\text{liv.}} 96 \times 10^{\text{mil.}}$$

Ce poids représente la résistance de . . . . $71^{\text{ton.}} 6$
En déduisant le poids de la machine   10   6

       Reste   61   0
Réduisant $\frac{1}{3}$ pour les chariots   20   3

Reste pour le poids de marchandises. . . . . $40^{\text{ton.}} 6$

Machine de Bolton traînant huit chariots avec une vitesse de six milles à l'heure

Le poids brut de huit chariots est 8.160×8, ou . . . $65.280^{\text{liv.}}$
Le poids de la machine 23.856

             Total 89.136

Le frottement est égal à $89.136^{\text{liv.}} : 180$ . . . . $495^{\text{liv.}}$
La pesanteur est de $89.136^{\text{liv.}} : 440$ 202

          Résistance totale . . . . $697^{\text{liv.}}$

$$\text{Or}, 697^{\text{liv.}} \times 6^{\text{mil.}} = 418^{\text{liv.}} \times 10^{\text{mil.}}$$

Un poids de $418^{\text{liv.}}$ représente la résistance de . . . . . $33^{\text{ton.}} 5$
Déduisant le poids de la machine   10   6

             Charge brute   22   9
Déduisant $\frac{1}{3}$ pour les chariots   7   6

Reste pour les marchandises . . . . $15^{\text{ton.}} 3$

Machines de Hetton, d'après le rapport de M. Wood.

La roue présente une inclinaison moyenne de $\frac{1}{287}$; la machine traîne à la descente, pendant l'été, seize chariots contenant en charbon . . . . $848^{\text{quint.}}$

Poids des chariots 512

Machine 210

Total . . . . $1570^{\text{quint.}}$ ou $175.840^{\text{liv.}}$

Vingt voyages par jour équivalent à $51^{\text{mil.}}$, c'est-à-dire à $4^{\text{mil.}} \frac{1}{2}$ par heure ou à $5^{\text{mil.}}$ en tenant compte des temps d'arrêt.

Or, le frottement est égal à. . . . . . $175.840^{\text{liv.}} : 180 = 977^{\text{liv.}}$

La gravité. . . . . $175.840 \quad : 287 = 612$

La résistance à la descente est donc de 365

Ce qui équivaut à la résistance de $29^{\text{ton.}}$ environ sur une route horizontale.

A la remonte la charge est de $512 + 210 = 722^{\text{quint.}}$ ou $80.864^{\text{liv.}}$.

Le frottement est donc égal à . . . . $80.864 : 180 = 449^{\text{liv.}}$

La gravité à. . . . . $80.864 : 287 = 282$

Résistance totale 731

Ce qui équivaut à la résistance de $58^{\text{ton.}} \frac{1}{2}$ sur une route horizontale.

La moyenne entre ces deux résultats est de $\frac{29+58.5}{2} = 43^{\text{ton.}}75$; mais comme la rampe sur une partie de la route n'est pas favorable, on peut admettre que le travail moyen sur une route horizontale est de $50^{\text{ton.}} \frac{1}{2}$ transportés avec une vitesse de 5^{mil} par heure.

D'après cela, les charges correspondantes à des vitesses de 5, 8 et 10^{mil} par heure seraient :

	$5^{\text{mil.}}$	$8^{\text{mil.}}$	$10^{\text{mil.}}$
Marchandises . . .	$23^{\text{ton.}} \frac{1}{3}$	$14^{\text{ton.}}$	$9^{\text{ton.}} \frac{9}{10}$
Chariots	$16 \quad \frac{2}{3}$	7	$4 \quad \frac{9}{10}$
Machine	$10 \quad \frac{1}{2}$	$10 \quad \frac{1}{2}$	$10 \quad \frac{1}{2}$
	$50 \quad \frac{1}{2}$	$31 \quad \frac{1}{2}$	$25 \quad \frac{1}{4}$

Or, $50^{\text{ton.}} \frac{1}{2}$ transportés à 5 milles par heure équivalent à $101^{\text{ton.}}$ transportés à $2\frac{1}{2}$ milles dans le même temps, c'est-à-dire à la force de $8\frac{5}{12}$ chevaux de vapeur.

(b) *Réparations annuelles des machines locomotives.*

Un tube et une cheminée tous les trois ans	12$^{\text{l. s.}}$	10$^{\text{sh.}}$
Réparations accidentelles de la chaudière	3	»
Nouvelle cheminée toutes les années, déduction faite du prix de l'ancienne.	7	10
Axes et coussinets, un assortiment par an.	10	»
Assortiment de barres pour le foyer, tous les deux mois. .	6	»
Roues, trois assortimens de jantes en fer forgé par an, déduction faite de la valeur des anciennes	36	»
Train d'approvisionnement, bâche	2	10
Menues réparations	12	»
Total.	89	10
; en sus pour la machine de réserve	17	18
	107$^{\text{l. s.}}$	8$^{\text{sh.}}$

(c) *Charbon pour chaque machine locomotive.*

Une machine de 10 chevaux traîne 13 tonneaux de marchandises avec une vitesse de 10 milles par heure, et fait trois voyages par jour entre Liverpool et Manchester. Elle parcourt ainsi 90$^{\text{mil.}}$ avec une charge de 13$^{\text{ton.}}$, ce qui équivaut à 1170$^{\text{ton.}}$ transportés à 1$^{\text{mil.}}$ en un jour. Or, 1170 tonneaux à raison de 2$^{\text{liv.}}\frac{1}{2}$ (1) par tonneau, et par mille, produisent une dépense de 2.925$^{\text{liv.}}$ de charbon par jour, ou de 2.925$^{\text{liv.}} \times 312 = 912.600^{\text{liv.}}$ par an, ce qui revient environ à 382$^{\text{ton.}}$ de charbon pour chaque machine locomotive.

---

(1) La consommation de 2$^{\text{liv.}}\frac{1}{2}$ par an a été déterminée d'après les données suivantes :

La moyenne des expériences faites à Hetton et à Killingworth, en janvier 1825, donnèrent pour 1$^{\text{tonn.}}$ de marchandises transporté avec une vitesse de 4$\frac{1}{2}$ milles par heure. 2$^{\text{liv.}}$15

M. Blenkinsop indique pour la consommation de ses machines. 2 70

Les machines actuelles de Hetton, sur une route de niveau, avec une vitesse de 4 milles par heure, consomment. 3 00

Les machines de Hetton près de Sunderland.. . . . . 2 00

M. R. Stephenson, dans son rapport relatif à une expérience faite sur le chemin de fer de Darlington, indique pour une vitesse de 11 milles par heure.. . . . . 1 60

Mais la donnée sur laquelle on s'est principalement fondé, est la consommation actuelle des machines employées sur le chemin de Darlington. Il résulte des renseignemens fournis par M. Story que 298$^{\text{tonn.}}$ ont été consommés en 2 mois par 4 machines, et que leur travail a été de 249.239$^{\text{tonn.}}$ transportés à 1 mille, ce qui revient à 2$^{\text{liv.}}$16 par tonneau et par mille. Dans ces machines, la chaudière était traversée par un seul tube.

(d) *Dépenses pour la manœuvre de la machine.*

Salaire du conducteur à 21$^{\text{l.s.}}$ par semaine . . . . 54$^{\text{l.s.}}$ 12$^{\text{sh.}}$
Garçon d'aide. . . . . 12 »
Graisse, huile, étoupe . . . . 12 »

Total . . . . 92$^{\text{l.s.}}$ 12$^{\text{sh.}}$

(e) *Machines locomotives pour les plans inclinés de Rainhill et de Sutton.*

La résistance par tonnneau est égale
Pour le frottement à . . . . 2240 : 180 = 12$^{\text{liv.}}$44
Pour la pesanteur à . . . . 2240 : 96 = 23 33

35$^{\text{liv.}}$ 77 par tonneau.

La machine pesant 10$^{\text{ton.}}$ $\frac{1}{2}$, sa résistance sera de 375$^{\text{liv.}}$ $\frac{1}{50}$; et comme d'après le § (a), sa force pour une vitesse de 10$^{\text{mil.}}$ est de 375$^{\text{liv.}}$, il est clair qu'elle ne pourra remonter que son propre poids.

En conservant la même vitesse et la même charge, on arrive au calcul suivant :

Une machine de dix chevaux pesant 10$^{\text{ton.}}$ $\frac{1}{2}$ doit remonter ces plans avec une vitesse de 10 milles par heure et une charge de 19$^{\text{ton.}}$ $\frac{1}{2}$: or, si une machine pesant 10$^{\text{ton.}}$ $\frac{1}{2}$ avec son train d'approvisionnement exige pour remonter son propre poids la force de . . . . 10^{chevaux},
une autre machine pesant 8$^{\text{ton.}}$ $\frac{1}{2}$ sans train d'approvisionnement exigera celle de 8
Et par suite 19$^{\text{ton.}}$ $\frac{1}{2}$ de marchandises et de chariots nécessiteront une force de . . . . 18 $\frac{1}{2}$

Force totale . . . . 36 $\frac{1}{2}$ chevaux.

Avec une machine de la même force, on obtiendrait le travail suivant pour une vitesse de 5 milles par heure :

Force d'un cheval à 5$^{\text{mil.}}$ = $\frac{150}{2}$ liv. = 75$^{\text{liv.}}$
Pour dix chevaux . . . . 750^{liv}
A déduire la pesanteur et le frottement de la machine 375

Reste pour la charge 375

Or 375$^{\text{liv.}}$ représentent la résistance de 10$^{\text{ton.}}$ $\frac{3}{4}$ bruts, ou de 7$^{\text{ton.}}$ $\frac{1}{9}$ de marchandises.

Supposons maintenant que la vitesse soit de 8 milles sur les parties de niveau, et que la machine doive remonter le plan avec une charge de 27$^{\text{ton.}}$.

Une force de cheval pour une vitesse de 8$^{\text{mil.}}$ est égale à $\dfrac{150^{\text{liv.}} \times 2.5}{8} = 47^{\text{liv}}$

en sorte que la force de 10 chevaux = 470$^{\text{liv.}}$

Or, $470^{\text{liv.}}$ représentent sur un plan horizontal la résistance de. $37^{\text{ton.}}$6
A déduire le poids de la machine.. . . . . 10　5

Reste pour les marchandises et les chariots. . . . . 27　1
ou $18^{\text{ton.}}$ de marchandises et $9^{\text{ton.}}$ pour les chariots.

Avec l'aide d'une autre machine d'égale force, la vitesse, sur les plans inclinés, serait de $4\frac{1}{2}$ milles à l'heure, comme il est facile de le voir.

En effet, $27 + 10\frac{1}{2} + 8\frac{1}{2} = 46^{\text{ton.}} =$ le poids de deux machines de dix chevaux avec leur charge. La résistance par tonneau sur un plan dont l'inclinaison est $\frac{1}{96}$, a pour valeur $35^{\text{liv.}}77$. Ainsi $35.77 \times 46 = 1645^{\text{liv.}} =$ la résistance totale ; et $1645 : 20 = 82 =$ l'effort de chaque cheval. Or, $82 : 150 :: 2\frac{1}{2} : 4\frac{1}{2}$; ce qui donne $4^{\text{mil.}}\frac{1}{2}$ pour la vitesse par heure.

D'après ces considérations, MM. Walker et Rastrick avaient recours aux machines fixes pour la manœuvre des deux plans, et ils admettaient que, pour obtenir dans le transport une vitesse nette de $9^{\text{mil.}}$ par heure, le mouvement devait s'effectuer avec une vitesse de 12 milles. Le poids à transporter s'élevant à 3,000 tonnes par jour dans chaque direction, la charge à chaque voyage devait être de 52 tonneaux environ.

Machines fixes pour Rainhill. 52 tonneaux ou $116.480^{\text{liv.}} : 96$, donnent pour
la gravité. . . . . , . . . $1213^{\text{liv.}}$
Plus le frottement qui est égal à $116.480 : 180$. 647

Total 1860
Frottement de la corde $= \frac{1}{22}$ de son poids ou de $10,560^{\text{liv.}}$ 480
Gravité. . . . . ' 110

$2450^{\text{liv.}}$

$2450^{\text{liv.}} : 31$ (force d'un cheval à 12 milles par heure) $= 80$ chevaux. En ajoutant un excès de force de $\frac{1}{4}$ en sus, on trouvera que la manœuvre de ces plans exige deux machines de cinquante chevaux chacune.

(f) *Dépenses pour les machines de Rainhill.*

Deux machines de cinquante chevaux à $1500^{\text{liv.}}$ chaque. . . . $3000^{\text{liv.}}$
Tambours, etc. 300
Bâtiment pour la machine et cheminée 600
Réservoir ou puits pour l'eau 100
Habitation du gardien 100
Poulies au nombre de 330 pour chaque voie. c'est-à-dire
660 pour les deux lignes, à $15^{\text{sh.}}$ chaque. 495

Total . . . . $4595^{\text{liv.}}$

Dépenses annuelles.

	l. s.	s.	p.
Intérêt de 4595^{l.s.} à 5 pour 0/0	229^{l. s.}	13^{s.}	6^p
Moins value à 1 ½ pour 0/0	69	»	»
Trois chaudières dont la moins-value au bout de douze ans doit être de 24^{l.s.} par tonne, c'est-à-dire en somme de 480^{l.s.}, ce qui équivaut à une dépense annuelle de . .	13	4	»
Barres de la grille	5	»	»
Réparations pour la machine	35	»	»
Huile, suif, étoupes	20	»	»
Usure et cassage des poulies	25	»	»

Charbon pour une force de 80 chevaux travaillant douze heures par jour, à raison de 15^{liv.} de petit charbon par cheval et par heure; ce qui donne pour 312 jours, 1872^{ton.} à 2^{sh.} 6^{p.}, ci . . . . 234 » »

Plus pour produire la vapeur, 277^{ton.} à 2^{s.} 6^{p.} 47 2 6

{ ci-dessus }	281	2	6

Salaires comme il suit :

Conducteur de la machine . . . . 54 12 »
Chauffeur . . . . 39 » »
Homme pour le frein . . . . 39 » »

	132	12	»

Hommes pour graisser les poulies. Un homme pour les deux plans, ce qui pour chaque plan revient à . . .	19	10	»
Huile, 150 gallons à 2^{sh.} 6^{p.}	18	15	»
	848	17	»
Dépenses semblables pour l'autre plan	848	17	»
	1697	14	»

Cordes. Quatre cordes pour les deux plans inclinés, chacune de 2640 yards de long, de 5^{po.} ½ de circonférence, et pesant 4^{liv.} par yard; chaque corde, en conséquence, pèse 9^{quint.} 32^{liv.}, et les quatre cordes 18^{ton.} 17^{quint.} 16^{liv.}, ce qui, à raison de 42^{l.s.} par tonneau (déduction faite de 9^{l.s.} par tonneau pour la valeur des vieilles cordes) donne 792^{l.s.}

Intérêt de ce capital à 5 pour 100.   39^{l.s.} 12^{sh.} »^{p.}

Dépense annuelle des cordes pour 4000 tonneaux parcourant 3^{mil.} par jour pendant 312 jours, à raison de 0.07 d'un penny par tonneau et par mille sur une route horizontale, et de 0^{p.}21 sur une pente de $\frac{1}{96}$, laquelle rend l'usure environ trois fois plus considérable . . . . 3276^{l.} 0^{sh.} 0^{p.}

	3315	12	0
Dépense totale	5013^{l.}	6^{sh.}	6^{p.}

(g) *Stations pour l'eau.*

Une machine de la force de deux chevaux à chaque station.	200$^{l.\,s.}$
Pompe, chaudière et mécanisme	100
Bâtiment pour la machine et citerne	150
Habitation pour le gardien . . . . ' .	60
Puits ou réservoir	50
	560$^{l.\,s.}$

Intérêt et moins-value de 560$^{liv.}$ à 6 $\frac{1}{2}$ pour 100	42$^{l.\,s.}$	»$^{sh.}$
Usure de la chaudière et des barres, graisse, etc. . . .	5	»
Charbon pour la machine, 50$^{ton.}$ à 2$^{sh.}$ 6$^{p.}$	6	5
Chauffeur	39	»
Total.	92	5
Dix stations à 92$^{liv.}$ 6$^{sh.}$ chaque. . . . . . 922$^{l.\,s.}$ 10$^{sh.}$		

Note 5.

(a) *Force des machines fixes.*

Frottement de 52$^{ton.}$	647$^{liv.}$
Frottement des cordes, poulies, tambour $= \frac{1}{22}$ du poids (1),	
c'est-à-dire de 3400$^{liv.}$ (poids de 1$^{mil.}$ $\frac{1}{2}$ de corde de 3 $\frac{1}{2}$ $^{po.}$ de	
circonférence)	155
Frottement de la corde sur le tambour	13
	815$^{liv.}$

Force d'un cheval avec une vitesse de 12$^{mil.}$ $= 31^{liv.}$; et 815 : 31 $= 26$ chevaux. En ayant égard à l'excédant de force nécessaire pour assurer la manœuvre, on devra prendre trente chevaux pour chaque direction, ce qui fait deux machines de trente chevaux à l'extrémité de chaque relais de 1$^{mil.}$ $\frac{1}{2}$ de longueur.

---

(1)   *Frottement des cordes sur le chemin de fer de Brunton et Shields.*

Sept chariots vides ont fait descendre une corde en 3'45'' (c'est-à-dire avec une vitesse de 8 $\frac{1}{10}$ milles par heure), ce qui donne pour le frottement. . . . . 88$^{liv.}$ 3/4

M. Thompson dit que 8 chariots la font descendre en 3 minutes (c'est-à-dire avec une vitesse de 10 milles par heure), ce qui donne pour le frottement. . . 82

Frottement moyen. . . . . 85 $\frac{1}{2}$

Poids de la corde $= 1861^{liv.}$, ce qui montre que le frottement de la corde, des poulies, du tambour, du frein, etc., est égal à $\frac{1}{22}$ du poids de la corde.

Seize chariots vides ont descendu en 4 minutes le plan de Killingworth, en traînant une corde de 4 pouces $\frac{1}{2}$, dont le poids était 3096$^{liv.}$. L'inclinaison du plan était de 1 : 625, ce qui donne pour le frottement de la corde, etc., 143$^{liv.}$ $\frac{1}{2}$, ou $\frac{1}{22}$ de son poids à peu près.

(b) *Machines pour les plans de Rainhill et de Sutton.*

Le calcul du § (e), note 4, conduisait à cette conclusion, que deux machines de cin-quante chevaux étaient nécessaires pour la manœuvre de chacun des plans ; mais comme ici les machines auront en outre à remorquer les chariots sur une partie horizontale de 1$^{mil.}$ d'étendue, on a augmenté de dix chevaux la force de chacune d'elles, ce qui fait deux machines de soixante chevaux à chaque station.

Deux machines de soixante chevaux, chacune à 1.800$^{l. s.}$ . . .	3.600$^{l. s.}$
Tambour et mécanisme . . . . , ...	500
Maison pour la machine et cheminée	700
Habitation	100
Puits et pompe	100
	5.000$^{l. s.}$

Deux systèmes à 5.000$^{l. s.}$ chacun . . . . 10.000$^{l. s.}$

(c) *Machines au milieu du plateau et au pied de chaque plan.*

Deux machines de vingt chevaux à 900$^{l. s.}$ chaque	1.800$^{l. s.}$
Mécanisme et tambour	300
Bâtiment et cheminée	450
Maison d'habitation	75
Puits ou réservoir	85
	2.710$^{l. s.}$

Trois systèmes semblables, à 2.710$^{l. s.}$ = 8.130$^{l. s.}$

(d) *Machines sur les relais de 1$^{mil.}$ $\frac{1}{2}$.*

Deux machines de trente chevaux à 1.200$^{l. s.}$ chaque	2.400$^{l. s.}$
Mécanisme et tambour , ...	400
Bâtiment et cheminée	500
Maison d'habitation	100
Puits ou réservoir	100
	3.500$^{l. s.}$

Quinze machines à 3.500$^{l. s.}$ . . . . 52.500$^{l. s.}$

(e) *Machines près de Manchester.*

Deux machines de douze chevaux à 500$^{l. s.}$ chaque . . .	1.000$^{l. s.}$
Mécanisme et tambour	200
Bâtiment et cheminée	400
Maison d'habitation	75
Puits et pompe ou réservoir	50
	1.725$^{l. s.}$

(f) *Réparations et entretien des machines fixes*

Réparations des chaudières des machines pour une force
de 1.354 chevaux à raison de 13ʟ. 4ˢ· pour 100 chevaux.   178 14 6

Barres à raison de 5ʟ·ˢ· pour 100 chevaux . . . .   67 14 »

Réparations aux machines et au mécanisme, à 7ˢʰ· par
force de cheval . . . .   473 18 »

Huile, suif, étoupe, etc. . . . .   270 16 »   } 4,159   9 8

Charbon à raison de 18ᵗᵒⁿ·72 par an et par force de cheval,
ou de 25,346ᵗᵒⁿ·88 pour 1.354 chevaux, non compris le
charbon nécessaire pour la production de la vapeur, à
2ˢ· 6ᵖ· par tonneau 3.168   7 2

Gages d'ouvriers.

OUVRIERS.	Machine de Manchester.	15 machines pour des relais de 1mil.½.	3 machines de 20 chevaux.	2 machines de 60 chevaux.	Galerie de Liverpool.	Total.	Prix par jour.	Prix total.
Mécanicien.	2	3o	6	4	1	43	5ʟ. 12	2347. 16
Hommes pour conduire les chariots.	2	3o	6	4	2	44	39.	1716
Homme pour le frein. .	1	3o	6	4	1	42	39.	1638.
Aides.	»	15	3	2	1	21	39.	819
Homme pour huiler les poulies.	»	»	»	»	»	10	»	390

Huile, 50sᵃˡ· par mille, ou 1.500ᵍᵃˡ· pour 30ᵐⁱˡ·, à 2ˢ· 6ᵖ·.   6.910 16 »

                                          187 10 »

                              11.257ʟ·ˢ· 15ˢʰ· 8ᵖ·

(g) *Dépenses en cordes.*

D'après des observations faites avec soin par M. Thompson sur le chemin de Brunton et Shields, la dépense des cordes s'élèverait moyennement à 0ᵖ·051 par mille et par tonne de marchandises.

La pente de la route était dans la direction suivie par les chariots chargés, et dans certains cas il n'y avait point de corde d'arrière.

Ces deux circonstances sont à l'avantage de cette ligne, comparée à une route horizontale; mais comme d'un autre côté les chariots étaient ramenés vides, le prix par tonne de marchandises devait se trouver plus grand que sur le chemin de Manchester à Liverpool.

M. Story annonce que les cordes employées sur le plan incliné de Brusselton coûtent 0ᵖ·25 par tonneau de charbon qu'elles transportent.

Corde sur le plan de Brusselton.

1.851^{yards} avec une inclinaison de $\frac{1}{33}$, les chariots montant chargés.

825   avec une inclinaison de $\frac{1}{30.5}$, les chariots descendant chargés.

En supposant une inclinaison moyenne de $\frac{1}{33}$, on trouve 69$^{\text{liv.}}$ par tonne pour la composante de la pesanteur.

$$1.851 \times (69 + 12\tfrac{1}{2}) \times 1.5 = 226.284 \left.\right\}\text{chariots}$$
$$825 \times (69 - 12\tfrac{1}{2}) \times 1.5 = 69.919 \left.\right\}\text{chargés.}$$
$$825 \times (69 + 12\tfrac{1}{2}) \times 0.5 = 23.618 \left.\right\}\text{chariots}$$
$$1.851 \times (69 - 12\tfrac{1}{2}) \times 0.5 = 52.292 \left.\right\}\text{vides.}$$
$$\overline{382.113^{\text{liv.}} \times 1^{\text{yard.}}}$$

ce qui équivaut à $\frac{382.113}{12.5}$ ou 30.659$^{\text{ton.}} \times 1^{\text{yard}}$, ou 17$^{\text{ton.}}$37 $\times$ 37$^{\text{mil.}}$.

Déduisant $\frac{1}{2}$, ou 5$^{\text{ton.}}$79, il reste environ 11$^{\text{ton.}}$5 $\times$ 1$^{\text{mil.}}$, ou 1$^{\text{ton.}} \times$ 11$^{\text{mil.}}$5.

Or, 11$^{\text{mil.}}$5 : 1$^{\text{mil.}}$: : 0$^{\text{p.}}$25 : 0$^{\text{p.}}$0243. En ramenant ce cas à celui d'une surface horizontale, nous trouvons que la dépense serait de 0$^{\text{p.}}$02, ou de moins de $\frac{1}{40}$ par tonneau de marchandises et par mille, non compris l'usure de la corde d'arrière.

Sur la partie inférieure de la route de Hetton, suivant M. Wood, le transport de 301.800$^{\text{ton.}}$ de charbon à la distance de 2$^{\text{mil.}}\frac{1}{2}$, d'après le *système réciproque*, a exigé une dépense de 780$^{\text{l. s.}}$ en cordes. D'après cela, sur un chemin de niveau le prix se fût élevé à 0$^{\text{p.}}$13 par tonn. et par mille, ce qui excède de beaucoup les précédens résultats.

En résumé, après de mûres réflexions, nous avons pris pour donnée 0$^{\text{p.}}$08 par tonneau de marchandises et par mille ; à savoir 0.06 pour la corde d'avant, et 0.02 pour la corde d'arrière.

(h) *Capital et intérêts pour la corde de réserve.*

114$^{\text{mil.}}$ de corde de 3$^{\text{po.}}\frac{1}{2}$, à 1$^{\text{liv.}}\frac{2}{3}$ par yard, ce qui fait 104$^{\text{ton.}}$

	5.336$^{\text{l. s.}}$	16$^{\text{s.}}$	8$^{\text{p.}}$
12$^{\text{quint.}}\frac{3}{4}$, 14$^{\text{liv.}}$, à 51$^{\text{l. s.}}$ par tonne.	5.336$^{\text{l. s.}}$	16$^{\text{s.}}$	8$^{\text{p.}}$
Déduisant 9$^{\text{l. s.}}$ pour la valeur des vieilles cordes.	941	16	8
Reste	4,395	»	»
Intérêt de 4.395$^{\text{liv.}}$ à 5 pour 100	219$^{\text{l. s.}}$	15$^{\text{s.}}$	

(i) *Dépenses et charges diverses.*

Trente tuyaux en fonte pour le passage des cordes.

Intérêt de 300$^{\text{l. s.}}$ à 5 pour 100	15$^{\text{liv.}}$	»$^{\text{s.}}$	»$^{\text{p.}}$
Charbon dépensé chaque matin pour la production de la vapeur, 28$^{\text{liv.}}$ par cheval et par jour ; pour 1.354 chevaux, et 312 jours.	616	2	6
Usure des poulies à raison de 25$^{\text{l. s.}}$ pour 3 milles	250	»	»
Appareils de réserve à raison de 1$^{\text{l. s.}}$ par cheval. Intérêt pour 1.354 chevaux	67	14	»
Cordes. Capital comme ci-dessus. . 5.336$^{\text{liv.}}$ 16$^{\text{s.}}$ 8$^{\text{p.}}$			
Pour les plans 961 14 3			
6.298 10 11 à 5 p. $\frac{0}{0}$	314	18	»
Intérêts de 550$^{\text{liv.}}$ pour signaux à 5 pour $\frac{0}{0}$	27	10	»
	1.291$^{\text{l. s.}}$	4$^{\text{sh.}}$	6$^{\text{p.}}$

Note 6.

(a) Les données d'après lesquelles on a évalué la force des machines locomotives sont les suivantes :

Chemins de fer de Darlington. La pente moyenne est $\frac{1}{240}$, mais l'inclinaison n'est pas régulière ; sur quelques parties elle s'élève à $\frac{1}{100}$, et sur d'autres points elle est nulle. Les machines ont à surmonter la résistance de vingt chariots chargés sur les parties de niveau, et de vingt chariots vides sur les rampes de $\frac{1}{100}$, la vitesse étant de $4^{\text{mil.}}$ à l'heure.

$$
\begin{aligned}
&\text{Poids de vingt chariots chargés} \dots\dots\dots\dots\dots\dots & 80^{\text{ton.}} \\
&\text{Machine et train d'approvisionnement} \dots\dots\dots\dots\dots & 12 \\
\hline
& & 92^{\text{ton.}}
\end{aligned}
$$

$\frac{92^{\text{ton.}}}{200} = 1030^{\text{liv.}}$, résistance maximum à 4 milles par heure, et $\frac{1030 \times 4}{10} = 412^{\text{liv.}} = $ résistance avec une vitesse de 10^{mill}.

$$
\begin{aligned}
&\text{Avec vingt chariots vides la charge est de} \dots\dots\dots\dots & 25^{\text{ton.}} \\
&\text{Machines et train d'approvisionnement.} \dots\dots\dots\dots & 12 \\
\hline
& & 37^{\text{ton.}}
\end{aligned}
$$

$\frac{37^{\text{ton.}}}{200} = 414^{\text{liv.}} = $ le frottement ; $\frac{37^{\text{ton.}}}{100} = 828^{\text{liv.}}$ composante de la pesanteur ; on a donc $1.242^{\text{liv.}}$ pour la résistance maximum avec une vitesse de 4 milles à l'heure, et $\frac{1242 \times 4}{10} = 497^{\text{liv.}}$, pour la résistance maximum avec une vitesse de 10 milles.

Chemin de fer de Springwell. L'inclinaison varie de $\frac{1}{180}$ à $\frac{1}{80}$ et s'élève moyennement à $\frac{1}{222}$. Une machine traîne un convoi de dix-huit chariots pesant $22^{\text{ton.}}\frac{1}{2}$ ou $33^{\text{ton.}}$ y compris la machine, avec une vitesse moyenne de 6 milles à l'heure.

$$
\text{Résistance moyenne} \dots\dots\dots\dots\dots
\begin{cases}
\text{Pesanteur} \dots\dots & 606^{\text{liv.}} \\
\text{Frottement} \dots\dots & 370 \\
\hline
& 976
\end{cases}
$$

$976 \times \frac{6}{10} = 582^{\text{liv.}}\frac{1}{7} = $ la résistance pour une vitesse de 10 milles à l'heure.
Résistance accidentelle sur les rampes de $\frac{1}{80}$:

$$
\begin{aligned}
&\text{Pesanteur} \dots\dots\dots\dots\dots & 924^{\text{liv.}} \\
&\text{Frottement} \dots\dots\dots\dots\dots & 370 \\
\hline
& & 1.294^{\text{liv.}}
\end{aligned}
$$

ce qui équivaut à $1.294 \times \frac{6}{10} = 776^{\text{liv.}}$ lorsque la vitesse est de $10^{\text{mil.}}$

Chemin de fer de Bolton et Leigh. La *Sorcière* de Lancashire a remorqué $58^{\text{ton.}}$ sur une rampe de $\frac{1}{132}$ avec une vitesse de $8^{\text{mil.}}8$ par heure, ce qui équivaut à $836^{\text{liv.}} \times 10^{\text{mil.}}$ par heure.

Chemin de Liverpool. La machine *la Fusée* a traîné, en allant et en revenant, une charge brute de $37^{\text{ton.}}\frac{1}{2}$ avec une vitesse de $13^{\text{mil.}}$ à l'heure.

Une autre machine, employée à transporter de la marne, remorque ordinairement 70$^{ton.}$ (non compris son propre poids) avec une vitesse de 5$^{mil.}$ à l'heure.

De ces expériences on conclut qu'une machine locomotive est capable de transporter 20$^{ton.}$ de marchandises avec une vitesse de 12$^{mil.}$ à l'heure, travail qui exige une force de 497 $^{liv.}$

(b) Sur le chemin de Springwell les comptes fournis par M. John Wood pour les années 1827 et 1828 présentent les résultats suivans :

1827.		l. s.	s.	p.
Ouvrages de charronnage		10	15	5
Ouvrages de forge		40	17	3
Comptes de divers marchands		50	2	»
		101	14	8
A déduire la valeur d'anciens matériaux.		9	19	8 ½
Dépense de deux machines		91 l. s.	15 sh.	4 p. ¼
1828. Ouvrages de forge		22	15	»
Barres en fer malléable		27	8	3
Ouvrages de charronnage		4	3	2
Dépenses comprenant les chariots, les soupapes, les pompes, etc.		31	17	6 ½
Dépense de deux machines		86 l. s.	3 sh.	11 p. ½

Chemin de Darlington. En 1829, les réparations annuelles de quatre machines du chemin de Darlington s'élevaient, d'après un compte fait avec soin par M. Hackworth, à. 154$^{l. s.}$ 8$^{sh.}$
Barres pour la grille du foyer . . . . 24 »

178$^{l. s.}$ 8$^{sh.}$

Ce qui fait 50$^{l. s.}$ environ par machine.

(c) *Charbon.*

Les expériences entreprises avec les machines de Killingworth, et détaillées dans la première édition de cet ouvrage, donnent les résultats suivans :

Expérience n°. 2 . . . . . 2$^{liv.}$13 de charbon par tonne et par mille.
     n°. 3 . . . . . 2 05
     n°. 5 . . . . . 1 60

La machine de Darlington, avec un double tube, consomme 1$^{liv.}$60.

La Sorcière du Lancashire a transporté en douze heures 1.031$^{ton.}$ à 1 mille avec une dépense de 16$^{quint.}$ de charbon, ce qui fait 1$^{liv.}$73 par tonneau et par mille.

D'après ces expériences, la consommation peut être fixée à 1$^{liv.}$75 par tonneau et par mille, ce qui fait, à raison de 1.800 tonneaux par jour, une consommation journalière de 3.150$^{liv.}$, ou de 439^{ton} pour 312 jours. Cette quantité de charbon représente une dépense de 128^{l} 10$^{sh.}$ à raison de 5$^{sh.}$ 4$^{p.}$ par tonne.

(d) MM. Stephenson et Locke pensent que les machines locomotives peuvent traîner sur l'ensemble de la ligne 20$^{ton.}$ de marchandises à 12 milles par heure, et remonter les plans inclinés avec une vitesse de 10$^{mil.}$ et une charge de 8$^{ton.}$ Les résistances respectives sur les parties de niveau et sur les plans seraient de 497$^{liv.}$ et 656$^{liv.}$

Ces évaluations sont confirmées par plusieurs expériences faites avec des machines que nous avons déjà citées. *La Fusée*, pesant seulement 4$^{ton.}$ $\frac{1}{2}$, a remorqué sur ce plan 15$^{ton.}$25, y compris son propre poids, avec une vitesse de 16 milles à l'heure. Dans une autre expérience, la même machine a remonté le plan avec une vitesse de 12$^{mil.}$ $\frac{1}{2}$ à l'heure, et avec une charge totale de 20$^{ton.}$6.

Si nous considérons une machine munie de deux cylindres de 10$^{po.}$ de diamètre, et dont les pistons parcourent 180$^{pi.}$ par minute en subissant une pression effective de 25$^{liv.}$ par pouce carré, nous trouvons que le travail de la machine a pour mesure 157 × 25$^{liv.}$ × 180$^{pi.}$ = 706.500$^{liv.}$ × 1$^{pi.}$. Divisant par 880$^{pi.}$ (880 pieds par minute équivalent à 10$^{mil.}$ à l'heure), on voit que la résistance que la machine peut surmonter s'élève à 803$^{liv.}$. Cette valeur excède de 147$^{liv.}$ la résistance de 8$^{ton.}$ de marchandises remorqués sur un plan dont l'inclinaison est de $\frac{1}{90}$.

(e). *Dépense annuelle des stations pour l'approvisionnement d'eau.*

Intérêt et moins value d'un capital de 500$^{l. s.}$ à 7 $\frac{1}{2}$ p. 0/0.	37$^{l. s.}$ 10$^{sh.}$ 0^{p}
Réparations annuelles, graisse, etc.	5 0 0
Charbon pour chaque station, 100 tonneaux à 4$^{sh.}$ 6$^{p.}$	22 10 0
Gardien.	39 0 0
	104$^{l. s.}$ 0$^{sh.}$ 0^{p}

NOTE 7.

(a) La force des machines pour les relais de 1$^{mil.}$ $\frac{1}{2}$ peut être réglée comme il suit :

Frottement de 52 tonn. à raison de $\frac{1}{200}$ de la charge	582^{liv}
Frottement de 1$^{mil.}$ $\frac{1}{2}$ de corde de 4$^{po.}$ $\frac{1}{12}$ pesant 6.888$^{liv.}$ = $\frac{1}{12}$ du poids (1).	574
	1.156^{liv}

---

(1) La méthode que nous avons adoptée pour déterminer ce frottement consistait à placer sur un plan incliné un nombre de chariots suffisant pour faire mouvoir avec une vitesse uniforme une corde d'une longueur déterminée. Il est évident que la composante du poids de la corde et des chariots devait être égale à leur frottement.

EXPÉRIENCE Ire. — Trois chariots, pesant 72$^{quint.}$ imprimèrent une vitesse uniforme de 1$^{mil.}$$\frac{1}{2}$ par heure à une corde longue de 930^{yards} et pesant 3.397$^{liv.}$ L'inclinaison du plan était de $\frac{1}{33}$.

EXPÉRIENCE IIe. — Quatre chariots pesant 96$^{quint.}$, conservèrent la même vitesse en traînant une corde de 1.370 yards pesant 5004$^{liv.}$

EXPÉRIENCE IIIe. — Cinq chariots, pesant six tonneaux, conservèrent une vitesse de 1$^{mil.}$$\frac{1}{5}$ par heure, en traînant 1.810 yards de corde pesant 6.600$^{liv.}$

Il est facile de réduire ces chiffres en fractions du poids de la corde.

Or, la force d'un cheval à $12^{\text{mil.}}$ par heure $= 150^{\text{liv.}} \times \frac{2,5}{12} = 31^{\text{liv.}}$ et $1156 : 31 = 37$. La force des machines serait donc de 37 chevaux, ou, en tenant compte de la force de réserve, de 40 chevaux pour une voie, ou de 80 chevaux pour deux voies.

(b) *Force des machines pour des relais d'un mille.*

Frottement pour 22 tonn.	$582^{\text{liv.}}$
Frottement de $1^{\text{mil.}}$ de corde.	382
	$\overline{964^{\text{liv.}}}$

Nous remarquerons que ces machines ne doivent pas traîner les marchandises avec une vitesse plus grande que $8^{\text{mil.}}$ par heure, puisque le relais de $1^{\text{mil.}}$ doit être parcouru dans le même temps que les relais de $1^{\text{mil.}} \frac{1}{2}$. Or, la force d'un cheval, à $8^{\text{mil.}}$ par heure, est de $150 \times \frac{2,5}{8} = 47^{\text{liv.}}$, ce qui donne pour la force de ces machines $20^{\text{chev.}} \frac{1}{2}$ ou $24^{\text{chev.}}$ pour chaque voie, en tenant compte de la force de réserve.

(c) La force des machines destinées à manœuvrer les deux plans inclinés peut être déterminée ainsi qu'il suit :

Gravité $= 52^{\text{tonn.}} : 96$	$1.213^{\text{liv.}}$
Frottement $= 52^{\text{tonn.}} : 200$	582
Frottement de la corde de $5^{\text{po.}} \frac{1}{2}$ de circonf., $10.700^{\text{liv.}} : 12$ . . .	891
Composante du poids de la corde, $10.700^{\text{liv.}} : 96$.	111
Total.	$\overline{2.797^{\text{liv.}}}$

$2797^{\text{liv.}} : 31$ (force d'un cheval à $12^{\text{mil.}}$ par heure) $= 90^{\text{chev.}}$. Mais comme le poids des convois descendans aide la machine, on peut se contenter d'une force de 80 chevaux.

Ire. ᴇxᴘÉʀɪᴇɴᴄᴇ.	Gravité des chariots	$244^{\text{liv.}},5$
	Gravité de la corde.	103
		$\overline{347\ ,5}$
	A déduire le frottement des chariots . . .	39
	Reste.	$\overline{308^{\text{liv.}},5}$

ou $\frac{1}{3}$ du poids de la corde.

IIe. ᴇxᴘÉʀɪᴇɴᴄᴇ.	Gravité des chariots	$326^{\text{liv.}}$
	Gravité de la corde.	152
		$\overline{478}$
	A déduire le frottement des chariots. . . .	52
	Reste.	$\overline{426^{\text{liv.}}}$

ou à peu près $\frac{1}{3}$ du poids de la corde.

IIIe. ᴇxᴘÉʀɪᴇɴᴄᴇ.	Gravité des chariots	$407^{\text{liv.}},5$
	Gravité de la corde.	200
		$\overline{607}$
	A déduire le frottement.	65
	Reste.	$\overline{542^{\text{liv.}} \frac{1}{2}}$

ou environ $\frac{1}{3}$ du poids de la corde comme précédemment.

34

(d) La force de la machine placée au pied des plans inclinés sera de 50$^{chev.}$, y compris une force de 10 chevaux pour surmonter le frottement des cordes. La force supplémentaire au tunnel sera de 40 chevaux.

(e) *Capital pour frais d'établissement d'un relais de* 1$^{mil.}$ ½ *de longueur.*

Une machine de 80 chevaux.	2.800$^{ls.}$
Quatre treuils et attirail, les mécanismes et accessoires.	550
Bâtiment pour la machine et cheminée.	650
Logement, réservoirs, etc.	200
	4.200$^{ls.}$

Et pour 17 stations à 4.200. . . . . 71.400

(f) *Dépenses pour les machines établies au bas des deux plans inclinés.*

Une machine de 48 chevaux à Rainhill	1.600$^{ls.}$
Treuils à cordes.	500
Bâtiment pour la machine et cheminée.	600
Logement et réservoir.	180
	2.880$^{ls.}$

Deux machines semblables au bas des plans inclinés. . . 5.760$^{ls.}$

(g) Une machine de 24 chevaux à Manchester.	960$^{ls.}$
Treuils.	250
Bâtiment pour la machine, etc.	500
Logement, réservoir, etc.	180
	1.890$^{ls.}$

(h) *Frais annuels pour les machines fixes.*

Charbon pour une force totale de 1572 chevaux, à raison de dix heures par jour pendant 312 jours, et de 17$^{liv.}$ par force de cheval et par heure = 37.222$^{ton.}$, qui, à 4$^{sh.}$ 6$^{p.}$, coûtent. .	8.374$^{ls.}$	19$^{sh.}$	0$^{p.}$
Réparation des machines et de leurs mécanismes et accessoires, y compris les barres du foyer, les chaudières, le chanvre, l'huile, etc., à 1$^{ls.}$ par force de cheval et par an.	1.572	0	0
43 préposés aux machines, à 54$^{ls.}$ 12$^{sh.}$	2.347	16	0
21 aides, à 40$^{ls.}$	840	0	0
42 préposés aux freins, à 40$^{ls.}$	1.680	0	0
84 hommes pour suivre les convois (un homme pour chaque corde), à 40$^{ls.}$	3.360	0	0
Poulies usées et cassées, à 8$^{ls.}$ par mille de double voie. .	240	0	0
Huile pour les poulies, 2.100 gallons, à 2$^{sh.}$ 6$^{p.}$.	260	0	0
8 hommes employés à graisser les poulies, à 30$^{ls.}$ par an. .	240	0	0
	18.917$^{ls.}$	5$^{sh.}$	0$^{p.}$

(i) *Cordes.*

108 milles de cordes de 4po. ½ (1) de circonférence sur les relais de
niveau, ce qui équivaut à 221ton. ½, à 42liv. par tonne, déduction faite
de la valeur des vieilles cordes 9.296liv. 0sch. 0p

6 milles de cordes d'avant, de 5po. ½ de circonférence pour les
plans inclinés, 19 tonnes 2 quintaux à 42liv. 802 4 0

6 milles de cordes d'arrière, de 3po. ½ de circonférence pour les
plans inclinés, 7 tonnes 17 quintaux à 42liv. 329 14 0

Conduits pour les cordes qui traversent les routes, 30 à 10liv. . . 300 0 0

10.727 18 0

Usure des cordes.

Intérêt du capital 10.727liv. 18sh., à 5 pour 100 par an 536 7 10

Ces cordes seront plus promptement usées et plus souvent cassées sur les plans ascendans ; mais comme d'un autre côté elles
souffriront moins dans les descentes, nous calculerons sur 30 milles
à 0p.10 par tonne et par mille (2) ; et comme il y a 4.000ton. transportés chaque jour, cela équivaudra à 37.440.000 tonnes transportées à un mille, à raison de 0p.10 . . . . 15.600 0 0

16.136 7 10

---

(1) M. Walker a supposé que chaque machine remorquerait 52tonn. à l'aide d'une corde de
3po. ½ de circonférence. Avant d'évaluer la dépense, il est nécessaire d'examiner si cette dimension est convenable. La résistance de 52tonn. est de 582liv. ½.

Or, sur le chemin de fer de Hetton, on emploie une corde de 5 pouces pour traîner
24 chariots vides, pesant chacun 28minut. sur une rampe de 1 : 250.

On réservait dans le principe une corde de 3po. ½, mais elle se rompait si souvent, qu'on
fut obligé de la remplacer au bout de quatre mois. La valeur de la résistance est ici de :

$$3136 \times 24 : 250 = 301 \text{liv. gravité}$$
$$3136 \times 24 : 200 = 376 \quad \text{frottement.}$$

Résistance totale . . . . 677liv.

Sur un autre plan, qui est entièrement de niveau, on emploie une corde de 4po. ½ de
circonférence pour traîner le même nombre de chariots. Dans ce dernier cas, la résistance
est de $3136 \times 24 : 200 = 376$liv.

D'après la première expérience, la dimension nécessaire pour une charge de 52tonn. sur
un chemin de niveau serait de 4po. 6, et d'après la dernière de 5po. 6.

Nous n'avons pas eu égard ici au poids de la corde, parce que les longueurs des plans
sont à peu près les mêmes.

Il est clair d'après ce qui précède, que pour une ligne de chemin de fer semblable à
celle de Liverpool à Manchester, une corde de 3po. ½ est trop faible, et que l'on doit employer
au moins des cordes de 4po. ½ de circonférence. Sur les plans inclinés, on ne devrait pas
admettre de corde ayant moins de 5po. ½ de circonférence.

(2) Sur le chemin de fer de Brunton et Shield, la dépense des cordes n'excède pas ½ d'un
penny par tonneau et par mille ; mais la plus grande partie de ce chemin présente une inclinaison suffisante pour permettre aux convois de descendre, et lorsque le temps est favorable, le système de remorque n'est employé que sur un seul plan. Les données dé-

(k) *Cordes de rechange.*

108 milles de cordes de $4^{po.}\frac{1}{2}$ de circonférence, c'est-à-dire $221^{ton.}\frac{1}{3}$ à $51^{l.s.}$. . . . . $11.288^{l.s.}$ $0^{s.}$ $0^{p.}$

6 milles de cordes d'avant, pour la remonte des plans inclinés, c'est-à-dire $19^{ton.}8$ à $51^{l.s.}$. 974   2   0

6 milles de cordes d'arrière, pour la descente des plans inclinés, $7^{ton.}17^{quint.}$ à $51^{l.s.}$. 400   7   0

Objets de rechange pour toutes les machines, à raison de $1^{l.s.}$. . par force de cheval. 1.573   0   0

Signaux aux stations, 22 à $25^{l.s.}$. 550   0   0

$14.784^{l.s.}$ $9^{s.}$ $0^{p.}$

Intérêt de ce capital à raison de 5 pour 100. . . . . $739^{l.s.}$ $4^{s.}$ $5^{p.}$

---

duites de ce chemin de fer, ne sauraient donc s'appliquer à celui de Liverpool à Manchester qui est sensiblement de niveau.

M. Walker cite comme exemple, dans son rapport, une partie du chemin de fer de Hetton, qui est à peu près horizontale, et sur laquelle $301.800^{tonn.}$ parcourent une distance de $2^{mil.}\frac{1}{2}$ avec une dépense de corde de $780^{l.s.}$, ce qui équivaut environ à $0^{p.}13$ par tonneau et par mille. Sur cette partie du chemin de Hetton, les plans sont presque de niveau, et ils peuvent fournir ainsi de meilleures données que toutes les autres lignes. Cependant M. Walker ne s'est pas arrêté à ce résultat, puisqu'il a pris pour base de ses évaluations une dépense de $0^{p.}08$ par tonne et par mille.

Toutefois, comme les courbes qui existent sur la ligne de Hetton peuvent jusqu'à un certain point augmenter l'usure des cordes, nous admettrons que sur le chemin de Liverpool la dépense ne doit s'élever qu'à $0^{p.}10$ par tonne et par mille.

Note 8.

Dépenses en cordes sur différens plans.

La lettre C indique les plans dont l'axe est courbe, la lettre D ceux dont l'axe est droit.

	DÉSIGNATION DES PLANS.		LON-GUEUR.	RAMPE.	PENTE.	LON-GUEUR de la corde	CIRCONF. de la corde.	NOMBRE de tonneaux remorqués par une corde.
			m.	m.		m.	m.	
1	Plan man. par une machine. .	C.	807	46. 02	»	914	o. 18	121. 743
2	*Id.*	D.	709	9. 14	»	742	o. 14	208. 705
3	*Id.*	D.	709	35. 06	»	750	o. 18	156. 527
4	*Id.*	C.	2314	»	19. 20	2379	o. 11	173. 919
5	*Id.*	C.	1665	»	»	1738	o. 11	138. 982
	Id. corde d'arrière du n°. 5.		»	»	»	1432	o. 10	173. 919
6	*Id.*	D.	1705 764	20. 73 »	» 10. 06	1747	o. 14	109. 768
7	*Id.*	D.	2010	12. 81	»	1098	o. 13	190. 337
8	*Id.*	D.	1743	»	27. 14	1828	o. 11	221. 904
9	*Id.*	C.	882 925	17. 53 »	» 10. 06	1006	o. 13	104. 080
10	*Id.*	D.	1155	»	25. 01	1372	o. 13	136. 010
11	Plan automoteur.	C.	1191	»	39. 80	1240	o. 14	347. 787
12	*Id.*	C.	1119	»	36. 72	1149	o. 14	347. 787
13	*Id.*	C.	655	»	17. 01	658	o. 12	307. 943
14	*Id.*	D.	825	»	23. 31	869	o. 14	331. 463
15	*Id.*	C.	297	»	20. 66	338	o. 16	195. 966
16	*Id.*	D.	654	»	17. 38	732	o. 13	186. 201
17	*Id.*	C.	577	»	23. 63	686	o. 14	170. 865
18	*Id*	D.	644	»	27. 14	713	o. 11	128. 093
19	*Id.*	D.	861	»	32. 95	914	o. 11	171. 535

La charge brute, remorquée à la fois, était : du n°. 1 au n°. 6, de 32[ton.] ; pour les n[os.] 7 et 8, de 48[ton.] ; du n°. 9 à 15, de 32[ton.] ; n[os.] 16 et 17, 24[ton.] ; n[os.] 18 et 19, de 16[ton.]. Les chariots vides au retour formaient à peu près $\frac{1}{3}$ de la charge brute. Dans les n[os.] 7, 8, 9, 10, 16, 17, 18 et 19, le transport annuel n'était que le tiers environ du transport effectué sur les autres plans.

CHAPITRE IX.

COMPARAISON ENTRE LES CANAUX ET LES CHEMINS DE FER.

L'UTILITÉ relative des canaux et des chemins de fer est une question qui a été long-temps controversée, et dont on ne peut obtenir la solution qu'en évaluant exactement le travail utile des différens genres de moteurs employés sur ces deux voies de communication. Nous présenterons dans ce chapitre quelques considérations à ce sujet.

N'ayant pas eu l'occasion de déterminer par nous-même les charges qu'un cheval peut traîner sur un canal, nous serons obligé de prendre pour bases de nos évaluations les résultats fournis par les ingénieurs qui ont pu recueillir sur ce point des données certaines. M. R. Stephenson, dans son rapport sur le chemin de fer d'Edimbourg, annonce que, sur les canaux d'Angleterre, un bateau chargé de 30^{ton} (30^{ton} 46) est ordinairement traîné par un cheval, et manœuvré par deux hommes et un garçon. Or, sur un chemin de fer horizontal, on peut admettre qu'un bon cheval conduit par une personne traîne 8^{ton} (8^{ton} 12), en sorte que le travail effectué sur un chemin de fer par un homme et un cheval est le tiers environ du travail effectué sur un canal par un cheval et trois personnes. M. Stephenson suppose, dans d'autres calculs, qu'un cheval peut traîner 10^{ton} (10^{tonn} 15 sur un chemin de fer bien construit.

M. Sylvester, dans son rapport sur le chemin de fer de Liverpool à Manchester, prend un poids de 20^{ton} (20^{ton} 31) pour mesure de la charge d'un cheval de halage, marchant avec une vitesse de 2^{mil} (3218^{m})

à l'heure. La différence entre les deux résultats précédens provient sans
doute de ce que les observations ont été faites sur des canaux de différentes sections. M. Stephenson annonce, dans un autre rapport, qu'il a
cherché à apprécier exactement la différence entre le travail utile des
chevaux sur un canal étroit et sur un canal plus large. Il a fait à ce sujet
quelques expériences au moyen d'un dynamomètre, et il a reconnu que
cette différence était d'un cinquième au moins à l'avantage du canal à
grande section.

M. Bevan a bien voulu nous communiquer quelques résultats sur
la force de traction des chevaux de halage, pour des charges et des
vitesses différentes. La résistance était mesurée à l'aide d'un dynamomètre à ressort attaché à la corde de halage. La longueur du bateau
était de $69^{\text{pi.}}5$ ($21^{\text{m.}}18$), et sa largeur de $6^{\text{pi.}}92$ ($2^{\text{m.}}11$). La section
transversale du canal n'a pu être déterminée exactement, mais elle était
de 90 à $100^{\text{pi. ca.}}$ ($8^{\text{m. ca.}}36$ à $9^{\text{m. ca.}}28$) : la partie immergée du bateau
était de $19^{\text{pi. ca.}}$ ($1^{\text{m. c.}}76$) environ, c'est-à-dire $\frac{1}{5}$ de la section du canal.
La force nécessaire pour traîner ce bateau, chargé de $23^{\text{ton.}}77$ ($24^{\text{ton.}}14$),
avec une vitesse moyenne de $2^{\text{mil.}}45$ ($3942^{\text{m.}}$) par heure, a été, d'après
le résultat moyen de 54 expériences, de $79^{\text{liv.}}5$ ($56^{\text{kil.}}04$). M. Bevan
remarque qu'avec cette charge un cheval parcourait généralement
$26^{\text{mil.}}\frac{1}{2}$ (42.647^{m}) en un jour.

Le même ingénieur nous a également communiqué le résultat des
expériences suivantes, faites sur le grand canal de jonction, à Paddington.
La section transversale du canal est de $142^{\text{pi. c.}}$ ($13^{\text{m. c.}}18$), et celle du
bateau chargé de $17^{\text{pi. c}}2$ ($1^{\text{m. c.}}60$). Un poids de $72^{\text{liv.}}$ (32.65), agissant
par l'intermédiaire d'une poulie, a traîné le bateau vide avec une vitesse
de $3^{\text{mil.}}45$ ($5.552^{\text{m.}}$) par heure; un poids de $77^{\text{liv.}}$ ($34^{\text{kil.}}92$,) agissant
d'une manière semblable, a imprimé au bateau une vitesse de $2^{\text{mil.}}5$
($4032^{\text{m.}}$), sa charge étant de 21to ($21^{\text{ton.}}32$); enfin, toutes choses
égales d'ailleurs, il a fallu employer un poids de $308^{\text{liv.}}$ ($139^{\text{kil.}}64$
pour obtenir une vitesse moyenne de $3^{\text{mil.}}85$ ($6397^{\text{m.}}$) par heure.

La longueur de la corde de halage, ajoute M. Bevan, était environ de 98$^{pi.}$ (29$^{m.}$87), et la distance moyenne entre le bateau et le chemin de halage de 20$^{pi.}$ (6$^{m.}$09). Si l'on remarque que la section de cette partie du canal est plus grande que sa section moyenne, on conclura de l'expérience précédente, que pour obtenir avec un bateau chargé une vitesse de 4$^{mil.}$ (6457$^{m.}$) à l'heure, il est nécessaire d'employer quatre chevaux. Il faudrait, d'ailleurs, qu'une pareille vitesse fût compatible avec la conservation des berges, ce qui n'a pas lieu dans l'état actuel du canal.

M. Chapman (navigation sur les canaux), cite l'exemple d'un bateau large de 8$^{pi.}$ (2$^{m.}$44) à son plat-fond, et de 10$^{pi.}$ (3$^{m.}$05) à la flottaison, long de 50$^{pi.}$ (15$^{m.}$24), chargé de 14$^{ton.}$ (14$^{ton.}$22), et ayant 2$^{pi.}$25 (0$^{m.}$68) de tirant d'eau. Ce bateau remontait un courant dont la vitesse était de 5$^{mil.}$½ (8.852$^{m.}$) par heure, à l'aide de 28 haleurs et de trois rameurs; et cependant il ne parcourait pas plus d'un quart de mille (405$^{m.}$) par heure.

M. Smeaton estime qu'un cheval peut remorquer 22$^{ton.}$ (22$^{ton.}$34) avec une vitesse de 2$^{mil.}$ à 2$^{mil.}$½ (3218$^{m.}$ à 4032$^{m.}$) par heure.

M. James Walker a fait quelques expériences dans les docks de Londres, sur la résistance que présentent les bateaux à différens degrés de vitesse. Ces observations dont les résultats ont été communiqués à la société royale, au mois de mai 1827, fournissent des renseignemens très-utiles, et nous en avons présenté un résumé dans la note première (1). Il résulte, des expériences de M. Walker, que la résistance croît dans un plus grand rapport que le carré des vitesses. En effet, avec des vitesses de 2$^{mil.}$529 4$^{mil.}$, 4$^{mil.}$529, 5$^{mil.}$871, les résistances observées ont été de 9$^{liv.}$41, 42$^{liv.}$59, 28$^{liv.}$07; tandis qu'en calculant ces résistances d'après le carré des vitesses, et en prenant pour donnée le résultat de la première expérience, on trouve 9$^{liv.}$41, 30$^{liv.}$11, 22$^{liv.}$07.

Plusieurs expériences plus récentes, faites sur le canal de Forth et de la Clyde, ont conduit, dit-on, à des résultats entièrement opposés,

---

(1) Voir la note 1 à la fin du chapitre.

du moins lorsque la vitesse devient très-considérable. On annonce que, dans ce cas, la force de traction diminue, que le flot produit à l'avant du bateau disparaît, et que l'agitation de l'eau dans le canal devient beaucoup moindre. Nous avouons que les résultats de ces expériences nous paraissent encore bien problématiques; mais un fait aussi important, et auquel est attachée l'existence de tant de fortunes, ne peut rester long-temps douteux; on doit nécessairement ou le confirmer ou le réfuter par une série d'expériences irrécusables.

Quoi qu'il en soit, nous avons eu dernièrement l'occasion, dans un voyage à Édimbourg, de faire les observations suivantes : un bateau présentant la forme la plus propre à diminuer l'agitation de l'eau était employé pour le transport des voyageurs d'Édimbourg à Glasgow, par les canaux de l'Union, du Forth et de la Clyde. Le bateau était étroit et fort long, et parcourait $6^{mil.}\frac{1}{3}$ (10.186$^{m.}$) par heure. Avec cette vitesse il laissait derrière lui une onde si forte, qu'à l'un des ponts l'eau s'élevait contre un massif de maçonnerie, à $19^{pi.}\frac{1}{2}$ (o$^{m.}$5o) au-dessus de son niveau ordinaire. Le bateau portait 6o passagers; il était traîné par trois chevaux que conduisait un enfant monté sur un ponet. La distance parcourue sur le canal de l'Union est de $31^{mil.}\frac{1}{2}$ (5o.6g3$^{m.}$); cette distance est partagée en six relais, et les mêmes chevaux servent pour le retour. On voit, d'après cela, que la force dépensée est égale à celle de trois chevaux parcourant $10^{mil.}$ 5 (16.8g8$^{m.}$) par jour. Ces chevaux paraissaient très- fatigués par ce service, qui exigeait d'eux un effort continu. Au commencement de la gelée, c'est-à-dire dans le courant de décembre, les voyages ont été interrompus, et on ne devait, disait-on, les reprendre, qu'après avoir construit un bateau en fer d'une forme plus convenable.

En supposant que la charge utile du bateau que nous venons de citer, fût de $5^{ton.}$ ($5^{ton.}$ 07), le travail journalier d'un cheval de halage, marchant avec une vitesse de $7^{mil.}$ (11.265$^{m.}$) à l'heure, aurait pour mesure un poids de $\dfrac{5 \times 10}{3}$ $= 16^{tonn}$ 66 transportés à un mille; et si l'on admet qu'un cheval, marchant avec une vitesse de $2^{mil.}\frac{1}{2}$ ($4.032^{m.}$) par heure, transporte $24^{tonn.}$ de marchandises à une distance de $20^{mil.}$ ($32.186^{m.}$) en un jour, les quantités de travail correspondantes à des vitesses de $2^{mil.}$ et de $7^{mil.}$ seraient comme $16.66 : 480$. Mais on sait que les efforts exercés par le cheval, avec des vitesses de $2^{mil.}\frac{1}{2}$ et de $7^{mil.}$ sont comme $102 : 384$, en sorte que les quantités de travail correspondantes sont réellement dans le rapport de $\frac{16.66 \times 384}{102} : 384$, c'est-à-dire de $62.5 : 480$. Ce rapport serait égal à $62.5 : 490$, si l'on supposait la résistance proportionnelle au carré des vitesses. D'après les observations de MM. Bevan et Walker, la résistance aurait dû augmenter dans un rapport plus grand encore. Mais nous remarquerons que les observations de ces ingénieurs ont été faites sur un même bateau, tandis qu'il n'en a pas été ainsi dans l'exemple précédent, le bateau soumis à l'expérience présentant une forme plus propre à diminuer la résistance que celui dont on avait fait usage dans le cas d'une faible vitesse. En définitive, on peut admettre que, même en donnant à chaque bateau la forme la plus convenable pour le service auquel il est destiné, sa résistance est proportionnelle au moins au carré de la vitesse.

La table suivante indique le rapport entre le travail utile d'un cheval sur un chemin de fer et sur un canal, en considérant la valeur maximum de son travail journalier comme égale dans le premier cas à $160^{tonn.} \times 1^{mil.}$, et dans le second à $480^{tonn.} \times 1^{mil.}$.

TABLE XIII.

VITESSE par heure.	POIDS UTILE transporté à 20mil.	POIDS transporté à 1mil.	NOMBRE de chevaux nécessaires sur un canal.	NOMBRE de chevaux nécessaires sur un chemin de fer.	RAPPORT entre les effets utiles des chevaux sur un canal et sur un chemin de fer.
$2^{mil.} - 3218^{m.}$	$24^{to} .37$	$487^{ton.} .50$	1	3	1 : 0.33
$3 \quad - 4827$	$24 \quad .37$	$487 \quad .50$	3.4	4.5	1 : 0.75
$4 \quad - 6437$	$24 \quad .37$	$487 \quad .50$	8.2	6.3	1 : 1.3
$5 \quad - 8046$	$24 \quad .37$	$487 \quad .50$	18	8.7	1 : 2.7
$6 \quad - 9655$	$24 \quad .37$	$487 \quad .50$	31.8	10.6	1 : 3
$7 \quad - 11265$	$24 \quad .37$	$487 \quad .50$	53.6	13	1 : 4.1
$8 \quad - 12874$	$24 \quad .37$	$487 \quad .50$	85.6	16	1 : 5.3

On voit, par ce tableau, que, pour une vitesse de $2^{mil.}$ par heure environ, le travail du cheval est trois fois plus considérable sur un canal que sur un chemin de fer. Mais comme la résistance sur le canal croît en raison du carré de la vitesse, tandis qu'elle reste la même sur le chemin de fer, son travail utile devient égal dans les deux cas, dès que la vitesse s'élève à $3^{mil.}\frac{1}{2}$ environ. A partir de cette limite, le cheval peut, avec le même effort, traîner sur un chemin de fer une charge beaucoup plus considérable que sur un canal, ainsi qu'on le voit dans la colonne 6 de la table précédente. Cette colonne indiquerait le rapport exact entre les frais de transport sur ces deux voies de communications, si les prix d'établissement et d'entretien, y compris le matériel d'exploitation, étaient égaux de part et d'autre. En général, les frais de construction et de réparation d'un canal sont plus élevés que ceux d'un chemin de fer, de telle sorte que ce dernier peut quelquefois offrir de l'économie, même pour les vitesses les plus favorables au canal. Cependant ces élémens de calcul dépendent, dans chaque cas particulier, de circonstances qu'il est impossible de prévoir ; et nous devons ici nous contenter de présenter des données générales sur les avantages relatifs des canaux et des chemins de fer, en laissant à chacun le soin d'apprécier, dans les divers cas qu'il peut avoir à considérer, quel est celui de ces deux modes de communication qui mérite réellement la préférence.

La question se présente sous une nouvelle face lorsqu'un chemin de fer, desservi par des chevaux, doit entrer en concurrence avec un canal déjà existant. Souvent, en effet, un léger retard dans les expéditions est sans importance pour le commerce ; on peut alors effectuer les transports avec la vitesse qui convient le mieux au cheval, c'est-à-dire avec une vitesse de $2^{mil.}$ à $2^{mil.}\frac{1}{2}$ par heure. Or, l'on sait que dans ce cas le travail utile des chevaux est trois fois plus considérable sur un canal que sur un chemin de fer, en sorte que les propriétaires du canal pourront, en réduisant leurs prix de tonnage, soutenir la concurrence avec avantage. Pour le transport des voyageurs, et en général pour tous les transports qui exigent une vitesse de $4^{\text{mill.}}$ au moins par heure, le chemin de fer reprend sa supériorité; et d'ailleurs l'économie qu'il présente généralement dans les frais de construction et d'entretien peut contribuer à rétablir l'égalité. Cependant, à moins que cette différence de prix ne soit très-marquée, ou qu'il ne se rencontre quelque circonstance particulière dans la nature du mouvement commercial, il est difficile de décider, dans le cas que nous considérons, de quel côté doit pencher la balance.

Les chemins de fer ont l'avantage d'admettre dans leur tracé des pentes longitudinales, et permettent ainsi de suivre à peu près la ligne la plus courte. Pour les canaux, au contraire, il est nécessaire de conserver une horizontalité parfaite, ou du moins de n'établir les chutes qu'à des intervalles déterminés; et cette disposition oblige souvent à adopter des directions beaucoup plus longues, et par conséquent plus dispendieuses. En outre, lorsque la majeure partie du mouvement commercial a lieu dans le même sens, la pente du chemin de fer facilite les transports et augmente le travail utile du moteur. C'est ainsi que dans la table V on voit que, sur une pente de $0^{\text{m.}}004$ par mètre, la charge brute traînée par un cheval s'élève à $28^{\text{tonn.}}44$ ($28^{\text{tonn.}}85$), et que son travail se trouve augmenté dans le rapport de $28.44 : 12$. Les canaux n'offrent jamais un semblable avantage, et les écluses qui servent à franchir les chutes diminuent plutôt qu'elles n'augmentent le travail du moteur.

Il nous reste actuellement à comparer les canaux aux chemins de fer, dans le cas où l'on emploie sur ces derniers les machines pour moteur. La table suivante indique le travail comparatif des chevaux de halage sur les canaux et des machines locomotives sur les chemins de fer. On a supposé que le canal était sans écluses, et le chemin de fer horizontal; on a admis d'ailleurs que la vitesse moyenne de la machine locomotive était de $15^{\text{mill.}}$ par heure.

TABLE XIV.

Vitesse par heure.	Poids utile transporté à 20mil. (32.186m.) en un jour.	Distance parcourue par un cheval en un jour.	Temps nécessaire pour parcourir une distance de 20mil. avec les vitesses de la colonne 1.	Nombre de chevaux nécessaires pour effectuer ce travail, d'après la table XIII.	Distance que peut parcourir une machine locomotive dans le temps indiqué à la colonne 4.	Rapport entre les distances parcourues dans le même temps et par les machines sur un chemin de fer, et par les chevaux sur un canal.	Rapport entre le travail utile des machines sur un chemin de fer, et des chevaux sur un canal
mil. m.	ton.	m.	heures.		m.		
$2\frac{1}{2}$— 4022	24.37	32.186	8	1	193.118	6 : 1	6 : 1
3 — 4827	24.37	32.186	$6\frac{2}{3}$	3.4	160.931	5 : 1	17 : 1
4 — 6437	24.37	32 186	5	8.2	120.698	3.75 : 1	30 : 1
5 — 8046	24.37	32.186	4	18	96.559	3 : 1	54 : 1
6 — 9655	24.37	32.186	$3\frac{1}{1}$	31.8	80.466	2.5 : 1	80 : 1
7 —11265	24.37	32.186	$2\frac{5}{7}$	53.6	68.970	2.15 : 1	120 : 1
8 —12874	24.37	32.186	$2\frac{1}{2}$	85.6	60.350	1.88 : 1	175 : 1

On voit dans cette table qu'une machine locomotive marchant avec
une vitesse constante de $15^{mil.}$ par heure, effectue en 8 heures le même
travail que six chevaux halant un bateau avec un vitesse de $2^{mil.}\frac{1}{2}$. Or,
cette dernière vitesse est celle à laquelle correspond le maximum d'effet
utile du cheval; d'où l'on doit conclure que, tant que la dépense d'une
locomotive n'excède pas celle de six chevaux y compris leurs conducteurs, les marchandises peuvent, pour le même prix, être transportées
sur un chemin de fer, avec une vitesse de $15^{mil.}$ à l'heure, et sur un
canal avec une vitesse de $2^{mil.}\frac{1}{2}$.

Nous avons déjà dit que la valeur d'une machine locomotive équivaut en général à celle de quatre chevaux; nous remarquerons d'ailleurs que, sur un chemin de fer, il suffit d'un conducteur par cheval,
tandis que sur un canal il faut trois hommes pour conduire le cheval
et le bateau, circonstance qui est encore à l'avantage du chemin de
fer. Ainsi, l'emploi de la vapeur permet d'obtenir un vitesse de $15^{mil.}$
à l'heure sur un chemin de fer, avec une moindre dépense qu'une
vitesse de $2^{mil.}\frac{1}{2}$ sur un canal. Si l'on voulait atteindre, dans ce dernier

cas, une vitesse de $3^{mil.}$, il faudrait employer 17 chevaux de halage
pour effectuer le travail d'une seule machine locomotive, et 30 chevaux,
si la vitesse s'élevait à $4^{mil.}$; ainsi *le Flibot* du canal de l'Union, chargé
de 60 voyageurs, emploie 18 chevaux pour parcourir dans les deux
sens un intervalle de $31^{mil.\frac{1}{2}}$. Sur le chemin de Liverpool à Manchester,
la longueur est à peu près la même. Une machine fait deux voyages
par jour, c'est-à-dire parcourt $120^{mil.}$ avec une charge de 120 personnes. On voit donc qu'une machine locomotive à moitié chargée
effectue le même travail que $\dfrac{120 \times 2}{60} \times 18 = 72$ chevaux de halage.
et cela avec une vitesse plus que double de celle du cheval.

La considération précédente prouvera suffisamment que les canaux
manœuvrés par des chevaux ne sauraient lutter, pour le transport des
voyageurs, avec les chemins de fer desservis par les machines locomotives. On remarquera d'ailleurs qu'en faisant abstraction de la pente,
nous avons considéré le cas le plus favorable aux canaux. Car les écluses
qui servent à racheter leurs chutes ne peuvent jamais être qu'une
cause de retard, tandis que l'inclinaison des chemins de fer, lorsqu'elle
se trouve dans le sens du principal mouvement commercial, peut,
comme nous l'avons déjà dit, augmenter le travail utile des moteurs.

Nous n'avons tenu compte jusqu'ici que des quantités de travail que
peuvent effectuer les moteurs employés sur les canaux et sur les chemins de fer. Mais il serait nécessaire d'avoir égard aux frais de premier
établissement et d'entretien qu'exigent ces deux voies de communication. Ici encore la différence paraît être en faveur des chemins de fer;
et cette opinion semblera incontestable si l'on compare ensemble les
droits de tonnage établis sur les chemins de fer et sur les canaux (1).

En résumé, nous pensons que les chemins de fer ont sur les canaux
une supériorité incontestable, tant pour l'économie que pour la rapidité des transports. L'exemple du chemin de fer de Liverpool à Man-

---

(1) Voyez les notes 2 et 3 à la fin du chapitre

chester semble avoir décidé la question. Sur cette ligne, où des difficultés locales, qui peut-être ne se représenteront jamais, ont exigé des
dépenses énormes, le transport seul des voyageurs suffit pour assurer
à la compagnie le prix de ses sacrifices. Si l'on considère d'ailleurs les
perfectionnemens rapides que les chemins de fer ont subis dans un court
espace de temps, et les progrès qu'ils font encore chaque jour, on ne
saurait douter que cette invention ne soit appelée à jouer le plus grand
rôle dans le système des communications intérieures.

NOTES

DE L'AUTEUR.

Note 1.

*Expériences détaillées par M. James Walker, dans un mémoire adressé
à la Société royale.*

Les expériences ont été faites au milieu du Dock des Indes orientales, dont la longueur est de 1410$^{pi.}$ (430$^{m.}$), la largeur de 560$^{pi.}$ (170$^{m.}$70), et la profondeur de 24$^{pi.}$ (7$^{m.}$30)

Un dynamomètre à ressort, muni d'un cadran horizontal, était assujetti à l'avant du bateau ; au crochet de ce dynamomètre était fixée une corde de $\frac{1}{3}$$^{po.}$ (0$^{m.}$009) de diamètre, dont l'autre extrémité était attachée à un cabestan de 3$^{pi.}$(0$^{m.}$91) de diamètre, fixé à terre. L'épreuve avait lieu sur une longueur de 176 yards (160$^{m.}$94) seulement ; mais afin d'obtenir une vitesse uniforme, on faisait parcourir au bateau une distance double, et l'on ne tenait compte que des 176 yards compris au milieu de sa course. Les hommes qui faisaient tourner le cabestan réglaient leur marche d'après les oscillations d'un pendule placé sous leurs yeux.

Les expériences de la table **A** ont été faites avec un bateau bien construit et chargé de 2$^{ton.}$ 2$^{quint.}$ (2$^{ton.}$132), non compris l'équipage. La longueur de ce bateau était de 18$^{pi.}$6$^{po.}$ (5$^{m.}$64), sa largeur de 6$^{pi.}$ (1$^{m.}$83), et son tirant d'eau de 2$^{pi.}$(0$^{m.}$61) ; sa profondeur totale était de 3$^{pi.}$ (0$^{m.}$91), et la plus grande section mouillée de 9$^{pi.\ car}$ (0$^{m.\ c.}$84).

Les expériences de la table **B** ont été faites avec le même bateau, chargé de 2$^{ton.}$ (2$^{ton.}$03) de lest.

Dans les expériences de la table **C**, on s'est servi d'un bateau de 28$^{pi.}$ (8$^{m.}$53) de longueur ; mais comme il était plus léger et plus exposé à l'action du vent que le bateau précédemment décrit, celui-ci a été préféré pour les expériences.

TABLE A.

NUMÉROS des expériences.	TEMPS employé à parcourir une distance de 176 yards (160^m.94).	VITESSE par heure.		RÉSISTANCE indiquée par le dynamomètre.	RÉSISTANCE donnée par le calcul.	OBSERVATIONS.
		mil.	kilom.	kil.		
1	124	2.903 $=$ 4.672		7.13	6 80	On a pris pour base du calcul le résultat de l'expérience 5.
2	85	4.235	6 815	17.91	14.50	
3	146	2.465	3 965	4 53	5 93	
4	140	2.571	4.136	4.98	5.34	
5	145	2.483	3 994	4.98	4.98	
6	140	2.571	4 136	5.44	5 34	
7	120	3.000	4.827	6.34	7.27	
8	120	3.000	4 827	6.34	7.27	

TABLE B.

1	79	4.557 $=$ 7.332		20.33	17.50	
2	80	4.500	7.242	18.34	17.06	
3	93	3.871	6.228	12.72	12.62	On a pris pour donnée l'expérience 4.
4	94	3.830	6.163	12 35	12.35	
5	78	4 165	6.702	22.36	17.95	
6	141	2.553	4.108	4.55	5.48	
7	142	2.535	4.080	4.30	5.40	
8	142	2.535	4.080	4.40	5.40	
9	142	2.535	4.080	4.58	5.40	
10	143	2.517	4.050	4.18	5 33	

TABLE C.

1	162	2.222 $=$ 3.575		5 93	5.93	
2	187	1.925	3.097	4 98	4.45	On a pris pour donnée l'expérience 1.
3	89	4 045	6.509	21.41	19.63	
4	87	4.138	6 657	22.42	20.54	
5	137	2.609	4.197	8.20	8.16	

La résistance moyenne des n°s 7, 8, 10 de la table B est de 9^{liv}.41 (4^{kil}.26) , et la vitesse correspondante de 2^{mil}.529 (4^{kilom}.068). La résistance moyenne des n°s. 1 et 2 est de 42^{liv}.59 (19^{kil}.31) , et la vitesse de 4^{mil}.529 (7^{kilom}.287). La résistance, calculée d'après le carré des vitesses, serait de 38^{liv}.11 (17^{kil}.28) au lieu de 42^{liv}.59 (19^{kil} 30). En comparant les expériences n°s. 7, 8 et 9 avec le n°. 3 , où la vitesse s'élève à 3^{mil}.871 (6^{kilom}.228), on trouve par le calcul, que la résistance devrait être de 22^{liv}.04 (10^{kil}.) au lieu de 28^{liv}.07 (12^{kil}.70).

On a fait aussi quelques expériences avec un petit bateau de la Tamise, sur une distance de 80 yards (73^m.15) ; la vitesse moyenne de quatre expériences a été de 106 yards par minute, ou de 3^{mil} 60 (5^{kilom}.793) par heure ; et la résistance de 10^{liv}.4 (6^{kil}.35). Dans quatre autres expériences , la vitesse a été de 160 yards par minute, ou de $5^{mil}5$ par heure ($8^{kilom}851$), et la résistance de 29^{liv} ($13^{kil}15$); tandis qu'en la calculant d'après le résultat des quatre expériences précédentes, elle n'aurait dû être que de $24^{liv}27$ ($11^{kil}00$).

M. Walker pense que le peu de différence que l'on remarque entre la résistance du grand bateau et celle des deux autres, est dû à la forme de l'avant, qui produisait un moindre remous.

NOTE 2.

On a souvent combattu l'opinion que nous avançons ici, en rappelant les dépenses considérables du chemin de fer de Liverpool; mais pour quiconque a vu cette route, il est évident que la ligne de Liverpool à Manchester offrait des difficultés vraiment extraordinaires, et qu'on ne saurait la citer comme exemple.

Nous présentons ici, d'après **M. Booth**, trésorier de la compagnie, l'état des dépenses au 31 mai 1830.

Relevé général des dépenses au 31 mai 1830.

	l. s.	sh.	p.
Annonces..	322	1	4
Fabrication de briques.	9.724	4	4
Ponts.	99.065	11	9
Frais de direction.	1.911	0	0
Frais de clôture.	10.202	16	5
Chariots	461	6	3
Marais de Chat.	27.716	11	10
Déblais et remblais, y compris le transport.	199.763	8	0
Terrains et bâtimens pour bureaux, dépôts, magasins, etc., à la station de Liverpool.	35.538	0	0
Idem, à la station de Manchester.	6.159	0	0
Idem, du côté de la galerie, pour la station de Crown-Street.	2.485	0	0
Éclairage au gaz, y compris l'achat des tuyaux du gazomètre.	1.046	0	0
Machines, diligences, etc..	10.991	11	0
Construction de la chaussée.	20.568	15	5
Rails en fer.	67.912	0	2
Intérêt.	3.629	16	7
Achat de terrain.	95.305	8	8
Bureaux d'administration.	4.929	8	5
Frais pour les actes du parlement.	28.465	6	11
Dés en pierre et traverses.	20.520	14	5
Frais de surveillance.	19.829	8	7
Frais de voyage...	1.423	1	5
Tunnel...	34.791	4	9
Indemnité du tunnel..	9.977	5	7
Chariots.	24.185	5	7
Dépenses diverses pour bois, fer, déboursés, etc., non compris dans les articles précédens.	2.227	17	3
	739.165 l. s.	5 sh.	0 p.

Les directeurs, dans leur rapport daté du 25 mars dernier, estimaient que la dépense totale, y compris les magasins, machines et voitures, s'élèverait à 820.000^l. s., savoir :

Dépense comme ci-dessus.	739.165^l. s.	5^sh.	0^p.
Pour établir divers murs de soutènement et achever la chaussée.	6.750	0	0
Achèvement des ponts, y compris celui de l'Irwell, à 6.000^l. s., et des parapets du pont de la Sankey, à 1.400^l. s.; indemnités pour les emplacemens des ponts.	9.500	0	0
Machines, chariots, mécanismes, en vertu de marchés passés.	17.000	0	0
Achèvement des stations, quais, magasins, bureaux, etc.	25.000	0	0
Clôtures sur différens points.	3.000	0	0
Dépenses imprévues.	12.084	15	0
Engagemens souscrits pour la même époque.	75.000	0	0
	820.000^l. s.	0^sh.	0^p.

Nous tirons de l'ouvrage de M. Booth les détails suivans sur les objets de dépenses que nous venons d'indiquer.

Fabrication de briques. La majeure partie des briques ont été employées pour la construction des magasins et bureaux de Manchester, et aussi pour terminer les ponts aux deux extrémités de la ligne.

Ponts. Nous donnons dans la table jointe à cette note la description des divers ponts qui ont été construits sur toute la ligne. La plupart d'entre eux reposent sur un terrain solide, excepté le pont de Sankey et quelques autres de moindre importance. Au pont de Sankey on a été obligé de battre sous les piles des pieux distans de 2^pi. (0^m.61) d'axe en axe, c'est-à-dire 200 pilots sous chaque piédroit. Ces pieux, dont la longueur varie de 20 à 30^pi. (6^m.09 à 9^m.14), sont recouverts d'une double plate-forme de 4^po. (0.10) et de 6^po. (0.15) d'épaisseur. La hauteur des remblais. qui est de 60^pi. (18^m.29) environ de chaque côté du pont, a exigé la construction de murs en aile très-épais. Leur largeur à la base est de 12^pi. (3^m.65) environ.

Marais de Chat. Dans cet article on comprend les travaux de terrassement depuis le pont de Bury-Lane jusqu'au pont de Legh, sur le côté oriental du marais. et sur une longueur de 4^mil.75 (7^kilom.644). Les remblais dans cet endroit consistent en 277.000 ^yards cub. (211.766^m. cub.), pour lesquels on a employé environ 677.000^y cub. (517.568^m. cub.) de terre marécageuse; la différence de ces deux volumes tient à la quantité considérable d'eau que l'on a chassée par la pression pour donner au sol une consistance suffisante. La dépense dans cet endroit a été cependant moindre que la dépense moyenne sur le reste de la ligne.

Comme le marais de Chat est un des points les plus intéressans de toute la ligne du chemin de fer, il ne sera pas inutile de donner quelques détails sur le mode de construction de la route dans sa traversée. Ce marais, qui présente une étendue de

12$^{\text{mil. car.}}$ (3.106$^{\text{hect.}}$) environ, est tellement mou et spongieux, que les troupeaux ne peuvent s'y hasarder, et qu'une barre de fer s'y enfonce par son propre poids. Sa profondeur varie de 10 à 35$^{\text{pi.}}$ (3^{m}.05 à 10^{m}.67). Le chemin de fer devait le traverser sur une longueur de 4$^{\text{mil.}}$ $\frac{1}{2}$, et il fallait quelque courage pour envisager sans crainte une semblable entreprise. La route étant établie dans les marais tantôt en remblai tantôt en déblai, et quelquefois aussi au niveau du sol naturel, nous avons à considérer successivement ces trois cas.

1°. *Remblais.* Outre le marais de Chat, la route traverse un marécage beaucoup moins étendu, et présente à chaque extrémité de ce passage un déblai considérable. Les matériaux provenant de ces déblais ont été employés pour établir dans la traversée du marais un remblai de 4$^{\text{pi.}}$ (1^{m}.22) de hauteur. La profondeur du marécage était de 20$^{\text{pi.}}$ (6^{m}.09) environ, et à mesure que l'on ajoutait de nouveaux matériaux, la masse entière s'affaissait. Lorsque le remblai fut terminé, bien que sa hauteur n'excédât pas 4 à 5$^{\text{pi.}}$, on trouva qu'il avait été employé une quantité de matériaux suffisante pour former sur un terrain solide une levée de 24 à 25$^{\text{m.}}$ (7^{m}.30 à 7^{m}.61). Il eût été impossible d'établir la route sur le marais de Chat avec de semblables matériaux, c'est-à-dire avec de l'argile et du sable; ce travail en eût exigé une énorme quantité, et par suite eût occasioné une dépense excessive. M. Stephenson tira du marais lui-même les matériaux nécessaires pour former la chaussée, et comme ces matériaux ne présentaient qu'une faible pesanteur spécifique, il s'enfoncèrent moins que ne l'aurait fait un terrain composé d'argile et de sable. Le sol, dans son état naturel, ne pouvait être convenablement employé; mais on ouvrit des tranchées distantes de 15$^{\text{pi.}}$ (4^{m}.26), qui desséchèrent tout l'espace compris entre elles, et rendirent le terrain très-propre à servir de remblai. On employa pour la construction de la route environ quatre fois plus de matériaux que sur un terrain solide, mais en définitive, la chaussée sur ce point est en aussi bon état que sur tout le reste de la ligne.

2°. *Déblais.* pour établir la route en déblai on creusa de chaque côté de la ligne du chemin de fer un fossé de 18$^{\text{po.}}$ à 2$^{\text{pi.}}$ (0^{m}.45 à 0^{m}.50) de profondeur. Lorsque ces fossés d'écoulement eurent desséché le sol sur une hauteur de 1$^{\text{pi.}}$ (0^{m}.30) environ, on creusa l'emplacement de la route jusqu'à cette profondeur; et c'est ainsi qu'en desséchant et déblayant successivement le terrain on atteignit la profondeur convenable. La chaussée fut ensuite établie à la manière ordinaire.

3°. *Construction de la route au niveau du terrain.* On commença par creuser des fossés de chaque côté de la route, avec des rigoles latérales pour l'écoulement des eaux; on parvint ainsi à consolider en partie la surface du marais. On plaça alors transversalement des clayonnages de 9$^{\text{pi.}}$ de long (2^{m}.74) sur 4$^{\text{pi.}}$ de large (1^{m}.22) réunis avec des branches d'osier. Dans certains endroits, une seule couche fut suffisante; mais sur les points où le marais était très-mou on en établi deux. Au-dessus de ce clayonnage on plaça une couche de gravier de 2$^{\text{pi.}}$ (0^{m}.61) d'épaisseur; puis enfin on établit les rails sur des pièces de bois transversales. Cet ensemble de construction étant parfaitement assemblé et formant une masse solidaire, le marais, malgré sa nature spongieuse, soutient sans peine une plate-forme aussi étendue, et l'excès de pression dû au passage des convois est négligeable relativement au poids de la masse totale du remblai. L'expérience a prouvé en effet, depuis l'ouverture du chemin de fer, que dans toute l'étendue du marais la chaussée est parfaitement solide. Avant de quitter ce sujet, il est nécessaire de remarquer que la surface du marais est plus élevée que les terrains qui la bordent.

Déblais et remblais. Ce chapitre renferme les terrassemens de toute la route, à l'exception du marais de Chat. Les déblais surpassent un peu les remblais ; l'excédant a été déposé principalement le long de la grande tranchée de Kenyon. Les excavations consistent environ en 722.000 $^{y.\,cub.}$ (551.970 $^{m.\,cub.}$) de rocher et d'argile (y compris quelques déblais effectués à Eccles pour terminer et solidifier le remblais de Barton), et en 2.006.000 $^{y.\,cub.}$ (1,533.595 $^{m.\,cub.}$) de marne, de terre et de sable. Cette masse a été transportée à différentes distances, depuis quelques yards jusqu'à 3 et 4 $^{mil.}$; une partie considérable de ces déblais a été extraite d'une profondeur de 30 à 50 $^{pi.}$ (9 $^{m.}$14 à 15 $^{m.}$24) à l'aide de machines. Une certaine quantité a été déposée sur les terrains environnans, comme à Kenyon ; le reste a été transporté pour former les remblais les moins éloignés, comme à la tranchée du Mont-Olive. Le prix des terrains achetés pour servir de lieux de dépôt à ces déblais surabondans forme une partie de la dépense portée dans cet article. Ce chapitre comprend aussi une bonne partie de la maçonnerie solide et épaisse exécutée dans les tranchées profondes.

Les déblais les plus considérables sont :

La tranchée de Edge-Hill, située à l'extrémité de la galerie. Sa largeur est de 63 $^{pi.}$ (19 $^{m.}$20) et sa hauteur de 40 à 50 $^{pi.}$ (12 $^{m.}$19 à 15 $^{m.}$24) ; le prix moyen des déblais par yard cube (0 $^{m.\,cub.}$764), est de 1 sh. 6 p. ; la nature du terrain est du grès rouge.

Excavation du Mont-Olive, pratiquée sur 2 $^{mil.}$ (3.218 $^{m.}$) de longueur environ, dans un terrain de marne ; sa plus grande profondeur est de 70 $^{pi.}$ (21 $^{m.}$33) ; les déblais coûtent de 1 à 2 $^{sh.}$ par yard cube.

Rainhill et Sutton. Déblais de marne et terre argileuse coûtant de 8 $^{p.}$ à 1 $^{sh.}$ le yard cube.

Tranchée de Kenyon. Sa plus grande hauteur est de 42 $^{pi.}$ (12 $^{m.}$80), et le cube des déblais de 800.000 $^{y.\,cub.}$ (611,200 $^{m.\,cub.}$) de marne, gravier et sable. Le prix varie de 8 $^{p.}$ à 1 $^{sh.}$ par yard cube. 115.529 $^{y.\,cub.}$ ont été employés en déblais du côté de l'est, et 152.874 du côté de l'ouest ; les 258.122 $^{y.\,cub.}$ restant ont été relevés dans des lieux de dépôt.

Tranchée d'Eccles, près de Manchester, contenant 332.767 $^{y.\,cub.}$ (254.400 $^{m.\,cub.}$) de marne ; le prix est de 10 $^{p.}$ à 1 $^{sh.}$4 $^{p.}$ par yard cube.

Les remblais sont :

Le Broad-Green, dont la longueur est de 2 $^{mil.}$ (3.218 $^{m.}$), la plus grande hauteur de 45 $^{pi.}$ (13 $^{m.}$72) et qui contient 480.000 $^{y.\,cub.}$ (366.960 $^{m.\,cub.}$) de déblais provenant de la tranchée du Mont-Olive.

Remblais aux abords du pont de Sankey. 60 $^{p.}$ (18 $^{m.}$29) de hauteur environ.

Vallée de Newton, 42 $^{pi.}$ (12 $^{m.}$80) de profondeur, près du pont.

Remblais de Barton, contenant 332.373 $^{y.\,cub.}$ (254.100 $^{m.\,cub.}$), qui provenaient des déblais d'Eccles.

Construction de la chaussée. Cet ouvrage consiste à placer au-dessous des dés un lit de pierres cassées et de sable de 1$^{\text{pi.}}$ (0$^{\text{m.}}$30) d'épaisseur. Un autre lit de la même épaisseur est régalé entre ces mêmes dés, et sert à les maintenir solidement en place. On a compris dans cet article les dépenses faites pour clouer les coussinets en fer aux dés ou aux traverses, pour fixer les rails aux coussinets à l'aide de clefs en fer et pour ajuster l'ensemble du chemin.

Rails en fer. Cette dépense comprend les articles suivans : rails pour une double voie de Liverpool à Manchester, avec des lignes de communication et des embranchemens dirigés vers différens dépôts, formant environ 35$^{\text{mil.}}$ (56$^{\text{kilom.}}$325) de double voie; 3.847$^{\text{ton.}}$ au prix moyen de 12$^{\text{l. s.}}$ 10$^{\text{s.}}$ par tonne. 48.000   0   0

Coussinets en fonte; 1.428^{ton}, au prix moyen de 10$^{\text{l. s.}}$ 10$^{\text{s.}}$ 15.000   0   0

Achat de clous et de clefs pour fixer les coussinets aux dés, et les rails aux coussinets. 3.830   0   0

Achat de chevilles en chêne pour les dés. 615   0   0

Frais de transports, etc. 467   0   0

                                             67.912   0   0

Terrains. Cet article est une des plus fortes dépenses. Le prix des terres dans le voisinage des grandes villes est généralement élevé; et la dépense a été de beaucoup augmentée par des réclamations nombreuses en indemnités, qui prenaient leur source dans le préjugé existant, il y a quelques années, contre les chemins à rails, et surtout contre ce qui leur donne maintenant leur principale valeur, les machines locomotive. Il s'est opéré un grand changement sous ce rapport. A la fin de 1828, la dépense de ce chapitre s'élevait à environ 102.000$^{\text{l. s.}}$; mais une partie de cette somme, ayant été dépensée pour les dépôts, a été reportée au chapitre des mouvemens de marchandises.

Dés en pierre et traverses en bois. Sur les 31$^{\text{mil.}}$ de rails, 18$^{\text{mil.}}$ environ reposent sur des dés en pierre et 13 sur traverses en bois de chêne ou de sapin ; dans cette dernière catégorie se trouvent particulièrement les parties remblayées et les passages des deux marais. Une quantité considérable de ces pièces a été détruite dans le cours des travaux, comme on devait s'y attendre.

Bureaux de l'administration. Sous ce titre sont compris les traitemens du trésorier et des commis, le loyer des bureaux, les frais de papier, d'impression, etc., depuis décembre 1824.

Bureaux des ingénieurs. Ce titre comprend les frais de nivellement de plans, etc., à l'appui des deux pétitions présentées au parlement en 1825 et 1826, ainsi que les salaires de l'ingénieur et des principaux aides, frais de papier, etc., depuis le commencement de l'entreprise.

Frais de voyage. Sous ce titre figurent les dépenses des voyages et missions à Londres, à Darlington, à New-Castle, etc., depuis 1824, ainsi que les frais de tournées d'inspection sur la ligne du chemin de fer pendant le cours des travaux.

Indemnités pour la galerie. Ce chapitre se compose des indemnités pour dommage réel ou supposé, payées aux personnes sous les propriétés desquelles est creusée la galerie. Il comprend en outre le perte éprouvée sur la revente de plusieurs maisons et terrains que la compagnie avait été forcée d'acheter. Il y a un crédit ouvert à ce chapitre pour biens revendus d'environ 2.500 l.

L'article qui précède comprend les frais d'établissement des tunnels. La longueur totale de la galerie principale est de 2.250^{yards} (2.057^m·35), sa largeur de 22$^{\text{pi.}}$ (6^m·70) et son élévation de 16$^{\text{pi.}}$ (4^m·88) ; les piédroits sont verticaux, et leur hauteur est de 5$^{\text{pi.}}$ (1^m·53), la voûte qui les surmonte est un demi-cercle de 11$^{\text{pi.}}$ (3^m·35) de rayon. La galerie est percée dans des couches de diverses natures, de roche rouge, d'argile bleue et de glaise ; mais les principales couches sont formées de roches de diverses espèces et de différens degrés de dureté, depuis le grès le plus friable jusqu'à la pierre la plus compacte et la plus difficile à extraire ou à tailler. On a construit une voûte artificielle en maçonnerie de briques partout où la roche menaçait de ne pouvoir supporter les masses supérieures. La hauteur, depuis le plafond de la galerie jusqu'à la surface extérieure du terrain, varie de 5 à 70$^{\text{pi.}}$ (1^m·52 à 21^m·33) ; le souterrain est blanchi à la chaux et éclairé au gaz dans toute son étendue, il se termine par une vaste tranchée de 40$^{\text{pi.}}$ (12^m·65) de hauteur. Cette tranchée sert de point de départ à une seconde galerie de 290$^{\text{y.}}$ (265^m·16) de long, de 15$^{\text{pi.}}$ (4^m·58) de large. et de 12$^{\text{pi.}}$ (3^m·65) de hauteur. Ce souterrain est parallèle à la galerie principale. mais sa pente est en sens inverse ; il aboutit à la partie supérieure de la ville, où est la principale station des diligences du chemin de fer.

Chariots. Cette dépense a principalement pour objet les chariots employés dans le cours des travaux. On ouvrira à ce compte un crédit qui se composera , 1°. du prix de vente des chariots qui ne pourront pas être appropriés aux besoins futurs du chemin de fer ; 2°. de la valeur des autres chariots qui sera rapportée à l'article des mouvemens de marchandises suivant leur prix d'estimation.

TABLEAU des Ponts établis

	NOMS DES PONTS À PARTIR DE LIVERPOOL	Nomb. des arches	BIAIS ou DROIT.	Ouverture des arches biais mesurée dans le plan des murs de tête.	MATÉRIAUX employés à la construction des arches.	CHEMIN DE FER passant au-dessous ou au-dessus de la route ordinaire.
1	Pont de Park	1	Droit.		Maç. en moel., voûte en br., parem. en p. de t.	Au-desso
2	— d'Old Lane	1	Id.		Briques.	Id.
3	— de Wright	1	Id.		Id.	Id.
4	— de Rathbone's Lane	1	Biais.	11ᵐ.58	Maç. en moel., voûte en br., parem. en p. de t.	Id.
5	— de Sandown	1	Droit.		Moellon.	Id.
6	Arche de Mill Lane	1	Biais.	7 76	Br. (cul. en roche).	Id.
7	Pont de Wavertree Nook	1	Id.	11 58	Moel. (cul. en roche).	Id.
8	— d'Ainsworth	1	Droit.		Moellon.	Au-dess.
9	— de Case, n°. 1	1	Id.		Id.	Id.
10	Idem. n°. 2	1	Id.		Id.	Id.
11	— de Childwall Lane	1	Id.		Voûte en br., ang. en p.	Id.
12	— de Pilch Lane	1	Id.		Id.	Id.
13	— de Jameson	1	Id.		Id.	Id.
14	— de lord Derby	1	Id		Id.	Id.
15	— de Baron	1	Id.		Id.	Id.
16	— de Ball	1	Id.		Id.	Id.
17	— de Huyton Hey	1	Id.		Id.	Id.
18	— du Seel	1	Id.		Blocailles, angl. en m.	Id.
19	— de Lee, n°. 1	1	Id.		Voûte en br., ang. en m.	Id.
20	Idem. n°. 2	1	Id.		Id.	Id.
21	— de Whiston, n°. 1	1	Id.		Id.	Au-desso.
22	Idem. n°. 2		Biais.	14 32	Maç. en moel., voûte en br., parem en p. de t.	Id.
23	— de service de Makin	1	N. ach.		Charp. sur piles en p.	
24	— de Cumber Lane	1	Droit.		Moellon.	Au-desso.
25	— de Store Lane	1	Id.		Charp. sur piles en pierre.	Id.
26	— de Spring Lane	1	Id.		Maç. en moel., voûte en br., parem. en p. de t.	Id.
27	— de Rainhill	1	Biais.	16 46	Moellon.	Id.
28	Galerie de Bourne	2	Id.	4 26	Moellon et blocaille.	Au-dess.
29	Pont de Marshall's Cross	1	Droit.		Moellon.	Au-desso.
30	— de Sutton	1	Id.		Id.	Id.
31	— de Sankey	9	Id.		Maç. en br , angl. et parapets en p. de t.	Au-dess.
32	Arche de Legh's Cattle	1	Id.		Briques.	Id.
33	Pont de Sandy Main	1	Biais.	4 72	Id.	Id.
34	— de Newton	4	Droit.		Maç. en br., parem. en pierre de taille.	Id.
35	— de Parkside	1	Biais.	9 96	Briques.	Au-desso.
36	— de Lockingstump Lane	1	Droit.		Briques.	Id.
37	Galerie de Kenyon	1	Id.		Id.	Id.
38	Pont d'Hardman	1	Id.		Id.	Id.
39	— de Newton	1	Id.		Id.	Id.
40	— de Broseley	1	Id.		Id.	Au-dess.
41	— de Withington	1	Id.		Id.	Id.
42	— de Duckingfield	1	Id.		Maç. en br., angle en pierre de taille.	Id.
43	— de Bury Lane	1	Id.		Maç en br., angl. et piles en pierre de taille.	Au-dess. du ruiss.
44	— de Glazebrook	1	Id.		Briques.	Au-dess.
45	— de Hodgkinson's Cattle	1	Id.		Briques et charpente.	Id.
46	— du marais de Chat	1	Id.		Briques.	Id.
47	Arche de Legh Brick	1	Id.		Id.	Au-dess. du ruiss.
48	G. aqué. du ruiss. de Worsley	1	Id.		Id.	Au-dess.
49	Pont de Trafford	1	Id.		Maç. en br., angl. en pierre de taille.	Id.
50	— de Sandy Lane	1	Id.		Maç. en br., piles en pierre de taille.	Id.
51	— de Winton Skew	1	Biais.	9 41	Moellon appareillé.	Id.
52	— du Canal du Duc	2	Droit.		Br. (cul. en r. rouge).	Au-desso.
53	— de Monk Hall	1	Id.		Maç. en br., angl. en p. de t. (cul. en r.).	Id
54	— d'Eccles	1	Biais et droit	10 35	Briques et moellon.	
55	Barrage du moulin de Whitaker				Briques.	Id.
56	Pont de service de Stothard	1	Droit.		Id.	Id.
57	— de Gore Booth	1	Id		Maç. en br., angl. de l'arche en p. de t.	Id.
58	— de Cross Lane	1	Biais.	9 22	Briques.	Id.
59	— de Jones, n°. 1	1	Id.	9 25	Id.	Id.
60	Idem n°. 2	1	Id.	9 22	Maç. en br., angl. en pierre de taille.	Id.
61	Idem n° 3	1	Id.	9 22	Id.	Id.
62	Pont d'Oldfield Lane	1	Id.	10 05	Id.	Id.
63	— d'Irwell	2	Id.	19 81	Moellon.	Au-dess. de la riv.

Divers aqueducs, passerelles et indemnités aux abords des ponts. . . . .

sur le chemin de fer de Liverpool à Manchester.

Nos. des ponts.	Largeur du chemin supérieur entre les parapets.	Largeur du passage inférieur au-dessous de l'arche.	Hauteur de l'arche à la clef.	Pente de la route ordinaire — Au-dessus du chemin de fer.	Au-dessous du chemin de fer.	Nombre de mètres dont la route ordinaire a été — Élevée.	Abaissée.	Prix L.	sch.	penc.
1	8m.53	9m.14	8m.15	De niv.	»	»	»	741	5	9
2	3 65	9 14	5 48	Id.	»	»	Non ach.	156	10	0
3	4 57	9 14	5 48	Id.	»	»	»	184	5	6
4	7 15	9 14	7 37	Id.	»	»	Non ach.	923	14	2
5	4 77	1 21	12 34	Id.	»	»	»	765	13	1
6	18 29	7 60	10 66	Id.	»	0.91	»	91	3	11
7	6 9	11 42	5 48	1 sur 20	»	»	»	274	9	4
8	10 50	3 65	4 11	»	De niv.	»	»	418	5	10
9	10 50	3 65	4 87	»	Id.	»	»	418	0	2
10	10 50	3 65	4 87	»	Id.	»	»	493	0	3
11	20 26	4 26	4 87	»	Id.	»	»	346	12	1
12	10 50	4 87	4 87	»	1 sur 30	»	1.67	270	1	0
13	10 50	3 65	5 48	»	De niv.	»	»	202	7	0
14	10 50	3 65	6 9	»	Id.	»	»	241	16	1
15	10 50	3 65	4 26	»	Id.	»	»	240	9	11
16	10 50	3 65	5 80	»	Id.	»	»	204	5	5
17	10 50	3 65	3 76	»	Id.	»	»	302	3	2
18	10 50	3 65	4 27	»	1 sur 30	»	0.45	215	0	3
19	10 50	3 65	4 52	»	De niv.	»	»	215	8	10
20	10 50	3 65	6 35	»	Id.	»	»	282	0	9
21	14 47	6 70	5 48	1 sur 13	»	4.27	»	960	5	0
22	7 30	9 14	5 48	1 sur 20	»	4.57	»	1,174	0	1
23	»	9 14	»	»	»	»	»	74	15	2
24	4 87	9 14	5 48	1 sur 20	»	3.36	»	536	13	0
25	2 74	13 72	5 48	De niv.	»	»	»	193	15	3
26	4 87	9 14	5 48	1 sur 30	»	2.44	»	418	19	8
27	9 14	9 14	5 48	1 sur 26	»	3.66	»	3,735	6	7
28	31 69	2 13	2 13	»	»	»	»	165	5	9
29	7 30	9 14	5 48	1 sur 20	»	1.52	»	864	13	10
30	8 6	9 14	7 1	De niv.	»	»	»	470	8	9
31	7 60	1 52	18 28	»	»	»	»	45,708	18	6
32	»	3 65	1 83	»	»	»	»	257	18	5
33	10 66	3 65	4 77	»	»	»	»	429	0	1
34	7 60	9 14	8 22	»	»	»	»	5,340	12	5
35	6 9	9 14	5 63	1 sur 18	»	1.83	»	316	19	6
36	6 9	9 14	5 48	De niv.	»	»	»	491	14	9
37	»	9 14	5 78	Id.	»	»	»	1,703	19	1
38	3 61	9 14	6 09	1 sur 9	»	»	1 06	434	7	9
39	3 61	9 14	5 48	1 sur 12	»	2.13	»	369	13	2
40	6 9	9 14	5 48	1 sur 18	»	2.13	»	663	4	10
41	10 66	3 65	4 26	»	De niv.	»	»	449	15	4
42	10 66	3 65	4 26	»	Id	»	»	663	10	3
43	10 66	4 87	4 87	»	1 sur 20	»	0.91	621	1	7
44	10 66	9 14	9 14	»	»	»	»	1,758	8	6
45	10 66	2 74	3 5	»	»	»	Non ach.	13	9	0
46	7 62	3 65	3 96	»	»	»	»	466	19	6
47	7 62	4 87	4 87	»	De niv.	»	»	513	9	6
48	38 8	3 96	3 96	»	»	»	»	1,598	5	8
49	21 3	3 65	3 96	»	De niv.	»	»	589	6	0
50	7 62	4 87	6 40	»	Id.	»	»	1,098	18	4
51	7 62	6 70	6 9	»	Id	»	»	1,725	10	5
52	7 62	7 62	3 65	»	Id.	»	»	1,158	8	11
53	10 96	9 14	5 48	1 sur 18	»	1.83	»	453	19	11
54	14 63	9 14	5 48	1 sur 24	»	1.83	»	954	0	1
55	»	»	»	»	»	»	»	631	10	2
56	3 61	9 14	4 87	1 sur 14	»	1.52	Non ach.	31	19	0
57	5 69	9 14	5 48	1 sur 18	»	1.52	»	447	13	7
58	14 63	9 14	5 48	1 sur 30	»	1.83	»	801	12	3
59	13 80	9 14	5 48	1 sur 20	»	1.83	Non ach.			
60	12 80	9 14	5 48	»	»	1.83	Id.	559		5
61	14 63	9 14	5 48	1 sur 20	»	1.83	Id.			
62	14 63	9 14	5 48	1 sur 13	»	2.13	»	988	15	11
63	16 15	19 20	9 14	»	»	»	»	8,755	4	4
		Au-dessus de l'eau.						4,496		0
							TOTAL . . .	99,065	1	9

Note 3.

Prix de transport sur le chemin de fer de Stockton et Darlington, ouvert le 1er. août 1830.

1. Pour le charbon et le fraisil destinés à la consommation particulière, et transportés sur la ligne principale ou sur un des embranchemens . . . . 2 p. $\frac{1}{4}$ par tonne par mille.

2. Charbons placés à bord d'un vaisseau dans le port de Stockton sur Tees, pour être livrés à Hartlepool ou Saltburn. . . . . 1 $\frac{1}{2}$

3. Chaux ou pierre mise à bord d'un vaisseau dans le port de Stockton sur Tees, pour être livrés à Hartlepool ou Saltburn. 1

4. Pierres et graviers destinés à la confection ou l'entretien des chemins publics ou particuliers, et transportés sur la ligne principale ou sur des embranchemens. . . . . 1 $\frac{1}{2}$

5. Marne, sable, argile, fumier, etc. 1

6. Chaux. . . . . 1 $\frac{1}{2}$

7. Moellons bruts, pierre de taille, briques, tuiles . . . . 1 $\frac{1}{4}$

8. Ardoises, plomb en saumons ou en feuilles, bois, farine, grains, paille et foin, fer en barres ou en saumon, bâtons et planches, transportés sur la ligne principale ou sur les embranchemens. . . 1 $\frac{1}{2}$

9. Marchandises, denrées non spécifiées plus haut. . . . . 2 $\frac{1}{2}$

10. Charbon placé à bord d'un bateau ou vaisseau, chaux, pierre, marchandises ou denrées quelconques chargées ou déchargées à un dépôt quelconque, hangar, embarcadère, port, magasin, ou lieu de débarquement appartenant à la compagnie. 1

11. Charbons et fraisils qui seront embarqués sur un vaisseau à Stockton ou près de ce port, pour l'exportation ou pour le service de la navigation. . . . . $\frac{1}{2}$

12. Chaux et pierres qui seront embarquées sur un vaisseau dans le port de Stockton sur Tees, pour l'exportation. 1

13. Charbons et fraisils qui seront placés à bord d'un vaisseau à Middlesbrough ou près de ce port, pour être exportés. . . . . 1 $\frac{1}{2}$

14. Les charbons et fraisils, pour leur passage sur la branche du chemin de fer de Middlesbrough, payeront en sus. 1

15. Charbon, chaux, fraisils et pierres qui passeront ou seront transportés sur le pont suspendu du Tees. 2

16. Pour tous les articles indiqués plus haut, qui parcourront les plans inclinés mus par des machines fixes. 6

17. Pour tous les articles qui se rendront sur l'un des plans inclinés mus par des machines fixes et qui n'auront pas monté un de ces plans. . 2

18. Tout chariot ou voiture employé pour le transport des voyageurs sur la ligne principale ou sur les embranchemens 3

19. Pour les mêmes, le dimanche. 6

POST-SCRIPTUM.

M. Perdonnet a bien voulu nous communiquer les résultats de quelques expériences faites récemment par M. Wood, sur des rails en fer forgé, dans le but de déterminer la rigidité comparative des rails ondulés et prismatiques.

Les rails employés dans les expériences avaient à peu près 15^{pi}. (4^m.57) de longueur, et étaient posés sur des traverses en bois. Les coussinets étaient boulonnés sur ces traverses, et les rails fixés dans les coussinets à la manière ordinaire.

Les poids étaient généralement appliqués au milieu de la longueur du rail. Pour déterminer la flexion, on se servait d'une barre de fer inflexible, dont les extrémités, terminées par deux tiges verticales, étaient placées immédiatement au-dessus des supports. La flexion était mesurée à l'aide d'une vis dont le pas avait $\frac{1}{12}$ de pouce de hauteur, et d'un cercle gradué indiquant $\frac{1}{64}$ du pas de la vis, c'est-à-dire $\frac{1}{1568}$ de pouce (0^m·00002334).

Dans la table n°. 1, la première colonne indique les poids appliqués sur les rails; la seconde, la flexion mesurée à 1^{po}· $\frac{17}{32}$ (0^m·039), du milieu de l'espace compris entre les deux supports, et la 3e. colonne, la flexion mesurée à la distance de 6^{po}·$\frac{15}{37}$ (0^m·164).

Les supports étant distans de 36^{po}· $\frac{15}{16}$ (0^m·937), la flexion dans le premier cas était comptée à la distance de 15^{po}· $\frac{25}{46}$ (0^m·430) du premier, et de 20^{po}· (0^m·508) du second; et dans le dernier cas, à 12^{po}· (0^m·304) de l'un des supports, et à 24^{po}· $\frac{11}{22}$ (0^m·633) de l'autre.

Dans les colonnes 4 et 5, les supports étaient éloignés de 6^{pi}· 0^p· $\frac{1}{2}$ (1^m·98). Ainsi, pour les rails ondulés, les poids se trouvaient appliqués immédiatement au-dessus du point où devait être placé le dé intermédiaire. Dans les colonnes 6 et 7, la distance entre les supports était de 3^{pi}· 9^p· $\frac{3}{10}$ (1^m·15), et le rail présentait inférieurement une forme demi-elliptique comme dans les colonnes 2 et 3.

Les autres expériences de cette table s'expliquent d'elles-mêmes.

Nous devons observer toutefois que dans les tables 1 et 2 le rail était fixé aux cinq supports. Dans la table 3, au contraire, les deux dés intermédiaires étaient seuls boulonnés, et les autres coussinets étaient enlevés. Le rapprochement de ces expériences permet d'apprécier l'excès de force que l'on obtient en augmentant le nombre des supports pour un même rail.

Nous devons encore remarquer que toutes ces expériences sur les rails ondulés ont été faites avec le modèle qui est l'objet de la patente prise par M. Losh (Fig. 10, Pl. II).

Ce rail porte à chaque point de support une saillie qui pénètre dans une cavité du coussinet ; l'inventeur a cherché, au moyen de cette disposition, à donner au rail une plus grande rigidité.

N. Wood.

Killingworth, 28 octobre 1833.

TABLE I.

Rail ondulé. — Longueur 15pi. 9po. ¼ (4m. 2). — Poids 262liv. (118kil.78) ou 49liv.2 par yard (24kil.6 par mètre). — Rail ondulé, poids 40l.6 par yard (20kil. 1 par minute).

POIDS appliqués entre les supports.	Supports espacés de 0m.937.		Supports espacés de 1m.98.		Supports espacés de 1m.15.		Supports espacés de 0m.924.	
	Flexion mesurée à une distance du centre égale à		Flexion mesurée à une distance du centre égale à		Flexion mesurée à une distance du centre égale à		Flexion mesurée à une distance du centre égale à	
kil.	0m.039	0m.164	0m.030	0m.171	0m.039	0m.190	0m.048	0m.155
	m.	m.	m.	m.	m.	m.	m.	m.
1015	0.000046	0.000047	0.000397	0.000397	0.000116	0.000093	0.000093	0.000070
1726	0.000093	0.000093	0.001004	0.000887	0.000210	0.000187	0.000187	0.000163
2437	0.000140	0.000117	0.001471	0.001401	0.000350	0.000327	0.000327	0.000257
3148	0.000210	0.000163	0.002078	0.001891	0.000490	0.000443	0.000467	0.000397
3860	0.000280	0.000257	0.002615	0.002194	0.000677	0.000583	0.000607	0.000537
4570	0.000373	0.000327	0.002825	0.002568	0.000817	0.000723	0.000724	0.000653
5281	0.000443	0.000373	0.003641	0.003362	0.000980	0.000840	0.000865	0.000723
5992	0.000514	0.000443	»	»	0.001121	0.000957	0.001027	0.000887
6703	0.000584	0.000490	»	»	0.001307	0.001074	0.001190	0.001062
7414	0.000654	0.000537	»	»	0.001471	0.001261	0.001354	0.001167
8125	0.000747	0.000630	»	»	0.001611	0.001424	0.001541	0.001224
8836	0.000817	0.000677	»	»	0.001774	0.001587	0.001681	0.001424
9547	0.000864	0.000700	»	»	»	»	»	»
10257	0.000957	0.000770	»	»	»	»	»	»
10967	0.001027	0.000817	»	»	»	»	»	»
11680	0.001121	0.000840	»	»	»	»	»	»
Flexion permanente.								

TABLE II.

Rail prismatique. — Longueur 15 pi. 10po. ¼ (4m.85). — Poids 256 liv. (116 kil.08) ou 48 liv. 47 par yard (23 kil. 9 par mètre).						
POIDS appliqués entre les deux supports.	Supports espacés de 0m.938.		Supports espacés de 1m.84.		Supports espacés de 1m.15.	
	Flexion mesurée à une distance du centre égale à		Flexion mesurée à une distance du centre égale à		Flexion mesurée à une distance du centre égale à	
	0m.039.	0m.164.	0m.030.	0m.171.	0m.039.	0m.190.
kil.	mèt.	mèt.	mèt.	mèt.	mèt.	mèt.
1015	0.000070	0.000700	0.000327	0.000327	0.000187	0.000140
1726	0.000187	0.000140	0.000934	0.000864	0.000373	0.000327
2437	0.000303	0.000203	0.001610	0.001564	0.000558	0.000490
3148	0.000420	0.000280	0.001961	0.001844	0.000747	0.000653
3860	0.000537	0.000373	0.002568	0.002428	0.000957	0.000747
4570	0.000653	0.000467	0.003035	0.003058	0.001127	0.000910
5281	0.000793	0.000537	0.003758	0.003502	0.001284	0.001050
5992	0.000887	0.000607	»	»	0.001401	0.001167
6703	0.001001	0.000700	»	»	0.001611	0.001354
7414	0.001097	0.000794	»	»	0.001821	0.001517
8125	0.001167	0.000840	»	»	0.002031	0.001681
8836	0.001284	0.000957	»	»	0.002264	0.001868
Flex. perm.	»	»	0.00093	0.000070	0.000210	0.000187

TABLE III.

POIDS appliqués entre les deux supports.	Rail ondulé. N°. 1. Longueur 15 pi. 9 po. ¼ (4ᵐ.82). — Poids 262 liv. (118 ᵏⁱˡ.78) ou 49 ˡⁱᵛ.2 par yard (24 ᵏⁱˡ.6) par mètre. N°. 2. Longueur 15 pi. 3 po. ⅐ (4ᵐ.68). — Poids 249 liv. (112 ᵏⁱˡ.91) ou 48 ˡⁱᵛ.9 par yard (24 ᵏⁱˡ.12) par mètre.			Rail prismatique. N°. 1. Longueur 15 pi. 10 po. ¼ (4ᵐ.85. — Poids 256 liv. (116ᵏⁱˡ.08) ou 48 ˡⁱᵛ.47 par yard (23 ᵏⁱˡ.9 par mètre). N°. 2. Longueur 16 pi. 11 pᵒ. (5ᵐ.25). — Poids 274 liv. (124 ᵏⁱˡ.23) ou 48 ˡⁱᵛ.6 par yard (24 ᵏⁱˡ.) par mètre.		
	Supports espacés de 0ᵐ.918. 2 coussinets seulement étant boulonnés. Flexion mesurée à 0ᵐ.039 du centre.			Supports espacés de 0ᵐ.918. 2 coussinets seulement étant boulonnés. Flexion mesurée à 0ᵐ.039 du centre.		
	Rail n°. 1.	Rail n°. 2.		Rail n°. 1.	Rail n°. 2.	
kil.	mèt.	mèt.	mèt.	mèt.	mèt.	mèt.
1015	0.000046	0.000070	0.000070	0.000093	0.000117	0.000117
1726	0.000140	0.000140	0.000140	0.000210	0.000280	0.000280
2437	0.000257	0.000233	0.000233	0.000327	0.000444	0.000444
3148	0.000350	0.000327	0.000303	0.000490	0.000630	0.000630
3860	0.000444	0.000420	0.000397	0.000654	0.000794	0.000747
4570	0.000537	0.000490	0.000490	0.000840	0.000957	0.000910
5281	0.000630	0.000584	0.000584	0.001004	0.001121	0.001097
5992	0.000724	0.000677	0.000677	0.001214	0.001331	0.001237
6703	0.000817	0.000794	0.000770	0.001564	0.001541	0.001400
7414	0.000887	0.000887	0.000864	0.001821	0.001844	0.001588
8125	0.000980	0.000980	0.000957	0.001984	0.002101	0.001844
8836	0.001074	0.001074	0.001056	0.002241	0.002381	0.002194
Flex. perm.	0.000047	0.000140	0.000070	0.000303	0.000654	0.000513

Le modèle de rail ondulé, proposé par M. Losh, paraît offrir une supériorité réelle sur les modèles ordinaires.

La lettre suivante, adressée à M. Losh par M. Nich. Wood, présente à ce sujet des considérations intéressantes.

Killingworth, 31 octobre 1832.

« Monsieur, vous m'avez demandé mon opinion sur le rail en fer laminé, pour lequel vous avez une patente. Je n'hésite pas à recommander ce modèle à l'attention sérieuse des personnes qui s'occupent de chemins de fer.

» En premier lieu, la saillie demi-circulaire fixée dans le coussinet donne plus de force aux rails. Des expériences faites sur ce point prouvent que leur rigidité, à égalité de charge, se trouve ainsi augmentée dans le rapport de 12 : 14.

» Mais ce n'est pas à cette propriété seulement que les nouveaux rails doivent leur supériorité sur les modèles ordinaires; le principe sur lequel doit être fondée la construction des rails, consiste à lui donner la plus grande surface d'appui dans le coussinet, et à permettre en même temps à ce dernier de se prêter aux mouvemens des dés, mouvemens qui ont toujours lieu à un degré plus ou moins grand sur tous les chemins de fer.

» Les coussinets ordinaires à base plane présentent, à égalité de largeur, à peu près la même surface d'appui que le nouveau modèle ; mais lorsque les dés viennent à céder, ils présentent au rail un de leurs angles.

» La saillie circulaire, au contraire, offre toujours la même surface, même sur des remblais qui éprouvent des tassemens ; et, sous ce rapport, ce mode d'assemblage est très-supérieur au joint ordinaire.

» Ce système offre encore un autre avantage, qui est de la plus grande utilité sur les parties en remblais, ainsi que sur les plans inclinés. Dans le joint ordinaire, le frottement du rail contre le coin et le coussinet s'oppose seul à la séparation des extrémités des rails. Aussi remarque-t-on, dans la pratique, que le passage des chariots, l'action des machines locomotives et les mouvemens des dés, produisent dans les joints un jeu et une disjonction très-préjudiciable au bon état de la route. Les saillies, lorsqu'elles sont solidement fixées dans les coussinets, s'opposent à ce fâcheux effet ; car les rails, pour peu qu'ils se séparent à leurs extrémités, doivent nécessairement s'élever dans le coussinet : or, ce mouvement même serre le coin plus fortement encore ; en sorte que les extrémités des rails sont maintenues par une force qui augmente en même temps que celle qui tend à les séparer. Aussi ce genre d'assemblage me paraît-il supérieur à tous ceux que j'ai vus jusqu'ici.

» Je puis ajouter que j'ai eu, il y a peu de temps, l'occasion d'observer, dans une circonstance remarquable, le fait que j'annonce. Un remblai, établi sur un plan incliné, s'affaissa de 3 à 4 pieds (0^m.91 à 1^m.22) ; et, malgré le passage journalier de trois à quatre cents tonnes de charbon, les rails ne furent jamais déplacés au point de faire sortir les chariots hors de la voie. On remit la route en bon état sans que les rails éprouvassent la moindre détérioration, et sans que les transports fussent interrompus un seul moment.

» Il est à peine nécessaire de dire que la parfaite continuité des joints économise beaucoup de main-d'œuvre pour l'entretien de la route, et diminue la détérioration des chariots et surtout des machines locomotives.

« N. Wood. »

Plusieurs ingénieurs, tels que MM. Thorman, Hunter, Buddle, Steppell, Embleton, Storey, etc., s'accordent à reconnaître la supériorité des rails de M. Losh sur les autres modèles. Les lettres écrites à ce sujet par les ingénieurs à M. Losh se trouvent à peu près résumées dans les observations suivantes, présentées par l'inventeur lui-même :

« M. Storey annonce que l'économie résultant de l'emploi des rails à joints saillans équivaut au travail d'un homme par mille. M. Buddle pense que cette économie doit s'élever à ⅓ ou ½ du prix des joints ordinaires à mi-épaisseur. La différence entre ces deux évaluations doit probablement être attribuée aux circonstances diverses dans lesquelles se trouvent les routes que ces ingénieurs ont observées. Ainsi M. Storey parle du chemin de Darlington à Stockton, où l'on emploie des machines locomotives très-lourdes, et où l'on transporte, outre les charbons, des marchandises et des voyageurs. Toutes ces circonstances exigent le plus grand soin et l'attention la plus soutenue dans l'entretien de la route. M. Buddle avait probablement en vue les chemins de Wallsen et Elswick, et le plan incliné du port de Seaham, qu'il a construits uniquement pour le transport des charbons, et sur lesquels on n'emploie pas de machines locomotives. Sur une pareille ligne, il n'est pas nécessaire d'apporter une attention aussi sérieuse au parfait état de la route. Au reste, quelle que soit l'économie que la forme particulière de ces rails apporte dans les frais d'entretien, il est naturel d'admettre que la durée de la route se trouve augmentée dans le même rapport.

M. Wood et M. Storey annoncent, qu'outre l'économie qu'il procure dans les frais de réparation, ce système diminue considérablement l'usure des voitures, des machines locomotives et des rails, ainsi que la détérioration des marchandises transportées sur le chemin de fer. M. Brandling confirme cette assertion; il annonce que, sur les plans inclinés de Middleton, les chariots chargés perdaient jadis une grande quantité de charbon; mais que, depuis l'adoption de ces rails, les chariots descendent sans secousses, et que l'on évite entièrement ces pertes.

MM. Embleton, Buddle, Storey, etc., nous ont exprimé par écrit une opinion très-favorable à notre système; leurs rapports se trouvent d'ailleurs confirmés par les témoignages de MM. Still, Wood, Crawhall, Jos. Crawhall et plusieurs autres ingénieurs qui emploient nos rails préférablement à tout autre modèle, bien que ces derniers soient offerts à un prix moins élevé.

M. Storey et M. Wood ont démontré, par des expériences faites sur une grande échelle, qu'en employant le rail patenté pour construire de nouvelles routes, même sur des remblais en argile, on obtient une facilité dans le transport et une économie dans les frais d'entretiens, qui n'ont été atteintes avec aucun autre système.

La personne employée par M. Wood, pour poser les rails sur une route nouvelle, trouva qu'elle pouvait laisser des remblais s'affaisser de 1 pi· (0m·30) avant de rectifier l'axe longitudinal de la route, et cela sans qu'il en résultât aucune interruption dans le passage, aucune altération ou flexion permanente dans les rails, enfin sans que cet affaissement momentané affectât en rien l'assemblage des rails avec les coussinets. Cette personne, fort expérimentée dans la pose des rails, déclare qu'avec tout autre modèle elle n'aurait pu se dispenser de relever immédiatement la route. Elle présenta ces observations devant M. Brundling, et lui prouva, en appliquant sur les rails une règle droite, que dans les points où le remblai présentait un semblable affaissement, le rail ne fléchissait pas seulement à son joint, mais qu'il se pliait suivant une courbe régulière.

M. G. Stephenson, lorsqu'il fit son essai sur les rails à Walker, admit que le rail patenté était supérieur à tous ceux qui étaient alors en usage. Après avoir été témoin de ces expériences, M. S. nous annonça que, dans son opinion, cette forme de rail devait réduire de plus de moitié la dépense d'entretien, et diminuer dans un rapport plus grand encore les frais de réparation des machines locomotives et des chariots.

Cette observation vient à l'appui de l'opinion de M. Storey, qui pense que toute augmentation de dépense première, tendant à employer un système de rail plus parfait, ne peut manquer d'être couverte en un petit nombre d'années par la diminution des frais d'entretien, et qu'en définitive il doit en résulter pour les actionnaires un bénéfice notable.

M. Stephenson, en adoptant pour le chemin de fer de Liverpool à Manchester les rails terminés carrément, a voulu, m'a-t-il dit, éviter les défauts que présentaient les joints à mi-épaisseur, tels qu'ils avaient été exécutés jusqu'alors. M. Buddle avait trouvé les mêmes imperfections dans ce genre d'assemblage, et les premiers rails que je fabriquai pour lui, d'après mon nouveau système, furent, sur sa demande, terminés carrément. Pour faire disparaître les inconvéniens signalés avec raison par M. Buddle, j'ai adopté la disposition que j'emploie actuellement, et qui consiste à aplatir et à courber l'extrémité des rails, de manière à conserver dans le point de jonction la même masse de fer que dans tout le reste de leur étendue. On a soin d'ailleurs, après avoir ainsi préparé le rail, de le forger dans un moule, afin de rendre l'assemblage aussi exact que possible. Si l'on n'adoptait pas ce procédé, les chariots éprouveraient, en passant sur un joint à mi-épaisseur, un choc plus fort que sur des rails assemblés carrément bout à bout.

Quelques personnes ont pensé qu'il conviendrait de nommer des inspecteurs pour surveiller dans les manufactures la confection des rails ; mais, malgré toute la surveillance possible, on ne pourrait empêcher d'introduire dans les tas du fer d'une qualité inférieure. Avec des rails prismatiques et des rails ondulés construits à la manière ordinaire, il ne serait possible de reconnaître la fraude qu'après avoir soumis la route à une longue épreuve. Je suis convaincu que, dans certaine manufacture, on introduit au moins $\frac{1}{4}$ de fer de mauvaise qualité dans les rails prismatiques, ce qui explique comment on peut les livrer à un si bas prix. Les rails du nouveau modèle, au contraire, ne sauraient être faits avec de mauvais fer, et nous pouvons garantir que l'on n'aura jamais à craindre, avec ces rails, la lamination, la rupture aux angles et tous les autres inconvéniens qui résultent de l'emploi du fer de mauvaise qualité.

Il est sans doute plusieurs autres formes de rails, qui sont recommandés par des ingénieurs distingués, et qui méritent de fixer l'attention. Cependant, si ces inventions n'ont pas pour elles la sanction de l'expérience, je pense qu'on ne doit les admettre qu'avec beaucoup de défiance ; car on a vu bien souvent échouer dans la pratique les projets combinés par les hommes du plus grand mérite.

L'augmentation de force due à l'emploi des saillies circulaires s'élève, d'après les expériences de M. Wood, à 12 pour cent. Mais le plus grand avantage de ce système consiste peut-être à empêcher les rails de se mouvoir sur les coussinets dans le sens de leur longueur, et à prévenir ainsi l'effet appelé ordinairement mouvement d'extrémité (*end motion*). Ce mouvement ne tarde pas à desserrer les coins et à produire des chocs qui détruisent en très-peu de temps les rails et les coussinets. M. Brandling observa cet effet à Killingworth sur des rails qui n'avaient servi que peu d'années. Les joints étaient presque entièrement détruits et tout-à-fait hors de service. M. Buddle, en m'annonçant qu'aucun mode d'assemblage n'avait pu prévenir ce mouvement et ses fâcheux effets, me pria de chercher quelque système pour y remédier. Le témoignage de cet ingenieur et ceux de MM. Thorman, Hipple, etc., prouvent que j'ai atteint ce but.

M. Storey observe que, dans les anciens systèmes, le jeu du rail ne tarde pas à polir les coins, et que les parties du rail et du coussinet, en contact avec ces pièces, perdent également leurs aspérités. De cette sorte, la force d'adhérence se trouve détruite, et le rail prismatique n'a pas plus de fixité que s'il était placé librement dans le coussinet. Le rail du nouveau modèle, au contraire, ne peut jamais s'échapper du coussinet dans lequel il est fixé. « Je pense, ajoute M. Storey, que cette circonstance n'a pas été suffisamment appréciée, et qu'à défaut de la théorie, la pratique du moins en fera ressortir toute l'importance. »

La planche **XIV** représente la machine locomotive qui a été nouvellement construite pour le chemin de fer de la Loire, et dont MM. Mellet et Henri ont bien voulu nous communiquer le dessin.

Nous donnons ici la légende de cette machine :

A A'A″ Chaudières en tôle, recouvertes d'une enveloppe en bois ; la portion comprise entre A'A″ est cylindrique, et traversée sur toute sa longueur par 101 tubes en cuivre, servant de conduits à la flamme. Ces tubes sont réunis à la chaudière au moyen de viroles en fer, rivées sur les fonds. La partie A contient le foyer, elle est en communication avec la chaudière A'A″ par le haut et les côtés. La capacité B est pour ainsi dire le commencement de la cheminée ; cette capacité, dans laquelle se répand le calorique à la sortie des tubes, forme comme un récipient de chaleur. Les cylindres à vapeur placés dans sa partie inférieure ont aussi l'avantage de se trouver constamment à une température très-élevée ; c'est sans doute à cette disposition que l'on doit l'absorption totale de la vapeur et de la fumée lorsque la machine fonctionne.

C Capacité en cuivre communiquant avec la chaudière, et contenant le conduit de prise de vapeur D.

D'D″ Conduits de la vapeur aux cylindres.

d Conduit de sortie de la vapeur.

EE Cylindres avec pistons métalliques.

F Bielles communiquant le mouvement des pistons aux roues.

G Manivelles.

H Axe portant les manivelles et les roues motrices.

I Excentriques imprimant le mouvement aux tiroirs.

Ces excentriques tournent libres sur l'axe H ; pour qu'elles agissent, il les faut accrocher à l'un des colliers N, N', fixés sur cet axe. Quand on veut mettre la machine en mouvement ou modifier sa vitesse, ou bien la faire rétrograder, le mouvement des excentriques peut être neutralisé à volonté par le machiniste, au moyen des tringles et leviers K K'K″, qui les rendent indépendans du mécanisme des tiroirs. Dans ce cas le machiniste meut les tiroirs à la main au moyen des leviers et tringles L L'L″ qui y correspondent. Au besoin le jeu des excentriques est suspendu par l'effet de la pédale **M**, que le machiniste fait agir avec le pied. Les effets de cette pédale consistent : 1°. à tenir les excentriques accrochées au colier **N**, fixé sur l'arbre des roues, lorsque la machine se porte en avant; 2°. à faire tourner les excentriques sur leur arbre quand on veut qu'ils cessent d'introduire la vapeur dans les cylindres; 3°. à accrocher les excentriques au colier **N'** lorsqu'on veut faire rétrograder la machine. Dans le premier cas la pédale est tenue en position au moyen du ressort **O**, les autres mouvemens s'obtiennent avec le pied, en appuyant plus ou moins fort sur la pédale.

P   Pièces servant à consolider l'axe **H**.

Q   Pompes alimentaires.

R   Axe du mouvement des tiroirs.

S   Roues portant la machine. Leurs rayons, qui sont en fer creux, ont été réunis au moyeu et aux jantes à l'instant de la fonte.

T   Cercles en fer forgé enveloppant les roues, et joignant leurs assemblages d'une manière invariable.

U   Manivelles servant à réunir les quatre roues au moyen d'une bielle, lorsque la pesanteur de la charge à transporter rend insuffisante l'adhérence d'une seule paire de roues sur les rails.

V   Robinets pour l'introduction de l'eau d'alimentation.

XX'   Soupapes de sûreté; la soupape **X** est tenue fermée au moyen d'un ressort à boudin contenu dans le tube S. Ce tube, qui sert de manomètre, porte une plaque graduée indiquant la tension de la vapeur dans la chaudière; cette tension est au plus de 3 atmosphères un tiers. La soupape **X'** est pressée sur la chaudière au moyen de ressorts, le conduit qui l'enveloppe a pour but d'empêcher qu'on ne le surcharge.

Z   Cheminée.

a   Cadre en bois, recouvert en fer, portant la cheminée.

b   Tirans en fer servant à résister aux chocs.

c   Robinets pour indiquer la hauteur de l'eau dans la chaudière.

e   Robinets pour vider la chaudière.

g   Trou d'homme.

i   Robinet pour purger d'air la pompe alimentaire.

j   Levier du robinet de distribution de vapeur.

l   Tube en verre indiquant la hauteur d'eau dans la chaudière.

TABLE DES MATIÈRES.

CHAPITRE III.

Des chariots employés sur les chemins de fer.

NOTES.

CHAPITRE IV.

Des moteurs employés sur les chemins à rails.

CHAPITRE V.

Expériences sur la force des rails en fonte et en fer forgé.

CHAPITRE VI.

Du frottement et de la résistance des chariots sur les chemins de fer.

CHAPITRE VII.

Expériences sur le frottement des cordes et des poulies.

CHAPITRE VIII.

Observations et expériences relatives aux divers genres de moteurs employés sur les chemins à rails.

NOTES.

CHAPITRE IX.

Comparaison entre les canaux et les chemins de fer.

NOTES.

ERRATA.

Pages.	Lignes.	Au lieu de	Lisez
65	27	Pates	Pattes
76	4	Recteur	Vecteur.
147	Dernière ligne	F'—	F^v—φ
148	1 de la note	F'—	F''—?
179	6 en remontant	317 (moy.)	137
Id.	*Id.*	32	32 (moy.)
239	2 de la note	1f.16	1f.26